直击战争现场 再现二战风云

插图升级版

第二次世界大战战史

白虹◎编著

北京联合出版公司
Beijing United Publishing Co.,Ltd.

图书在版编目（CIP）数据

第二次世界大战战史：插图升级版 / 白虹编著 . — 北京：北京联合出版公司，2015.10（2024.3 重印）

ISBN 978-7-5502-6246-1

Ⅰ . ① 第… Ⅱ . ①白… Ⅲ . ①第二次世界大战—战争史 Ⅳ . ① K152

中国版本图书馆 CIP 数据核字（2015）第 222549 号

第二次世界大战战史（插图升级版）

编　　著：白　虹
出 品 人：赵红仕
责任编辑：崔保华
封面设计：王明贵
内文排版：刘欣梅

北京联合出版公司出版
（北京市西城区德外大街 83 号楼 9 层　100088）
鑫海达（天津）印务有限公司印刷　新华书店经销
字数 690 千字　720 毫米 ×1020 毫米　1/16　28 印张
2015 年 10 月第 1 版　2024 年 3 月第 3 次印刷
ISBN 978-7-5502-6246-1
定价：29.80 元

前言

第一次世界大战结束后，各国之间所固有的各种基本矛盾一个也未解决，而又增加了战胜国与战败国的矛盾以及战胜国之间的矛盾。意大利、德国和日本相继建立了法西斯政权，他们利用第一次世界大战战胜国一手炮制的《凡尔赛和约》煽动民族情绪，对内实行暴力专政，对外实行侵略扩张，成为世界大战的策源地。而英国、法国和美国的绥靖政策则助长了法西斯的侵略气焰。再加上 1929 年爆发的史上最严重的一次全球性经济危机的冲击，战争开始变得一触即发。

1937 年 7 月，日本发动全面侵华战争，中国人民奋起抗日，拉开了世界大规模反法西斯战争的序幕。在欧洲，1939 年 9 月 1 日，纳粹德国向波兰发动突袭，9 月 3 日，英、法被迫对德宣战，第二次世界大战全面爆发。这次大战的战火燃及欧、亚、非和大洋洲四大洲及广阔的海域，主要战场包括欧洲西线战场、欧洲东线战场、太平洋战场、中国战场、东南亚战场、北非战场等，著名战役包括敦刻尔克大撤退、不列颠空战、珍珠港之战、中途岛海战、诺曼底登陆、斯大林格勒保卫战、阿拉曼战役等。法西斯的侵略和暴行激起了全世界人民的反抗，美国、英国、苏联、中国等几十个国家结成了强大的同盟，彻底打败了侵略者，赢得了反法西斯战争的伟大胜利。

漫长的战争岁月记录下无尽的生死较量和腥风血雨：1939 年 9 月 1 日开始，德国闪电战屡屡得手；1940 年，德军装甲席卷整个欧洲大陆，法国战败投降；6 月 10 日，意大利向英、法两国宣战，战火烧到了地中海和非洲；1940 年 7 月 16 日，希特勒开始实施入侵英国的“海狮计划”，之后德国开始对英国城市进行密集轰炸；1941 年 6 月 22 日，德国撕毁《苏德互不侵犯条约》入侵苏联，苏德战争爆发，二战规模扩大；1941 年 12 月 7 日，日本偷袭珍珠港，太平洋战争爆发，次日下午，美国对日宣战，随后 20 多个国家包括中国正式对日宣战；1942 年 7 月—1943 年 2 月的斯大林格勒战役，苏联最后获胜，成为二战的转折点；1943 年 9 月 3 日，意大利无条件投降；1944 年 6 月 6 日，盟军在诺曼底登陆，开辟了欧洲第二战场，德军全面溃败，1945 年 5 月 7 日宣布无条件投降；1945 年 8 月，美国投掷原子弹轰炸日本的广岛和长崎，接着苏联对日宣战；8 月 15 日，日本宣布无条件投降。至此，人类进行的规模最大、破坏最严重、影响最深的全球性战争——第二次世界大战终于结束了。

第二次世界大战是人类历史上死伤人数最多的战争，在战争最激烈时，全球有 61 个国家和地区参战，共 20 亿以上的人口被卷入战争，据不完全统计，战争中军民合计伤亡达 9000 余万人，其他损失则难以用钱财去衡量。第二次世界大战也改变了世界的政治版图和社会结构。1945 年 10 月 24 日联合国宣告成立，美国、苏联、中国、英国和法国 5 个国家成为联合国安理会的常任理事国。然而第二次世界大战的结束也促使美国和苏联成为彼此对立的超级大国，开启了长达 46 年的冷战时代。

本书采用将地区战场与时间线索混合穿插的传统写法，逐一叙述各个战场的全景进程，分为“开场：远东硝烟”“爆发：欧洲沦陷”“激战：苏德大战”“蔓延：血染太平洋”“转折：决战斯大林格勒”“拉锯：逐鹿北非”“反攻：光复欧洲”“尾声：日本投降”。全书不仅从宏观上讲述战争，而且从细微之处着眼，努力搜寻历史的蛛丝马迹，为读者呈现出不一样的战争史。

美国前总统富兰克林·罗斯福曾经说过：“相对于战争结束来说，我们更希望所有的战争本就没有爆发。”唯愿人们在回眸二战时，多一些沉思和省悟，更加珍惜今日的和平与安宁。

目录

第一章

开场：远东硝烟

一、日本全面侵华

“二二六”法西斯军事政变

20 世纪 30 年代，日本军队内部存在着很严重的斗争。由于对政治的看法、理念不同，军队内部逐渐分成两派：“皇道派”与“统制派”。统制派主要是陆军中央机关内的军官，“皇道派”的人多为野战部队的少壮派军官。

“皇道派”认为，日本天皇已经被周围的“奸人”包围和蒙蔽，无法得知民间疾苦，所以必须起来“清君侧”。其手段就是废除内阁，让天皇成为类似希特勒的直接军事独裁者。“统制派”则完全反对这种主张。不过两派的政治主张虽迥异，目的却都是要将日本进一步转型为法西斯国家。

“皇道派”的代表人物是荒木贞夫、真崎甚三郎、冈村宁次、桥本欣五郎和相泽三郎等人。统制派的领袖则是宇垣一成、杉山元、永田铁山、东条英机等人。两派主张建立军部法西斯独裁的手段有很大区别。“皇道派”为实现目标不惜采用政变、暴动以至暗杀等恐怖手段。统制派则主张运用合法手段，从事合法改革。统制派极力主张建立总体战体制。两派的对立还在于人员安排上的钩心斗角和争权夺利。两派并不是明确的组织，每派内部的行动也往往并不统一。

两派的斗争影响到没有实际权力的年轻军官。1936 年 2 月 25 日深夜，东京城降下百年一遇的大雪。26 日凌晨 5 时左右，香田清贞大尉、安藤辉三大尉、河野寿大尉、野中四郎大尉等 9 名政变核心军官率领 1400 余名官兵，从驻地武器库中夺取了步枪、机枪等武器，然后从位于皇宫外西侧三宅坂的第 1 师团驻地出发，分头去刺杀“天皇周围的坏人”。

这批“皇道派”的少壮派军官，他们袭击了首相官邸、警视厅（首都警察厅）等重要政府机关，杀死了内阁大臣、前首相斋藤实，藏相高桥是清，陆军教育总监渡边太郎，天皇的侍从长铃木贯太郎也被打成重伤。他们试图通过在首都东京发动军事政变来建立军部法西斯独裁。

叛军占领陆军省、参谋本部、国会及首相官邸等一带地区，要求陆军上层对国家实行法西斯化改造。政变激怒了日本天皇，天皇敕令平叛。后来经过上层两派势力激烈斗争后，暴乱在2月底被全部平定下去。

军部对政变的处理极其严厉。参加政变的青年军官中两人自杀，其余19人被起诉，此外被起诉的还有民间人士北一辉、西田税等和士官，共123人。经过不到三个月的审理，7月5日作出了判决，政变的直接策划组织者香田清贞等17人被判处死刑，其他关联人员也分别被判刑。

“二二六兵变”之后，“统制派”借机对“皇道派”进行了大规模的清洗和排斥，从此掌握了军部内的主导权。具有讽刺意味的是，“皇道派”发动政变时所设定的目标，在政变失败后反而得以实现。他们的军部独裁、国家政权法西斯化等愿望被同属法西斯派别的统制派逐步实现。统制派从此牢牢掌握了军部大权，而且内阁也被以新首相广田弘毅为首的文官法西斯集团所控制。

法西斯军阀要挟政府说：“政治的主导权如不让给军部，就会发生第二、第三个‘二二六’事件！”在军部的强烈要求下，日本政府在1936年5月恢复了1900年制定，1913年一度废止的陆海军大臣、次官由大、中将现役军人担任的制度。为了缩小议会权限，消除政党政治，法西斯军阀还提出所谓改革政治制度的“计划”，从而使议会完全变成军部法西斯独裁的附属品。

日本的军部法西斯独裁在“二二六兵变”后，正式宣告确立。之后，日本军部在国内推出了一连串的反动措施。对内加强“特别高等警察”；实行警察的特务统治；压制言论思想自由；迫害共产党人和进步人士等等，加紧镇压日本人民。对外则加紧侵吞中国华北。继1935年8月提出“广田三原则”（对华外交方针三原则：1. 中国方面要彻底取缔反日言行；2. 中国要承认“满洲国”，在这之前日本和中国在华北方面实行经济、文化的交流合作；3. 日本和中国合作，在接近外蒙古的地区内排除共产主义。）之后，1936年8月，日本政府通过了《第二次处理华北纲要》，进一步重申要使华北五省（河北、山东、山西、察哈尔、绥远）实现“特殊化”，以达到“华北分治”的侵略目标，意图肢解华北，使其脱离中国，沦为第二个伪“满洲国”。

日本由于国内长期存在军国主义反动传统，军部又在天皇制统治机构中占有特殊地位，所以日本不需要像德国和意大利那样组织法西斯政党来夺权。日本法西斯主义的显著特点是天皇制军国主义的法西斯化。依靠和利用现存的天皇制统治机构，以建立军部法西斯独裁的方式来推行国家的法西斯化。“二二六兵变”是日本军部法西斯独裁确立的标志。从此日本整个国家体制完全纳入战争和法西斯轨道。

卢沟桥上的枪声

1936年日本制定的总体战略计划——“国策基准”出笼后，全面侵华便成为日本的既定方针。1936年8月，日本参谋部就制定了《1937年度对华作战计划》。1936年末，日本军事当局在京都、名古屋地方由陆军参谋本部参谋次长主持举行了一次“将官演习”，向参加演习的将官交代了全面发动对华战争的战争部署。

这次“演习”的目的是设想日本对中国和苏联开战，而且从形势上看是先打中国，后打苏联。在这次“演习”前后，日本军事当局对发动全面侵华战争的军事作战问题已作了具体的研讨。参加这次“演习”的有十多个现役和预备役将官，他们后来都参加了全面侵华战争，担任兵团司令以上的职务。

与此同时，日本向中国东北大幅增兵，1936年的总兵力已超过1931年的4倍多，火炮增加3倍，飞机增加2倍，坦克增加9倍。这些兵力随时可抽调到华北作战。在华北，1937年春，关东军一部进驻通县及平津一带。驻华北日军兵力达1万余人。

从1937年6月起，驻丰台的日军连续举行军事演习。1937年7月7日下午，日本华北驻屯军第1联队第3大队第8中队由大队长清水节郎率领，荷枪实弹开往紧靠卢沟桥中国守军驻地的回龙庙到大瓦窑之间的地区。晚7时30分，在未通知中国地方当局的情况下，日军径自在中国驻军阵地附近举行所谓的军事演习，并诡称有一名日军士兵失踪。随后日方立即要求进入中国守军驻地宛平城搜查。

中国第29军第37师第110旅第219团拒绝了日方的无理要求。日军一面因“士兵失踪”与中国方面交涉，一面部属战斗。冀察当局为了防止事态扩大，经与日方商议，双方同意协同派员前往卢沟桥调查。此时，日方声称“失踪”的士兵已归队，但隐而不报。7月8日晨5时左右，日军发动炮击，守卫卢沟桥和宛平城的第219团第3营在团长吉星文和营长金振中的指挥下奋起反击。震惊中外的卢沟桥事变爆发了。

日军侦察兵

卢沟桥事变的爆发，在全国引起强烈反响。事变的第二天，中国共产党中央委员会就通电全国，呼吁：“同胞们，平津危急！华北危急！中华民族危急！只有全民族实行抗战，才是我们的出路！”蒋介石则提出了“不屈服，不扩大”和“不求战，必抗战”的方针，并致电宋哲元等人，命令他们坚守宛平城。

日军在遭到卢沟桥守军顽强抵抗后，分别在1937年7月9日、11日、19日与冀察当局三次达成所谓的“停战协议”。

到7月25日，陆续集结平津的日军已达6万人以上。26日，日军参谋部经天皇批准，命令日本华北驻屯军向第29军发动攻击，并增调国内5个师约20万人到中国，并向华北驻屯军司令官香月清司下达正式作战任务：“负责攻打平津地区的中国军队。”7月28日上午，日军按预定计划向北平发动总攻。

驻守北平的第29军将士在各自驻地英勇抵抗。最后，第29军副军长佟麟阁、第132师师长赵登禹战死，不少军训团的学生也在战斗中牺牲。28日夜，宋哲元撤离北平，29日，北平沦陷。7月30日，天津失守。平津地方完全被日寇占领。

攻占平津后，日军的气焰十分嚣张，决定按照预订计划大规模入侵中国。他们一方面开始实行全国的战时动员，另一方面以在华北地区的30万兵力分四路向中国内地长驱直入：一路由平绥路进攻绥远省；一路由津浦路、胶济路进攻山东省；一路由平汉路进攻河南省；一路由平绥路、同浦路进攻山西省。日军所到之处，中国遍遭蹂躏。

二、淞沪血战

张治中要主动出击

日本在华北展开大规模攻势的同时，开始将战略重点南移华东，从上海向中国横插一刀。企图通过南北两面施加军事压力，迫使南京政府屈膝投降，达到“三个月之内灭亡中国”的狂妄目标。

对中国来讲，无论是经济意义还是政治军事意义，上海的地位都十分重要。上海是蒋介石赖以起家的江浙财阀的基地，也是四大家族的经济中心和英美帝国主义在华利益的集中地，而且还是南京的屏障。上海一旦失守将直接威胁国民党政府对全国的统治。所以蒋介石和国民政府下决心保卫上海，并任命张治中为京沪警备司令官，负责上海和南京的军事防卫。

1937 年 8 月 13 日，日军在海空军的火力支援下进攻上海，淞沪会战拉开序幕。

1937 年 8 月 7 日，日本政府召开四相会议，根据陆海军的协议，通过了一项决定：在“大陆使用武力的地区应为河北—察哈尔和上海”。根据这一决定，日本军事当局开始在上海寻衅发难。8 月 9 日，日本驻上海的海军特别陆战队官兵二人，企图驾驶军用卡车冲入虹桥中国军用机场，机场卫兵不得不开枪制止，两个日本兵中弹毙命。

当夜 10 时，上海市长俞鸿钧赴日总领事馆交涉，叙说了事件经过，并主张用外交途径解决，不使事件扩大。

日本方面却声称日本全国对于虹桥击毙二日兵事极为震动，外交解决可以，但中国必须满足两个要求：（一）将保安队撤退；（二）将保安队已筑之防御工事完全撤除。遭到中国拒绝。日本还借口此事件在 8 月 10 日运送增援部队到上海，撕毁了 1932 年签订的《淞沪停战协定》。

针对日军的行动，蒋介石也在 8 月 11 日开始调动中国军队进入上海地区，决意对抗日军的进侵。第二天，日本要求列强迫使中国解散进入上海的部队，但市长俞鸿钧声明日本 7 月 7 日对中国的侵略已经违背了协定。上海市民狂热地欢迎重新在上海出现的中国部队。

中日双方频频调动军队，战事已经一触即发。

当时负责上海防卫的张治中将军，对军事指挥及军事理论有着很深的研究，他还有指挥第一次淞沪战役的作战经验。

七七事变爆发时，张治中正在青岛养病。卢沟桥的炮声使他无法再安心养病，他毅然返回南京，担负起保卫宁沪的重担。

张治中总结九一八以来中国屡战屡败的教训，认为九一八和淞沪“一·二八”战役，中国军队要么是“敌人打我，我不还手”，要么是“敌人打我，我才还手”。每次都让敌人占了先机。所以这次一定要改变作战方针，争取主动出击。总体的作战精神便是：一旦战争无法避免，我军即以优势兵力出敌不意，一举全歼上海之敌，并要使以后日军登陆和增援失去凭借。

为实现这一战略构想，在“八一三”之前，张治中就在上海做好了应战准备。他在淞沪外围各要点密筑工事，构成坚固的主阵地带和后方阵地带，并加速了铁路、公路和江防交通、通讯设施的调整和建设。

国民党军队进驻上海的第一批部队是第9集团军第87、88师，原为国民政府的警卫部队，是德国顾问训练的样板师，全部德国武器装备，堪称精华。秘密开到上海附近后，张治中又建议抽调正规军化装为保安队进驻上海，蒋介石同意了，派了第2师补充旅换上保安部队服装进驻虹桥机场。

七七事变后，日军在上海活动日趋频繁，原驻汉口的陆战队千余人也调到上海，日舰十余艘位于浏河至吴淞间，封锁了海口。张治中根据这些情况判断，大战将不可避免，于是他在1937年7月30日向南京最高统帅部提出了他的作战报告。报告说，在断定日军发动战争无疑的情况下，“宜立于主动地位，首先发动，较为有利”。

但是来自南京的回复却是：“卅来电悉，应我先发制敌，但时机应待命令。”张治中接电后，于8月1日分别发布了激励京沪区将士的文告和《告京沪区民众书》，讲明了战争形势和保卫上海的意义与决心。以使将士和民众有所准备，并动员全军将士和民众立即行动起来，“抗战到底，以求最后之胜利”。

上海“虹桥机场事件”之后，中日开战已经迫在眉睫。在此紧张时刻，张治中决定攻击部队于8月13日拂晓对虹口、杨树浦两翼日军据点发动突然攻击，打他个措手不及。然后以一个扫荡态势，一举消灭为数尚少的驻沪日军，把上海一次整个拿下来。

然而，当作战部队准备攻击时，南京统帅部突然打来电话：“不得进攻。”张治中回电说：“我军业已展开，攻击准备也已完毕。”请求继续进攻。但南京复电仍然是“不得进攻”。

守卫上海的中国军队

原来当时上海外交使团因怕上海打仗，建议南京政府将上海改为不设防城市——自由口岸。该建议11日发出，12日到达外交部。因此导致南京政府犹豫不决，命令军队停止进攻，结果坐失良机。

上海前线的中国军队，没有等到南京的作战指示，却等来了日本的进攻。8月13日，日军凭借租借和黄浦江上的军舰，炮轰闸北一带，日军飞机也对闸北狂轰滥炸。

从上午到下午三点，日军在海空军的火力支援下和在坦克掩护下几次向宝山路、八仙桥和天通庵发起进攻，企图切断我大场与闸北的联系，围歼守卫北站地区的国民党军队。张治中将军指挥的第87、88师奋力迎战。

淞沪血战拉开序幕。

中国军队进攻受挫

应日本方面要求，8月12日下午，《淞沪停战协定》共同委员会会议在公共租界工部局会议厅召开。

出席者除中日双方，还有英、法、美、意四国代表。会上，日方代表冈本声称：今晨中国保安队及正规军队，已在近郊设置防御工事，此种行动，违反停战协定，应请共同委员会加以注意，采有效办法，加以制止。

上海市长俞鸿钧随即驳斥："共同委员会设置之目的，在维持上海之和平与治安，并非协助日本政府实施侵略政策。""虹桥事件发生后，日方曾一再表示静候调查事实真相，以外交方式解决，但一面竟军舰云集，军队大增，军用品亦大量补充，此外尚有大批军舰正在途中，源源而来。此种措施，不独妨碍各国侨民之安全，且对中国为一种威胁，且足发生危害之行为。中国在本国领土内，当然有权采取自卫之行动……我方秉承中央所定'人不犯我，我不犯人'之一贯政策，对侨居上海之各国侨民，仍当加以保护。"

各代表提议是否可将保安队稍稍后撤以免发生冲突。俞鸿钧义正词严地回答道："停战协定早已为日方破坏，故本日实无召集共同委员会之必要。""我国军队，在本国土地行动，有绝对自由之权，此则未容他人之置疑。""为维持上海之和平治安计，如日本将增加之军舰与军队调回，则我方对撤退保安队一点，亦愿加以考虑。"会议无果而终。

在会上日本做出一种竭力避免战争的姿态，在行动上却一直进行积极准备。最后挑起"八一三事变"的恰恰是日本。

8月14日，南京政府发表自卫抗战声明，宣布："中国为日本无止境之侵略所迫，兹不得不实行自卫，抵抗暴力。"

蒋介石下令，将宁沪警备部队改编为第9集团军，张治中任总司令，负责攻击虹口及杨树浦之敌；苏浙边区部队改编为第8集团军，张发奎任总司令，守备杭州北岸，并扫荡浦东之敌，炮击浦西江山码头；空军出动，协同陆军作战，并担任重要地段的防空。

日军重型坦克进攻上海。

淞沪抗战开始时，国民党军队占据了绝对优势。驻沪军队除2个精锐师外，还有2个装备德国火炮的重炮团，即炮兵第10团（100毫米加农炮）和炮兵第8团（150毫米榴弹炮），而且还有坦克、空军助战。而当时日军在上海的部队仅海军陆战队3000多人，紧急从日本商团中动员退役军人，合计也不过4000人，重武器也不足。按理中国军队应全面压倒上海的日军。

为抢得战争主动权，第9集团军于8月14日对上海市区之敌发动全面进攻，同时出动空军，轰炸日海军陆战队司令部、汇山码头及海面舰艇。攻击重点最初为虹口，后转向公大纱厂。

经过数日苦战，第87师占领沪江大学，第88师占领五洲公墓、宝山桥、八字桥各要点。日军在16日退守江湾以日本海军陆战队司令部为中心的据点。但是这次围攻日军并不顺利。

为数只有几千人的日军，凭借坚固工事进行顽强抵抗。中国军队往往屡攻不克，无功而返，而且造成自身很大伤亡。8月14日，负责指挥进攻日军的第88师264旅旅长黄梅兴阵亡，为开战以来中国军队牺牲最高级别之军官。其旅伤亡1000余人，连排军官几乎损失大半。

除地面进攻外，中国还出动了海空军。8月14、17和19日，中国飞机多次出动轰炸日军目标，并与日机爆发激烈空战。8月14日，第4驱逐机大队大队长高志航率所部飞机于杭州笕桥机场上空击落敌机6架、击伤多架，创下抗日战争史上击落日机的纪录。

后来国民政府将这一天定为空军节。海军则奉命以商船沉于十六铺，封锁黄浦江，以防止日舰溯江而上进攻上游。

这次上海围攻未竟，陈诚日后回忆时总结说：“以5师之众，对数千敌陆战队实行攻击，竟未能奏功，实在是当时部署种种不当的缘故。”这是国民党军队第一次各军种（空军、海军、陆军）和各兵种（步兵、炮兵、坦克）大规模合成作战，相互的协同很差。步兵逼坦克冲锋又不予以掩护，结果坦克被日军全部击毁；步兵失去坦克掩护后攻坚伤亡惨重，甚至出现一个营部队挤在一条街内被日军堵住街口全部击毙的悲烈战况。之所以发生这种混乱状况，是因为“步兵与炮兵、战车协同作战的训练从来没做过”。

中国军队在上海主动出击并发起凶猛的进攻，让日军大吃一惊。但是中国军队的兵力与火力仍然无法取得优势，特别是没有足以攻坚的重型武器，单靠部队英勇攻击，无法攻破日军在上海坚固的据点。所以虽然取得攻击的先机，而且表现勇猛，但是却没有达到赶日军下黄浦江的目的。

中日两军在上海正式开火之后，列强感到自己在上海的利益受到重大影响，于是装模作样地提出停战调停的要求。而蒋介石一直想要争取国际社会的支持，因此不得不对列强的要求有所敷衍。日本正可以利用机会喘息以困守待援，这也增加了中国军队早期攻势的困扰因素。

一寸山河一寸血

为解救在上海困守待援的日军，日本大本营在8月15日决议，立即向上海派遣两个师团，并召回退役的攻坚战专家松井石根担任上海派遣军司令。松井石根觉得部队少了，辞行时向米内海相和杉山元陆相表示，给他五个师团，他一定能打到南京去。

淞沪会战开始后多久，蒋介石就成立了大本营，自任大元帅，编订全国战斗序列，将江苏长江以南（包括南京、上海）及浙江地区划为第三战区，以冯玉祥为司令、顾祝同为副司令。

抗战期间，蒋介石在研究军事部署。

蒋介石虽任命冯玉祥为司令，却特地交代“以顾副长官之命令为命令”。顾是他的心腹干将，冯玉祥只不过是个空头元帅。

8月下旬，中国军队继续围攻盘踞在海军陆战队司令部、杨树浦等据点的日军，新抵达战场的国民党军精锐部队第36师迅速投入战斗。但我军终因装备低劣、火力不够威猛，面对钢筋混凝土筑造的工事而一筹莫展。中国仅有的装甲部队——南京装甲团配属第 36 师的两个连战车反被日军舰炮悉数摧毁，两连官兵全军覆没，壮烈殉国。

8 月 22 日，日本上海派遣军的援军抵达上海。8 月 23 日拂晓，增援日军在狮子林、川沙口、张华浜等方面登陆，企图从侧翼包围攻击上海日军基地的华军，战况骤然吃紧。

蒋介石闻讯，急忙命军政部次长陈诚为第十五集团军总司令，指挥第 98 师、第 11 师和刚刚抵达嘉定的第 67 师、第 14 师火速分赴各处阻击敌人登陆。

遭日军轰炸后的上海

日军增援部队登陆之后，中日双方的上海之战主轴，开始由东西向转为南北向。淞沪会战的主战场，就在上海西北的郊区展开，整个战场的方圆半径，不过几十千米，但是中日两军在此血战长达两个多月，死伤的人数超过 30 万人以上。战斗最为激烈的罗店与大场，更是成为名副其实的“血肉磨坊”。

这时蒋介石已经决定将主力决战的地点，放在上海地区。于是立刻重新部署在上海作战的兵力，成立第三战区，派出张发奎的第八集团军，防守浦东到杭州湾阵地，张治中的第九集团军防守上海市区，而陈诚的第十五集团军负责上海市郊到长江的防线。日军最初只是希望能够解上海之围，但面对源源涌到的国军主力，日本被迫一再增兵。

这次日军吸取了“一·二八”事变的教训，大量抽调各个师团的工兵单位参加上海派遣军中，特别增加各种搭筑桥梁的设施装备，以增加日军在河道之间的运动能力，并且避免在上海的市区作战。

松井石根先将主力放在攻占上海西北郊区的宝山到罗店一线，以扩大日军登陆的滩头阵地。陈诚第十五集团军的主要作战任务，则是“反登陆作战”，于是中日两军的主力，就在这个地区进行非常惨烈的阵地争夺战。

日军拥有绝对的海空军优势，日军的海军炮舰的火力更是全球第一。日本海空军对中国军队阵地进行了近乎摧毁性的密集射击。中国军队在天摇地动的炮弹轰击下，艰难抵抗。我方仅有的轻炮兵，根本没有还手的力道，于是在长江沿岸阵地，中国军队死伤无数，其中以守宝山的姚子菁营血战七昼夜，全营战死无一生还最为壮烈。

8月23日起，日军第3、第11师团在舰炮密集火力掩护下，向吴淞口铁路码头、狮子林、川沙口登陆，进攻宝山、月浦、罗店、蕴藻浜我军阵地。刚组建的第15集团军在罗卓英指挥下，向宝山、川沙口登陆之敌发起反击，第98师于8月24日击退攻占狮子林的日军，歼敌数千人。

第11师冒着飞机猛烈轰炸，经艰苦战斗，收复罗店。不甘失败的日军，调集坦克、飞机和重炮大举反扑。双方围绕罗店展开拉锯战。第11师与原先防守此地的第67师并肩战斗，以“一寸山河一寸血”的感天动地精神与日寇厮杀，战况之惨烈，为开战以来所仅有。

守军阵地几经易手，往往得而复失，失而复得，阵地前尸积如山，血流成渠。第67师师长身负重伤，第201旅旅长蔡炳炎及两个团长阵亡，两个师的营连长大半牺牲。血战至29日，罗店再度陷入敌手，刚刚从德国回国奔赴前线的黄维率第67师奋力突入，旋被击退。

松井石根虽然攻占了罗店，但是没有足够兵力继续进攻，以切断上海到南京的交通线，而完成对上海的大包围。因为在上海市区以及东区的中国军队，仍然在对受到围困的日军阵地，进行猛烈攻击，松井石根必须要抽调兵力，支援这些地区的战斗。

在罗店争夺战中，中国军队几乎到了全部队牺牲的程度。陈诚的第十五集团军，才打不到半个月，就已经减员半数以上，到了9月10日，才放弃反登陆的滩头决战，退到河道密布的内陆，防守马路河到蕴藻滨，以及潘泾到杨泾的地区。

侵华日军在巷战中。中国军队的顽强抵抗打碎了日军“迅速解决上海战事”的如意算盘。

中日两国在上海血战，这时已经成为全球新闻关注的焦点。所有的国际军事专家都不敢相信眼前的事实：中国军队竟然能在上海力战日军。军事专家预测中国军队最多可坚守一个星期，结果战争竟然打了一个月以上。中国军队猛攻张华浜车站，攻势之猛烈，更是令中外记者目瞪口呆，日军只有全力投入部队稳住战线。在黄浦江中的日本舰队，向沿岸阵地疯狂倾泻炸弹，整个上海租界全被炮声与火光笼罩。然而日本拼死反击的结果，也仅仅得以勉强守住阵地，北站、八字桥等关键据点仍牢固地掌握在中国第9集团军的手中。

日军金山卫登陆，淞沪会战告终

日本战机

淞沪会战进行到11月初，中国军队虽早已由主动进攻转入被动防御，且一再后撤，但仍控制上海。这与日本当初“迅速解决上海战事”的如意算盘恰好相反。日本是个资源有限的岛国，是无法和中国这个庞然大国比拼耐力和韧劲的。

经过数次增兵，日军依旧无法取得决定性胜利，日本统帅部对此感到极为恼怒，也大为焦急。国际社会开始怀疑日军的战力，日本人民也开始从狂热中体会到挫败与死亡的忧虑。

日本大本营经过审慎研究商讨后，认为中国已倾全国兵力之五分之三云集上海，所以中日主力决战的地点应该在华东，而不是日本之前认定的华北。日本在华北方面过多待命决战的部队，根本是战略部署的浪费。

日本大本营因而提出“目前刻不容缓的是迅速结束上海战役”，并决定将战略重点转向华中、华东。于是日本大本营在10月26日，以“临参命一二〇号”，做出最新战斗序列的调整，下令由华北方面军抽调第16师团，加入上海派遣军战斗序列。同时以第6师团、第18师团、第114师团，以及国崎支队等特战与支持部队，组成第10军的战斗序列，由柳川平助中将率领，前往上海地区参战。至此，聚集在上海的日军总数达到27万。

日军第10军预定的作战方案是：1. 在10月末或11月初在杭州湾金山卫附近地域登陆，主力以快速突进方式向黄浦江之线前进，攻占松江，切断沪杭铁路，一部向闵行渡河点前进，策应上海派遣军作战；2. 渡过黄浦江之后向上海以西及南方攻击前进，与上海派遣军配合消灭上海周边的中国军队。

在敌人大兵压境、欲图决战之际，蒋介石却又陷入对国际社会调停的奢望中。《九国公约》会员国，将在11月3日于比利时布鲁塞尔召开会议，主题是讨论中日之战，所以蒋介石希望在上海地区继续作战，以利于中国求诸国际仲裁。

其实寄希望于列强干涉的念头，蒋介石一直没有放弃过。淞沪一役，实乃日本人逼迫太甚不得已而为之，“打”的目的是将来可以更好地“谈”。国际社会的调节，是他紧抓不放的救命稻草。所以蒋介石一闻布鲁塞尔会议将讨论中日之战，立刻喜出望外，乱了之前的战争部署。

原来之前蒋介石已决定按照白崇禧、陈诚等人建议，放弃上海，采取持久战策略，全军退到上海外围的国防工事固守，抗击消耗日军。本来这是当时情势下的明智之举，但《九国公约》会议的消息搅乱了蒋介石的头脑。

在撤退命令下达之后的第二天，11 月 1 日夜 10 时蒋介石偕白崇禧、顾祝同等人乘火车，冒雨来到淞沪前线中央军总部驻地南翔，在一所小学里召集由师长以上将领参加的紧急军事会议。

会上，蒋介石大声讲道：“《九国公约》会议对国家命运关系甚大，我要求你们做更大的努力，在上海战场再支持一个时期，至少 10 天到两个星期，以便在国际上获得有力的同情和支援”，“上海是政府的一个很重要的经济基地，如果过早地放弃，会使政府的财政和物资受到很大影响”。会后，宣布撤销撤退命令，各部队坚守原先阵地。

新命令下达之后，部队一片哗然。一些已经卷好铺盖准备撤退的士兵只好匆匆返回阵地，队伍秩序开始出现混乱。而且短短时间内命令两次反复，使得中国守军士气大受影响。

然而恰在此时，日本增援的第 10 军，突然在杭州湾的金山卫登陆。蒋介石在上海作战初期，曾设想过日军从金山卫登陆包抄的可能，因此在沿岸建有简单的防御工事，还留有部队监视。

但后来蒋介石及其军事顾问都认为日军已无再投入登陆杭州湾的兵力。结果没料到，日本竟把华北方面的军队抽调来了上海。

11 月 5 日拂晓，日本第 10 军在柳川平助指挥下，由舰队护送至杭州湾金山卫附近之漕泾镇、全公亭、金丝娘桥等处突然登陆，包抄淞沪中国军队防线南方的背后。

日军登陆时，在杭州湾北岸几十千米长的海岸线上，中国仅有少数兵力和地方武装防守。既无重炮，也无像样工事。10 万装备精良的日本生力军迅即突破防线，登陆成功。

当蒋介石得知日军登陆金山卫的消息时，不禁大吃一惊，立刻火速调兵阻挡。此时却无兵可调了，第 62 师回防阵地已经太迟，第 67 军刚从河南赶到，根本还没有完成集结，立刻就被日本第 10 军的主力击溃。

上海失陷。历经3个月的激战，最终以中国军队的失利而告终，淞沪会战落下帷幕。图为疯狂欢呼的日军。

11月8日夜，日军凭借强大火力从东、南、西三面突入松江城，守军死亡殆尽。日军遂占松江，随即兵分两路：一部沿太湖东岸，经浙江、安徽直趋南京，主力则指向枫泾镇、嘉兴、平望。9日，切断沪杭铁路及公路。

日军在杭州湾登陆的战略意图非常明显，就是要从背后包抄在上海决战的中国军队，准备围歼。但是身为统帅的蒋介石此时已经方寸大乱，未能对这个情势变化作出实时与果断的退兵决定，只是设法抽调一切可能的部队去杭州湾沿岸，以阻挡日本第10军的登陆与推进，却迟迟没有调动在上海参战的军队。白崇禧告诉他，前方将士听到日军登陆的消息后人心惶惶，有的部队已经出现混乱，大有失控之趋势，再不撤退70万人只有白白等死了。于是蒋介石不再坚持，于11月8日晚下令全面撤退。

撤退命令虽然下了，但由于命令仓促，指挥不利，大撤退演变成大溃退，完全没有章法。日军地面部队穷追不舍，飞机则在天上轰炸扫射。蒋介石原本计划撤到吴福线、锡澄线、乍嘉线和海嘉线一带，依托原有坚固工事作持久抵抗，但败军穿越工事径自溃逃，致使耗费数年苦心筑成的这些工事成为摆设，国民政府首都南京于是门户大开。

11月11日，上海市市长俞鸿钧发表告市民书，沉痛宣告上海沦陷。11月13日，国民政府发表自上海撤退之声明：

“各地战士，闻义赴难，朝命夕至，其在前线以血肉之躯，筑成壕堑，有死无退，阵地化为灰烬，军心仍坚如铁石，陷阵之勇，死事之烈，实足以昭示民族独立之精神，奠定中华复兴之基础。”

至此，在历经3个月的血雨腥风之后，淞沪会战落下帷幕。

回过头来，再说蒋介石之前所寄希望的《九国公约》。会议上通过的宣言，对日本连句谴责都没有，只是不痛不痒地表示：“日本为干涉他国内政而使用武力，既无法律根据，且此项权利一经公认，将永为纠纷之渊源。”

在淞沪会战惊心动魄的三个月当中，全中国上下凝结一心，达成了“纵使战到一兵一枪，亦决不终止抗战”的共识。这是中华民族历史上最为悲壮的决定。中国坚抗日寇达百日之久，使得世界各国对于中国的抗日实力与决心，产生刮目相看的态度。

淞沪会战的意义更在于，打破了日军“三个月灭亡中国”的妄言，将中日战争拖入持久战。一旦日军无法速战速决，也就决定了它最后失败的命运。

三、山西血战

平型关大捷

卢沟桥事变后，日军很快便占领平、津，之后便按照其侵略计划，分多路向中国内地进犯。其中一路便是从长城线向西切断同蒲路，然后南下，从平汉路西取正太路，会攻山西。

1937 年初秋，日军板垣师团猛攻南口。同时日军东条纵队猛攻张家口。张家口守军第 29 军刘汝明部不战而退，阎锡山的第 61 军反攻不力，张家口失守。张家口失守后，日军下一个矛头便是第二战区阎锡山苦心经营的山西。

山西地处华北屋脊，有高屋建瓴之势。占领山西，东进可以控制华北平原，南下可以逐鹿中原，乃历代兵家争夺要地，被称作“华北之锁钥”。另外，山西还盛产煤、铜和锡，这些都是重要的战争资源。所以日军对山西志在必得。

平型关战役场景 沙飞摄影

日军占领南口、张家口后，阎锡山判断，日军为运送部队、军火，展开机械化作战，以发挥其优势，下一个进攻目标应该是大同。阎锡山为此部署了大同会战计划。

但是，9月上旬，东条纵队和伪蒙军沿平绥线击破李服膺部防守永嘉堡、天镇间的国防工事，直抵阳高城下。李部一路逃到桑干河以南，日军于9月13日攻占大同，而其主力板垣师团指向平型关，意图抄雁门关后路，然后夹击太原。阎锡山的大同会战计划流产，之前部属在雁门关一带的兵力失去了意义，而平型关一带则兵力空虚。阎锡山被迫立即着手部署平型关会战。

此前国共两党已就红军改编达成了协议：红军主力改编为国民革命第八路军，设总指挥部，下辖3个师，每师1.5万人，并任命朱德、彭德怀为正副总指挥。1937年8月25日，中共中央军委正式下达命令，宣布中国工农红军第一、第二、第四方面军和陕北红军等部，改编为国民革命军第八路军（9月11日改称第18集团军），一般简称“八路军”。八路军总部直属3000余人，全军共有4.6万人。

在华北形势万分危急的情况下，中共中央在8月22日至25日在陕西洛川召开了政治局扩大会议。会议通过了《关于目前形势与党的任务的决定》和《抗日救国十大纲领》。这次会议用较长时间讨论了八路军出征后的作战方针问题，最后一致同意毛泽东所作的结论：“基本是独立自主的山地游击战，但不放松有利条件下的运动战。”

按照和国民党政府达成的协议，八路军开赴阎锡山负责的第二战区作战。很快八路军就陆续从陕西韩城、潼关两处东渡黄河，开赴抗日前线。当八路军过了黄河时，日军已威胁到阎锡山战区的心腹地带。

当时日军的主攻方向分左右两翼：右翼一个派遣兵团和两个独立混成旅团占领大同后，准备出山阴进犯雁门关；左翼第5师团企图突破平型关与大同之我军防线会师雁门关。日军的如意算盘是：两翼会师后攻占太原，以大迂回动作，迫使国民党军队撤退，达到不战而占华北5省之目的。

八路军进入山西后，分兵两路迎击日军，开赴晋东北的是115师，主力在9月中旬赶到平型关以西大营镇集结。

平型关位于河北与山西交界地带，是进入山西的一个重要隘口，敌人选中这个薄弱的地方作为攻打山西的突破口。

平型关东北方向有一条通往灵丘县东河南镇的狭窄沟道，沟长十多里，两面是山，深数十丈。沟底道路仅能通过一辆汽车，尤其沟道中段，地势最为险要，是打伏击战最理想的地方。八路军115师先遣部队发现敌人大队人马正向平型关方向运动，师党委决定在这里与日军打一仗。

115 师师长命令部队 25 日零时出发。战士们顶着狂风暴雨，涉急湍山洪，在拂晓前到达了指定地区，把全师主力布置在平型关到东河南镇 10 余里长的公路南侧山地边缘上。进攻平型关的敌人完全处于包围圈伏击之中。

进犯平型关的日军是坂垣第 5 师团。板垣师团有很强的武士道精神，战斗力非常强，自进攻华北以来，每每令国民党军不战而退。不过这次他们万万没有料到八路军这么快便东渡黄河，并埋伏好了等着他们。

那天夜里，阴云密布，大雨如注。埋伏待敌的战士们只着单军装，又破又烂。晋北 9 月下旬夜间气温已很低，战士们又冷又饿，但伏于湿地、山岩上待命，士气高昂。

25 日晨 5 时半左右，日军第一辆汽车进入伏击圈，聂荣臻传令：沉住气，无命令不许开火。等敌后板垣师团第 21 旅团千余人及汽车、大车 300 余辆进入伏击圈后，115 师某团 5 连连长曾贤生率全连首先向敌冲杀，用手榴弹炸毁敌人最后一辆汽车。敌人退路被截断。

我军居高临下，突然向敌军发起猛烈攻击，一下子把敌人打得晕头转向，指挥系统全乱了。一时间，十几里长的山沟，人喊马叫，乱成一团。我军战士一个个如猛虎下山，与日军展开了白刃战。军号声、喊杀声响彻山谷。

日军由于受过严格的训练，虽指挥混乱，仍负隅顽抗。敌人首先拼命争夺公路两侧制高点——老爷庙。失败后，又企图冲破独 8 旅阵地逃命。独 8 旅把一线配备改为纵深配备，奋力阻击。

激烈的战斗持续到 27 日白天，敌人终未能冲破包围，板垣师团 21 旅遭歼灭性打击。因为敌人死不缴械，千余日军全部被击毙。战斗极为残酷，我军伤亡也很严重。

战后统计，此役我军共歼敌 1000 余人，毁敌汽车 100 辆，大车 200 辆，缴获步枪 1000 多支，轻重机枪 20 多挺，战马 53 匹，另有其他大量战利品。

这是中国全面抗战开始后取得的第一次大胜利，平型关大捷打破了日军不可战胜的神话，振奋了全国人心，鼓舞了全国人民的抗战热情。当胜利捷报传到全国各地时，各界纷纷给我党、我军发来贺电、贺信。

夜袭阳明堡

1937 年 10 月 19 日凌晨，八路军第一二九师三八五旅七六九团一举击毁击伤侵华日军停在山西省代县阳明堡简易机场内的 24 架作战飞机，成为八路军抗战

油画《夜袭阳明堡》　周武发

初期三个“首战告捷”的著名战例。在八路军的这三个胜仗中，唯一受到国民政府军事委员会现金奖励的是阳明堡战斗。此战受到卫立煌的高度赞誉，蒋介石则以军事委员会的名义奖励大洋两万元。

“七七事变”后，日军沿平汉、津浦、平绥三条铁路线向我中原腹地进攻，企图对山西形成重兵压进之势。为守住华北咽喉，以保卫太原为目的的“忻口会战”即将展开，此时八路军三个师业已完成整编，并承担起会战中的重要任务——“截断敌人后方交通，打击来援之敌”。

八路军第七六九团奉命在代县、崞县以东地区，执行侧击南犯日军后方的任务。该团进至滹沱河南岸苏龙口、刘家庄地区，这里已深入敌后100余华里。在这里可以看到敌机不断从滹沱河北岸起飞，对忻口、太原的国民党军队施行轮番轰炸。该团了解到日军机场内共有24架飞机，白天分三批轮番出动轰炸，晚上停在那里的情况后，决心以第三营为突击队，夜袭阳明堡机场。

阳明堡机场内构筑有掩体、地堡、掩蔽部，周围有铁丝网。日军香月师团一个联队大部驻在阳明堡街里，飞机场里只有一股守卫部队，约200人。这些日军趾高气扬，根本没想到八路军会来袭击。

担任主攻的第三营能攻善守，尤以夜战见长，曾荣获“以一胜百”的称号。10月19日夜，部队轻装出发，在夜色的掩护下，悄悄涉过滹沱河，迅速逼近机场。凌晨时分，突击队从东西两侧悄悄潜入机场。在距飞机约30米时被敌哨兵发觉，营长赵崇德当机立断，命令发起攻击。敌机在一捆捆手榴弹的打击下顿时爆炸起火，机场上一片火海。战斗持续不到1个小时，24架敌机基本被毁，在敌增援部队来到之前，三营已经撤出战斗。在此次战斗中，我军伤亡30余人，三营营长赵崇德不幸中弹牺牲。

夜袭阳明堡是抗战史上以少胜多的著名战例之一，此战侦察清楚，部署周密，行动秘密而迅速，动作突然而坚决，是继平型关大捷、雁门关伏击战切断日军交通运输线之后我军取得的又一次重大胜利！从进入机场到战斗结束，整个袭击过程用了不到 1 个小时，干脆利落地将 24 架敌机全部击毁，并毙伤日军警卫部队 100 余人，创造了以步兵歼灭大量敌机的战例。

忻口会战

八路军在平型关奇袭日军后不久，爆发了一场中国军队在晋北抗击日本侵略军的大规模的战役——忻口会战。

参加这次战役的部队有阎锡山的晋绥军、国民党的中央军和中国共产党领导的八路军（又称第 18 集团军）。

这次战役是由第二战区（司令长官阎锡山，朱德、卫立煌、黄绍竑副之）指挥实施的太原会战的中心战役。这是国共两党团结合作、在军事上相互配合的一次成功范例。

10 月初，日本军部正式向华北方面军发布攻取太原的命令。10 月 1 日，华北日军主力坂垣第 5 师团及关东军察哈尔派遣兵团第 1、第 2、第 15 混成旅团与特种部队等共 3 万余人，沿代县至原平公路发起进攻，忻口战役序幕拉开。

10 月 13 日开始，会战正式打响。13 日拂晓，日军以飞机、重炮、战车掩护步兵 5000 人连续猛攻忻口西北侧南怀化阵地，守军阵地被突破。守军以炮兵协同步兵作战，肉搏冲锋，顽强抗击。

经过一整天的激战，收复了阵地。第二天，增兵后的日军发起更猛烈的攻击，一开战即成胶着状态。

在忻口会战中壮烈牺牲的第九军军长郝梦龄

15 日，中路守军正面出击，发起攻势，阻止敌主力从南怀化突袭忻口的企图。第 9 军军长郝梦龄、第 54 师师长刘家麒、独立第 5 旅旅长郑廷珍到前沿阵地奋勇督战，相继中弹，壮烈牺牲。师长李仙洲，旅长于镇河、董其武火线负伤。陈长捷接郝梦龄任中路前敌总指挥。

就这样，在南怀化、红沟谷地敌我持续拉锯战，阵地失而复得。日军主攻方向是中路的南怀化，到 10 月 22 日，进入南怀化之敌已三易联队。为打破僵局，日本华北方面军司令官寺内寿一急调萱岛支队等增援忻口，并亲临督战，于 24 日再次发起猛攻。

忻口会战，抗日勇士行前高呼抗日口号。

气急败坏的日军采用毒瓦斯、烧夷弹助攻，使我军阵地一片火海。日军还以坑道攻击法逐步进逼。

我军则向敌壕一侧掘进坑道或窄壕，实行对壕互袭，展开地下战。我守军官兵冒着烈火和毒气拼死战斗，双方损失惨重，每日伤亡均以千计。

双方如此对阵厮杀达半月之久。在忻口正面顽强抗击的同时，八路军在敌后开展游击战争，进行战役配合。八路军主力第 115、120 师深入敌军两翼及侧后，向灵丘、广灵、代县、崞县、雁门关敌后进军，袭击敌人的后方，破坏敌人交通运输，切断敌人的补给和增援。

另一方面，八路军还以部分兵力直接袭扰敌人第一线，协同友军作战。

然而到了 10 月底，忻口战场局势恶化。赶来晋北的第 14 集团军由于连续冲杀，战斗力渐渐不支。

另外，晋东告急，太原告警，第二战区作出新的部署。战区司令傅作义回太原组织城防，把杨爱源派去晋南组织防御。卫立煌下令部队停止反击，并请求增兵。11 月 2 日夜，在忻口作战的中国军队奉命撤离阵地，向太原撤退。11 月 8 日夜，日军从太原城北突入，经过激烈巷战，傅作义率守军 2000 余人向西山突围，太原失守。

忻口战役创下歼敌逾万的记录，虽然最后中国方面失利，付出了重大牺牲，它的意义仍不容低估。中国守军英勇抵抗，消耗了大量敌军。此役还破坏了日军的河北平原会战计划，为平汉线中国军队南撤赢得了宝贵的时间。

虽然在一些战场上，中国军队的抵抗十分勇敢，但日军在华北战场整体还是有长驱直入之势。他们分别于 10 月 13 日占领石家庄及平汉铁路北段，14 日占领归绥（呼和浩特），16 日攻陷包头，11 月 13 日占领济阳，进到黄河北岸。华北大部分重要城市被日军占领。

忻口抗战纪念墙

太原失陷后，国民党军队向西南撤退。华北战场上的正规战争便基本结束，而由敌后游击战争支撑着华北的抗战局面。

八路军进入单独作战的新阶段。根据党中央的指示，八路军大力开展独立自主的游击战争，创建了一批抗日根据地，如晋察冀根据地、晋东南根据地、鲁中根据地等等。随着抗战的发展，广大爱国青年踊跃参加抗日革命军队，抗日根据地不断巩固和扩大。

与此同时，新四军也在成立后迅速出发东进抗日。1938 年 6 月，新四军进至南京、镇江、芜湖一带，从敌伪手中解放了这一带的广大农村地区。在江北，新四军解放了淮南铁路和津浦铁路南段两侧地区，有力打击了敌人。

中国抗日战争渐渐形成两个战场。一个是正面战场，以国民政府军队抗战为主；一个是敌后战场，以中国共产党领导的八路军、新四军和游击队等人民武装力量的抗战为主。

第二章

爆发：欧洲沦陷

一、波兰覆亡：一场“鹰击羔羊的悬殊对决”

“白色方案”秘密出台

希特勒本来打算发动局部战争夺取奥地利和捷克斯洛伐克，可是西方国家的绥靖政策使德军不战而胜，几个月工夫就连胜两国。这是希特勒所完全没有料想到的。他决定乘胜追击，波兰就成了他的下一个目标。

波兰东接苏联，西邻德国，南界捷克斯洛伐克，北临波罗的海，拥有丰富的矿产资源，冶金、化学、机器、造船工业都相当发达。如果德国占领了波兰，不仅可以消除进攻西欧的后顾之忧，还又可以把波兰作为入侵苏联的军事基地。

在与德国接壤的所有国家中，波兰是最应该有所戒惧的。但是事实正相反，波兰丝毫没有意识到德国的危险。

英国张伯伦政府对德国墨迹未干即撕毁《慕尼黑协定》、肢解捷克斯洛伐克并向波兰提出但泽问题等一系列行为，感到极为震惊。这一系列行为严重损害了英法在欧洲的利益。慕尼黑政策的彻底破产，使张伯伦遭受到了国内外的一片指责。

德军开进莱茵区，受到当地居民的欢迎。

在内外交困的形势下，张伯伦才发表了强烈谴责希特勒侵略的演说，宣布全力支持并保证波兰的独立。

见波兰不肯屈服，而英法又宣布保证波兰的独立。希特勒于 1939 年 4 月 3 日下达密令，要三军做好 9 月 1 日以后任何时间进攻波兰的准备。5 月 22 日，德、意两个法西斯国家缔结了军事同盟条约，结成“钢铁同盟”。

4 月 16 日，苏联外长李维诺夫在莫斯

德国外长从莫斯科回国，为希特勒带回了“可喜的”成果。

科接见了英国大使，并且正式建议英国和法国同苏联缔结三边互助条约。这个条约要求缔约国签订一项军事协定来使互助条约具有实效，还要求由签字国（如果认为合适的话，还可加上波兰）对中欧和东欧所有认为自己受到纳粹德国威胁的国家作出担保。张伯伦一心要把苏联排除在欧洲大国集团之外，就像他在慕尼黑所做的一样。

1939 年 4 月 7 日，墨索里尼派兵侵占了阿尔巴尼亚，这加剧了动荡的欧洲局势，一些军备薄弱的国家愈加胆战心惊。

美国总统在给希特勒和墨索里尼的电报里，要他们作出保证，声明德、意武装部队不会入侵英、法、波、苏在内的 31 个国家。罗斯福说，如果能作出这种保证的话，他答应美国将参加世界范围的谈判，来使世界解除“军备竞赛的重负”，并且打开国际贸易的道路。

在 4 月 28 日的国会上，希特勒作了足足有两小时的“精彩”演说。他公布了一个消息，即就但泽走廊地带向波兰提出了相关的建议，并且告诉德国国会，波兰政府已经拒绝了这个“独一无二的建议”，同英国订立了军事协定，因此波兰已经背弃了波德互不侵犯条约。希特勒对罗斯福总统要求他保证不进攻 31 国中任何一国所作的答复，最后触动了他的核心。他雄辩滔滔，针锋相对，对罗斯福的呼吁极尽讽刺挖苦、虚伪狡诈之能事。

在临近结束的时候，希特勒大摆自己的政绩。这与其说是讲给外国人听的，毋宁说是讲给德国人听的。希特勒最后说：“我相信只有这样做，我才能对我们全都关心的事情尽最大的贡献，那就是：全人类的正义、幸福、进步与和平。”

就欺骗德国人民这一点来说，这篇演说是希特勒“最光辉的杰作”。尽管乍听起来似乎把罗斯福驳得体无完肤，实际上并没有真正回答美国总统的根本问题：他的侵略是否已经到头？它是否要进攻波兰？

希特勒在国会批驳了罗斯福的电报之后，就加快了进攻波兰的部署。

5 月 22 日，在柏林总理府，德国同意大利签订了“钢铁盟约”。条约规定：如果一方卷入战争，则另一个缔约国应立即以盟国的身份，以其全部军事力量在地面、海上和空中予以援助和支持。条约还规定：一旦发生战争，两国中的任何一国都不得单独停战或媾和。从此，德意两个法西斯国家就紧紧地拴在一个战车上了。

6月15日，德国陆军司令冯·勃劳希契按照希特勒的指示，制定了陆军对波兰进行军事行动的计划。为了征服波兰，勃劳希契成立了南、北路两个集团军。南路集团军由第8军团、第10军团、第14军团组成；北路集团军由第3军团、第4军团组成。冯·伦斯德将军指挥南路集团军，将从西里西亚发动进攻，以华沙为总方向，击溃抗击的波兰军队。目标在于同北路集团军合作，歼灭波兰境内仍然在顽抗的波兰军队。北路集团军的第一个任务是打开走廊，建立德国和东普鲁士之间的联系。

同时发布的一项补充命令规定，为执行“白色方案”而部署军队的命令将于8月20日执行，“一切准备工作必须在那一天完成”。

6月22日，凯特尔将军向希特勒呈交了一份“白色方案”的初步时间表。希特勒已经把9月1日规定为进攻波兰的日子。

希特勒所计划打的是总体战，它不但要求军事动员，而且要求国家全部资源总动员。为了统一调度这个规模庞大的工作。6月23日，在戈林主持下召开了国防会议。要求工业、农业、交通，一切都要为前线服务。此时，欧洲的形势是山雨欲来风满楼，各种政治力量相互角力。

希特勒为了达到侵占波兰的目的，不仅在政治上、军事上、经济上进行着充分的准备，而且想方设法分化西方联盟，孤立波兰，与苏联签订了互不侵犯条约。这一条约的签订，使欧洲斗争形势出现了新的转折。

苏德两国签署《苏德互不侵犯条约》，消息传来，希特勒喜不自胜。

苏德条约的签订，粉碎了英法挑动苏德战争的阴谋，加深了轴心国之间的矛盾，使德、意、日一致投入战争成为不可能，使苏联赢得了宝贵的时间加强战备，进一步做好反侵略战争的准备。

条约签订后，日本朝野谴责德国破坏了协定，表示抗议，平沼内阁被迫辞职；意大利独裁者认为德国藐视意大利，从而感到受了侮辱；佛朗哥则发表声明，要在欧战中保持中立。而英国海军大臣丘吉尔也认为《苏德互不侵犯条约》的签订，标志着若干年来英法的外交政策和外交手段的彻底失败。

希特勒之所以同意签约，宣布停止反苏，互不侵犯，只不过是一个骗人的幌子。其真正原因是，希特勒看到英法态度转趋强硬，认为同西方战争不可避免。为了避免在新的大战中重犯第一次世界大战时德军两线作战的错误，希特勒决定先不去碰苏联这块硬骨头，而去首先打垮软弱并且没有做战争准备的英法两国。这是他的“各个击破”策略的故伎重演。

1941年6月22日，法西斯德国背信弃义，发动了侵苏战争，撕毁了这个条约。

一号作战指令

1939年8月31日中午，希特勒发出了“白色方案”第一号作战指令。傍晚，只见150万德国法西斯军队已经开始进入波兰边境的前沿阵地，只等次日拂晓出击。

与此同时，希特勒为了使德国人民对于这一场突如其来的侵略战争在精神上有所准备，他又开动宣传机器，玩弄一套欺骗伎俩。

当天晚上9点，所有的德国电台都广播了希特勒对波兰提出的诚恳“和平建议”被波兰“粗暴拒绝”的事情。事实上，希特勒从来没有向波兰人提出过这个建议，不过是在不到24小时以前含糊其词地向英国大使提了一下而已。这一重要的事实，广播电台却完全隐瞒不报。为了给入侵波兰制造借口，希特勒明白仅仅依靠言词宣传是不够的，还需要有实际行动。于是，他又命党卫队的流氓特务瑙约克斯于当晚8点钟，向靠近波兰边境的德国格莱维茨电台表演了一场伪装波兰方面的进攻。从此，这个“以牙还牙”“正当防卫”的战争就这样开始了。

1939年9月1日，这一天，在柏林是一个灰暗、闷热的早晨，尽管无线电和晨报号外相继传来重要的新闻，但街上的老百姓却对此非常冷淡。

在“白色方案”的第一号指令中规定的拂晓4点45分，德国军队大举越过波兰国境，分北、南、西三路进逼华沙。天空中，德国的机群吼叫着飞向波兰的部队、军火库、桥梁、铁路以及不设防的城市。

波兰人民第一次尝到人类历史上规模最大的来自空中的突然死亡和毁灭的滋味。在此后六年间，欧亚两洲千百万男女老幼将经常处于这种恐怖之下。

上午10时，希特勒从总理府驱车驶过冷清的街道前往国会，去向全国人民报告他刚刚毫无人性地挑起的重大事件。

希特勒在过去夺取政权和巩固政权的时候，已经不知说了多少谎话，在这个历史的重要关头，他又用混淆视听的谎言来愚弄善良的德国人民并为他那荒唐的行为辩护。他说："诸位知道，我曾一再作出努力，争取在奥地利问题以及随后的苏台德地区、波希米亚和摩拉维亚等问题上通过和平途径澄清事态，并取得谅解；但是，一切都归于徒劳。"

"在我同波兰政治家们的会谈中，德国的'诚恳建议'，又'遭到了拒绝"，整整两天，我和我的政府在等待着，看看波兰政府是否方便，能够派遣一位全权代表前来，但是，我再也看不到波兰政府有任何诚意同我们进行认真的谈判。昨天夜间，波兰正规军已经向我们的领土发起第一次进攻。我们已于清晨5点45分起开始还击。从现在起，我们将以炸弹回敬炸弹。"

在发动侵略战争那天，希特勒只有一次在国会说了实话。他说"我要求于德国人民的，只不过是我自己四年来准备做的，从现在起，我只是德意志帝国的一名军人。我又穿上了这身对我来说最为神圣、最为宝贵的军服。在取得最后胜利以前，我决不脱下这身军服，要不然就以身殉国。"

从最后下场来看，这一次希特勒算是言中了，一旦战败，他是不敢正视也不敢承担战败的责任的。

希特勒不仅肆意欺骗德国人民，而且还对那些亲眼看到是谁首先在波兰边境上发动进攻的德国士兵，灌输了一顿编造的谎言。他在9月1日一份冠冕堂皇的告德国军队书中说，"为了制止波兰侵犯边境的疯狂行为，我别无他策，此后只有以武力对付武力"。

闪击战的"实验场"

1939年9月1日凌晨，希特勒下令向波兰发起进攻。4时45分，从德国本土起飞的轰炸机群呼啸着向波兰境内飞去，攻击目标集中在波兰的部队、军火库、机场、铁路、公路和桥梁。与此同时，德波边境上万炮齐发，炮弹如暴雨般倾泻到波军阵地上。

一小时后，德军地面部队向波兰发起了全线进攻。波军无数火炮、汽车及其他辎重来不及撤退便被摧毁，交通枢纽和指挥中心遭到破坏，部队陷入一片混乱。

9月1日傍晚，德军迅速突破了波军防线，并以每天50 ~ 60千米的速度向波兰腹地突进。伦德斯泰特的南路集团军群以赖歇瑙的第10集团军为中路主力，以李斯特的第14集团军为右翼，在左翼布拉斯科维兹的第8集团军掩护下，从西面和西南面向维斯瓦河中游挺进；博克的北路集团军群以克卢格的第4集团军为主力，向东直插"波兰走廊"，另以屈希勒尔的第3集团军从东普鲁士向南直扑华沙及华沙后方的布格河。这是人类战争史上空前规模的机械化部队大进军。

德军突击波兰。德军以强大的火力和迅猛的穿插撕碎了波军的一道道防线。

由于德军战前准备异常充分，所以德波之战对于胜券在握的德国法西斯来说几乎没有任何难度。德国空军对波兰的行政中心、交通枢纽、部队营房、军事指挥中心、空军机场进行了摧毁性的轰炸，完全夺得波兰上空的制空权。地面上，德军坦克师和摩托化师，迅速击垮了波军在边境地区的抵抗，并切入波兰腹地，在波兰平原上横冲直撞，如入无人之境。

当天上午 10 时，希特勒兴奋地向国会宣布：“帝国军队已攻入波兰，德国进入战争状态。”

9 月 3 日上午 9 时，英国向德国发出最后通牒，要求德国在上午 11 时之前，提供停战的保证，否则英国将向德国宣战。正午时，法国也向德国发出类似的最后通牒，其期限为下午 5 时。德国对英法两国的最后通牒，均置之不理。于是，英法两国相继对德宣战，第二次世界大战全面爆发。

德军北集团军群的第 4 集团军业已切断波兰走廊，到达维斯瓦河下游地区；第 3 集团军继续向南逼近，直抵纳雷夫河，进攻矛头直指华沙；南集团军群的第 10 集团军所属装甲部队业已强渡瓦尔塔河；第 14 集团军则从两个方向对克拉科夫实施钳形攻势。

9 月 4 日，第 10 集团军先头部队强渡皮利察河。

9 月 5 日，德军已强渡纳雷夫河，占领波兰走廊，进抵罗兹。

9 月 6 日，波政府被迫迁往卢布林，波军总参谋部迁至布勒斯特。当天，德军第 10 集团军继续高速推进，其左翼已远远超过托马舒夫，而其右翼则进到凯尔采。

至 9 月 7 日，德军北集团军群已重创波军波莫瑞集团军和莫德林集团军，几乎占领了全部波兰走廊，并强渡维斯瓦河，夺占了从北面掩护通往华沙道路的波军阵地。9 月 8 日傍晚，机械化装甲部队又抢在溃退的波军前面抵达维斯托拉河，然后向北旋转，沿该河建立一道封锁线，进行反正面作战。

9 月 18 日，第十九装甲军歼灭了逃避而至的波军溃败之师。此刻，波兰会战达到了高潮，德军进攻已发展成内外两大钳形的包围。除极少部分在苏波边境的波军外，波兰其余部队全在德军内外两层包围圈中，此时的波军已经被打得晕头转向，支离破碎，波军总司令斯米格威·罗兹元帅已完全失去对部队的控制，整个波兰军队陷于一片混乱之中。

9 月 17 日，德军在完成对华沙的合围后，限令华沙当局于 12 小时内投降。懦弱的波兰政府竟置人民和国家的根本利益于不顾，离开华沙，逃之夭夭，经罗马尼亚、巴黎，流亡伦敦。

苏联因与波兰签有互不侵犯条约而始终不便动手。波兰政府的出逃，终于使苏联找到了出兵的借口。苏联政府宣称：由于波兰政府不复存在，因此《苏波互不侵犯条约》不再有效。“为了保护乌克兰和白俄罗斯少数民族的利益”，苏联决定进驻波兰东部地区。

9 月 17 日凌晨，苏联白俄罗斯方面军和乌克兰方面军分别在科瓦廖夫大将和铁木辛哥大将的率领下，越过波兰东部边界向西推进。

9 月 18 日，德苏两国军队在布列斯特—力托夫斯克会师。希特勒希望赶紧占领华沙，命令德军必须在 9 月底之前拿下华沙。

9 月 26 日，德国空军开始轰炸华沙。9 月 28 日，华沙守军 12 万人投降，守军司令向德第八集团军司令布拉斯科维兹上将正式签署了投降书。9 月 29 日，莫德林要塞投降。至 10 月 2 日，进行抵抗的最后一个城市格丁尼亚停止抵抗。

第二次世界大战全面爆发后的第一个战役仅用了一个月的时间就结束了。一个有 3400 万人口、100 多万军队、389 万余平方千米的国家——波兰，就这样灭亡了。据统计，此次作战，波军亡 123 万人，伤 13 万人，被俘 42 万人；德军亡 1 万人，伤 3 万人，失踪 3000 人。

奇怪的战争：西线的英法“宣而不战”

1939 年 9 月 1 日，英国和法国得知德国进攻波兰，华沙、克拉科夫及其他城市遭到轰炸的消息。波兰外长贝克立即通知英国驻柏林大使韩德森说：德波之间已开始战争。波兰急待英、法迅速援助，你们不能按兵不动，坐视不管。

当天晚上，就在德波战争开始 16 个小时后，韩德森来到德国外交部通知里宾特洛甫：“如果德国政府不给英国满意的保证，停止对波兰的一切侵略行动，并准备立即把军队撤出波兰的领土，那么联合王国政府将毫不动摇地履行对波兰

攻陷华沙，希特勒向占领华沙的将士致意。

的义务。”

随后，法国驻柏林大使库隆德也递交给里宾特洛甫一份同样内容的照会。对于英、法外交部在要求德国停止军事行动并从波兰撤军的警告，希特勒及其将军们感到有些担忧。事实上这只是一次带有警告性质的照会，并非最后通牒。于是，德军便放开胆子继续侵入波兰。

9 月 1 日，英国国王签署了动员陆军、海军和空军的命令。同日，法国也签署总动员令。但这并没有把德国吓住。希特勒深信，英法即使对德宣战，也不会有重大的军事行动。他认为英、法的这些措施不过是虚张声势而已。

由于英、法当时的国内形势已经发生了急剧的变化。张伯伦和达拉第明白，如果公开拒绝履行对波兰承担的义务，那就表明了对希特勒的投降，很可能激怒本国人民，内阁有可能被推翻。在这种情况下，他们不得不表示“援助波兰”。

9 月 2 日，英国政府发出最后通牒，要求德国停止在波兰的军事行动，并撤出军队。9 月 3 日上午 9 时，韩德森把最后通牒交给德国。里宾特洛甫对照会表示拒绝，并通过自己的翻译施米特向希特勒报告了有关内容。不久，德国又收到了法国的最后通牒。

9 月 3 日，韩德森和库隆德于 11 时 15 分到里宾特洛甫那里要求答复，得到的却是里宾特洛甫傲慢无理的倒打一耙：“德国拒绝英国和法国的最后通牒，并要英、法政府承担发动战争的责任。”

里宾特洛甫强硬的答复让英、法大使无可奈何，英国外交大臣哈里法克斯召见德国驻伦敦代办，向他表示：“……今晨 9 时，陛下驻柏林大使根据我的指示，曾通知德国政府，如果今天，9 月 3 日，英格兰夏季时间 11 时前，陛下的伦敦政府得不到德国政府的满意答复，那么从此时起，两国即处于战争状态。由于英国没有得到这种保证，所以我荣幸地通知您，两国从 9 月 3 日 11 时起处于战争状态。”

同日下午，法国大使库隆德也向德国政府照会：“在这种条件下，我必须根据我国政府的委托，最后一次提醒您注意，德国政府由于不宣而战，对波兰采取军事行动，对英、法政府坚决要求德军撤出波兰领土不作让步，而应承担严重的责任。我必须执行我的令人不快的使命，我通知您，从今天（9 月 3 日）17 时起，法国政府根据自己对波兰承担的义务，认为自己已同德国处于战争状态。”

在英、法对德宣战后，英国各个自治领相继对德宣战：

9月3日——澳大利亚、新西兰及印度（当时为殖民地）；

9月6日——南非联邦；

9月10日——加拿大；

至此，第二次世界大战全面爆发。德国同英帝国各联盟国、法国及波兰处于战争状态。事实上仅在波兰领土上有战事。

波兰上空呼啸的炸弹把笼罩在波兰问题上的层层迷雾彻底撕破了。正如斯大林所说：“战争撕破了一切外幕，暴露出一切关系。”英、法虽然于9月3日对德宣战，却都不想认真履行对波义务，尽管波兰频频呼救，英、法两国要么置之不理，要么消极应付，按兵不动。是英、法兵力不够吗？否！实际上，当时德国在西线只投入了23个师，而仅法国就有100多个师，只要英、法从西线发动进攻，德国就会处于东西两线作战的困境。

当谈及波兰的失败原因时，美国总统约翰逊1963年曾承认：“当初美英法如能共同下决心阻止侵略，也许可以避免波兰的溃败。”因此，西方史学界和军界把英、法“宣而不战”的事实，称为“奇怪的战争”。

不甘寂寞的苏联

第二次世界大战全面爆发后，为了尽力维护本国安全，避免或推迟卷入战争，苏联政府在政治、经济、军事、外交等领域采取了许多重大措施。

1939年9月到1940年8月，斯大林趁德军西进之机，在苏联西部边界力图在德国势力范围以东构筑一道北起波罗的海、南达黑海的“东方防线”，以便从地缘政治的角度改善苏联对纳粹德国的防御态势。

1939年9月3日，德国驻苏大使舒伦堡拜见苏联的外交人民委员莫洛托夫，借故探明：在德军进攻波兰时，苏联是否愿意出动军队，打击在苏联利益范围内的波兰军队，并且从他们那一边进占该地区。

莫洛托夫模棱两可地表示，苏联政府将出兵波兰，但以“具体行动的时机尚不成熟”为借口，拖延出兵波兰。

9月5日舒伦堡与莫洛托夫会晤后，舒伦堡一再拜访莫洛托夫，来往电报十分频繁。其中心内容就是协商苏联出兵一事。与此同时，苏联政府发布命令：对6个军区预备役兵员进行集训；基辅和白俄罗斯特别军区的部队进入战备状态。

9月9日，日本驻莫斯科大使拜会苏联外交人民委员部，声明日本政府愿意签订停战协定。英、法政府继续维持对德宣而不战的政策。

9 月 14 日，莫洛托夫召见舒伦堡，明确指出：苏联的准备工作进展顺利，只是考虑到政治上的原因，政府想在华沙陷落后再谈入波事宜。

苏军趁德军西进之机，也出兵波兰，并占领了波兰东部的领土，图为苏联坦克经过一支德国军队。

9 月 15 日，当里宾特洛甫获悉苏军的准备工作已经完成并即将出动时，他再次指令舒伦堡拜会并通告莫洛托夫：德军数日内将攻占华沙，请苏联现在对波兰采取行动。

此时此刻，德军向波兰进军的迅猛与顺利，引起了苏联领导人的担忧。如果德军越过 8 月 23 日划定的分界线，德军很可能不愿意从新占的领土撤退，这样就会直接威胁到苏联边界。于是，苏联政府决定，在德军尚未到达波兰东部诸省时，出兵占领波兰东部领土。

9 月 16 日，舒伦堡再次要求苏联政府“现在就定一个开始出兵的日期和时刻”。莫洛托夫表示：即将进行干涉。同日，苏联同日本签订停战协定，协定规定，双方军队于 9 月 16 日起停止军事行动。

9 月 17 日凌晨 2 时，斯大林接见并正式通知舒伦堡，红军 4 小时后将沿波洛茨克—卡美涅茨—波多尔斯基一线开出国境。

9 月 17 日凌晨 3 时，苏联副外交人民委员波将金召见波兰驻苏联大使格日博夫斯基，向他递交了苏联政府的照会。接着，苏联外交人民委员莫洛托夫发表广播讲话称：“……苏联政府认为向居住在波兰的乌克兰弟兄和白俄罗斯弟兄伸出援助之手是自己的神圣职责……”

17 日凌晨 5 时 40 分，苏军发起进入波兰的行动。由于波兰已被德军打得溃不成军，苏军力量充足，波军大败。

苏军进入波兰后，苏德两国就双方的势力范围进行了一系列具体磋商。9 月 20 日，苏德军方在比亚威斯托克举行会议，就苏德两国的军事行动作了协调。

9 月 22 日，苏军占领了比亚威斯托克和利沃夫。

9 月 27 日，里宾特洛甫再次飞抵莫斯科，与苏联政府于 9 月 28 日签订苏德边界友好条约。条约规定：苏德“两国政府在前波兰国家领土上划定界线，作为两国国界”。任何第三国对此项决定不得干涉。

苏德边界条约签订后，苏联政府开始把保障安全的重点转移到西北部。列宁格勒是苏联人口最多的第二大城市，工业和文化的中心，这里距苏芬边界仅 32 千米。苏联政府担心，英法德等国会像 1918、1919 年那样以芬兰为跳板，对苏联构成威胁。

1939 年 3 月，苏联政府提出：把芬兰湾内的苏尔岛（戈格兰岛）、拉凡岛、塞伊斯卡里岛（塞斯卡尔岛）和季乌林岛租借给苏联，以建立军事基地，保障列宁格勒及苏联西北部的安全。

3 月 8 日，芬兰政府表示“不能考虑租借芬兰岛屿的建议”。苏联外交人民委员李维诺夫希望“这不是芬兰政府的最后答复，仍希望芬兰政府将重新考虑它对苏联建议的态度”。同时，他还表示，愿以二倍于上述岛屿面积的苏维埃卡累利阿的领土相交换。

1939 年 4 月，芬兰再次拒绝了苏联的建议，谈判中断。

1939 年 9 月 1 日第二次世界大战爆发后，苏联对芬兰有可能成为德军入侵苏联的桥头堡的担忧更加强烈，解决西北边界安全的心情也更加迫切。

1939 年 10 月 5 日，莫洛托夫通过芬兰驻莫斯科公使伊里耶·科斯基宁男爵，要求芬兰外交部长或芬兰政府派出一个特命全权代表立即前往莫斯科就某些政治问题交换意见。

苏芬战争历时三个半月，战争最终以苏联的胜利而结束，但苏联也为此付出了高昂的代价：军事上，伤亡 20 余万；政治上，被国际联盟开除；战略上，将芬兰推入德国的怀抱。

10 月 12 日，苏芬开始新的外交谈判，芬兰代表再次拒绝了苏方的意见。

由于在进行谈判的同时，苏联飞机开始轰炸芬兰边境，以施加压力。芬兰代表表示愿做某些让步，但苏联仍不满意，致使谈判破裂。

苏芬谈判破裂后，两国边界气氛紧张。苏联报刊的论调开始出现火药味。

11 月 26 日，莫洛托夫照会芬兰驻苏公使，称苏军遭到来自芬兰领土的炮击，致 4 人死亡，13 人受伤，要求驻在卡累利阿地峡的芬军撤离边界 20 ~ 25 千米。

11 月 29 日，苏联副外交人民委员波将金把莫斯科签署的一份简短照会递交给芬兰公使，宣布与芬兰断绝关系，将苏联在芬兰的代表召回。

1940 年 1 月 27 日，法国《插图》的封面用图显示了苏芬战争的惨状。

11 月 30 日，苏军越过苏芬边界，进入芬兰国境。芬兰总统发布命令，宣布苏芬进入战争状态，苏芬战争正式爆发。

苏芬战争从 1939 年 11 月 30 日到翌年 3 月 13 日，历时三个半月，战争初期由于苏军估计不足，兵分四路，从整个边境地区推向芬兰全境，力求在短期内结束战争。结果只攻占了北端的佩特萨姆港，而在其他战线均受阻不前，在南部主战场上苏军的两个师竟被歼灭。

苏军在初期失利后，斯大林非常恼火，于 1940 年 1 月重新准备，部署兵力，调集三四十个师，组成西北方面军，由铁木辛哥指挥。2 月 11 日，苏军发动新的攻势，主攻方向是芬兰的维堡。经过三天激战，突破了著名的“曼纳海姆防线”的第一防御地带，并迅速投入快速集群以扩大战果。3 月 2 日，苏军突至芬军后方防御地带，并从东北包围了芬军维堡集团，芬军开始全线撤退。到 3 月 12 日，芬兰战败。

战争以苏联的胜利而告终，但它付出了高昂的代价。在道义上，苏联是失败的。由于这次行动，1939 年 12 月初，苏联被国际联盟开除。在军事上，苏军损失巨大，伤亡约 20 万人，其中 6 万余人被击毙。芬兰政府从此倒向纳粹德国，“苏芬战争”把芬兰推入希特勒的怀抱。

二、闪电战继续逞威

为了铁矿，希特勒决定先发制人

1939 年 10 月 10 日，德国海军司令雷德尔元帅向希特勒提出夺取挪威基地的建议。当时由于纳粹元首正忙于准备向西线发动进攻，挪威问题显然顾不上。

在侵占挪威军事行动中，一群德国步兵在坦克的掩护下向前推进。

两个月后，严冬来临，运输瑞典铁矿砂的海道结了厚冰，这样一来，德国铁矿砂的供应受到新的威胁。希特勒为了确保经过挪威从瑞典进口铁矿砂的安全供应，按照海军的建议，他暂时推迟了向西线发动进攻的计划，挥师北上，向丹麦和挪威开刀了。

德国的生存要仰赖铁矿砂的进口。在天气暖和的月份里，铁矿砂还可以从瑞典北部经波的尼亚湾越过波罗的海运到德国。但是到了冬天，这一条海道运输线结了厚冰，因此就无法使用了。

这样，瑞典的铁矿砂只好改由铁道运到挪威港口纳尔维克，然后再用船沿挪威海岸运到德国。

德国运铁矿砂船只的整个航行路线都在挪威领海以内，这就给英国海军舰艇和轰炸机的破坏提供了机会。

为了实现征服挪威的计划，希特勒在挪威收买了一个叫维德孔·亚伯拉罕·劳里茨·吉斯林的内奸。这个人毕业于挪威军事学院。20 岁时，就被派到彼得格勒担任陆军武官。在 1931 年至 1933 年期间担任国防大臣。1933 年 5 月，他领导创立了一个法西斯政党“国家统一党”。但是，纳粹主义在挪威吃不开，他就转而投靠纳粹德国去了。

吉斯林和德国纳粹运动的官方哲学家罗森堡建立了关系。罗森堡曾担任过希特勒的启蒙导师，从 1939 年以后，他一直和吉斯林保持联系，给吉斯林灌输了纳粹的荒谬的哲学理论。

1939 年 6 月，当欧洲正是战云密布的时候，吉斯林乘出席在卢伯克举行的北欧协会会议的机会，要求罗森堡不仅在理论上而且在其他方面给予支持。从此，吉斯林就经常来往于奥斯陆和柏林之间，为希特勒征服北欧效劳。

在12月份，吉斯林曾带着一个政变计划来到柏林，他认为这个计划一定会得到柏林的重视。希特勒和雷德尔曾多次会见了吉斯林，并对他留下了“可靠的印象”。关于英国占领后对德国所造成的威胁，他做详尽的叙述。

纳尔维克海战

为了在英国行动之前先发制人，吉斯林建议，把必要的基地交由德国武装部队自由处理。他说，在整个沿海地区的铁路、邮政和交通的重要岗位上的人员，已经为这一目的而被收买过来了。他和挪威另一个卖国贼哈格林来到柏林是为了建立“将来和德国的明确关系”，希望能召议讨论有关联合行动和把部队运到奥斯陆去的问题。

希特勒反复研究了北欧的形势之后，随即于1940年1月27日在最高统帅部成立了一个由海陆空三军各派一名代表组成的工作小组。这一军事行动计划的代号是“威塞演习”，并委任曾在北欧作过战的福肯霍斯特将军为执行这个计划的总司令。

一切准备就绪之后，希特勒于3月1日发出“威塞演习”的正式绝密指令，指令要求做好占领丹麦和挪威的一切准备，称这一作战行动，可以防止英国对斯堪的纳维亚和波罗的海的侵犯。此外，它还可以保证我们在瑞典的铁矿基地，并为我们的海军和空军提供进攻英国的更为广阔的出发线……

早在3月间，挪威政府就从驻柏林公使馆和瑞典人那里接到关于德国军队和海军舰艇在北海和波罗的海港口集中的警告。

4月2日下午，希特勒在同戈林、雷德尔和福肯霍斯特举行了长时间的会议后，发布了一道正式指令，规定“威塞演习”在4月9日上午5时15分开始。同时，他还发布了另一道指令，要求“占领时必须千方百计防止丹麦和挪威两国国王逃到国外”。

同一天，最高统帅部对里宾特洛甫发了一道详细命令，指示他准备采取外交措施，劝诱丹麦和挪威在德国军队到达的时候不战而降，并编造一些理由为希特勒的最新的侵略辩护。

海军也按照希特勒的指示，将自己的军舰和运输舰伪装成英国舰艇开过去，必要时甚至悬挂英国国旗！

4月3日，英国战时内阁讨论了最新搜集来的情报，尤其是从斯德哥尔摩来的情报。这些情报说，德国人在它的北部港口集中了相当多的兵力，目标在于向斯堪的纳维亚推进。但这消息似乎并没有受到应有的重视。

4月5日英国从柏林收到了一份确实的情报说，德国人即将在挪威南部海岸登陆。但是，奥斯陆的麻痹自满的内阁还是对之抱怀疑态度。

这样，在1940年4月9日上午5时20分，德国驻哥本哈根和奥斯陆的使节向丹麦和挪威政府递送了德国的最后通牒，要求他们立即无条件接受“德国的保护”。

德国政府期望挪威政府和挪威人民不要抵抗。任何抵抗将不得不受到一切可能手段的击破，从而导致绝对无益的流血牺牲。这个最后通牒，可能是希特勒和里宾特洛甫起草的迄今为止最厚颜无耻的文件。

“黄色计划”

比利时与荷兰是位于德、法之间的两个小国，地理学家们在有关欧洲的地理著作中，常把比、荷放在一起叙述。由于比、荷濒临北海和英吉利海峡，同卢森堡以及北部的部分地区称为“尼德兰”，即“低地”，人们习惯称比、荷为“低地国家”。

荷兰境内绝大部分为平原，中部是丘陵地带。南部与比利时接壤处是阿登高地，海拔仅300米。在荷兰南部的比利时，其地势东南高，西北低。东南部为波状起伏的阿登高地，海拔200～600米。

山雨欲来，比利时人开始躲避战争。

希特勒对低地国家的入侵蓄谋已久。早在1939年9月27日，华沙陷落前夕，他就在总理府召集将军们开会，并决定：“尽快地在西线发动进攻，因为英法联军现在还没有做好准备。”

由于法国人在法德边境上修

筑了马其诺防线，希特勒决定从低地国家打开进入法国的突破口。

10月10日，希特勒在会上向将领们宣布："做好穿越卢森堡、比利时和荷兰地区的作战准备。这次进攻必须尽可能迅速有力地进行，目标在于尽量夺取荷兰、比利时和法国北部的广大地区"，预定11月就要在西线发起进攻，即"黄色计划"。

但为了确保德国铁矿砂的供应，希特勒推迟了马上进攻西线的计划，而挥师北上去对付丹麦和挪威了。

1940年5月初，眼看挪威的战局已定，希特勒立即按照已修改过的进攻西线的"黄色方案"，把136个师、2580辆坦克和3824架飞机组成A、B、C三个集团军群，在从北海到瑞士边境800千米长的战线上部署就绪。此计划的制定者是曼施泰因，在此计划中，他大胆提出使用坦克部队经阿登高地突击法国北部。曼施泰因出生于将帅名门，父亲是炮兵将军李文斯基。第一次世界大战爆发后，进入陆军大学仅一年的曼施泰因就投身战斗，转战于东、西两线，先后参加了对波兰北部的进攻、塞尔维亚作战以及凡尔登和索姆河等著名会战。

1934 ~ 1939年，曼施泰因先后担任柏林第3军区司令部参谋长，陆军总参谋部作战处长，德军总参谋部第一副总参谋长。1939年10月，他被升任德军"A"集团军群参谋长。他为希特勒拟定过许多计划，并受到希特勒的高度评价："曼施泰因大概是总参谋部所产生的最优秀的智囊专家。"

在天气转暖的5月初，德国人部署了世界上从没有过的强大兵力。在西线待命进攻。

为了抵御德军的侵略，荷兰、比利时和法国在战前各自修筑了一道坚不可摧的防线："荷兰要塞""埃本·埃马尔炮台"和"马其诺防线"。这三条防线自北向南，互相衔接，连绵数百千米。

"荷兰要塞"地区有海湾、河流和大面积水域，构成重重天然水道防线，它是荷兰的中枢神经所在地。德军将领为解决这个问题煞费苦心，想不到什么好主意。最后，他们决定成立五个伪装的谍报局特别营，这个营要按荷兰边境警察的服饰装扮自己。他们的任务是保护桥梁，阻止荷军炸桥。

5月10日拂晓，荷兰战役开始后，他们化装成荷兰警察，押送几名犯人来到默兹河上的格内普桥，突然向荷兰哨兵扑去，桥梁遂落到德军手中。

与此同时，德军的空降兵从天而降，打得荷军措手不及。随后，德国伞兵空降到荷兰各处，他们装扮成警察、农民、官员、神父和修道士，无孔不入，扰乱交通，往井中投毒，甚至还拉假警报。这种混乱和不安状况正是德国人所期望的。

但荷兰人并未放弃抵抗，仍在顽强地坚持着。虽然德国部队已占领了通往鹿特丹的桥梁，但荷兰的防御部队也封锁了北端的桥头，占领了桥头堡，德军坦克不能轻易通过。只要盟军的增援部队能及时赶到，荷兰还是有一线希望的。

由于比利时和荷兰拘泥于恪守中立，他们没有举行联合参谋会议，以致不能充分协调自己的计划和力量。尽管以法国甘末林将军为首的盟军最高军事委员会也秘密制定了对付德军的“D计划”，但这是一个重阵地防御、轻机动作战的消极防御计划。要对付有航空兵支援，实施多向、高速、大纵深开进的德军，根本不能奏效。

5月14日，在德军强大攻势的压力下，荷兰武装部队总司令温克尔曼将军下令部队放下武器，并签署了正式投降书。至此，荷兰也牺牲在希特勒的屠刀之下。

比利时无条件投降

1940年5月10日拂晓，德国42架容克运输机拖曳着一架滑翔机起飞，滑翔机上载着一支受过特殊训练的空降兵小分队，悄悄地来到了比利时平原的上空。

此次战争，德国人大胆使用了经过特殊训练的小股部队空降突袭的崭新战术。希特勒在战争初期及时地将其运用到波兰、丹麦、挪威以及比利时、荷兰，配合地面部队，收到了奇效。

当德国轰炸机在荷兰上空呼啸之际，德国使节将一份内容为德国部队即将开进比利时，以保卫他们的中立，抵御英法军队即将进行进攻的电报，送交给比利时大使。

比利时大使气愤地说：“你们刚刚进攻了我们的国家，对奉行中立的比利时进行了罪恶的侵略。德方既没有向比利时政府提出最后通牒，也没有提出照会或任何抗议。对此，比利时已下定决心要保卫自己的国家。”

这时，德国使节才开始宣读德国正式的最后通牒。但是比利时大使打断了他的话，轻蔑地说道：“把文件交给我吧，我愿意免掉你这个痛苦的责任。”

其实，德国对于这两个低地小国的中立曾作过无数次保证。1839年，比利时的独立和中立，曾经得到欧洲5大强国“永久”的保证，直到1914年德国撕毁为止，这个条约已被遵守了75年。

1937年1月30日，希特勒在废除了《洛迦条约》以后，公开宣称：德国政府愿意承认和保证比利时、荷兰领土不可侵犯和中立。

1937年10月13日，德国也庄严地正式表示：在任何情况下，都不会破坏比利时的领土完整，它在任何时候都将尊重比利时……如果比利时受到进攻，就准

疲惫的比利时军人驱车行进在布鲁塞尔的街道上。

备给予援助……

然而，1938年8月24日，希特勒草拟进攻捷克斯洛伐克的“绿色方案”时说，如果占领比利时和荷兰，那对德国就非常有利，他向军方征求意见：“在什么条件下能够占领这个地区？需要多长时间？”

1939年5月23日，希特勒斩钉截铁地对他的将领们说：“必须以闪电的速度，用武装力量占领荷兰和比利时的空军基地，无须考虑中立声明。”

1940年5月10日5时30分，天刚破晓。A、B、C三个集团军群向西线展开了全面进攻。当希特勒听到部队已突破荷兰、比利时和卢森堡三个中立国的边防线时，不禁大喜。胜利的消息频频传来，希特勒那双湛蓝色的眼睛炯炯有神，紧抿的嘴角透出一丝胜利的微笑。这时，西方两大强国英国和法国却在睡大觉。他们不相信从比利时和荷兰传来的警报。英、法两国政府一直等到德国轰炸机的咆哮声划破了春天黎明前的宁静的时候，才得知德国的进攻。

过了一会儿，天大亮了，他们又收到荷兰和比利时政府拼命求救的声明。可是英、法两国却“宣而不战”。此时，德空降师也展开了空降行动。在德军指挥部里，希特勒挥舞着指挥棒对他的将军们说：“你们认为，欧洲最坚固的防线在哪儿？”

有人立即说：“是马其诺防线！”希特勒却打断他的话：“不！不是马其诺，是比利时的艾伯特运河防线上的埃本·埃马尔炮台！”

第一次世界大战结束后，比利时苦心大干了三年，沿着艾伯特运河构筑了一条绵亘不断的防线。在防线的中部，在孤立突出的岩质高地上，建造了埃本·埃

希特勒与占领比利时的将领合影

马尔炮台，它比法国的马其诺防线和德国的齐格菲防线都坚固。

为确保拿下这座要塞，德国人不惜仿造艾伯特运河的桥梁和要塞，并专门组建了一个突击团，挑选了最好的指挥官，训练了400名滑翔员，集中了最好的滑翔机，先后进行了12次模拟训练。希特勒还亲自接见指挥官，要求绝对保密。

1940年5月10日黎明，当埃本·埃马尔炮台的1200名守军还在熟睡，德国的空降兵乘滑翔机在10分钟之内就控制了炮台的表面阵地和运河桥上的守军。

5月11日晨，德国装甲兵先头部队赶来包围了炮台，对坑道、暗堡、炮塔连续进行爆破和突击，要塞工事被破坏殆尽。几十门巨炮一弹未发，欲冲出地堡的比军又和迎面扑来的德军相撞。双方一阵枪战，比军死伤不计其数，其余的人又退回了地堡。

比军成了瓮中之鳖。德军不顾一切地冲进地堡。经过一场坑道白刃战，最终比军不得不在炮台里扯起了白旗，1200名惊慌失措的比利时守军走出炮台投降。5月28日，比利时国王宣布向德国无条件投降。从此“低地国家”上空笼罩着沉重的褐色阴云。

三、德国在西线的胜利

不设防的马其诺防线

由于在第一次世界大战中，法国人员伤亡过大。后来，法国为了避免再次发生惨重的人员伤亡，开始在战略上采取防御政策。于是，法国对即将开始的西线战事的反应就是加强防御力量。为此，法国大规模兴建防御工事，并对依赖重型大炮保护的法军重新部署。

德国加紧备战的消息传来，法国军民强烈呼吁加强边境的防御力量。1929 年 12 月，马其诺就任法国陆军部长，他提议在法国东北边境修建堡垒防线并得到国会的多数通过。从此，马其诺防线开始全线施工，1936 年完工，并以法国陆军部长马其诺的名字命名。

由于德国相继占领了萨尔区，吞并了莱茵兰，1937 年，法国不得不从马其诺防线北端，沿整个法国—比利时边境直至北海边缘，修建了达拉第防线。同时对马其诺防线也进行了加固，工程一直修到 1940 年 5 月德军进攻法国时。

马其诺防线从隆吉永至贝尔福，长达 390 千米。它连接了梅斯堡垒地域、萨尔地域、劳特尔堡垒地域、下莱茵堡垒地域和贝尔福堡垒地域。防线的宽面由纵深 4 ~ 14 千米的保障地带和纵深 6 ~ 8 千米的主要防御地带构成。

整个马其诺防线最坚固的是梅斯和劳特尔。在这两个地域的一些重要地段修建了地面和地下相结合的环形防御工事群。地上由装甲和钢筋混凝土组成机枪和火炮工事群，地下多达几层。

地下工事拥有指挥所、休息室、储藏室、弹药库、救护站、电站、通风室等。工事之间均有通道连接，甚至能通电车。射击工事里的武器都是由军事专家精心设计的。

另外，还修建了大量的防坦克壕、崖壁、断崖及金属和混凝土桩，埋设了大量地雷。防线上遍布金属桩或木桩铁丝网，许多地段修建了通电铁丝网。

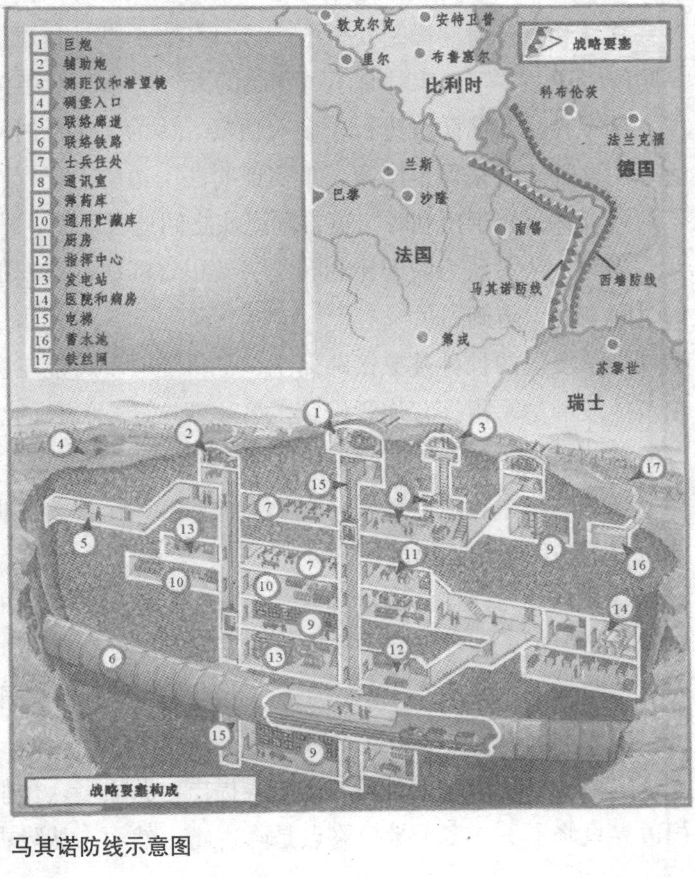

马其诺防线示意图

在第一次世界大战期间，曾使用过毒

气。但在马其诺防线上，法军可以用通风过滤设备来解决这一问题。炮手作战时非常安全，并不直接观察目标，而是由地面观测员用潜望镜观测，再用电话通知炮手。

如果战争时需要狙击步兵，法军可以用悬在头顶上的轨道将坦克炮收回，很快，一挺先进的机枪就冒了出来。马其诺防线的很多机枪下拥有升降凸轮，使得机枪火力能够覆盖更大的火力控制区，射出的子弹保持 1 英尺距地高度。

即使大量敌人越过了这座地堡，只要指挥室一按电钮，就能引爆整个地下工事。即使引爆地下工事还没有消灭敌人，法军士兵也可以立即从秘密出口撤离，通过一个很小的通道，来到一个垂直的出口。由此可见，马其诺防线的设计构想多么精细。

事实证明，马其诺防线在许多方面是很难攻克的。一些德国军官曾回忆说，德军士兵在靠近马其诺防线时像兔子一样逃窜。在大型火炮群和机枪的火力网覆盖下，只要有任何车辆和士兵落入射程内，都会灰飞烟灭。

当时，马其诺防线经过法比边界的阿登大森林的南部。法国总参谋部认为，阿登森林和莱茵河一样是安全的。1934 年，一些法国国防部的高级军官在视察这一防线时说："阿登森林是不可穿越的天然屏障，不存在任何危险。"

德军在马其诺防线进行了多次侦察。认为无论从时间上或资金上，都不允许法军用这种防线来保卫国家，事实证明法国边防上仍存在着极大的疏漏。就在过了阿登森林，介于比利时与英吉利海峡之间这段防线，法军没有认真修筑工事。

当时，法军认为盟国比利时是一处很好的缓冲区，能够为法军至少争取八天的时间来组织防御力量。

战争爆发的种种迹象接踵而至，危机随时都可能发生，迫使驻守在没有防御工事地段的法军指挥官加紧修筑工事。就这样，漫长的法德边界又出现了成千上万的与整个防线极不相称的小型工事。

当时的法军总司令甘末林大元帅被西方人士称为"世界第一流职业军人"，他拟定了一项击败德军的绝密计划。

甘末林认为，在法国边境修建一条由钢铁堡垒组成的长城，配备现代化的火力网，使得敌人不管投入多少步兵来进攻，最终都将倒在枪林弹雨中。

按照甘末林的理论，法军为了防止德军入侵而在法国东北边境修筑堡垒体系，可以用地下坑道将碉堡连起来。

法军一些有识之士对马其诺防线提出一些质疑。他们说："马其诺防线在法德边界只修了 150 多千米，终点是隆古庸。然而，从隆古庸到比利时边界的地带

德国超级大炮。这种火炮射程远，火力大，但因为准确性差，因而实际的战时用途并不大，更多是作为一种威慑武器存在。

却没有修，长度快跟马其诺防线一样了。难道德军不会绕过马其诺防线，沿着这个地带进攻吗？”

那些支持甘末林修筑马其诺防线计划的人无奈地回答说：“把防线继续向前修，一直穿过比利时。”但比利时人不同意，他们宁愿保持中立而不敢得罪德国人。即使可以延长防线，政府再也支付不出如此庞大的开支了。

就这样，法国没有把马其诺防线修完，而采纳了甘末林的计划：一旦发生战争，盟军将部署在未修筑工事的法比边境一带，与20万比利时军队会合，建立庞大的防御阵地，固守马斯河防线。因为在现代化战争中处于防御地位具有很大的优势，德军如果发动进攻，将会受到毁灭性打击。

1940年5～6月，正如一些法国有志之士所担心的，德军果然绕开漫长的防线，通过阿登山脉，自马其诺防线左边出现，突破达拉第防线，攻占法国北部，出现在马其诺防线的大后方，法国劳民伤财修筑的马其诺防线也就失去了意义。

“绥靖者”张伯伦下台

1940年5月10日凌晨4时30分，希特勒终于打破了西线的“平静”，彻底践踏了公认的国际法准则，破坏荷兰和比利时的中立，野蛮地对荷兰、比利时和卢森堡发动前所未有的大规模进攻。

希特勒进攻荷、比、卢，既是他称霸欧洲计划的一部分，也是进攻英法的序幕。它宣告了英法祸水东引政策的彻底破产。早在希特勒发动西线战争前，英国下院就对英军在挪威的败局展开了辩论，不仅反对派批评张伯伦政府，保守党人也对它进行抨击。

1938年9月，就在希特勒不断向四邻挑起战争的关键时候，张伯伦参加了判定希特勒对捷克领土要求的慕尼黑会谈。在那次会议上，张伯伦和达拉第面对希特勒和墨索里尼的强大压力，一让再让，终于签署了那个以牺牲捷克斯洛伐克为代价的臭名昭著的《慕尼黑协定》。

张伯伦想以此“为英国和整个欧洲带来和平的希望”。没想到却引起英国国会和整个舆论界的纷纷指责，责怪他对希特勒如此姑息纵容。

后来的事实证明，张伯伦以妥协退让为核心的绥靖政策，无法满足希特勒称霸世界的狂妄野心。直到希特勒向东边的邻国波兰下手的时候，张伯伦似乎才无可奈何地认识到，他费尽心机所做的一切调停都无济于事。

正是在慕尼黑问题上的所作所为，以及在政府的若干内政，张伯伦遭到了内阁大臣们和整个社会舆论的强烈指责。当希特勒进攻西线的消息传到伦敦，这不啻火上浇油，张伯伦政府受到猛烈冲击，立即垮台。一贯主张对德国采取强硬路线的保守党人、原海军大臣温斯顿·丘吉尔组成了保守党、工党、自由党等的联合政府。

1940年5月13日，丘吉尔满怀激情地向下院发表演说，表明他对英国的忠诚和把反法西斯战争进行到底的决心。

丘吉尔说：“我们的政策就是用上帝所能给予我们的全部能力和全部力量在海上、陆地上和空中进行战斗；同一个在邪恶悲惨的人类罪恶史还从来没有见过的穷凶极恶的暴政进行战斗。我们的目的就是胜利——不惜一切代价去争取胜利……”

战争初期，德军凭借其强大的火力横扫欧陆。

由此来看，丘吉尔已彻底改变了张伯伦的绥靖政策，而用全部力量对法西斯暴政进行战斗，并且充满着胜利的信心。

德国依靠它强大的空军和伞兵部队，迅速占领了荷兰和比利时的战略要地。5月11日，英法联军企图驰援荷兰，因受德军阻击，未能实现，只好从安特卫普经鲁文、那慕尔沿马斯河往南建立了一道防线，企图用重兵阻止德军前进。

5月13日，德军从迪南和色当两地猛攻马斯河防线，“向马斯河的推进，与其说是正规的军事战役，不如说是一场赛跑”，法军工事尚未修就被冲垮了。

5月14日，希特勒发出第11号指令，其中指出：“近日攻势的进展表明，敌人还没有及时理解我们作战行动的基本意图，他们仍然把重兵放在那慕尔—安特卫普一线，似乎忽视了 A 集团军群所攻击的地区。”而德军 A 集团军群的 7 个坦克师在 3 天之内就跨过了阿登，进逼马斯河。

在德国法西斯军队的强大攻势下，法军节节败退。5 月中旬，法军统帅部试图挽救危局，组织了几次反击。50 岁的戴高乐指挥新建的第四装甲师在拉昂和阿布维尔战斗中重创德军，俘敌 600 多人。戴高乐因此被晋升为将军。

如果法国战前建立起强大的装甲部队，战时坚决抵抗，死拼硬打，他们是不会遭到那样的惨败的。但法国当权人士低估了法西斯侵略的危险，没有做好反侵略的准备。现在法军在个别战斗中的胜利根本无法改变整个局势。

尤其是德军进抵英吉利海峡以后，盟军中的失败主义情绪更为严重。5 月 28 日，比利时国王利奥波德三世未经比政府内部讨论，也未与英法政府商量就宣布投降了。

敦刻尔克——炼狱还是奇迹

1940 年 5 月 10 日清晨，德军装备强大的军事力量，绕过马其诺防线以 A、B 两个集团军群进攻比利时、荷兰、法国、卢森堡等国。当德国军队从西、南、东三个方向敦刻尔克步步紧逼，德军最近的坦克离这个港口仅 16 千米，眼看着敦刻尔克唾手可得，一举就可攻下时，德军却被命令停止前进！

5 月 24 日，德军接到了希特勒亲自下达的停止前进命令。希特勒的这一命令使德军将领们大惑不解，古德里安更是仰天长叹。这让向比利时进军迎战德军右翼B集团军群的英法联军非常意外，仅十多天时间，德国装甲部队就横贯法国大陆，直插英吉利海峡岸边。北部的联军事实上已经被包围在法国北部的佛兰德地区。

5 月 27 日，比利时军队投降，40 多万英法联军开始全部集中向敦刻尔克撤退。西面的英吉利海峡成为联军绝处逢生的唯一希望。英法联军退缩到敦刻尔克一块很小的三角地带，前面是波涛汹涌的大海，后面是如狼似虎的追兵。

这时由部分法军担任后卫，准备向英国撤退。而英国早有撤退的准备，它动员了 850 多艘各种类型的船只，从巡洋舰、驱逐舰到普通的木头小帆船，集中到敦刻尔克附近海岸。法国海军和商船也参加了运兵工作。

从 5 月 26 日到 6 月 4 日，英法水兵和船员冒着德机的轰炸和炮火的轰击，把残兵败将一批又一批地运过海峡。经过 9 个昼夜的苦战，33.8 万英法和其他盟军逃离了法国，渡过海峡，进入英国。法国一些较为先进的海军舰艇已于 5 月 29 日果断撤走，但 4 万多来不及撤退的法军却当了俘虏。

这次大撤退对于保存英军实力，重新武装，重整旗鼓，以利再战不是没有意义的。撤退之所以成功，主要原因在于希特勒的停止前进的命令。这样英法联军便取得了 3 天时间修筑防御工事，掩护退却。

这个命令执行的结果是，英法联军在对德军 B 集团军群的进逼下向敦刻尔克撤退，而截断他们退路的 A 集团军群距离敦刻尔克更近，却在敦刻尔克以西的运河地区停止进攻，并没有集结兵力沿着海岸包抄，这给了英法联军一个难得的喘息机会。

这一命令后来引起的争论，被很多军事历史学家认为是希特勒独断专行干涉军事指挥的一个愚蠢的命令。实际上，希特勒的这一命令有他的考虑：在法国北部的战事明朗后，德军需要为下一步作战行动保存装甲部队实力。加上戈林向希特勒保证空军可以消灭敦刻尔克的联军。敦刻尔克地势遍地沼泽和低洼，不利装甲部队前进，没有必要再让装甲部队遭受损失。

尽管后来德军装甲部队为阻止英法联军从敦刻尔克撤退而恢复攻势，但他们面临敌人有组织的防线而无法突破。英法联军成功地延迟了德军进攻，并且为部队撤离敦刻尔克赢得了更多的时间。

5 月 20 日，德军装甲部队切断了英法联军与其南翼法军的联系，英法联军 3 个集团军约 40 个师被包围在法、比边境的佛兰德地区。随后德军抵达英吉利海峡沿岸，联军被压缩在宽 50 千米的敦刻尔克滨海地区。

5 月 26 日，英国海军下令代号为“发电机”的撤退行动。德国空军猛烈轰炸敦刻尔克，将港口炸成废墟，阻止联军撤退，英国海军军舰由于吃水深，无法靠近海滩，撤退速度较慢，5 月 27 日只撤出了 7000 多人。

5 月 28 日，敦刻尔克地区恶劣的天气，阻止了德军空袭，近 1.7 万人得以撤离。

敦刻尔克大撤退

撤退开始后，德军加强地面进攻，并从空中和海上攻击英法运输船队。英军坚守其东西两侧战线，以确保向海峡沿岸撤退的通道畅通，并加紧部队登船工作。他们以各式各样的小船充当摆渡，还将卡车沉入

关于敦刻尔克大撤退的绘画。这次被誉为“敦刻尔克奇迹”的行动，为英法联军保存了大量的有生力量。

海中，作为海滩延伸入海的登船栈桥。

5月29日撤出4.7万人。

5月30日，浓雾再次阻止了德军空袭，联军撤出5万多人。

5月31日撤退人数达到6.8万。敦刻尔克的包围圈逐步缩小，但德军无法阻止联军从海上撤走。英国空军为了掩护地面撤退，总共出动2739架次战斗机进行空中掩护，平均每天出动300架次，有力抗击了德军空袭。

尽管在德国空军的攻击下损失惨重，6月1日仍有6万多人撤出。由于德军空袭和逼近敦刻尔克海滩的炮火，6月2日开始利用夜间进行撤退。其后联军利用暗夜的掩护每天将2.6万人撤往英国。6月4日德军攻陷敦刻尔克，担任后卫来不及撤离的法军4万人被俘。

从5月26日至6月4日历时九天，实际上是5月26日、6月2日和3日共三个晚上，5月27日至6月1日共五个全天，总共有338226人撤回英国，其中英军约21.5万人，法军约9万人，比利时军约3.3万人。

这些部队撤离时将重装备全部丢弃，带回英国只不过随身的步枪和数百挺机枪而已，在敦刻尔克的海滩上，英法联军共丢弃了1200门大炮、750门高射炮、500门反坦克炮、6.3万辆汽车、7.5万辆摩托车、700辆坦克、2.1万挺机枪、6400支反坦克枪以及50万吨军需物资。

尽管只有短短几天的时间，但英法联军在德军地空火力猛烈轰击下，仍撤出了33.8万余人，被誉为“敦刻尔克奇迹”！为盟军日后的反攻保存了大量的有生力量，创造了二战史上的一个奇迹。正如丘吉尔在6月4日向议会报告敦刻尔克撤退时所说：“我们挫败了德国消灭远征军的企图，这次撤退将孕育着胜利！”

巴黎不设防

当敦刻尔克的交战还在进行时，希特勒就踌躇满志地调动兵力，重新部署，准备进攻巴黎了。随着敦刻尔克大撤退，北方的战事基本结束。希特勒下令让德

希特勒及其军事将领走在巴黎大街上。

军南下，深入法国腹地准备进攻巴黎，彻底征服法国。

1940 年 6 月 5 日，希特勒发表了《告军人书》，煽动德军加紧侵占巴黎，说这是“历史上一次最大的战役”。天刚亮，德军庞大的轰炸机群就出现在法国上空。随着阵阵震天动地的爆炸声，法军的许多重要目标遭到破坏。巴黎附近的空军基地受损最为严重，数百架战斗机来不及起飞便被炸毁。德军一下子掌握了制空权。

6 月 5 日这一天，天空中上千架德机盘旋俯冲，地面上 2000 多辆德国坦克横冲直撞，100 多个德国师如入无人之境。

雷诺这时显得十分沮丧，因为魏刚报告说，法军已经精疲力竭了。贝当认为，法国目前的处境已无可挽回，要打赢这场战争是毫无希望的，在法国还有足够的军队维持秩序到和平来临的时候，要求停战。

6 月 5 日夜间，法国总理雷诺再次改组政府，任命戴高乐为国防部次长。

雷诺虽然希望法国战斗到底，最后获胜，但是他的周围都是一些失败主义者。为此，雷诺要戴高乐去见丘吉尔，让他向英国政府表示法国将继续战斗，更重要的是让他设法从伦敦获得可靠保证，保证皇家空军特别是战斗机将继续参加法国的战斗，并探询一下撤离敦刻尔克的英军还需要多长时间才能重新装备起来，派回法国作战。

5 月 31 日，雷诺指示魏刚，要他对建立阵地的可行性进行调查。因为要在法国继续作战，只有撤到一个易守难攻的地方，作为桥头堡来坚守。

6 月 8 日，雷诺与戴高乐讨论该计划。在魏刚的总部所在地，戴高乐与来请示工作的各个参谋部的熟人交流了看法，大家都一致认为这场战争输定了，尽快结束战争是最好的解决办法。

戴高乐又见了雷诺一次，并开门见山地建议撤销魏刚的总司令职务，换上洪齐格尔将军。虽然雷诺原则上同意了戴高乐的意见，但认为这时候进行人事变更是不可能的。

就在法国摇摇欲坠之际，意大利在法国背后又插了一刀。

6月10日，墨索里尼在匆忙宣布对法宣战后，便着手付诸军事行动。

6月11日，意大利集中乌姆贝托指挥的西方集团军群对法开战。西方集团军群共有22个师，32.5万人，约3000门火炮和3000余门迫击炮。

而这时法意边界上的法军只有6个师，总共17.5万人，远不如意军人多。由于法军占据着有利地形，加上意军的无能，意军在战场上没有取得什么显赫的战果，但却给法国增加了压力。

德军渡过马斯河后，巴黎被包围了。为了避免无谓的伤亡和文物古迹受到损毁，魏刚于6月11日下令法军撤出巴黎，搬到图尔，只留下警察局维持治安。

当时，丘吉尔、雷诺和他们的首席军事顾问在布里阿尔附近的米居厄堡召开了作战会议。

丘吉尔认为，如果军队被打垮了，法国应该打游击战。贝当说，这样做会使法国受到更深的伤害。结果法国不愿意采取丘吉尔游击战的建议。

6月12日到16日，雷诺内阁在康热召开会议，会上魏刚要求停战。在此期间，法国政府讨论的主要是停战问题。

6月13日，法军护城部队撤至巴黎以南的朗布依埃—儒维西一线。下午5时10分，德军先头部队抵达巴黎北郊，随后，德军B集团军群所属部队包围了巴黎。

同日，丘吉尔由英国代表们陪同，来到法国图尔与雷诺总理会谈，雷诺向丘吉尔解释，法国固然尊重盟友英国，但也有权单独投降。丘吉尔说，英国不同意法国投降。

丘吉尔和大臣们离开后，以副总理贝当和总司令魏刚为首的投降派宣布巴黎成为“不设防城市”，向德国政府正式提出停战请求，出卖了法国和法兰西人民。

巴黎城防司令不战而交出巴黎，严令镇压人民反抗，并向群众宣布：凡从事抵抗者格杀勿论。当听到政府要放弃保卫首都的命令时，法国作家莫鲁瓦这样说道：“就在那一刻，我知道一切都完了，法国失去了巴黎，成了一个无头的躯体，我们战败了。”

巴黎失陷。德国军队自凯旋门前经过，对于法国来说，这不啻一种巨大的讽刺。

此时，丘吉尔仍极力主张法国建立防御阵地。很快，英军在法国西部集结一支部队，由阿兰·布鲁克将军指挥。

由于将军们都对执行这个计划没有信心，6月14日晚，法国西部的英国军队撤退了。

与此同时，6月14日早晨，德军第18集团军一部开进巴黎。B集团军群司令博克在香榭丽舍大街举行了阅兵仪式。这个丰富、快活、喧闹的大都市此时竟成了死城。除了警察外，很难找到人，多数人逃到了县市和乡间，少数人躲在家里。

协和广场前，只有一片沮丧的沉寂不时被德国军官座车的声音所打破。唯一不同的是在埃菲尔铁塔顶端、外交部、市政厅的旗杆上、德国国旗取代了法国三色旗。

巴黎这座著名的大城市此时几乎空了，法国国内难民多达600万人，在大街小巷上川流不息。

法国当局宣布“巴黎不设防”，向德国法西斯投降，出卖了自己尊严的同时，也给法兰西人民带来无尽的民族屈辱。

法国投降——又见贡比涅森林

1940年6月21日，对法国人而言，那是一个充满耻辱的夏日。在德国贪婪地攻陷了法国首都巴黎之后，希特勒和法国的停战谈判，就是在贡比涅森林中的一块小小的空地上举行的。

这个地方是1918年11月11日德意志帝国向法国及其盟国投降的地方。希特勒将在这儿一雪前耻，因为这个地方本身也会增加他复仇的快感。

1918年11月11日，在第一次世界大战中战败的德国在巴黎东北方贡比涅森林“福煦列车”上签订了停战协定。

22年后，在这片法国人曾经引以为傲的贡比涅森林里，历史向法国人开了一个莫大的玩笑，法国人扮演了22年前德国人所不愿意扮演的角色。

为了谈判，对这一历史性地点进行了专门布置。1918年德国失败之后同法国人签署停火协定的车厢被从博物馆里拉出来。如今，遵照希特勒的命令，将它放在22年前所在的位置——车站中央的轨道上。

那是一列国际卧铺列车的普通餐车，里面的一个包厢被改建成了会议室。一张大桌子，四周围摆放着椅子。通向“停火地点”的林荫道前有座法国人竖立的胜利纪念碑，上面雕着一只跌落的德国鹰。

1940年6月21日下午3时15分，希特勒驱车前往贡比涅森林。他在离空地

签署一战停战协定时的车厢

法国与德国签署停战协定，法国宣布投降。

近 300 米的一座一战结束时树立的塑像前走下汽车。希特勒的表情十分严肃，他缓缓地绕行了一周，注视着 1918 年议和的纪念碑和福煦的半身塑像。在福煦的塑像前，希特勒的手下给他树立了一尊他本人的塑像。

希特勒在车厢外巡视了一周，在车厢附近的花岗岩石碑前停住了脚步，开始读碑上的文字。“他的脸上燃烧的是蔑视、愤怒、仇恨、报复和胜利……”

然后，希特勒及其随行人员走进停战谈判的车厢，他坐在 1918 年福煦坐过的那把椅子上。

五分钟以后，法国代表团来了。这是一个以色当的第二军团司令查理·亨茨格将军为首的代表团，他现在正亲身经历着德军造成的第二次崩溃。

显然他们事先并不知道会在这个曾经让法国人引为骄傲的圣地来受这种屈辱。他们的这种震惊，无疑正是希特勒所期望的。

在凯特尔将军对法国人宣读了停战条款的序文以后，希特勒和他的随行人员马上离开了车厢。

谈判工作交由最高统帅部长官继续进行，但对于他亲手所拟订的条件没有留出丝毫的回旋余地。

凯特尔把这些条款读完以后，亨茨格马上对德国人说，“条件太‘冷酷无情’了！”这比 1918 年法国在这里向德国提出的条件差得多。

在德国人提出的条件中，最恶毒的一条就是，强迫法国把法国本土和海外属地上的反纳粹的德国流亡人士，全部交由德意志帝国；凡是与别国联合对德国作战的法国人，被捕后立即枪决；所有战俘都将被关押到签订和约时为止。

停战条约中最难处理的是法国海军问题。在法国将要崩溃的时候，丘吉尔曾经表示，法国如果把海军开到英国来，过去不单独媾和的诺言就可取消。希特勒决心不让这件事情实现。

因此，他在停战协定中规定，法国舰队必须复员、解除武装，并把舰只停泊在本国港口废置不用。德国“无意使用在德国监督下的港口所停泊的法国舰队来为自己作战”。

在贡比涅举行停战会谈的第二天，法国代表还在继续拖延和争论。到下午6时30分，凯特尔发出了最后通牒。法国必须在一小时之内接受或者拒绝德国的停战条件。在这一小时内，法国政府屈服了。

1940年6月22日下午6时50分，亨茨格和凯特尔分别在停战协定上签了字。这个曾经拥有300万大军、号称欧洲头号陆军大国，这个在“一战”中曾四年不败的法兰西，在这次战争爆发六周以后就投降了。这是法国统治集团长期推行绥靖政策所造成的恶果。

按照停战协定规定，法国军队全部解除武装并把武器交给德国，法国被肢解为两部分，法国北部约占全国五分之三的富庶工业区由德军占领，法国负担德国占领军的全部费用。

其他非占领区表面上由贝当傀儡政府统治，实际上整个法国完全被置于德国人的统治之下。法国从此陷入了亡国的深渊。

当法国代表团从停战谈判的车厢走出的时候，天空下起了霏霏细雨。这时，一群德国士兵正起劲地叫喊着，开始移动那节车厢——“福煦列车”。

“运到哪里去？”一个美国记者问道。

“运到柏林去！”他们要把车厢运往柏林当作展品。至于那座在1918年树立的花岗岩纪念碑，则在两天以后，被一队德国士兵奉命用炸药炸毁了——只有福煦元帅的塑像留了下来。

这是一个令法国人民很久都不能忘怀的历史插曲。

戴高乐在伦敦竖起“自由法国”的旗帜

法国名存实亡后，戴高乐的事业此时几乎陷入绝境，但他仍然信心百倍。这时，他的事业所得到的最重要支持来自英国。

1940年6月18日下午6时，在英国广播电台的播音室里，戴高乐向全世界、也向沦亡的法国，发表了也许是他一生中最重要的演说。

戴高乐说：“法国并非孤军作战，它可以与控制着海洋并在继续作战的不列颠帝国结成同盟。我，戴高乐将军，现在在伦敦。我向正在英国领土上和将来可能来到英国领土上的持有武器或没有武器的法国官兵、军火工厂的工程师和技术工人发出号召，请你们和我取得联系。”

戴高乐将军在英国BBC广播电台的播音室里，进行了著名的《告法国人民书》的演说。

戴高乐还说："无论发生什么情况，法兰西抵抗的火焰决不会熄灭！"

尽管法国的军政官员们没有人理睬戴高乐的声音，但这声音却深深震撼着几千万法国人民的心灵。

在戴高乐的旗帜下，集中了来自法国各方的自由战士，他们在打败德国的过程中作出了重要贡献。

在伦敦的戴高乐接到回国"命令"。贝当政府命令戴高乐到图卢兹的圣米歇尔监狱去"自首"，听从"战争委员会"审判。

这个委员会先是判处戴高乐4年的徒刑，然后根据伪政权国防部长魏刚的指示，改判"死刑"。

戴高乐又向法国驻海外的殖民总督们发电报，要求他们坚持作战。他还请他们来伦敦会谈，得到的是一片嘲笑声。那些总督们认为戴高乐是野心勃勃、追名逐利的家伙。

6月22日下午，法国代表和凯特尔在停战协定上签了字。

这一消息震惊了全世界，全世界人民都注视着法兰西的灭亡，许多法国人听到广播后都哭了。德国控制的傀儡维希政府显然已经无法代表法国，几千万法国人民成了亡国奴！

6月23日晚上，戴高乐将军在伦敦发表广播声明。他说，由于波尔多政府投降所造成的局势，法国的政治机构已不能自由地行使职能，法国人民无法表达他们的真正意愿，因此在英国政府的同意下，他宣布在伦敦成立法国民族委员会。

6月28日，英国正式承认戴高乐为"一切自由法国人的领袖"。丘吉尔对戴高乐说："你虽然孤身一人，但我只承认你一个人！"

这样，戴高乐就在伦敦竖起"自由法国"的旗帜，组织英国领土上的法国武装部队和海外法国人民，为反对法西斯、争取法兰西民族的解放而斗争。

为了法国的独立，他一边与挪威、荷兰等国的流亡政府取得联系，寻求他们道义上的支持，一边扩充实力。因为他的力量有限，他才必须争取别国的支持，永不言败。

他向英国借来白城体育馆作为招兵基地，接见逃到英国的法国人，用他那粗

戴高乐视察“自由法国”女兵大队。

犷的声音打动他们：“法西斯的侵略已经引起大多数国家的反抗。法国暂时还有很多困难，但法国一定会重新获得解放！”

戴高乐坚忍不拔的意志深深地打动了每一位法国爱国志士，很快有几百人站到他的旗帜下。6 月 29 日，他来到利物浦附近的特伦特姆公园，招募了 200 名阿尔卑斯山步兵，以及一些炮兵、工兵和通讯兵。

几天后，两艘法国潜艇和一艘巡逻艇宣布追随他继续作战。圣阿塔恩的几十名飞行员也前来追随他。6 月 30 日，米塞利埃海军中将逃了出来，加入“自由法国”的阵营。

这时开始陆续有人从法国逃出来，其中有不少不甘屈辱的中高级军官。甚至有许多人从北非来到伦敦，前来追随戴高乐。

法国的国庆节这一天，为了向全世界宣告反法西斯的法国军队仍然存在，戴高乐决定举行阅兵式。7 月 14 日上午，7000 多人的“自由法国”部队聚集在白城体育馆。戴高乐全副戎装地站在台阶上，身后悬挂着巨大的福煦元帅画像。

这是戴高乐的部队第一次在伦敦公开亮相，是对德国的公开宣战。紧接着，第一批“自由法国”的飞行员进行了对德国鲁尔区的轰炸。

这时，戴高乐以“自由法国领袖”的身份与丘吉尔进行“必要的谈判”。通过艰苦的努力，双方达成《丘吉尔—戴高乐协议》。

在协议中，戴高乐坚持英国必须保证恢复法国的疆界。他以这种办法从法律上打消英国人怀有的任何攫取法国领土的想法。最终，英国政府承认他们有义务“恢复法国的独立”。

“自由法国”军队的开支先由英国政府垫付，戴高乐坚持表明这是借贷。所有开支将立账，以后偿还。这一协议的签订使戴高乐摆脱了物质困难，同时使英国和“自由法国”的关系正常化。

在军事上，戴高乐身边有一批得力的参谋，他们认为不能总待在英国，必须动身去非洲发展。戴高乐决定先去乍得、喀麦隆和刚果，使它们加入“自由法国”。

1940 年 8 月 2 日，戴高乐派勒让蒂约姆将军去索马里半岛，派普利文、帕朗少校和内阁总管埃蒂埃·德布瓦兰贝尔去赤道非洲。这些人很快使“自由法国”的洛林十字旗帜飘在乍得和喀麦隆的上空。

达喀尔是戴高乐想争取的地方，因为控制了达喀尔就控制了塞内加尔和法属西非的大片地区。为了使这个计划成功，就必须请英国提供海上援助。关键时刻，丘吉尔依然一如既往地支持他。

法国抵抗组织在巴黎街头袭击德军，这种游击行动一直持续到德国投降为止。

10 月 27 日，戴高乐在布拉柴维尔向全世界庄严地宣布成立国防委员会："我要以法国的名义，而且只是为了保卫法国行使我的职权。为了协助我进行工作，我从即日起，组织一个法国防务委员会。"

1941 年，"自由法国"运动在戴高乐的领导下，不仅取得了较大的发展，而且建立起一支精悍的海陆空武装部队。

1941 年 9 月 24 日，戴高乐宣布成立"法兰西民族委员会"，代行政府职能。法国本土的抵抗运动在戴高乐的影响下也发展起来。

四、不列颠上空的鹰

"我们决不投降"

1940 年 5 月 10 日，张伯伦因慕尼黑协定引起国民抗议而下台，由主张对德国采取强硬政策的海军大臣丘吉尔出任首相。这时候，战争阴影笼罩着整个英国，甚至英国国民也在怀疑，打赢这场战争的把握有多大？

5 月 13 日，德国坦克刚刚出现在阿登山口时，丘吉尔在英国下院发表了激情四射的就职演讲。他说："我能奉献的只有鲜血、劳苦、眼泪和汗水……

英国人第一次领略到丘吉尔身上所具备的那种坚定无比的品格。他的决心、意志，感染了在场的每一个人，雷鸣般的掌声在会议厅里久久地回荡。

在此以前，希特勒并未想过入侵英国的问题，他天真地相信，法国一旦被击败，英国就会接受和谈。他曾信心十足地说："英国是个傲慢的国家，不会轻易投降。

等他们明白自己的处境后一定会接受我们的和谈方案。”

希特勒从6月中旬到7月中旬频频向丘吉尔摇动橄榄枝，还通过瑞典和梵蒂冈教廷向英国做出和平试探，但希特勒听到的回答始终是一个坚决的“不”字。

一天晚上，丘吉尔在地下总部的一间防空洞里召开参谋部会议，丘吉尔指向会议桌首席放的那把木椅说：“我将在这里指挥这场战争。如果德国人攻打我们，我就坐在这把椅子上。”他把雪茄叼在嘴里，深深地吸了一口，说：“我就在这里，直到德国人投降，要么就是德国人把我的尸体抬出去！”

7月19日，希特勒在柏林的克罗尔歇剧院召集了一次引人注目的国会会议。希特勒一改以往那种歇斯底里的风格，而是十分温和地开始了自己的发言。在演讲中讲到英国对待战争与和平的态度，说：“现在我从英国只听到一个呼声：战争必须进行下去！但这不是人民的声音，而是政客的声音……现在，我觉得在良心上有责任再一次呼吁英国和其他国家拿出理智和常识来，我认为我是有资格做出这种呼吁的，因为我并不是乞求恩惠的战败者，而是以理智的名义在说话的胜利者。我实在看不出为什么要把这场战争继续打下去。”

当天晚上，德国的飞机在英国撒下了数百万份印着希特勒演讲全文的传单。实际上，英国的广播早已全文播送了希特勒的演说，并将他的讲话在报纸上全文刊载。对于希特勒的战争恐吓，英国政府没有进行封锁，反而让全体英国人民知道，让他们对此有所准备。

7月22日，哈利法克斯勋爵在广播中正式拒绝了希特勒的建议：“除非自由确有保障，否则战斗决不停止。”

希特勒派人继续在幕后进行外交活动。8月3日，瑞典国王认为商谈此事的时机已经到了，试探着英国的态度，但英国外交部门给予了强硬的回答。

在英国外交部发言后，丘吉尔向新闻界发表了声明：“首相希望大家了解，德国企图进攻的可能性没有完结。德国人正在散播谣言，说不打算进攻，对于他们所说的话，我们历来表示怀疑，对于这个谣言就更应该加倍怀疑了。我们感觉到，我们的力量在日益增长，准备也日益充分，但决不可因此丝毫放松警惕，在精神上有所松弛。”

英国抗击德国的宣传海报，丘吉尔成为当时英国人民抗击德国的坚定旗手。

美国《生活周刊》发表的遭德军轰炸后的伦敦街道照片

对英国人的态度，许多德国人难以置信："你能理解那些英国傻瓜吗？"他们禁不住互相询问："现在还拒绝和平，他们是不是发疯了？"

但英国的反抗精神和钢铁意志令德国参谋部的大部分将军惊讶不已。不列颠空战期间，英国硝烟弥漫，遍地弹痕。然而，英国人依旧毫不屈服。在飞机的轰炸下，丘吉尔穿过伦敦市区，踏访一条条街道、一间间民房……

英国的战争后方

虽然英国投入第二次世界大战的人数并没有像1914~1918年的第一次世界大战那么多，但是"二战"中的英国人却得到了更加完全的动员，他们要比其他国家的人们更加支持本国的战争事业。

虽然英国社会是很民主的，但是在第二次世界大战中的英国人的生活，在很多方面都会得到严格的限制。英国也将本国的更多资源投入战争之中，这与其他国家相比有过之而无不及。

虽然与那些主要的轴心国相比，英国在最后遭到了相对较轻的轰炸，但是对空战的心理恐惧，从一开始就体现出非常严重的后遗症。在战争爆发的数周之内，超过80万名无人陪同的儿童从各大主要城市被疏散出来，被安排居住到陌生人的家庭之中，因为那里是更加安全的农村地区。其中很多在"虚假战争"期间折返回家了，但却又在闪电战期间再度被疏散，而在1944~1945年的纳粹V系列秘密武器袭击期间，如此的疏散过程一次又一次地上演。总算起来，大约有600万平民直接或间接地参与了战争。

不同的平民防御勤务组织，比如防空队员等，都由数以十万计的成员组成。公共的防空掩体或庇护所，纷纷在公园之中被建起或挖好；当空袭警报拉响的时候，伦敦人赶紧钻入管状的防空隧道；大约150万个家庭，都会建造自由灵活的家庭避难所，那就是所谓的安德森式家庭掩体；每个人都会在夜间自动实施灯火管制，虽然其对误导敌军轰炸机所起的作用并没有多少。

1939 年，从伦敦被疏散的儿童，在跟自己的母亲们道别。

战争期间的很多创新，都是在紧急权力法案颁布之后涌现出来的，而这项法案是在 1940 年 5 月被议会通过的。这项法案使政府对生活的每一个方面都获得了“独裁”的权力。比如说，除了将男丁征召入伍之外，政府还可以直接命令平民身份的男男女女肩负起特定的工作任务，管控他们在那些工作之中的薪资水平，并禁止他们中的任何人离开岗位。

1940 年 5 月，丘吉尔出任首相，他一改英国之前那种毫无斗志的局势，组建了一个联合政府，并将劳工党和自由党的成员都包括进来，但主要还是从其所属的保守党中抽调主力。政府对人力、食物、燃料以及其他各项都进行集权化的统筹计划安排，几乎会介入到日常生活的方方面面。若要对其进行完全的控制，行政事务必须在规模上予以加倍扩大。

食物、燃料、衣物以及其他商品的配比，是战争中最具影响力的方面。在战争爆发后的最初几个月内，汽油配比制被引入进来，而到 1940 年，其范围遍及肉类、黄油以及添加的糖类。主要食物，如面包和马铃薯，则从来没有实施定量配给制。“耕耘胜利”生产运动鼓励人们去种植属于自己的食物。工厂生产的军用炊具，虽然在战争之前相对不太常用，但是也开始为人民提供像样的三餐。黑市自然而然也在其中酝酿发展起来，但是总体而言这一系统还是顺利地展开工作，并且似乎是公平的。毫无疑问，另一个真实的情况是，最贫穷的人，如在战争前几年中失业或原本就生活拮据的人，却在战争期间能够三餐吃饱了。

为未来设计一个更好的计划，成了当时的一大主题潮流，虽然当时对能否赢得这场战争胜利依然无法确定。1942 年 12 月，贝弗里奇报告提出了“社会保险”的宏伟计划，并旨在解决失业问题并提供医疗保险。这些以及其他新发展，都体现在“二战”结束之后的所谓福利国家之中。

总而言之，在 1945 年时，人们普遍觉得，他们的国家正在顺利地运转。他们第一次并肩站起来与希特勒对峙，并通过团结统一的有目的方式与其作战。他们对未来充满了热忱和希望，虽然并不是所有一切都会实现。

“海狮计划”

希特勒打败法国后，便开始入侵英国的打算了。1940 年 7 月 16 日，希特勒发出了准备进攻英国的 16 号指令，即“海狮计划”。

“海狮计划”规定：在 8 月 5 日前后开始对英国进行空中攻势，然后根据空中攻势的结果决定登陆日期。因此，“海狮计划”成败的关键将取决于空中战役的结果。希特勒把全部希望寄托在空军司令戈林身上。

戈林向希特勒保证,他的空军“只需4天时间,就可像进攻波兰那样战胜英国”。但他忽视了英国巨大的战争潜力。

1940 年 7 月 16 日，希特勒发出对英登陆的“海狮计划”的训令。德国空军以英吉利海峡的护航舰队为攻击目标，并对英国南岸港口进行骚扰性攻击，目的是诱出英国战斗机加以歼灭。但英国空军不上当，每次瞄准机会以少量飞机出击，使德国元气大衰。一个月的时间，英军仅损失战斗机 148 架，而德军却损失 296 架。

从 8 月 13 日到 9 月 6 日，德国空军大规模地轰炸英军机场、雷达站、飞机工厂和补给设施，并寻求同英国飞机进行空中决战。

从 8 月 24 日起，战事进入了决定性的阶段，德军每天出动 1000 多架次飞机。严重破坏了英国南部 5 个军用机场和 6 个雷达站，几乎摧毁了南部整个通讯系统。这时，德军的势力逐渐增强，而英军的物力与人力已出现短缺的情况。

9 月 7 日晚，目睹希特勒发火的戈林为了讨好自己的元首，竟然下令已经完全占据上风的德国空军改变轰炸目标，集结 1200 多架飞机对伦敦进行大规模的报复性轰炸。企图摧毁英国工业生产，摧毁英国军民的抵抗意志。

不料，戈林的这一举动正好给了英军喘息的大好机会。利用这个短暂的时机，英军抽调大量人力物力修复被炸毁的飞机跑道，维修受损的飞机……

此时的戈林已经完全被“胜利”冲昏了头脑。他自信地认定英国空军已经彻底丧失了任何还击能力，只剩束手待毙的分了。

9 月 15 日中午，在他的一手策划下，德军的 200 架轰炸机在 600 架战斗机的掩护下，飞越英吉利海峡，准备对英国实施最后一击。面对来袭的敌机，被分成 6 个拨次的 300 多架英军战机果断地升空实施拦截。

在英军的突然攻击下，毫无思想准备的德军机群很快就乱作一团。很快，火光冲天，机枪声炸弹声此起彼伏。一场决定最终胜负的大厮杀终于开始了。仅仅 20 多分钟后，德军就损失战机 185 架，而英军仅损失 26 架。眼看没有取胜的希望，德军被迫撤退。

在“不列颠空战”中，德军共出动飞机4.6万多架次，向英国投掷6万吨炸弹，炸死炸伤英国居民8.6万余人，炸毁100多万栋建筑物，英军以915架飞机和414名飞行员的代价击落了1733架德机，击毙和俘获6000名德国飞行员，取得了空战的胜利。

9月17日，希特勒无奈地宣布：无限期推迟“海狮计划”。就这样，经过一场以弱胜强的空中格斗，“海狮计划”彻底破产了。

“鹰日计划”

希特勒入侵英国的野心并没有随着“海狮计划”受挫而放弃，他决定同时实施“德国空军对英国的伟大空战”。

1940年8月2日，希特勒命德国空军总司令部发布了发动“不列颠战役”的命令。空军司令戈林坚信：将在4天内瓦解英国南部的空中防御，在4周之内将英国空军逐出英国上空。8月10日，德国空军开始全面出击。这次进攻计划被称为“鹰日计划”。由于天气原因，“鹰日计划”被迫推迟到8月13日，德军于12日进行了一次大空袭的前奏，德国空军对英军的沿岸雷达站进行了猛烈的突袭。

德国 Bf.109 战机低空飞过英吉利海峡，这种低空飞行可有效地避开英军雷达，从而提高轰炸效率和生存概率。

英国虽然有部分雷达站被击中并遭严重破坏，但德国人此时还不了解雷达对英国防空的重要性，他们在发展和运用这种电子装置方面远远落在英国人后面。

从 8 月 13 日开始至 8 月 23 日，“不列颠战役”进入第一阶段，在历时 10 天的战斗中，德国对英国进行了 5 次大规模轰炸，企图摧毁英国空军。德国空军采取的战术手段是集中优势兵力，空袭英国的政治、经济中心和空军主力配置地区，采取大机群出航，小编队进入目标分拨次连续突击，使英国防空力量不能实施集中抗击。短短 10 天内，英国就有 446 架战斗机被毁或遭破坏。103 名驾驶员阵亡，128 名重伤，这两个数字之和几乎是当时全部驾驶员的四分之一。英国面临着灾难性的危险，整个国家也陷入了一片恐慌之中。

英国皇家空军轰炸柏林

不列颠空战进行了一个多月，由于德军每次出动轰炸机越过英吉利海峡时，英国的战斗机总是顽强抵抗，把德国轰炸机杀得丢盔弃甲。戈林认为英国空军的实力还很雄厚。针对德国空军目前作战不利的情况来，距夺取英国的海事权与海空权的目标似乎越来越遥远。“海狮计划”被迫一再拖延，让戈林发现希特勒对空军越来越失望了。

于是，戈林召集空军军官和飞行员开会。他决定进一步下放权力，以提高部队的战斗力，他们可以在白天黑夜进行轰炸，可以空袭与英国空军有关的任何地方。按照元首的指示，戈林在伦敦城区的外围画了一条线，不准进攻伦敦城区。

希特勒不允许空袭伦敦城区的原因有两个：一是为了满足他的虚荣心，他想在占领英国以后，骑着马在白金汉宫里耀武扬威。二是他担心一旦摧毁伦敦，会影响那些中立国家的态度，这对德国在战略上并没有多少好处。

英国的高层人员却希望德国空军把轰炸的主要目标转向伦敦。丘吉尔认为，如果伦敦变成了废墟，他就能得到更多的国际援助，尤其是美国的援助。

道丁也希望看到德国空军轰炸伦敦，因为英国空军难以支撑德国空军的轮番轰炸了。如果德国空军轰炸伦敦，那么就能减轻地面空战设施和军需补给基地的压力，就能使英国空军获得休整，以便日后再战。

这时候，一个纯属偶然的事件挽救了英国。

由于气候骤然变坏，德国空军的飞机不能起飞。戈林利用这个机会召集空军将领开会，分析了前几天对英作战的情况，研究下一步的作战任务。最后决定将对英国飞机制造厂和重要军事目标的袭击变为夜袭。

8 月 24 日，天气转好。当晚，德国空军出动大批飞机，飞过海峡，实施“夜

英国皇家空军阿夫罗·兰开斯特轰炸机从 1942 年开始服役，很快就成了轰炸德国的主力。到 1944 年，已经有了 40 个兰开斯特轰炸机中队。

B-25“米切尔”轰炸机。一架由翁特 F-4U“海盗号”舰载飞机护航的美国米切尔中型轰炸机。米切尔系列轰炸机最大装弹量 1400 千克。

袭”。但由于一个轰炸机中队迷了航，把准备投到伦敦城外飞机制造厂和油库的炸弹，投到了伦敦市内。结果，8 名伦敦市民被炸死！

当时丘吉尔借机坚持认为这是德军故意干的，必须对此作出报复。丘吉尔找来参谋们开会，会上全体人员一致同意轰炸柏林。

8 月 25 日上午 9 时，德军的 1000 多架轰炸机和战斗机席卷了英国的许多基地，曼斯顿、北威尔德和霍恩彻奇等机场都遭到了严重破坏。次日，德国继续使用小编队进行广泛的袭扰性轰炸。这两天，德军共损失 61 架飞机，英军损失 42 架飞机，超过英国空军所能承受的限度。

8 月 26 日夜里，繁星闪烁，在英国汉普登机场能够看到大战前的繁忙。铃声响起，轰炸机飞行员们连忙向轰炸机跑去。飞机在轰鸣声中启动了，第一架轰炸机闪着红光开始了升空。紧接着上，第二架、第三架、第四架、第五架……81 架英国轰炸机全部升空以后，立即编队向东方飞去。他们这一次轰炸的目标是柏林。

这时，柏林上空乌云滚滚。英国轰炸机看不太清楚地面目标，尽管只有不到一半的轰炸机发现了目标。英国轰炸机突然冲进两层德军高射炮火网，把炸弹扔进了德国首都柏林。

实际上，英机只是盲目地扔下一些炸弹就飞了回去。这次英机夜袭，虽然没给柏林造成多大损失，但给柏林市民带来了心理上的恐惧。这是柏林历史上第一次遭到空袭，第一次有人被炸死。

英国轰炸机随炸弹扔下一批传单，上面写着“希特勒愿意打多久我们就打多久”，而“强大”的德国空军部队竟没有打下一架英机。戈林做梦也想不到，似乎已经被他打得落花流水的英国人，在天上依然如此英勇。

27 日和 28 日夜晚，英机又两次夜袭柏林，炸死了市民 7 人，炸伤 29 人。在英国空军接连对柏林进行了三次夜间空袭以后，希特勒命令戈林为发动大规模的报复行动作准备。

8 月 29 日，气象条件不利于德航空队进行任何大规模行动。等天气稍微好转时，德第 2 航空队出动了大规模战斗机轰炸伦敦。当时英军的作战方针是，只有德国轰炸伦敦，才会迎击。因此，德国空军轰炸机部队开始轰炸伦敦，希望英国战斗机大规模出战。

这时，希特勒对将领们开会说："丘吉尔政府在态度上从来没有投降的意思。如果我们要在 9 月份海上登陆英国，那么就必须消灭英国空军。"对这个问题，陆海军将领们都一致认为，取得英吉利海峡、英格兰南部地区的制空权是登陆作战的必要条件。

8 月 30 日，英国的天气很好。在英国空军的格雷伏山德基地，一批新闻摄影人员访问机场，要求飞行员们表演一次中队紧急起飞。就在英第 501 中队正在进行飞行演习，飞行员们刚刚离地这一时刻，突然接到了紧急电话。

这些飞行员通过耳机接到飞往泰晤士河口作战的命令。在靠近德军的飞行队形时，英第 501 中队冲散了德军飞机的队形，双方在空中展开了激战。

8 月 31 日，英国空军指挥部遇到了开战以来最惨烈的一天。一批批德国轰炸机扑来，机场的仓库和指挥大楼被夷为平地，输电线路被炸断，飞机被炸毁，地面人员丧生。

这天下午，德军第 2 轰炸航空团偷袭了英空军的霍恩彻奇基地。当德机群来到机场上空时，雷达观测员才发出防空警报，大部分"喷火"式战斗机在炸弹落下前升空了。

9 月 4 日，英国空军对柏林进行了第 4 次夜间空袭后，希特勒在柏林体育馆举行集会。希特勒发表演讲说："丘吉尔正在施展新招数——夜间空袭，他进行的空袭效果并不好，因为他的空军不敢在白天飞临德国上空。我们将制止夜间空中的强盗行径，愿上帝保佑我们！……总会有一天，德英两国会有一个求饶，但这绝不会是德国！"

这一次，希特勒犯了影响不列颠战役全局的关键性失误，轰炸目标开始转向伦敦。实际上，希特勒如果坚持原来的空袭战略不变，德国空军很快就能赢得这场战争。但希特勒一心只考虑尽快完成"海狮计划"。

此时对于英国空军来说，英空军指挥部及所属部队几乎到了筋疲力尽的地步。

伤亡的飞行人员实在太多，补充人员数量既少，又没有空战经验。幸存下来的飞行人员在高强度的战斗中已经被折磨得疲惫不堪，几乎陷入了绝望的境地。当然这一情况希特勒和戈林无法得知。

在这种情况下，戈林调整了部署，开始夜袭伦敦和其他工业城市，打击英国工业生产和抵抗意志。

阴差阳错的伦敦夜袭

希特勒对英国有能力空袭柏林大为震怒，他命令戈林进行相应的报复行动。希特勒还认为轰炸伦敦能造成英国国民的恐慌情绪，德国或许不需陆军劳师远征就能迫使英国举手投降。

1940 年 9 月 7 日下午 5 时，德国大规模空袭伦敦的前一刻，一批批德国轰炸机正向英吉利海峡对岸猛扑过去；机场上，密集排列的“施图卡”轰炸机已做好出发准备，随时可以升空。

9 月 7 日下午 7 时 50 分，由 625 架轰炸机、648 架战斗机和驱逐机组成的声势浩大的机群从不同航向、不同高度越过英吉利海峡直扑伦敦。英国空军估计德军仍要袭击他们的战斗机前进基地，因此主动让出了飞往伦敦的通道。

德机轰炸后的伦敦

但这一次，德军已经改变了攻击目标。当英国飞行员发觉时，已经来不及对其进行拦截了。第一波次德机对泰晤士港、人口稠密的伦敦东区、伍尔威奇工厂等目标准确地投下了高爆炸弹。英国 23 个飞行中队全部怒吼着向德国轰炸机群横冲过来，在伦敦上空展开了激战。

短短一个小时内，德军就成功地将 300 多吨高爆炸弹、燃烧弹泻入伦敦。伦敦顿时成为一片火海。大大小小的工业设施、交通枢纽、电力网络、平民住宅相继被毁，爆炸声、坍塌声、呼救声、惨叫声以及警车、消防车的呼啸声伴着黑烟直冲云霄。城市瞬间化为瓦砾，草木顿时燃成灰烬，整个大地在颤抖，整个天空在呻吟！

当太阳再次在伦敦上空升起的时候，伦敦依旧被一片浓浓的黑烟笼罩着，阳光几乎无法透过这层厚厚的烟幕，更无法抹去伦敦市民对恐怖的灰暗记忆。从纯军事角度讲，德国首次大规模空袭伦敦获得了成功。

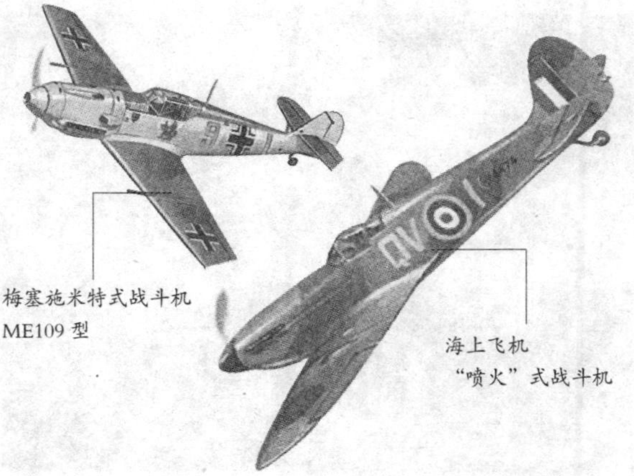

在 1940 年 7 月至 10 月，德国空军轰炸了英国的很多城市，并袭击了英国空军（即英国皇家空军）。在此空袭过程中，英国皇家空军摧毁了 1733 架德国空军战机，自己只损失了 915 架。到 10 月 31 日时，英国已经赢得了不列颠之战的胜利。

9 月 9 日下午 5 时，德国空军 200 余架轰炸机在强大护航机群的掩护下，第二次前去轰炸伦敦。由于英国空军做足了充分的准备，严阵以待敌人的再次入侵。德国机群刚刚飞越英吉利海峡时，英国“喷火”式和“旋风”式飞行中队就立即奉命起飞。

双方飞机在天空中你追我赶，展开了一场殊死搏斗。尽管德军最后还是进行了轰炸，但他们再也不可能在不受攻击的情况下到达伦敦上空了。随后，德国又不惜代价地继续闯入伦敦地区上空并给伦敦造成了巨大的破坏。

在这关键的时刻，英国战斗机司令部改变了拦截战术，战斗机不再以零星分散的中队投入战斗，而是将它们统一组成大的机群，以能够同德国空军抗争。

9 月 15 日，德国空军再次出动。第 2 航空队第 3 轰炸航空团在坎特伯雷上空首先遇到英机拦截。这是英国空军第 72、第 92 中队的“喷火”式战斗机。英国战斗机还没等占据有利位置就迫不及待地从前方直接冲入德轰炸机编队。飞行员们猛按射击按钮，将自己的满腔怒火化成了条条复仇的火焰向德国轰炸机群铺天盖地射击。

几分钟之内，德国轰炸机就接二连三地拖着浓烟，哀嚎着坠入大海。空战正在激烈进行着，交战双方都竭尽全力去赢得此次空战的胜利。尤其对大英帝国来说这是一场生死攸关的战斗。

德军终于狼狈逃窜了！从这之后，德国空军再也不敢与英国空军进行大规模的拼杀了，它再也损失不起了。仅此一天，德军就被击落飞机 185 架。丘吉尔激动地说：这一天是世界空战史上前所未有的、最为激烈的一天。

在德军还沉浸在失利的沮丧之中时，英国皇家空军借胜利的余威发起了反击。

英国“喷火”战机掠空飞行。这款战机在不列颠空战中立下汗马功劳。

9月16日和17日，英军持续猛烈地轰炸了准备发动入侵的德军舰停泊港，使德国海军遭到严重打击。海军将领纷纷向元首报告装备严重遭受破坏的消息，大小驳船沉没，军火列车被炸毁，仓库多处着火，多艘轮船和鱼雷艇被炸沉，人员伤亡惨重。

英国空军如此快的复苏使德国惊恐不已。为了尽可能减小损失，戈林下令：从10月1日开始，对伦敦的空袭改为夜间进行。

10月2日傍晚，由1000多架飞机组成的德国庞大机群又起飞了，它要再次把死神带进伦敦。尽管英国空军全力拦截，但效果不甚理想。大批德国轰炸机成功地飞抵伦敦上空。顿时，整个城市响彻了刺耳的空袭警报，灯火管制使街区陷入一片黑暗。

在探照灯的照耀下，只见各种飞机时而俯冲，时而拉升，整个伦敦街区看上去好像正承受一场空前的大劫难。

德国空军的夜袭使英国防空陷入了很大的被动，至1941年2月，德军共出动飞机24000余架次，被击落156架；而伦敦则遭受了惨重损失，市民死亡近万人，市区五分之一的房屋被炸毁，交通和公共设施遭到严重破坏，每天从伦敦开出的火车由轰炸前的60次减至4次。

直至希特勒下决心入侵苏联后，轰炸仍在持续，但已主要作为掩盖进攻苏联企图的烟幕，空袭规模也逐渐减小。

5月，当进攻苏联的准备一切就绪时，德国空军开始大规模转向东线战场，不列颠之战结束。

英国没钱了，美国来援助

当全世界的目光都注视着不列颠之战，为在法西斯德国野蛮的狂轰滥炸和虎视眈眈的入侵威胁之下顽强抗击的英国人民的命运而担忧时，丘吉尔及其领导下的英国人民不仅始终保持着沉着坚定的态度，而且对获得反法西斯斗争的最后胜利始终抱着极大的信心。

面对德国的一次次侵犯，丘吉尔为了保卫英国，决定争取与美国结盟，让美国援助英国。早在 1940 年 5 月 15 日，刚上台的丘吉尔就给罗斯福发电报，要求美国提供四五十艘旧驱逐舰以救急需。

6 月中，丘吉尔也发出过同样的电报。7 月底，他又致电罗斯福说："总统先生，我怀着崇高的敬意向您说明，在漫长的世界历史上，这是当务之急的一件事。"

德国那可怕的"闪击战"彻底惊醒了美国人。5 月底，美国国会拨给罗斯福的经费比他要的还要多，到了 10 月，国会又通过 170 亿美元拨款用于防务。在不到一年的时间里，国会共拨款 390 亿美元用于防务和援助英国等同盟国，远远超过美国在一战中的拨款总额。

1940 年 6 月 15 日，罗斯福下令设立国防研究委员会。罗斯福向丘吉尔表示，他正尽最大努力使英国得到急需的物资。最初，美国国会只同意加强美国的防务，而不批准对英国的援助。

但罗斯福仍然把军火库中几乎所有的库存借给了英国：50 万支步枪，8 万挺机枪，900 门野战炮，大量的炮弹、子弹、炸弹和无烟火药。罗斯福的疯狂做法使许多议员在国会吵个不休，称政府的做法等于自杀。

英国坚决抗击德国法西斯的政策，得到了美国越来越大的支持和援助。1940 年 9 月 2 日，美英正式达成"以驱逐舰交换海空军基地"的协议，即美国把 50 艘第一次世界大战后退役的旧驱逐舰"租给"英国，英国同意美国在纽芬兰和西印度群岛的 8 个地方建立海空军基地，租期 99 年。这个协议肯定构成了非中立行为，使美国由中立国变成交战一方。

就在英美双方就驱逐舰问题进行紧张而反复的磋商的同时，1940 年的美国大选已经拉开了序幕。按照美国政治传统，总统不得第三次连任。但在激烈的战争使世界局势日渐严重的特殊背景下，这一传统被罗斯福打破了。他又一次接受了民主党总统候选人提名。

二战期间美国卖给英国的旧军舰。尽管当时美国保持"中立"，但罗斯福仍想方设法地向英国提供力所能及的援助。

当 11 月 6 日传来罗斯福第三次当选总统的消息时，丘吉尔深感庆幸，立即致电表示祝贺。而罗斯福在重新当选后的第三天就公开宣布，按"根据实际经验得来的办法"分配军火产品，即大致上一半分给美国军队，另一半分给英国和加拿大军队。

英国由于大量购买美国的武器和军事装备，黄金美元储备日趋枯竭，无法用现款支付，因此丘吉尔便进一步向美国求援。

1940 年 12 月 29 日，罗斯福发表"炉边谈话"说："如果大不列颠一旦崩溃，我们整个美洲的人民将生活在枪口之下……我们必须竭尽全力生产武器和舰只……我们必须成为民主国家的大兵工厂。"

1941 年 1 月 6 日，罗斯福在致国会的咨文中，要求国会根据租借法，向那些反对法西斯侵略的国家提供武器装备。

在罗斯福等美国当权人士的努力下，1941 年 3 月 11 日，美国国会两院终于通过了《租借法案》，规定把国防物资出售、转让和租借给"总统认为其防务对美国国防至关重要"的国家，并且一次就拨款 70 亿美元援助英国等国家。

3 月 27 日，美英两国总参谋部的代表在华盛顿经过两个月的商谈后，达成了美英会谈协议，规定一旦美国参加对德国和日本的战争时，美英两国将首先打败德国，然后再对付日本。

这样，英美两国就逐渐结成了反法西斯同盟。在整个战争期间，美国给予英国 270 多亿美元的租借援助。

美国这时虽然已事实上成为交战一方，但希特勒还不敢对美宣战，因为德国法西斯的侵略矛头已转向东方，准备去进攻苏联。

在反法西斯的第二次世界大战中，美国通过租借法拨款 500 多亿美元，购买武器、粮食和各种军用物资，援助英、苏、法、中等 38 个同盟国家，对打败当时的人类公敌德、意、日法西斯侵略者起了一定的积极作用。

五、欧洲战火弥漫

"皇家橡树"号的沉没

斯卡帕湾位于英国北端奥克尼群岛境内的半封闭水域，长 24 公里，宽 13 公里，面积 310 平方公里，是一个封闭型的天然海湾。"二战"开始后，英国许多大型战舰纷纷停泊在斯卡帕湾。

斯卡帕湾戒备森严，在七个入口中有六个设有防潜网，还布设有水雷场，只有第七入口处航道狭窄、水下岩石密布，没有设防潜网。“二战”爆发后，海上力量处于弱势的纳粹德国决定孤注一掷，对拥有强大海上力量的英国海军进行一次绝密的偷袭行动。

1939 年 10 月 13 日晚，一艘由德军上尉普里恩指挥的德国“U–47”潜艇悄悄沿着英吉利海峡曲曲折折的海岸线，顺着斯卡帕湾的潮水前进。潜艇利用北海的夜色，躲过英国沿海反潜部队的警戒，悄然钻进斯卡帕湾。普里恩此行的目标是英国海军的“皇家橡树”号战列舰。

“U–47”潜艇潜入斯卡帕湾时发现，潜行越来越难，沿途不仅航道狭窄，还散落着英军布设的沉船。艇长普里恩不得不使尽浑身招数，小心翼翼地躲过英军布设的一道道水下关卡。为了不暴露自己，潜艇不时刮着周围的障碍物，使艇员们紧张得要命，以为撞上了水雷。午夜，随着潜艇钻到航道防御中心地带，艇员们更是紧张万分，总觉得已被英军发现，随时可能遭到英军强有力的攻击。然而，什么事情也没有发生，英国海军对其战舰的安全并不太在意——斯卡帕湾被认为是潜艇根本无法到达的地方。

潜艇在整个死亡航道缓慢潜行好几个小时，于 10 月 14 日凌晨抵达袭击位置，普里恩惊讶地发现，偌大的港湾几乎空荡荡的。根据事先掌握的情报，港湾中应该停泊着十多艘大型战舰，包括航母、战列舰和巡洋舰，但此时全无踪影。

原来，德军飞机在前一天飞临军港侦察的活动，引起了英军的警惕，为了防止意外，英军随即下令将港湾内多数战舰转移。但普里恩不知道港湾内情况的变化，只好指挥潜艇沿海岸继续向前。还好不虚此行，终于让他发现了一艘战舰。普里恩命令潜艇缓慢靠近并仔细观察。根据外形判断，这应该是“皇家橡树”级战列舰。紧接着又发现了不远处的另一艘战舰，普里恩认为那是“反击”号战列舰（实际上是排水量为6900吨的“飞马”

德国 U–848 号潜艇，1943 年 11 月 5 日被美击沉。

号水上飞机母舰），“U–47”开始向这两艘大型战舰悄悄靠近。

普里恩运气不错，他发现的第一艘战舰正是此行的目标英军战列舰“皇家橡树”号，该舰全长大约 180 米，满载排水量 3.4 万吨，是英国威力极大的海上炮击平台。凌晨一时，“U–47”齐射了三枚鱼雷，其中两枚射向“皇家橡树”号，一枚射向水上飞机母舰，几分钟后，一枚鱼雷击中战列舰，另外两枚鱼雷没有命中目标。

正在战列舰上酣睡的英军水兵听到爆炸后，猛地惊醒过来。然而，他们首先想到的不是自己遭到袭击，而是认为战舰发生了事故。这些水兵认为，强大的港湾防御固若金汤，德国潜艇不可能有机可乘；水兵们还认为，战列舰作为钢铁堡垒，潜艇是奈何不了的；更有甚者，军港指挥官认为战舰遭到了德国战机的夜袭，急忙发出空袭警报，组织部队防空作战。这个时候，如果英军迅速在港湾内组织反潜防御，那么，后面的惨剧或许可以避免。

“U–47”齐射三枚鱼雷后，本以为迎来了杀身之祸，开始迅速往外逃命。然而，外逃了一段距离后惊奇地发现，英军并没有派战舰进行追杀。看到“皇家橡树”号并没有沉没，普里恩决定再来一次袭击。“U–47”没费多大力气就再次潜行到“皇家橡树”号附近，20 分钟后，第二波攻击的三枚鱼雷发出巨大的爆炸声，海面上烈焰冲天，浓烟滚滚。这次“皇家橡树”号没那么幸运，在 10 分钟后即告沉没。舰上包括英国皇家海军第二舰队司令布拉格若夫在内的 24 名军官和 800 多名水兵丧生。

普里恩注视着“皇家橡树”号沉没后，下令迅速撤离。1 时 30 分，“U–47”潜艇全速逃命而去。10 月 17 日，“U–47”潜艇抵达德国威廉港，德国海军司令雷德尔与邓尼茨已经在码头上等候，艇员们登岸后，邓尼茨亲自为所有人颁发了铁十字勋章，普里恩被授予一级铁十字勋章。当天下午，所有艇员都乘坐专机飞往柏林，得到了希特勒的亲自接见。希特勒亲自为普里恩佩戴上骑士十字勋章，并称赞这次奇袭斯卡帕湾作战行动的成功是“德国海军潜艇部队作战史上最引以为豪的战绩”。

“U–47”潜艇成功击沉“皇家橡树”号战列舰，无疑是人类战争史上最精彩的战例之一，这次事件标志着交战双方实力对比的天平开始朝德军潜艇一方倾斜。

波罗的海与斯堪的纳维亚半岛

1939~1940 年，北欧的小国家继续陷入侵略战之中。1939 年 11 月，苏联袭击了芬兰，并于 1940 年吞并了波罗的海沿岸国家，而挪威和丹麦则在那年春天被

芬兰部队由于对冬季气候条件加以巧妙利用，从而击退了苏联在一开始发动的进攻。

纳粹德国所占领。斯大林对其西方邻国的如意算盘，在苏联占领波兰领土的过程中首度露出了破绽。

与此同时，立陶宛、拉脱维亚与爱沙尼亚被迫在“友好”条约上签字画押，这便给了苏联在这些国家驻军的权利。1940 年 6 月，斯大林启用了这些条约，并开始派遣部队前往这些国家。1940 年 6 月，苏联又开始吞并布科维纳南部地区和比萨拉比亚地区（之前是罗马尼亚的部分领土）。这些地方也毫无选择，只得屈服于斯大林的最后通牒。

在波罗的海沿岸及斯堪的纳维亚半岛上的战斗，都属于扩张苏联势力范围大计划的一部分。与此同时，其还建立起一个防范德国人随时发起袭击的缓冲地带。在 1939 年 10 月签订的《苏德互不侵犯协定》之中，芬兰早已被列入了苏联的利益圈范围之中。斯大林开始了针对芬兰人的步步进逼计划。

他提出，芬兰让出其在南方的卡累利阿地峡以及在较远北方的领土，而作为对这些割让领土的回报，芬兰会得到它边境地区的中间部分领土。由于芬兰人作出了拒绝，11 月 30 日，斯大林开始派遣苏联红军进攻芬兰。

芬兰人只有 9 个师，却要去对抗苏联的 26 个师，而且后者在空军支援、炮兵规模、坦克装甲车以及其他每一个方面都占有巨大的优势。但芬兰部队（训练有素，并且在滑雪板上具有较强的机动性）完全击败了苏联人，并一直持续到 1940 年 2 月。后来，苏联军队换了一名指挥官，即谢苗・铁木辛哥元帅，并在之后增加了援军，最终把芬兰人给击败了。3 月 13 日，一份停火协议终于达成，芬兰人被迫割让之前被要求过的那部分领土。

这场战争经历了几次反复，其也是国际联盟的最后一根棺材钉。苏联虽然被驱逐出国际联盟，但对这一严肃处罚不屑一顾。另外表现得尤为明显的，就是英国和法国的犹豫不决态度，他们一直在考虑是否要派援军去帮助芬兰人（可能会冒着与苏联开战的危险），但是却迟迟没有付诸行动，最后也悔之晚矣。

之所以帮助芬兰的部分原因，是因为德军跨越挪威之后可抵达那里，而英法联军可以以其阻断德国来自瑞典北部地区的铁矿石供应。而其面临的困难则是，

在侵占挪威军事行动的早期，一辆德国坦克和德国步兵在推进之中。

这些中立的国家都不希望有任何外国部队踏入其领土。最后，这场战争也让世人看清了貌似不堪一击之苏联红军的真面目，比如希特勒就将其铭记于心。

苏芬战争的结果之一，便是希特勒开始清楚认识到，英国和法国依然计划干涉通过挪威而获得瑞典铁矿石资源的如意算盘。1940年4月9日，德国部队从陆上推进到丹麦境内，并从空中和海上同时袭击了挪威海岸线上的一系列阵地要塞。这两个国家都没有相当规模的武装部队，而西部盟军则意外地完全被歼灭了。丹麦在数个小时之内便被彻底占领。挪威虽然抵抗了两个月左右，但是战争结果一开始就被预料到了，因为德国在这个国家建立了空军基地，而这便抵消了英国在海军上的优势。

小规模的英法联军来到这里帮助挪威人在不同阵地进行顽抗，但是这些远征军在组织上却显得混乱无序。最后几次增援行动在6月上旬被撤销了，这是对当时在西部战线发生的灾难性事件所作出的无奈之选。

美国和欧洲战场

在希特勒攻击波兰的两年时间内，美国方面一直保持中立的态度，不过，其一直以来都在给英国和其他盟军国家提供越来越多的援助。即便如此，希特勒依然作出了宣战的决定，从而确定美国是否会跟德国正面作战。自第一次世界大战结束之后，美国曾经回归到其传统的外交政策，即退出海外冲突，并且保持适度从紧的军事计划。截至1939年9月，这一“孤立主义”得到了严格中立法案的支持，从而防止美国政府或私人组织向战争中的任何国家销售武器或者提供贷款。多数美国人都对德国发动战争的行径表示谴责，并希望英国和法国能够赢得这场战争，但是他们却非常清楚，美国只会袖手旁观的。

在罗斯福总统当政期间，美国社会发生了一些不同的变化。美国人都认识到纳粹政权的邪恶本质，还有日本军国主义的本性，还有就是，它们最终还是会给美国利益构成实际的威胁。但罗斯福不希望战争，因此他的政策是帮助欧洲盟军，保持在"战争以外的其他所有方式"框架之内。同时要对日本人持足够强硬的态度，但是又不希望激怒他们来进攻美国。这一政策的细节，随着时间的推移发生了一些变化，但是其总体原则却一直维持到 1941 年 12 月。

第一步发生在 1939 年 11 月，当时的"现款现运"法案被顺利通过。参战的国家用现金（而不是信贷）购买了美国的武器装备，条件是他们用自己的船只将其运送回国。地理上的现实与英国较强的海军实力，意味着这将有利于盟军方面，而这原本就是初衷所在。

罗斯福将一些优秀共和党人纳入他的内阁，其中包括法兰克·诺克斯，图中他正宣誓成为海军部长。

这足以确保英法联军胜利的希望，在 1940 年 6 月法国投降后破灭了。美国的重整军备方案立即被提上议程，尤其是在 7 月两大洋海军法案签署以后，这使美国海军部队有了大幅度的扩增。这一法案的目的，依然是防备德国的威胁，但是其也使日本人忧心忡忡。要建造起那些轮船，大概要花几年的时间才行，如果真的到了那个时候，日本人恐怕无法与之匹敌，除非他们先发制人、先下手为强。

接下来，在 1940 年秋，美国政府出台了《选征兵役制法》，从而第一次在美国历史上建立了征兵制度，但当时它尚未参战。

罗斯福继续帮助英国，不过这也会带来一些危险。向英国派送武器装备，可能意味着希特勒一旦打赢战争就可以免费加以使用。但是，那时候又出现了一个新问题，即英国的现钞马上就要用光了，那么极可能根本无法继续维持战斗，更不要说对美国商品的支付能力了。解决的答案就是"租借"计划，并自 1941 年 3

1940 年 10 月，美国的男性公民根据最新《选征兵役制法》的规定，在征兵处进行登记。

月开始实施。英国，以及包括苏联在内的后来的其他盟国，都会得到美国派送来的大量武器与其他商品的供应。生产成本都是让美国人先垫付，但前提是这些东西在战争结束之后需要被买单或者归还。

罗斯福也清楚地知道，光给英国生产武器是不够的，因为德国人会在它们途经大西洋的过程中将其击沉。因此，在 1941 年，美国海军在大西洋反对德国 U 艇的战斗中扮演起积极主动的角色。但是，这一行动究竟会延伸到何等程度，对美国人民来说并无法清楚知晓。到秋天的时候，美国在西大西洋的战舰，与英国人和加拿大人的一样，都在做着同样的事情。虽然同样清楚的是，美国人依然希望能够避开战争。1941 年 8 月，《选征兵役制法》在美国国会的一次投票之中被简单地重新续展了一下。

在经过所有这些之后，希特勒开始警惕起来了，但他还是满足于与其现有敌人之间的作战。不可思议的是，在珍珠港偷袭事件发生四天之后，他竟然改变主意并向美国宣战，而这个决定使其政权遭到最后失败的厄运，其与等待日本的那个命运一样无法更改。

悲壮的迪耶普奇袭

1942 年春，战争形势对同盟国极为不利：在欧洲战场上，纳粹德国占领了整个西欧并侵入到苏联腹地；北非战场上，德军逼近埃及；太平洋战场上，日本占领了整个东南亚。此时英国做的仅仅是同纳粹德国隔着英吉利海峡对峙。

斯大林要求丘吉尔立即在西欧开辟第二战场，缓解苏联的压力，然而这时的英国和美国还不具备大规模登陆的实力。受形势所迫，丘吉尔决定在法国沿岸某处发动一次奇袭，以吸引德军的注意力，缓解东线压力。同时也希望通过实战试验新装备，获取两栖登陆作战经验。英军联合作战司令部在蒙巴顿将军的主持下，开始着手制订偷袭法国的“战马”计划，将有万余人参战。

7 月初，部队在怀特岛的港口集结，因为天气不好，计划用于攻击炮台的空降部队无法伞降，偷袭日期推迟到了 7 月 8 日。不料到 7 月 7 日，这支准备偷渡海峡的英国舰队还未启航，就被德国飞机发现了，随之而来的轰炸使这次袭击被迫取消。很快蒙巴顿将军又制定了代号为“庆典”的作战计划，拟由加拿大步兵和英国陆军组成联合特遣队在法国港口小镇迪耶普展开一次登陆战。

迪耶普处于英吉利海峡最窄处，进攻路线短，而且处于英国皇家空军战斗机的作战半径之内，这次作战的直接目标是摧毁德军的防御工事并抓获一些俘虏，获取军事情报。登陆部队总兵力 6000 多人，皇家空军抽调了 74 个飞行中队为此次行动提供空中支援，加拿大第二步兵师师长罗伯兹少将负责统一指挥。

原计划是偷袭登陆，不幸的是，一支由猎潜艇护送的德国船队正沿着海岸自东向西航行时，在昏暗中撞上了由 23 艘登陆艇组成的英国侧翼突击队，德军猎潜艇发射照明弹后，向英国炮艇猛烈开火，英国炮艇遭到重创，23 艘登陆艇也被打散。驻守迪耶普的德军接到警报后，立即进入临战状态。德国空军和英国空军也随即展开激战，迪耶普登陆行动由奇袭变成了强攻。

盟军主攻作战群分为两波，第一波包括 2 个团和 32 辆坦克；第二波由 1 个营和 14 辆坦克组成。由于侧翼突击队的失败，除“赫斯”炮台外，德军岸炮均没有遭到破坏，正面攻击面临极大困难。英军舰艇释放的烟幕在掩护登陆艇免遭德军炮击的同时，也遮住了英军自己的视线，根本无法看清海滩上的情况。

第一波部队的登陆艇和坦克在德军火力网中向前猛冲，只有 4 辆坦克通过海滩，冲上滨海大道，一些加拿大军士兵与 4 辆坦克配合，打死了一些德军，还击毁了几门反坦克炮，但坦克炮弹打完后，不得不退回海滩。在海滩进攻受阻时，旗舰“卡尔普”号上的登陆部队总指挥罗伯兹对发生在海滩上的惨剧一无所知。上午 7 时，罗伯兹获知加军一部攻入迪耶普后，误以为加军已经控制了整个迪耶普镇，于是下令第二波部队上岸。这批部队上岸后立刻遭到猛烈打击，伤亡惨重，只有一个排冲进迪耶普镇，弹药耗尽后被迫投降。

罗伯兹对这些情况仍然不清楚，8 时 50 分，他又派出最后一支预备队——皇家海军陆战队，从第二波部队的登陆点上岸。由于海面上烟雾弥漫，这支预备队在海上转了 90 分钟才抵达预定海滩，这时烟雾被风吹散，德军的炮弹和子弹雨点般落在陆战队头上，海滩被鲜血染红，营长菲利普斯知道成功登陆已不可能，当即命令登陆艇返航，才避免了全军覆没的厄运。

直到中午，部分陆战队员撤回，罗伯兹才知道海滩上伤亡巨大，作战已经失败，只好下达撤退命令。此时德军的空中反击持续不断，“伯克利”号驱逐舰因遭受重创不得不被己方舰艇击沉，“卡尔普”号驱逐舰也被击伤。8 月 19 日午夜，运载着 500 多名伤员的驱逐舰驶抵朴次茅斯。

在这次迪耶普登陆作战中，盟军损失坦克 30 辆、舰艇 30 余艘、飞机 106 架，伤亡 3000 多人，另有 2000 多名官兵被俘。德军损失则较轻，伤亡 600 余人，损失飞机 48 架。盟军除了摧毁巴伦修比尔炮台外，其他部队都没有实现预定的目标。迪耶普登陆战役作为盟军开辟第二战场的一次悲壮预演，虽然以惨败收场，但为盟军后来在北非、西西里、诺曼底大规模登陆提供了宝贵经验。

蒙巴顿将军对迪耶普之战评价说："偷袭迪耶普的行动使德国人深信英国人不会在开阔的海滩发动全面进攻，而我们经过研究发现，利用预先建造好的流动港是可以进攻开阔的海滩的。事实上我们正是利用自己研制的可以漂过海峡的流动港，在敌人受骗而未加严守的开阔海滩大规模登陆成功，因此迪耶普袭击也就成为了'伟大的欺骗'。"

德国人在欧洲的统治

在纳粹占领之下的国家，老百姓的生活处于极端的水深火热中。饥荒配比、奴隶劳役以及其他残酷政策，是司空见惯的日常现实，这在所有占领国家和地区都是如此，只不过犹太人和反抗者过着更糟的生活而已。种族主义，是德国在欧洲统治的全部基础。任何要做的事情，都要在同时符合德国及其人民的利益的条件下进行组织，而其中"人民"的定义，则是由希特勒及其纳粹党来设定的。在这个系统之内，依然有着各种不同的级别层次。在其金字塔的顶层附近，是那些类似荷兰人或挪威人的民族，他们当然被视为二等公民，但是却能够得到某种尊重，而在金字塔底层附近的，是那些斯拉夫民族，他们的生命被认为是毫无价值的，即使有时候他们的劳动依然值得肯定。犹太人则被视为所有民族之中最为低劣的。

对被征服领土的统治方式，自然会在这个等级制度之下存在一定的变化。在波兰或者乌克兰，纳粹党的残酷性在纳粹党卫军的组织和领导之下，显得十分公开和极端。在另一些地方，如在那些诸如挪威的国家，那里的当地纳粹党支持者可以在政府中拥有发言权。最后，还有一些类似法国的国家，至少在政府层面并没有与德国为敌，因此获得了控制全国或国家某个部分的权力。

但是，贝当·维希政权的"独立"，是在付出极大代价的基础上获得的。超过一半以上的政府税收，都要用来支付德国占领部队的成本费用，而法国工业产值的一半左右，都被收入德国人的口袋中。

食物配比也很严厉，官方的规定是每天不足 1200 卡路里，而很多最为穷困的人甚至都达不到这个水平。很多食物辗转流入到居高不下的黑市。其他西欧国家的经历，与这些都十分类似。

随着战争的进行，德国变得越来越依赖于外国劳动力，否则就无法维持其经济的正常运转。这涉及大约 150 万战争囚犯，而到 1943~1944 年，大约有 500 万人被迫在德国进行强制劳役，并且其中很多都被当做奴隶来对待。在战争的后期，德国大约有四分之一的劳动力都是由外国人组成的。

这个过程开始于 1939~1940 年的过渡时期，当时很多波兰人被带到了德国，并成为农场劳动力。后来，在东欧地区，男人、女人以及很多年幼的孩子，都被集拢起来，然后被派送到德国需要的地方。在维希政府的法国，男人被征募去服国家的各种劳役，但却是德国人的劳动力。

德国人的后裔（对纳粹党人而言就是德侨）居住在东欧的很多地方，纳粹统治最为极端怪异的方面之一，就是将这些人再同化为德国人的计划。几十万人被带回到德意志帝国境内。其中很多是从他们原本在波罗的海国家的老家那里被运送过来的，或者来自苏联西部地区，这些人原本要被重新安置居住在占领区之内，从而使那里彻底变成德国的领土。在战争结束后，多数人最终沦为数以百万计的无家可归者中的一员，并在中欧地区游荡。

来自罗马尼亚比萨拉比亚地区的德侨，正在赶往德国的再安置居住地区。

或许，这一政策最丧心病狂的一面，当属“生命之源”计划。作为这一计划的目标之一，便是提升德国的民族，纳粹党卫军代表会在占领区中游历，以找出“具种族价值的”孩子，强迫他们让德国人领养。据说，大约有 30 万名儿童在这个计划中被从自己的家庭诱拐，而其中 80% 的人再没有重返家园。

大屠杀

在带有许多残酷暴行的战争之中，一系列恐怖行动逐渐开始受到人们的关注。在希特勒的命令之下，纳粹德国试图将欧洲的所有犹太人全部屠杀掉，仅仅是因为他们的民族和信仰缘故。

在第二次世界大战中，被纳粹屠杀的犹太人中，至少有 250 万波兰籍犹太人，另有 75 万人来自苏联，来自匈牙利和罗马尼亚的犹太人也差不多是这个数字，另外还有人几乎来自欧洲被占领的每一个国家。仅靠这个名单，还无法对其中涉及的惨无人道和卑劣行径作出阐释。

虽然在战前德国以及 1940~1941 年西欧占领区的犹太人也曾遭到过迫害，但是并没有出现多少大规模屠杀事件。以纳粹的观点来看，东欧出现了一个不同的问题，他们旨在使自己的领土实现“无犹太人化”，而在这里却有着更多需要被清除的犹太人。1940 年，很多波兰籍犹太人被迫居住在各大城镇的“犹太人区”。这些地方都被故意弄得拥挤不堪、毫不卫生，并且每天典型的食物配比额都不到 200 卡路里。截至 1941 年中期，在华沙聚居区的 50 多万犹太人，每天的死亡数接近 2000 人。

即便如此，也依然无法令纳粹人的变态心理得到满足。紧密跟随在侵略苏联之军队后面的，是特别行动队，即纳粹党卫军的暗杀小分队，他们的任务就是杀掉犹太人和共产党人。截至 1941 年末，至少有 60 万犹太人被围捕、枪毙或者活埋。这些恶行都是在光天化日下干的，经常会有很多德国陆军士兵和其他人员在一旁拍照留念。

到了这个阶段，居领导地位的纳粹开始寻找“犹太人问题的最终解决方案”，即找到屠杀欧洲所有犹太人的更简单方法。这个过程开始于 1941 年的秋天，并在一次纳粹高层会议上达到了高潮，那就是于 1942 年 1 月召开的“万湖会议”。

屠杀行动多数都是在波兰占领区专门建立的死亡集中营中进行的。从 1941 年末开始，来自波兰犹太人聚居区的犹太人，成批地被运送到集中营，而后则是从德国控制的欧洲其他地区被运送到那里的犹太人。多数集中营会在犹太人一抵达的时候便将其杀死，但是最大的“奥斯威辛集中营”，则只会立即派送其中一部分犹太人前往毒气室，剩下的多数都会在各种工厂中干苦力，一直到最后死亡。集中营的幸存者于 1944 年向西行进，而随着苏联红军的挺进，

犹太人家庭从他们的华沙聚居区中被驱赶出来，应该会被送往特雷布林卡的死亡集中营。

他们依然需要忍受更多的苦役。1945 年，少数几个身形憔悴的受害者终于被解放了。

德国、波兰以及苏联西部的多数犹太人，都惨遭死亡的厄运，但是在其他地方，他们的命运却并不完全一样。比如说，保加利亚政府拒绝将任何犹太人遣送到集中营，墨索里尼政权基本上都对他们不闻不问，而差不多所有在丹麦的犹太人都会偷渡到瑞典境内。

在所有国家之中，很多人都甘愿冒着生命危险来拯救犹太人，这在大范围和小范围内都有出现。相比之下，法国维希政府中的一些人则愿意在驱逐出境的过程中助他们一臂之力。而多数国家都会有一些合作者，他们专门帮助纳粹去干这种丑陋的勾当。

自 1942 年中期开始，英国和美国对正在发生的事情有了清楚的认识，但是，除了一些零星的言语抗议之外，他们并没有采取过能够减缓或阻止刽子手的措施。虽然对这种种族迫害作出了谴责，但无法改变这样一个骇人听闻的事实，即竟然有 600 多万犹太人已经被屠杀了。

占领区人民的抗战

在欧洲占领区，很多人都认为为击败纳粹德国而抗争是值得他们冒生命危险的一件事情。他们的勇敢和牺牲显然在确保盟军最终胜利的事业上，起到了极大的推动作用。从性质上来说，很多抗战都属于秘密的活动，因此并没有多少历史记录，很多英雄行为无疑也无法对其效果作出量化的计算。

反抗显然是一种危险行为。有反抗嫌疑的人通常会遭到酷刑折磨，如果不被处死，也会被送到集中营。针对反抗团体的凶残报复行为，也是十分常见的。但随着德国的战败可能性变得越来越大，更多的人开始参与到抗战中去。

抗战有很多不同的形式。比如说，挪威的历史教师们，就曾拒绝讲授经过纳粹批准的教学纲要，并坚守着他们的立场，虽然其中有一些人被遣送到集中营去了。其他更重要的形式，往往是默默无声的英雄主义行为，如很多人会将犹太人从纳粹党卫军的魔掌下拯救出来，单单在波兰和荷兰地区，就有好几千这样的无名英雄。

一些非暴力方法也具有比较明显的军事效果。法国的铁路工人故意放缓了他们的工作进度，这是为了拖延德国部队及其物资供应在法国境内的运输，从而给盟军轰炸机以及抗战人员的反击赢得时间。同样，大约有 2000 多名被俘虏的英美空军人员，也获得了暗中救助，从而能够从德国占领区中逃出来，这是对盟军实力的大力援助。

西部盟军有很多组织专门来援助抗战。美国的战略情报局（简称“OSS”）不但牵涉到情报收集工作（显然在反抗工作中起到了重要作用），也对军事反抗予以援助。英国将这些功能予以分化，变成了英国秘密情报处即军情六处（简称“MI6”）和战时特别行动委员会（简称“SOE”）。英国的军情九处和美国的MIS-X组织就曾帮助过脱逃者和那些曾经帮助过他们的好心人。战略情报局和特别行动委员会都训练过很多特工，专门在被占领国负责情报工作，并拥有广泛的技术分工，主要负责设计和制造特种武器、伪造身份文件以及执行很多类似任务等。

约瑟普·布罗兹·铁托（右一）是南斯拉夫游击队的领导人，他正与切特尼克集团的陆军上校米哈伊洛维奇会晤，后者曾经得到过盟军的很多支援。

反抗战斗在南斯拉夫地区是最为密集的。战争后期，游击队的运动在约瑟普·布罗兹·铁托的率领下继续进行着，后来又得到了苏联和西方国家的支持，最终在持续四年之久的浴血奋战中使这个国家从德国人的手中获得了解放。在这场实质上属于切特尼克（主要是塞尔维亚的民族主义者）与乌斯塔沙（多数是克罗地亚的法西斯主义者）之间的内战过后，游击队员成为了胜利者。在不同时期，其中每一个团体都相互对抗并与入侵的德国人和意大利人作战。加上在战争期间死亡的南斯拉夫人，总体阵亡人数可达100多万人，其中多数都是被其他南斯拉夫人杀死的。

在西欧地区的局势从未变得如此极端，从法国这个例子中可窥一斑。几乎所有的反抗运动组织都在协同作战，并处于“自由法国运动”领导人的指挥之下。1944年，开始制定出既广泛又成功的作战计划，并与诺曼底登陆行动携同发起抵抗运动。很多抵抗者都是年轻人，他们进入高山和森林之中，从而躲避德国的强制劳役服务。这些马基（Maquis，“二战”中抵抗德军的法国游击队）组织，在协助法国南部的盟军战斗过程中，起到了相当重要的作用。大约有10万名法国人在抵抗运动中阵亡，或者在德国人的报复行为中死于非命。

第三章

激战：苏德大战

一、“巴巴罗萨”计划，让全世界震惊

恶魔的眼睛转向东方

1940年夏，希特勒在取得对法国战争的胜利后，进攻苏联的议案又提上日程。希特勒进攻苏联的想法由来已久。早在20年代，他在自传《我的奋斗》中就这样写道：“德国不能满足于1914年的边界。”“我们要从600年前停止下来的地方开始行动。”“我们是民族社会主义者，我们要自觉地改变战前对外政策的方针。我们要消除德国长期以来在南欧和西欧的目标并把自己的目光集中到东方……但当我们今天说到欧洲的新领土时，我们首先指的就是俄国及其所控制的仆从国。”

希特勒进攻苏联的想法立即在德国高级军事领导层中引起了反响。最高统帅部及海陆空将领都参加了关于进攻苏联的时间和方式问题的讨论。将军们普遍认为，现在德国正处于军事鼎盛时期，时机极为有利。陆军元帅勃劳希契在7月21日的德国最高统帅部会议上作了对苏作战的报告。在报告中，他对陆军最高统帅部的意见表示乐观，并建议对苏战争应该在1940年就开始。

德国名将古德里安，著名的“闪击战”理论的创始人。与曼施泰因、隆美尔一起并称为纳粹德国的三大名将。

为了高度保守机密，希特勒命令由总参谋部来研究进攻苏联的计划，以便对任务、时间和目标有一个明确的了解。在以后的几天里，希特勒在柏林和上萨尔茨山接见了罗马尼亚、保加利亚和斯洛伐克的总理。在得知苏联对波罗的海国家的合并，以及对比萨拉比亚和北布科维纳的占领后，希特勒决定推迟解决巴尔干问题，加紧考虑进攻苏联的计划。

7月31日，希特勒在伯格霍夫召开最高军事会议。会上，先由海军元帅雷德尔报告了“关于英国登陆战准备工作的第16号指令”，即“海狮计划”的准备工作的进度。雷德尔说，9月15日将是开始执行“海狮计划”的最早日期，前提是届时没有“由于天气或者敌人的原因而出现不测情况”。雷德尔就这一前提向希特勒解释说，英吉利海峡和北海的天气，除了10月上半月以外，一般都是恶劣的。10月中旬开始有薄雾，到了下旬就有浓雾了。然而，这只是天气问题的一部分，“只有海上风平浪静，才能够执行作战计划”。“即使第一批部队在天气有利的条件下渡海成功，还是不能保证第二批、第三批部队也能够有同样有利的天气。事实上，我们必须认识到，在一些港口可供利用之前，有好几天是不能运送比较大量的物资的。”这样一来，陆军就会陷入困境：他们会被搁在海滩上，没有给养，也没有援军。这位海军元帅在结束他的发言时说：“从一切情况考虑，最有利的作战时间将是1941年5月。”希特勒发言，表示对雷德尔的结论不敢苟同，并认为不能因为天气情况而不考虑坐失时机的后果。德国海军到来年春天也不一定就能打败英国海军。而如果给英国陆军8个月到10个月的时间，它就将会有30～35个师的兵力，到那时再登陆作战将会更加困难。因此他认为：“必须设法为1940年9月15日开始的作战行动进行准备工作……至于这次作战行动是在什么时候开始，将在空军对英国进行一个星期的密集轰炸之后作出判断。如果空袭的效果很好，敌人的空军、港口和海军等等遭受重创，那么‘海狮计划’将在1940年进行。否则将推迟到1941年5月。”

希特勒话锋一转说：“英国的希望在于俄国和美国。如果对俄国的希望破灭，那么对美国的希望也将破灭，因为消灭俄国以后就会大大增加日本在远东的力量。我现在越来越相信，英国继续进行战争的顽强决心是由于它对苏联有所指望。英国人原来已经完全倒下了，现在他们又站了起来。俄国只需向英国暗示，它不希望德国过分强大，那么就像一个快要淹死的人突然抓到救命稻草一样，英国会重新获得这种希望：局势在6个月到8个月之内就会完全改观。但是如果俄国被摧毁，英国的最后希望就会被粉碎。那时，德国就将成为欧洲和巴尔干的主人。因此，必须消灭俄国。时间定在1941年春天。”

随后，希特勒详细地叙述了他的作战计划。他认为，这次行动只有以一举摧毁苏联为目标，才值得进行。只占领俄国的大片领土是不够的。“要消灭俄国的生存力量！这才是目的！”希特勒强调说：“首先将发动两个攻势，一个是在南方向基辅和第聂伯河进攻，另一个是在北方通过波罗的海国家，然后向莫斯科进攻。两支军队将在莫斯科会师。在这以后，必要时将进行一次特殊作战，以获取巴库油田。”他接着说，他将干脆吞并乌克兰、白俄罗斯和波罗的海沿岸各国。

他将拨出120个师来进行整个战争，留60个师保卫西线和斯堪的纳维亚。进攻将在1941年5月开始，用5个月的时间完成，在冬天结束。他补充说，他本来希望在今年这样做，但是这已经证明是不可能的了。

“巴巴罗萨”计划

8月26日，希特勒便下令从西线向波兰派遣10个步兵师和2个装甲师。他规定，装甲部队要集中在波兰东南部，以便他们可以出兵保护罗马尼亚油田。德国人自知向东部调动大量部队肯定会被苏联人发现。于是便命令德国驻苏联大使通知苏联总参谋部说，这个调动只是派年轻的士兵代替要复员参加工业生产的年纪较大的士兵。9月6日，德国国防军指挥参谋部参谋长约德尔发出指示，概述了进行伪装和掩蔽的方法。规定：“这种集结的工作绝不能在俄国造成这样一种印象，即好像我们准备在东方发动攻势。”约德尔又拟了一个作战草案，设想对苏作战将动用3个集团军群。普里皮亚特沼泽地以北用2个，以南用1个，但有一点要注意，即在越过奥尔沙陆桥—斯摩棱斯克地区以后，能否继续向莫斯科进攻将取决于肃清波罗的海苏军的进展情况。

11月28日至12月3日，在德国陆军总参谋部第1军需部长保卢斯将军的指导下，德军进行了一系列的军事演习，以便对方案存在的主要问题进行审查。然后，方案的制定者们在12月5日与希特勒举行了正式讨论。将要进行这一作战的3个集团军群的参谋长，各自研究了有关的战略问题，他们突出地感到了空间与人力上的困难。所谓空间上的困难是指地理环境而言的。1940年的苏德边界，始于梅默尔以北的波罗的海之滨，沿旧东普鲁士—立陶宛边界延伸，接着向西进入波兰，形成一个突出的弧形地，然后向西绵延到布列斯特—里托夫斯克，接着继续向南伸展，直到匈牙利边境为止。这条苏德边界线全长约1100千米。而乌克兰—罗马尼亚边界沿普鲁特河至黑海，长约720千米。另外，在俄罗斯欧洲部分西部的中央，就在布列斯特—里托夫斯克边界东南，有一片南北宽约240千米、纵深约480千米的辽阔沼泽地区。复杂的地形会把德军队形拉得很长，无法组织

日本关于德国入侵苏联的“巴巴罗萨”计划的海报

尽管战争的准备工作正紧锣密鼓地进行着，然而在公开场合，希特勒仍大谈他的和平主张。

防御和进攻。

后备军总司令弗罗姆谈了自己的看法，认为在一片辽阔地区向300万人、50万匹马的部队进行补给是非常困难的。何况，这个地区公路寥寥无几，铁路不能直达。另外，现有的增援部队不足50万，只够补充夏季战役的损失。摩托车辆奇缺，车辆燃料更是吃紧，国内只有不超过3个月的汽油储备和1个月的柴油储备。由于缺乏天然橡胶与合成橡胶，轮胎也成了问题。

听了上面几位将军的发言，陆军总司令勃劳希契对于元首的全球战略目标开始产生怀疑。如果向苏联开战真是必要的话，那么消灭苏军就是压倒一切的目标，经济方面的考虑就不能占优先地位。进攻莫斯科将吸引敌人的主要兵力；夺取莫斯科地区不仅将使苏联失去控制，交通联络断绝，而且将在苏军的战线上打开一个巨大缺口。勃劳希契要求发言，他对元首说："德国空军是否有力量对英、苏两线同时作战？"

希特勒立即回答说："如果对苏战争不拖长的话，德国空军就能够在两条战线上同时作战！"哈尔德也发言坚持中央集团军群主要突击方向应该是莫斯科。希特勒说："对苏战争的目的是保卫帝国领土不受空中袭击，以保护柏林和西里西亚的工业区。这就需要战略纵深，使粉碎后的苏联成为一些非武装的社会主义行省，自波兰边境到伏尔加，全由德国人驻防和统治。伏尔加河以东的原始土地，冰冻的西伯利亚地区，以及乌拉尔外的空旷森林，等有了工夫再去占领，一个重要的考虑因素，就是从这些边远的地区，任何轰炸机都飞不到德国。"接着，他又说道："战争开始后，苏联会死守波罗的海与乌克兰，因为那里有海港，在经济上至关重要，而对于中部，斯大林会慷慨退让。德军夺取莫斯科无甚重要。中央集团军群的装甲侧翼要准备向北进入波罗的海、向南进入乌克兰。"勃劳希契默然。

会后，最高统帅部向各集团军群发出了命令。陆军总部在勃劳希契的领导下，夜以继日地修订作战计划。在计划中，勃劳希契认为有必要加强北方集团军群的力量，使其通过波罗的海国家的速度能像中央集团军群向斯摩棱斯克的推进速度一样快，两军齐头并进，避免在攻打莫斯科之前使军事行动停顿下来。

12 月 17 日，该作战计划，即 21 号指令呈送到希特勒案头。希特勒看后，皱起了眉头，他认为 21 号指令没有体现他的最新思想，即他在 12 月 5 日会议上的发言，便提笔进行了修改。明确规定：要优先保证肃清波罗的海的敌人，夺取列宁格勒与喀琅施塔得：为此目的，中央集团军群要往北抽调强大的装甲部队。只有完成上述目标，才能恢复对莫斯科的攻势。希特勒认为 21 号指令代号为"奥托"似不够明确，这场战争应当是"巴巴罗萨"这个名字。

第二天，即 1940 年 12 月 18 日，希特勒以武装部队总司令的名义发出了第 21 号指令——"巴巴罗萨计划"。按照计划要求，德国武装部队必须准备在对英战争结束之前，以一次快速战役击溃苏联。准备工作必须在 1941 年 5 月 15 日以前完成。进攻苏联分两个阶段，第一阶段，首先用突然袭击的方法消灭苏联西部军区的军队，然后在空军的掩护下，以坦克部队为先导，长驱直入，向苏联腹地进攻。进攻路线分南、北、中三路。北方集团军群共 29 个师，在 1000 多架飞机的掩护下，由东普鲁士出发，经德文斯克、奥斯特洛夫，直取列宁格勒；中央集团军群共 51 个师，在 1600 架飞机的掩护下，由华沙以东出发，经布列斯特、明斯克、斯摩棱斯克，向莫斯科进攻；南方集团军群共 63 个师，在 1400 架飞机的掩护下，在卢布林至多瑙河口地区展开，向基辅进攻，然后向顿巴斯进击。在包围并歼灭这三个城市的苏军后，分别占领莫斯科、列宁格勒和顿巴斯。第二个阶段，进攻苏联的后备军，占领阿尔汉格尔斯克、伏尔加和阿斯特拉罕。这就是希特勒的宏伟计划。为了保密起见，计划只印了 9 份，三军各一份，其余的保存在最高统帅部。希特勒还指示，参与这一机密的军官的人数要尽可能少，不然，准备工作就会有泄露的危险，在政治上和军事上导致严重的后果。签署完"巴巴罗萨计划"之后，希特勒感到如释重负。他踌躇满志，巴巴罗萨、拿破仑未竟的事业，将由他来完成了。这个当年维也纳的流浪汉，已经自认为是有史以来世界上最伟大的征服者了。

斯大林不相信苏联会遭进攻

早在1941年1月，美国国务院就向苏联发出一份机密情报，这份情报是德国正在制定进攻苏联的计划。但这份情报并未引起苏联政府的重视。4月3日，英国首相丘吉尔曾经寄给斯大林一封信，提醒他注意德国军队的调动和德国即将向苏联发动进攻。但苏联政府却认为英国不怀好意，认为目前不应“刺激”德国，暂时还不会发生战争。

斯大林坐像

苏联政府认为德国调兵是为了防御，不敢真打自己。5月1日，莫斯科红场举行阅兵式。英国多次向苏联政府送情报，说德国将在夏季进攻苏联，但苏联政府却认为，英国和德国的战争没有分出胜负以前，德国无力进攻苏联，英国是为了把苏联拉入战争的陷阱而伪造情报。

5月，德国驻苏大使舒伦堡向当时在莫斯科的苏联驻德大使弗·杰卡诺佐夫直言不讳地透露了德国将进攻苏联的消息，并说出了进攻的详细日期。舒伦堡希望苏联能够在希特勒发动进攻前和柏林接触。弗·杰卡诺佐夫和舒伦堡会晤后，急忙赶往莫洛托夫的办公室。

当天，斯大林召来政治局委员，告诉他们舒伦堡的警告。但斯大林同时又强调，这是希特勒在吓唬人。斯大林说：“现在他们想通过大使一级向我们传递错误消息。”

苏联著名间谍佐尔格也发来了德国准备进攻苏联的情报，还将一份德国外长里宾特洛甫提到德国拟定的6月中旬进攻苏联的电报复印件传给苏联，但斯大林仍不相信。

6月1日，德国最高统帅部向德国各集团军、海军和空军下达相应的作战命令。

6月初，丘吉尔得知希特勒真的要进攻苏联后，真诚地提醒斯大林，说希特勒将于1941年6月22日对苏联发动突然袭击。斯大林把丘吉尔发出的警告误以为他又在散布假情报，结果差点输掉整个战争。

6月14日，德国突袭苏联的前一周，苏联塔斯社发表声明说：“英国和外国报纸上出现的关于'苏德之间即将开战'的谣言是错误的,是反苏反德的宣传伎俩。苏联人民认为，关于德国想要进攻苏联的谣言是没有任何根据的。”

6 月 16 日，一份“德国进攻苏联准备就绪，只待时日”的情报送到了斯大林面前，斯大林竟然在上面批示道：“让呈送这份情报的谍报员见鬼去吧。他不是谍报员，而是假情报制造者。”

若苏联政府已做好迎战德军入侵的准备，那么苏联塔斯社发表这样的声明，就是在麻痹德国人,这种声明是没有错的。然而,苏联政府的确并未做好防御准备,也没做好进攻德国的准备。结果，这种声明只是麻痹苏联军民的警惕性，束缚苏联人民自己的手脚。苏联人民在德军的突袭面前，处于被动挨打的地位。

“两个月内消灭苏联”

正当克里姆林宫准备在 1941 年 6 月 14 日晚向全世界广播，宣布关于德国进攻苏联的谣言“没有任何根据”的时候，阿道夫·希特勒正同陆军各集团军群和集团军一级的总司令就“巴巴罗萨计划”举行着他的最后一次大规模军事会议。会议定在帝国总理府召开。为了不引起人们的注意，与会者分三批到达。上午是陆军北方集团军群的将领，中午是陆军中央集团军群的将领，下午是陆军南方集团军群的将领。对于车辆如何进入帝国总理府也作了特别的安排，第一批汽车从威廉街驶入，勃劳希契等人的汽车则由赫尔曼·戈林街进入总理府花园，其他将领的车辆通过福斯街和国家办公厅的通道驶入。

在寒暄了几句之后，希特勒就让各军司令汇报他们在战争头几天的意图和各自战区的作战安排。接着各航空队也汇报了他们的计划。会议从上午 11 点一直开到下午 6 点半。希特勒对各部队的兵力、坦克数量以及其他各项细节都详细地进行了了解。他很少打断对方的汇报，只是静静地听着。

德军部署在波苏边境的战机

汇报认为红军在数量上占有优势，然而质量很差，即将开始的战斗不会十分激烈。结论尽管乐观，但大多数将领还是反对这场战争，其理由是他们从此就要开始两线作战。他们普遍认为，两线作战时间一长，德国既不可能取胜，也

德军正在波苏边境积极备战。

不可能坚持下去。

会议在下午 2 点休会进午餐，希特勒在午餐时对他的将领们进行了一次全面的政治演说。希特勒强调，他必须进攻苏联，因为苏联的沦亡会迫使英国“屈服”。他说，这是两种意识形态之间的决定性战斗，必须用完全不同的尺度来衡量我们作为军人所熟知的惯例——根据国际法是唯一正确的惯例。这是一场反布尔什维克主义的战争。他估计到苏联人会打硬仗，会顽强抵抗。“我们必须估计到敌人的强大空袭，应灵活地对付空袭。我空军必将迅速取胜，为陆军前进扫除障碍。大约六周以后，最艰巨的战斗就会过去。但是，每一个军人都应该知道我们的目标是什么。我们所要的不是那个国家，而是摧毁布尔什维克主义。”希特勒带着怨恨说道，英国人不愿同德国谅解，而去同苏联谅解。他说，这是 19 世纪的政治，不是 20 世纪的政治。希特勒在说这番话时指出，他同斯大林结盟，纯粹是为了取得但泽走廊而采取的一个策略步骤。他继续说，“我们若是打输了这场战争，整个欧洲就会布尔什维克化，英国若看不到或认识不到这一点，它就会失去霸权，失去世界帝国的地位。此外，英国在这场战争中将落入美国的魔掌，它现在还未能预见。但有一点是肯定无疑的：美国人要在这场战争中做一笔极大的生意。”会议在午餐后继续进行。最后，希特勒再次重申进攻的日期是 6 月 22 日，按照约定的暗号“多特蒙德”，德国军队应该进入苏联境内。并计划六周到两个月击垮苏联，在冬季来临之前结束战争。

德军入侵苏联。借助装甲部队的来回穿插，德军在战争开始阶段得以长驱直入。

苏德战争爆发

6月18日，苏联一个边防分遣队的指挥员打电话给自己的军长费久宁斯基上校说：“有一个德国士兵刚才跑到我们这边来。他谈了一个非常重要的情况，但我们不知道是否应当相信他的话，他谈的情况非常非常重要。”

在边防分遣队指挥部，费久宁斯基见到的是一个高个子的年轻德国士兵。翻译说，这位士兵在喝醉酒时打了一个军官，因为怕被枪毙才跑过来的，他告诉费久宁斯基说，战争很快就要开始，6月22日凌晨4点，德国部队将沿着整个德苏边境发动进攻。看到对方将信将疑的样子，这个年轻的德国士兵急了，他说：“上校，到6月22日早上5点钟，如果您发现是我骗了您，那就把我枪毙！”

费久宁斯基见他这样说，便毫不迟疑地立即把情况转告给第5集团军司令员波塔波夫将军，这位将军衔着烟斗懒洋洋地说：“没有必要相信这种挑拨，也没有必要使部队进入戒备状态，因为那样会搞成一场虚惊。”费久宁斯基仍然坚持要加强防备，波塔波夫将军见拗不过这位上校，只得同意调两个团靠近边界，并从靶场上调回一个炮兵团。在第87边防支队的地段上，苏军又抓到了一个德军特务小分队。据他们交代说，他们的任务是破坏火车和在卢尼涅茨车站上造成阻塞，以利于德军轰炸。

6月20日，列宁格勒军区收到了关于芬兰部队在边境集结的情报。

《纽约时报》驻安卡拉的记者苏利茨别尔盖发来的消息说：“从两个与苏联接壤的国家中获悉，德国对俄国的武装进攻可能在未来48小时内发生……德国在罗马尼亚和芬兰的支持下将对苏联发动一场从黑海到北极圈的全面进攻。”

赫尔辛基发布命令：预备役的年龄放宽到44岁。报纸头版头条写道：“每一个芬兰人都应该毫不犹豫地战斗，就像1939年那样。”

柏林德国官方发言人就各国报刊发表有关苏德边境冲突消息这一情况郑重声明道：“外国制造的这一传闻没有任何根据。”

路透社莫斯科消息说：“这里没有任何迹象表明德国向苏联提出了某种要求。

在苏联首都没有任何危机的迹象。”

《真理报》在当天发表了以《反对饶舌者和游手好闲者》为标题的社论，文中号召人们在工作中要有实事求是的精神，反对空谈和喋喋不休地说无聊话。

6月21日夜11点，苏军总参谋长朱可夫从基辅打来的电话称，一名德军司务长越过了防线对苏联指挥员说，德国军队将在次日凌晨发动进攻。朱可夫立即向斯大林和最高国防委员铁木辛哥作了报告。“也许德国将领们把这个逃兵送来，是为了挑起冲突吧！”这是斯大林的第一个反应。“不，我们认为逃兵说的是实话。”总参谋长坚持说。随后政治局委员们都来了，经过审慎的讨论和研究，斯大林才最后同意发出一项命令：命令列宁格勒、波罗的海、西部、基辅和敖德萨各军区的前线部队，立即做好准备，准备抗击德国可能发动的突然袭击，但为时已晚。

斯大林作了这样的处理后，拖着疲惫的身子刚要在卧室的沙发上休息一下，突然有人敲门。门声刺痛了他的心：任何时候都不曾有人这样唤醒他，也许发生了最坏的事情，难道战争爆发了？斯大林勒紧睡衣走了出来，卫士长向他报告说，朱可夫有急事打来电话了。随后，总参谋长在电话上向他报告了德军空袭基辅、明斯克等城市的情况。这一切表明，他最不愿发生的事情——战争终于爆发了。

二、苏联初战失利

布列斯特要塞

布列斯特要塞位于白俄罗斯与波兰边境，距离白俄罗斯首都明斯克349千米。1830年，俄军在布列斯特老城的基础上修筑了临时工事。1833～1842年，俄国将布列斯特老城改建为要塞。布列斯特要塞建在穆哈维茨河与布格河两河分割成的4座小岛上，建有中央工事和3个桥头堡。中央工事是环形封闭式的两层设垒营房，长1.8千米，砖墙厚度2米。一战结束后，要塞外围修筑两道堡垒地带，使要塞更加坚固。

德军士兵弯腰穿过苏军的封锁线。

在德国进攻苏联前夜，苏联西部特别军区总司令巴甫洛夫仍然麻痹大意。肩负重任的他正在明斯克的一家军官俱乐部里观看一部喜剧，正看得津津有味时参谋急忙赶来报告:“德军在边境上挑衅了,他们又朝我军开火了。”巴甫洛夫说:“这消息太无聊了，告诉前线官兵要保持克制。不要让他们轻举妄动，不要给德军以任何挑起战争的借口。”这真说出了大战前夕的西方面军司令巴甫洛夫的心里话。

6 月 22 日凌晨 3 时，德军的 6000 门大炮炮轰苏联，1000 多架德国作战飞机进攻苏联，只用了一天时间就把 800 多架苏军的战机摧毁在机场上了，其中 500 多架飞机是隶属于巴甫洛夫的。

战争爆发后，德军分南、北、中三路进攻苏联。南路德军由克鲁格率领的第 4 集团军的 21 个步兵师和古德里安的第 2 装甲集群（5 个装甲师、3 个摩托化步兵师和 1 个骑兵师）组成。古德里安的第 2 装甲集群强渡布格河，向苏联边陲重镇布列斯特发起了进攻，迅速突破了苏军西方面军左翼第 4 集团军的防御。这部分德军以快速部队迂回到该市的南北两侧，向斯卢茨克和明斯克方向发起进攻，步兵突入布列斯特，遭到苏联驻军的顽强抗击。

德军向布列斯特要塞的苏军发起进攻，苏联卫国战争就是从布列斯特要塞开始的。布列斯特要塞内的苏军在处于劣势的情况下奋勇阻击德军。守卫要塞的苏军阻击月余后几乎全部牺牲，在苏联卫国战争史上留下了光辉的一笔。

德军炮击布列斯特要塞。

当时，德军遭到了苏军的猛烈抵抗，激烈的交战到处进行着。巴甫洛夫并没有看透德军的战略意图，他虽然号称坦克专家，但并未真正领悟到坦克战的真谛。

德国中央集群总司令包克根本就不想从正面硬碰西方面军，而是用两个装甲集群从南北两翼以合围之势向纵深推进。前线的苏军部队明显被杀得措手不及。德国的侦听部门收听到一份苏军的电报：“我们遭到炮击。请求指示！”很快，德军的侦听部门就收到了苏军统帅部的回电："你们疯了吗？为何用明码来电？"

当时，古德里安的第2装甲集群和霍特的第3装甲集群分别从南北方向向苏军第3、第4、第10集团军防线的纵深进行向心突击。两个德军装甲集群如同两把大铁钳，死死地钳住了苏军的3个集团军。

德国步兵部队要追上装甲集群是非常困难的。他们一天至少行军40千米，道路非常坎坷。

德国官兵们对这些日子的行军记忆最深刻的是：苏军很多部队在忙着撤退，而德军则忙着追赶，大片尘土扬起。当时的天气很热，有时候还会突然下雨，下雨时的路面泥泞不堪。太阳出来后，很快就把泥泞不堪的地面晒成一块块的干土块。

激战格罗德诺

格罗德诺是白俄罗斯西端城市，格罗德诺州首府。格罗德诺位于涅曼河岸，靠近波兰边镇。格罗德诺曾是格罗德诺公国首都，1920 ~ 1939年被波兰统治。1939年归白俄罗斯苏维埃社会主义共和国。

在德国空军的狂轰滥炸和德军空降兵的大肆破坏下，苏联西部前线的通信指挥系统遭到严重破坏，指挥系统瘫痪。此时，由于在司令部的巴甫洛夫难以联络到前线部队，他赶到比亚韦斯托克的第10集团军司令部时，发现那里更是一片混乱。第10集团军司令格鲁别夫解释道："电话中断了，油库没了，坦克也没了。面对德军的坦克和飞机，我们靠什么打？"巴甫洛夫转达了最高统帅部的第3号命令：第10集团军立即反攻，占领奥索维茨、维斯纳、别尔斯克等地。不过，巴甫洛夫认为最高统帅部的命令实在离谱。

巴甫洛夫完全被德军迅猛的攻势震惊了。他不知道自己的集团军状况如何，更不知道德军在采取什么行动。他根据最高统帅部的"反攻"命令，下令所有集团军以及方面军的预备队进入突出部位，以解除德军步兵师对比亚韦斯托克突出部的威胁。这样一来，在明斯克地区出现了一块空白地带，使德军合围的任务更容易完成。这位号称"苏军头号坦克战专家"的巴甫洛夫，将整个西方面军都送入诺沃格鲁多克"口袋"地区。

巴甫洛夫竟不知道由装甲部队和摩托化部队配以航空兵的高速突击，已使传统的战争面貌发生了巨变。何况，德军装甲集群的推进速度和力度大得惊人。

德军的坦克集群正在快速绕过比亚韦斯托克突出部。这时如果巴甫洛夫下达命令，将3个集团军撤出危险地带还来得及。但巴甫洛夫却认为："利用坦克部

德装甲集团军向格罗德诺开进。苏德两军在格罗德诺展开激烈的交火，最终德军凭其强大的攻势战领该地。

队突袭敌军后方无法取得胜利！”他认为德军的装甲集群孤军深入，补给线太长，这正是西方面军反攻的大好时机。

同时，没有最高统帅部的撤退命令，巴甫洛夫没有胆子下令撤退，他只是一味催促部队进攻。西方面军副司令博尔金倒很镇静，根据苏联总军事委员会的第3号命令，他组织第10集团军的第6机械化军、第6骑兵军阻击德军和第3集团军的第11机械化军，向德军苏瓦乌基地区进行了反攻。

两军在格罗德诺与德军展开了激烈交锋，博尔金在格罗德诺组织的那点兵力根本无法抵挡德军的强大攻势。当时，由于苏军所调兵团分散在各地，加上准备时间仓促，又缺乏必要的通信器材，所以未能对德军形成突击。

苏军许多反攻部队受到严重损失，燃料、弹药消耗殆尽，被迫放弃格罗德诺，撤向诺沃格鲁多克，这导致在西北方面军和西方面军之间出现了一个大缺口，西方面军被围歼的命运无可挽回。

扎紧“死亡口袋”

开战没几天，希特勒与中央集团军群将领们之间的关系出现了矛盾。根据希特勒的指示要求中央集团军群进行两翼包围的地点是明斯克。但包克、古德里安和霍特从1941年1月以来，就一直主张在斯摩棱斯克进行大纵深的包围。包克曾在1941年6月23日试图改变希特勒的作战计划，但失败了。希特勒关心的是，几十万苏军西方面军马上就要被装入“比亚韦斯托克—诺沃格鲁多克口袋”，对苏军的突围应预留预备队，没必要迂回到斯摩棱斯克进行大包围。6 月 25 日，希特勒的副官施蒙特从大本营赶到中央集团军群司令部，向包克转达元首的紧急指示，应该在比斯摩棱斯克近得多的地方，即诺沃格鲁多克收缩包围圈。

同一天，正在西方面军司令部的沙波什尼科夫元帅向苏联统帅部报告了战场形势，请求从比亚韦斯托克撤军。第一副总参谋长瓦杜丁心情沉重地向斯大林报告：“德军正在逼近明斯克。”

德军古德里安的第 2 装甲集群和霍特的第 3 装甲集群突然出现在明斯克的南部和北部。这时，苏联统帅部已经发现了战略错误，连忙增调部队去保卫明斯克，以保障西方面军的后方。然而，战机稍纵即逝。当德国中央集群入侵苏联时，沙波什尼科夫很快意识到西方面军的危险。但在沙波什尼科夫的建议下，苏军统帅部命令西方面军迅速将配置在比亚韦斯托克的第 3、第 10 集团军东撤到利达、斯洛尼姆、平斯克一线。

6 月 25 日，发现无法挽回败局的巴甫洛夫对西方面军的 4 个集团军下达了全线撤退的军令，他准许各集团军充分征用各种交通工具，要求部队日夜赶路，在广阔的大地上甩掉德军。然而，西方面军的各个部队已经被呼啸而来的德机群和快速推进的装甲集群撕得支离破碎。苏军既没有燃油又缺少交通工具。在比亚韦斯托克和诺沃格鲁多克之间的大“口袋”中，苏军二十几个师已经被困住了。

6 月 26 日，斯大林发电报给远在加利西亚的苏军总参谋长朱可夫，要求他立即返回莫斯科，有更重要的任务要交给他。这一天，德军古德里安的第 2 装甲集群进抵明斯克附近，同苏军第 13 集团军展开了激战。中午，霍特的第 3 装甲集群出现在明斯克以北，距离明斯克只有 29 千米。那天下午，包克接到了陆军司令勃劳希契关于扎紧口袋的电令。包克虽然不愿意，但也只能下令：“古德里安将向东挺进的大部分兵力北调，在明斯克与霍特会师，扎紧口袋。可准许

德军坦克行驶在明斯克城外。

德军进入明斯克后，对城内的百姓进行了野蛮的屠杀。

第24装甲军向别烈津纳河岸的博勃鲁伊斯克和第聂伯河畔的罗加切夫发起试探性攻击。”和包克一样，古德里安和霍特也不同意最高统帅部的命令，但他们必须执行。他们还想前进，在322千米外的斯摩棱斯克扎紧口袋。

德国陆军参谋长哈尔德满腔怨气地说,因希特勒的无端干预，陆军司令勃劳希契被迫放弃了正确的大胆东进，结果德军向博勃鲁伊斯克的推进只能算是一次武力试探。哈尔德认为古德里安敢于采取正确的军事行动——在莫吉廖夫和罗加切夫继续强渡第聂伯河，扑向斯摩棱斯克。可见，德军陆军部因害怕希特勒不敢发出这种命令，却指望古德里安抗命。

6月26日下午，南路的古德里安、北路的霍特两路装甲集群在明斯克附近会合。德国空军元帅凯塞林指挥第2航空队的近千架飞机疯狂地轰炸扫射苏军。

6月27日，苏德战争爆发的第5天，德军第2和第3装甲集群展开猛攻。苏军22个步兵师和近7个坦克师、6个机械化旅的兵力，在明斯克—比亚韦斯托克地区遭到重创。

6月27日10时零5分，朱可夫根据斯大林的最新指示，通过电报向巴甫洛夫传达统帅部的命令：“要求西方面军司令部立即找到所属的部队，跟各个部队的指挥官联系上。司令部将向指挥官们说明情况，给部队提供作战的必需品，查清需要给哪些部队空运燃料和弹药，避免部队丢弃贵重兵器，尤其是重型坦克和重炮。命令留在德军后方的部队，根据3个不同的方向集中突围。提请西方面军司令部注意，德军机械化第一梯队已经脱离德国步兵部队很远，这是德军的弱点，若能对德军机械化部队进行夜间反击，可望取得胜利。”然而西方面军所有阵地的形势仍在恶化，被合围的苏军在极端困难的条件下向东南方向突围。在苏军的坦克、重炮的掩护下，骑兵部队、步兵部队进行了无数次集团冲锋。许多官兵侥幸冲出了包围，开始了游击战，但大部分苏军在突围中丧生。

傍晚，苏军被赶出明斯克。德军进入明斯克后，对城内居民展开了野蛮的大屠杀，大半个城市被德军炸毁。苏军西方面军遭到灭顶之灾。德军中央集群通向莫斯科的大门敞开了。

斯大林杀一儆百

1941年6月30日，斯大林从德国广播电台中收听到苏联西方面军被围歼的消息，马上打电话要求朱可夫通过电报与巴甫洛夫联络，询问德国广播的消息是否可信。当朱可夫问巴甫洛夫时，他竟对战场的情况不甚了解。朱可夫继续问巴甫洛夫："那么德国的广播报道是不是真的？"巴甫洛夫说："应该是真的。"通过身边发生的事情，巴甫洛夫明白了问题的严重性，他无奈地接受了这一事实。德军的推进速度惊人，巴甫洛夫直到这时才体会到德军装甲集群的强大威力，他为战前自己对坦克的轻蔑态度后悔不已。

朱可夫立即给克里姆林宫拨电话，向斯大林汇报了西方面军的情况。斯大林非常恼火，不明白为什么巴甫洛夫指挥的西方面军竟然在这么短的时间内输得一干二净！斯大林解除了巴甫洛夫等人的兵权，让他们立即回莫斯科接受审查。

回到莫斯科后，铁木辛哥会见了巴甫洛夫。巴甫洛夫心情焦虑地问："我是否还有必要向您汇报一下？""算了，一切都已经过去了。"铁木辛哥阴沉着脸，他不想再提白俄罗斯的战事。"元帅同志，你要考虑一下我当时的处境。我认为，即使换作别人也同样无济于事。"巴甫洛夫辩解道。铁木辛哥愤怒地质问道："我知道，西方面军各部队缺乏训练，我们还有很多问题。但部队、坦克、飞机和大炮损失那么大，那么大的领土丢失了，你作为方面军司令难道就没有一点责任？"巴甫洛夫哭丧着脸说："可是，我在布列斯特只有7个师，而德军却有15个师，其中有5个德军坦克师，你让我怎么防守？""算了吧，我不想跟你谈算术题，还是留着你以后去做吧！"铁木辛哥不耐烦地打断了他的话，离开了房间。不久，门开了，副官向巴甫洛夫报告有人来找。一位从最高统帅部来的中将带着两名卫兵出现了。"巴甫洛夫将军，请您看一下文件！"说着，该中将把一份文件递到巴甫洛夫面前，"逮捕令"放到了桌上，巴甫洛夫吓得说不出话来。

巴甫洛夫的最大错误是，在比亚韦斯托克部署了3个集团军，使苏联战斗力最强的西方面军变成了一群死守阵地的"羔羊"，结果遭受德国中央集团军群的装甲集群的包围。战争仅仅进行了一周的时间，巴甫洛夫的65万大军陷入绝境。巴甫洛夫至死都不明白，德国装甲集群为什么拥有如此强大的突击力，生生突破了3个苏联集团军的强大防线，构筑了"诺沃格鲁多克口袋"。解散苏联坦克军的巴甫洛夫最终受到了惩罚，他承受了轻视坦克部队的后果。研究了十几年坦克的巴甫洛夫，竟然不相信坦克兵团的威力、特点和精髓，这真是苏联西方面军的悲哀。

巴甫洛夫在白俄罗斯战区期间，扮演了极不光彩的角色。苏联实力强大的西方面军在巴甫洛夫的手中覆灭了。当拥有 65 万大军的西方面军遭到围攻时，它的司令官巴甫洛夫竟抱头鼠窜。在此期间，巴甫洛夫一直未能有效地控制部队。为了了解战场的情况，他不得不经常去收听德国广播。

事实上，巴甫洛夫等于放弃了对西方面军的指挥，这加剧了西方面军的混乱局面。他的确是太失职了。

7 月 22 日，苏联军事法庭宣判终审判决：被告西方面军司令员巴甫洛夫、方面军参谋长克里莫夫斯基、方面军通信主任格里戈里耶夫、第 4 集团军司令员科罗勃科夫是反苏阴谋的参与者。结果，这 4 个人被判处极刑——枪决。在审判庭上，巴甫洛夫等 4 人没有否认自己的罪责，但他们希望能把他们以任何身份派到前线，他们愿意在战场上赎罪。

斯大林看到判决书后，要求将“阴谋”之类的废话删掉，但同意立即执行枪决。该判决下发到各个方面军，斯大林要让将领们都知道，他惩处打败仗的将领毫不手软。当天晚上，巴甫洛夫和 3 位部下被枪决。

在 4 年卫国战争期间，苏军一共有 238 名少将以上的将领被斯大林批准判处死刑。在后来的苏联官方史料中，始终不愿再提巴甫洛夫的名字，即使偶尔提起，也一笔带过。巴甫洛夫成为战争初期愤怒的斯大林枪决的第一位高级将领。

强渡第聂伯河

德军入侵苏联后，苏联统帅部为加强莫斯科方向的防御，预备队集团军群在西德维纳河与第聂伯河上游一线展开。枪毙巴甫洛夫后，铁木辛哥出任西方面军总司令。但 1941 年 7 月初西方面军的形势更加严峻，总司令铁木辛哥几乎变成了“光杆司令”。大部分部队在战争初期的边境战中已经损失殆尽，西方面军的第 3、第 4、第 10 及第 13 集团军已经撤退到后方整顿补充。铁木辛哥在沿着西德维纳河、第聂伯河中游布防的部队只有 37 个师，大部分师的兵力装备只是编制的 10% ~ 30%，再加上仅剩的不到 200 辆坦克和 370 架飞机。

1941 年 7 月 2 日，苏联将 24、第 28 预备队集团军也并入西方面军，并打算调西南方面军的第 16 集团军前往斯摩棱斯克地区，将第 16 集团军也编入西方面军。这样一来，铁木辛哥的实力大大增加。

1941 年 7 月 3 日，德军第 4 装甲集团军，继续向东和东南方向追击避开合围的苏军，向斯摩棱斯克方向推进。

7 月 4 日，古德里安前去视察所属第 46 装甲军。他来到第 10 装甲师的师部

德军 3 号坦克渡河作战。该坦克原计划作为德军主战坦克，但通过实践发现，该坦克实力并不如苏联的 T-34 坦克，后逐渐退出历史舞台，为 4 号坦克所替代。

和党卫军帝国师的师部。在圣利奇基的党卫军帝国师师部里，师长豪赛尔向古德里安报告："我坦克部队经过血战，已经占领了布罗地兹附近的一个桥头阵地，距离别列津诺约 16 千米。另外在雅克齐兹的别列津纳河上的桥梁被炸了，坦克无法通过，工兵正在抢修。"

当天傍晚，德军第 24 装甲军到达罗加乔夫附近，第聂伯河横在他们面前。

7 月 6 日，苏军在日洛宾附近渡过第聂伯河，进攻德军第 46 装甲军的右翼。德军第 10 摩托化步兵师将苏军逼回对岸。这时，德国空军有关部门立即向古德里安报告说，苏军有更多的部队从奥廖尔—布良斯克地区向戈梅利方向调动。另外，德军从无线电侦听中发现苏军在奥尔沙地区设有一个军团司令部。可见，苏军正在沿着第聂伯河建立稳固的防线，古德里安认为必须赶快采取渡河行动。

7 月 7 日，德军第 17 装甲师在先诺附近受到拥有大量坦克的苏军攻击，双方发生激战。这时，古德里安未接到上级的任何新命令，因此他只好假定原来第 2 装甲集群进攻斯摩棱斯克—艾尔雅—罗斯拉夫尔的计划仍然有效。

苏军的防线还很脆弱，这时发起攻击显然好处很多。但苏军在罗加乔夫、莫吉廖夫和奥尔沙等地的桥头阵地很坚固，古德里安用奇袭方式的进攻都遭到了失败。

对于古德里安来说，如果等待后面的步兵部队赶到，至少需要 14 天左右。到那时，苏军的防线一定变得更坚强。德军步兵部队能否攻破对岸苏军沿江构筑的坚强工事，以便装甲部队继续前进，这是很值得怀疑的事情。那样的话，希特勒想在1941年秋季结束苏联战役的“巴巴罗萨计划”，就变得不可能了。

古德里安也考虑到现在渡河的危险，只要一渡河，3个装甲军的侧翼就会完全暴露。不过，古德里安绝对相信装甲部队的突击力量。因此，他决定马上渡河。

古德里安下令在两翼的日洛宾和先诺方向暂时采取奇袭，两翼的部队负责监视苏军。古德里安与第24装甲军军长盖尔商谈过后，决定让第46装甲军于7月11日在什克洛夫渡河，第47装甲军于同日在莫吉廖夫—奥尔沙之间渡河。

同一天，古德里安赶到第47装甲军军部。他准备当面把关于渡河的意图，讲给军官们听。半路上，古德里安参观了一列缴获的苏军装甲车。不久，他来到第47装甲军军部所在地——拉特恰。后来，古德里安又赶到托洛钦。第18装甲师正在托洛钦与苏军展开激烈的坦克战。他要求该师师长必须歼灭奥尔沙以西科哈诺夫地区的苏军。这对渡河的成功是个先决条件。当时，第18装甲师在坦克战中的表现令古德里安印象深刻，他毫不吝啬地表扬了他们。

7月8日，古德里安来到德军第4装甲集团军参谋部所在地——别列津纳河岸的包里索夫。古德里安和第3装甲集群司令霍特向克鲁格元帅请求渡河。克鲁格开始并不同意，并与他们发生了激烈的争吵，最后才勉强同意。

7月9日，在第2航空队的掩护下，刚结束白俄罗斯之战的德军两个装甲集群乘着胜利的余威，大踏步地强渡第聂伯河、别列津纳河与西德维纳河一线。

对于进攻斯摩棱斯克，德军统帅部持乐观的看法，以陆军总司令勃劳希契和陆军参谋长哈尔德为首的德军统帅部认为，刚在白俄罗斯损失惨重的苏联西方面军仅剩一点点部队，再加上西方面军后方没有太多的预备队，苏军坚持下去是不可能的事情，而强大的德国中央集团军群能够轻而易举地歼灭西方面军的残部。

截止到1941年7月，德国中央集团军群共有60个师，1个旅，加上北方集团军的6个师，其兵力不少于120万人。装甲集群可用的坦克约1000辆，比开战时少了一半，但仍具有较强的战斗力，而且，德国第2航空队可以牢牢地控制住制空权。

古德里安的第2装甲集群进攻第聂伯河中段和南段的莫吉廖夫—奥尔沙地区，遭到了苏军的顽强抵抗。第2装甲集群被迫绕开，从罗加乔夫至什克洛夫以北的3个渡口进攻，那里只有一个师的苏军坚守。

搭乘冲锋舟的德军摩托化步兵很快渡过第聂伯河，那个苏军师的防守很薄弱。德军步兵攻下一小块登陆场后，工兵立即在河上架设浮桥。几个小时后，坦克和装甲车开始排队渡河。

7月10日清晨，几万辆车和几十万部队仍在渡河。在第聂伯河两岸，挤满了看不到边的德军机械化部队和摩托化步兵部队。第2装甲集群先后渡河的部队并未理睬第聂伯河岸南部的苏军，他们快速前进。德军成功强渡第聂伯河，中央集群进攻莫斯科的道路就此打通了。

浴血斯摩棱斯克

1941年7月8日，德军统帅部给中央集团军群包克下了任务：合围西德维纳河和第聂伯河地区的苏军，占领奥尔沙、斯摩棱斯克和维捷布斯克地域，开辟一条通向莫斯科的通道。7月10日，德军第2装甲集群便先后渡过第聂伯河和西德维纳河。

由于边境作战的失利，苏联最高统帅部于6月底开始把战略第二梯队布防在西德维纳河—第聂伯河一带，任务是守好这一地区，不让德国中央集团军群威胁莫斯科。

苏军第16、第19、第20、第21、第22集团军全部编入西方面军，总司令是铁木辛哥，但上述集团军只有24个师到达了阵地。在交战以前，这些苏军部队没有来得及建立纵深防线。苏军预备队方面军第24、第28集团军（19个师）在从涅利多沃到布良斯克的正面防线上布防了兵力。

在斯摩棱斯克会战的第一阶段（7月10～20日），德军突破苏军西方面军的右翼和中央防线。为了实现斯摩棱斯克大包围战，德军两个装甲集群继续向东突击，并调来部队抵挡苏军对其侧翼的进攻，德军抽调少量部队防守斯摩棱斯克包围圈的东面。

7月10日，德军第29摩托化步兵师经过长途奔袭，到达离斯摩棱斯克只有18千米的地方。

7月14日，德军第46装甲军和帝国师进攻戈尔基。第46军第10装甲师经过激战，赶到戈尔基和姆斯季斯拉夫尔。德军第29摩托化步兵师在斯摩棱斯克的推进速度较快。德第18装甲师渡过第聂伯河，

德军在坦克的掩护下向苏军阵地斯摩棱斯克推进。

德国 37 毫米反坦克炮的战斗状态

从克拉斯内向西北方向推进，以保障德第 19 师的侧翼安全。

7 月 15 日清晨，德第 46 装甲军牢牢地控制着斯维尔罗费齐，这里距离克拉斯内约 13 千米。德第 29 摩托化步兵师占领斯摩棱斯克南面的郊区，德第 18 装甲师占领克拉斯内北面。德第 17 装甲师攻下奥尔沙的东部和南部。下午 19 时 15 分，德第 19 摩托化步兵师在斯摩棱斯克地区的攻势很凌利，但伤亡较大。德第 47 摩托化军第 29 师占领了斯摩棱斯克的老城区。斯摩棱斯克的陷落只是个时间问题了。

7 月 16 日，苏军在从戈梅利—克林齐一带不断增兵，在斯摩棱斯克以东的物资运输更加频繁。

7 月 17 日，在空军的协助下，德军将苏军第 21 集团军挡在博布鲁伊斯克和日洛宾。德第 2 航空队出动飞机 600 多架次。

苏军第 21 集团军的军事行动虽然失败，但它使被德军围困的第 13 集团军突围，并为处于包围圈中的莫吉廖夫城完善防线争取了宝贵时间。

7 月 18 日，德第 17 装甲师到达斯摩棱斯克以南地区，挡住从北面向该市反攻的苏军。

7 月 20 日，德军第 46 军攻下斯摩棱斯克以东 70 千米的叶利尼亚，构筑了一个面向莫斯科的突出部。在叶利尼亚城的后面，被围苏军从那个唯一的缺口突围了。

至此，苏军已阵亡 30 余万人，受伤 8 万余人，平均每天伤亡 2 万余人。德国中央集团军在侵苏战争前期达到了希特勒预想的目的，给苏军以极大的震慑，闪击战初战告捷。

在得知德军攻下叶利尼亚后，远在莫斯科的斯大林勃然大怒，他命令铁木辛哥必须在最近几天发动反攻。斯大林从第 24、第 28、第 29、第 30 集团军抽调了

17 个师给铁木辛哥。

斯摩棱斯克会战的第二阶段（7 月 21 ~ 8 月 7 日）开始了。苏联最高统帅部第 24、第 28、第 29、第 30 集团军的 4 个集团军级战役集群和罗科索夫斯基率领的集团军级战役集群，全面编入西方面军。

西方面军从别雷、亚尔采沃、罗斯拉夫利一带向斯摩棱斯克发动大反攻。双方主要在斯摩棱斯克、叶利尼亚展开激战，另一个激战地域在索日河、第聂伯河—别列津纳河之间展开。

7 月 24 日，苏联西方面军第 13、第 21 集团军和预备队方面军的第 3 集团军重新组建中央方面军，由库兹涅佐夫上将率领，苏军在大反攻时未能粉碎斯摩棱斯克的德军，但粉碎了德军对莫斯科的攻势。

7 月 23 日至 25 日，苏军又出动了 5 个战役集群，共 16 个步骑师、4 个坦克师，在别雷、亚尔采沃和罗斯拉夫向德军发起子反攻。苏军的矛头重点指向德军第 4 装甲集团军和第 9 集团军。

至 7 月 23 日前，德军中央集团军群的装甲集群和摩托化步兵损失兵力近一半，其余步兵兵团损失兵力近 20%。德军统帅部于 1941 年 7 月就投入近一半的战略预备队，即 24 个师中的 10 个半师补充中央集团军群。中央集团军群的古德里安第 2 装甲集群部队，与苏军展开了自开战以来最激烈的战斗。

7 月底，斯摩棱斯克城周围的战斗进入拉锯战阶段，德军中央集团军群主力第一次被迫转入防御。德国陆军统帅部决定消灭苏军对中央集团军群两翼的威胁后，再攻打莫斯科。

7 月 26 日，在戈梅利的苏联第 21 集团军发起了强大的攻势，在罗德尼亚的苏联第 13 集团军发起了强大的攻势，在罗斯拉夫尔的苏联第 4 集团军也发起强大的攻势。

然而，就在这一天，霍特装甲集群从北面把斯摩棱斯克地区完全封锁了。10 个师的苏军被德第 3 装甲集群包围。中央集团军群的后方，在莫吉廖夫地区凭险死守的强大苏军也被德军歼灭。

7 月 28 日，德军在斯摩棱斯克东南近 40 千米处，再次击退了强大苏军的反攻。7 月 30 日，苏军向艾尔雅地区曾经发动 13 次集团冲锋，但都被德军击溃。

8 月 5 日，德军彻底消灭了斯摩棱斯克包围圈内的苏军，几乎全歼苏军第 16、第 19、第 20 集团军。

斯摩棱斯克会战进入第三阶段（8 月 8 ~ 21 日），会战中心开始向南转移。

8 月 8 日，德军第 2 集团军和古德里安的第 2 集群从正面向南进攻。在总指

苏军在斯摩棱斯克会战中首次使用了火箭炮，这种火箭炮射程远，威力大，对以装甲战车为主的德军造成很大的杀伤力。

挥铁木辛哥的批准下，苏军中央方面军开始向东南和南方撤退。

8月16日，铁木辛哥派西方面军和预备队方面军第24、第43集团军发起反攻，以粉碎杜霍夫希纳和叶利尼亚的德军。苏军的攻势没有取得进展，但在叶利尼亚的德军遭受重创。

8月21日，德军第2装甲集群已经向南推进120～140千米，到达戈梅利—斯塔罗杜布一带。德军插入布良斯克方面军与中央方面军之间，严重威胁着苏军西南方面军翼侧和后翼。

8月25日，苏联中央方面军被撤销，又组建了第3、第21集团军。

斯摩棱斯克会战的第四阶段（8月22日～9月10日）开始。斯大林决定以积极的进攻挫败中央集团军群，解除德军对西南方面军后翼的威胁。苏军最高统帅部组织460架飞机参加空战，重创古德里安的部队，但没有挡住德军向南的攻势。

在西方面军右翼，德军装甲部队攻击了苏军第22集团军，突破了该集团军的防线。

8月29日，德军占领托罗佩茨。第22集团军及南面的第29集团军，被迫撤到西德维纳河东岸。

9月1日，铁木辛哥指挥第16、第19、第20和第30集团军再次反攻，但严重受阻。铁木辛哥命令预备队方面军第24集团军在叶利尼亚继续进攻。

9月10日，苏军转入战略防御。斯摩棱斯克会战结束，苏军的主要战果是粉碎了德军闪击苏联的全盘计划。

从7月10日至9月10日，苏军总共损失48万多人，损失坦克1348辆，飞机900架、各种火炮近万门。德军共损失14万多人，其中4万多人战死，装备损失巨大。

斯摩棱斯克战役是中央集团军群发动的第二次大规模钳形围歼战，其第2、3装甲集群再次起到了决定性的作用。由于德军步兵的机械化程度较低，后续步兵部队难以追上装甲部队。结果，被围苏军反而使德军产生了严重的危机。若不是苏军的反攻准备不足，德军将陷入两线作战的被动局面，苏军很可能夺回战场主动权。

“最后一道大门”

1941 年 7 月 18 日，德军第 46 装甲军的第 10 装甲师及其所属部队增援的装甲旅攻入叶利尼亚 10 千米。第 10 装甲师的预备队党卫军“大德意志”步兵团也参加了进攻。7 月 19 日清晨，党卫军帝国师工兵营和元首团向多罗哥布希进军。他们遭到了苏军的袭扰，工兵营在上午 9 时左右到达多罗哥布希。11 时，党卫军帝国师的装甲旅，通过铁路干线到达叶利尼亚火车站。

苏军很快在叶利尼亚市的伊沃尼诺一带组织兵力突袭，炮兵部队向德军倾泻了密集的炮弹，苏军的重炮口径达 210 毫米。经过一番激烈的交战后，德第 10 装甲师于 23 时基本占领了熊熊燃烧着的叶利尼亚。在叶利尼亚城内还有部分苏军仍在抵抗。德军第 10 装甲师出动装甲旅快速奔袭，一举突破地下掩体和反坦克战壕中的苏军防御点。

7 月 20 日，德军第 10 装甲师接到扫荡叶利尼亚地区的命令，奉命继续进攻多罗哥布希。然而，苏军坦克和步兵部队在炮兵强大火力的支援下，反攻叶利尼亚市。德军第 10 装甲师发动的反攻给苏军造成了重大伤亡，并挡住了苏军的进攻。

7 月 20 日到 7 月 21 日两个夜晚，德第 2 装甲集群司令部决定把首要任务定为坚守叶利尼亚，为此古德里安命令第 46 装甲军推迟向多罗哥布希推进的计划。

7 月 22 日清晨，党卫军帝国师和第 10 装甲师分散布防在叶利尼亚附近，构筑了防线。第 10 装甲师连续遭到苏军人海战术的进攻。经过一个早晨的激战，第 10 装甲师击退苏军的攻势，苏军损失惨重。

7 月 23 日，经过一天的进攻，德军第 10 装甲师形成了一条新防线。防线刚刚建立，苏军以人海战术向第 10 装甲师发起勇猛的冲锋，后来苏军损失惨重，被迫撤退。但党卫军帝国师遭到各个方向的苏军优势兵力的进攻，被迫逃回叶利尼亚火车站北部地区。

“大德意志”步兵团也遭到了苏军人海战术的攻击，苏军人数越来越多。几天来，“大德意志”步兵团一直在激战。苏

德军士兵在被摧毁的装甲车前，巷战是德军最头疼的一种战法，在这里，装甲部队的威力无从发挥，苏军无处不在，又无处可寻。

军步兵以密集纵队向“大德意志”步兵团的机枪阵地发起冲锋。

从7月24～26日，苏军完全不顾伤亡，持续发起集团冲锋，冲击“大德意志”步兵团的防御阵地。该团的防线宽达50千米，却只有14个营。苏军的炮火一天比一天猛烈，密集的重磅炮弹倾泻在德军阵地上。

苏军坦克伴随着步兵部队进行冲锋。德军刚堵住一个突破口，另一个地点就被苏军突破。苏军的坦克已经推进到叶利尼亚近郊，这引起了德军后勤部队的混乱。两个师的德军拼死抵抗着大量的苏军。

7月24日下午，党卫军帝国师第41战斗工兵营的阵地被苏军冲开一个缺口，傍晚，帝国师投入了该师的最后一个预备队——党卫军战斗工兵部队，终于补上了缺口。不管怎样，德军认识到由于缺乏必要的补充，战斗越来越不利于自己。自7月27～31日，苏军持续进行了大规模进攻。密集的炮火差点把所有的工事变成一片废墟。德军炮兵因缺乏弹药，难以压制苏军的炮火。与此同时，苏军的炮弹源源不断地运到阵地上，苏军的炮击使德军伤亡巨大。尽管如此，苏军的坦克和步兵进攻还是被德军击退。

7月27日，“大德意志”步兵团的部分兵力被调到机场南部救急。这样该团的兵力就更少了。7月29～30日的夜晚，南部的德军第10装甲师狙击旅和东南部党卫军帝国师的两个营被第268步兵师换防，但腾出手来的部队被迫去补充其他薄弱的防线。第10装甲师将所有的预备队部署在右翼，阻止苏军夺回叶利尼亚。布良斯克—叶利尼亚—斯摩棱斯克铁路线一直为在斯摩棱斯克的苏军提供兵员和弹药，德国空军只能进行袭扰。

8月1～6日，德军第268步兵师，党卫军帝国师和“大德意志”步兵团仍在死守叶利尼亚突出部。但德军的兵力十分分散，难以休整。苏军的重炮不停地倾泻炮弹，德军伤亡惨重，武器装备损失也很大。德军各连减员到50～80人，情况对苏军越来越有利。德军炮兵不足以压制苏军的炮火。

8月4日，“大德意志”步兵团的战斗力大大降低，无法去补西部被苏军突破的缺口。该团和第46军预备队一同编入党卫军帝国师，以便在第二天建立新的防线。

8月6日，德军第15步兵师开往前线支援“大德意志”步兵团和党卫军帝国师。在没有任何支援的条件下，党卫军帝国师损失惨重。“大德意志”步兵团在南部防线上也损失惨重。

经过激战，9月6日苏军收复了叶利尼亚。9月8日，苏军前进至乌斯特罗姆河与斯特里亚纳河一带，并以4个集团军的强大兵力在斯摩棱斯克附近再次转入进攻，不过最终均以失败告终。德军始终控制着攻打莫斯科的门户。

没能守卫住莫斯科前面的“最后一道大门”，莫斯科的门户彻底敞开，一场更大规模的“台风”行动正在酝酿中。

封锁列宁格勒

列宁格勒是无产阶级革命的摇篮。在这里，列宁领导布尔什维克党为世界上第一个社会主义国家奠定了基础。对希特勒来说，占领列宁格勒就意味着，在卡累利阿地峡作战的北方集团军群和芬兰军队，能轻而易举地在斯维里河地域会合，并切断苏方通向卡累利阿和摩尔曼斯克的交通线。同时，在精神上和心理上对提高德国及其盟国军民的士气，保持他们对实现反苏战争计划的信心，也具有重要的意义。对斯大林来说，失掉列宁格勒，在各方面都会使战争形势严重复杂化。如果希特勒占领该城，并且德芬军队在此会合，那么苏方就必须从北面建立保卫莫斯科的新战线，并消耗掉最高统帅部准备用于保卫首都的战略预备队。此外，还会不可避免地失掉强大的波罗的海舰队。所有这些因素，都决定了争夺列宁格勒斗争的极端残酷性和紧张性。

1941 年 8 月下旬，德国以 32 个步兵师、4 个摩托化师、4 个坦克师和 1 个骑兵旅的兵力，同时还配备了 6000 门大炮、4500 门迫击炮和 1000 多架飞机，向列宁格勒发动猛烈的攻击。希特勒又从中央集团军群调出一个坦克军，支援北方集团军群，并扬言，要在 9 月占领列宁格勒，并狂妄宣称，一定要把这座城市从地球上抹掉。

9 月初，北方集团军群各快速兵团已挺进到列宁格勒以东的涅瓦河。9 月 8 日，这些兵团实施强攻，夺取了施吕瑟尔堡，从而切断了列宁格勒与其东南交通线的联系。列宁格勒形势十分危急！

斯大林和联共（布）中央号召当地军民不惜一切代价，保卫列宁格勒。同时，斯大林又将朱可夫从西线召回去接替伏罗希洛夫指挥列宁格勒方面军。这样，这位智勇双全的将军再次临危受命，充任稳定苏德战场每一危险地段的“消防队员”。

德军火炮封锁列宁格勒，列宁格勒形势万分危急。

9 月 10 日晨，朱可夫飞往被

围的列宁格勒。就在这一天，局势变得更加紧张了。希特勒军队向第42集团军防御地段进行极其猛烈的攻击。德军坦克曾突入乌里茨克，又被苏反坦克炮兵击退到原来的位置。在这些激烈的交战中，第42集团军司令员用尽了自己的预备队。部队严重减员，有的师只剩10%～30%的兵力，形势十分危急。

9月11日拂晓，德军重新开始进攻，并配合数百架飞机进行轮番轰炸。德军逼到了列宁格勒城市附近。形势要求苏军必须采取坚决而有效的行动。哪怕只有最小的可能性，也要日夜连续反击敌人，袭扰敌人。消耗其有生力量和技术兵器，破坏其进攻措施。同时还必须在部队中振奋士气，建立严格的秩序和纪律，大大改善军队的指挥能力。9月11日，霍津将军被任命为方面军参谋长；9月14日，方面军军事委员会任命费久宁斯基将军为第42集团军司令员。

9月13日清晨，德军又以两个步兵师，开始向乌里茨克总方向进攻。德军突破了防御，占领了康斯坦丁诺夫卡、索斯诺夫卡、芬兰科伊洛沃，并向乌里茨克推进。德军不停地空袭和炮击，妄图把列宁格勒夷为平地。列宁格勒军民面临着极其严重的困难。此时，市外交通全被封锁，从陆上没有一条出路，只有被誉为“生命之路”的拉多加湖是通往内地的唯一道路。斯大林和联共（布）中央，派人从湖上给列宁格勒军民运送给养。但是，这仍然不能满足列宁格勒军民的需要。列宁格勒很快就发生了饥荒。

9月14日晨，争夺戈烈洛沃的战斗再次打响，而且战斗更加激烈了。列宁格勒南面的筑垒地带这时大多被突破。冲在最前边的德军装甲部队已攻到距离城市不到11千米的地方。

9月15日，尽管苏军进行了猛烈的防御战，特别是在乌里茨克，它一天之内曾数次易手，但德军第18集团军还是在斯特里亚纳和乌里茨克之间突破到芬兰湾，把苏军第8集团军同列宁格勒隔开了。这一天是战斗最为激烈的一天，德军感到苏军的抵抗变得更加顽强了。为了阻挡德军突击集团在乌里茨克和列宁格勒方向上继续进攻，朱可夫精心拟定出一项加强该城防御的计划。他的目标是使用空军和炮火突击来打击德军，以阻止他们突破苏军防御。这项计划要求动员这个地区的一切人力物力，包括他的方面军的部队、列宁格勒市民以及苏联海军，来加强预备队，扩大防御纵深。

在第42集团军的防区，朱可夫计划建立能够阻止德军通过发动强攻来夺取列宁格勒的一道防线。他非常倚重海岸炮兵和波罗的海舰队的火力。就这样经过日日夜夜50多天的英勇战斗，苏联军民终于粉碎了德军从南北两个方向进行正面突击以夺取列宁格勒的计划。虽说红军把德军挡在列宁格勒之外，但这座城市及其保卫者们的命运仍前途未卜。德军以武力占领的企图失败后，又决定通过围困、封锁和野蛮的轰炸，切断城市与外界的联系，将全城军民困死。

1941 年 9 ~ 10 月份，德军对这座城市进行了猛烈的空袭，共投弹 9.3 万多枚。10 月 4 日这一天，德军持续空袭时间长达 9 个多小时。列宁格勒遭到陆上封锁导致军民的粮食供应急剧恶化。9 至 11 月，居民面包定量先后降低 5 次，11 月 20 日降到最低限量。列宁格勒军民在被封锁中度过严冬，忍受一切艰难困苦，接受最严峻的考验。他们顽强地战斗和工作，决心不惜牺牲一切坚持到底。直到 1944 年 3 月初，苏军开始胜利反击，歼灭了列宁格勒周围的纳粹军队和芬兰仆从军，才彻底结束了长达 3 年零 1 个月的列宁格勒保卫战。1941 年下半年，苏联军民坚守列宁格勒，具有重大的政治意义和军事战略意义。

基辅大合围

在苏德战场的南翼的乌克兰战线上，以攻、守乌克兰首府基辅为中心，德国法西斯及其仆从国的侵略军，同苏联军队展开了持续、激烈的战斗。从 1941 年 7 月上旬开始，到 9 月 19 日基辅陷落为止，历时两个半月。

在南北约 1000 千米、东西纵深约五六百千米的广阔战线上，苏联西南方面军和南方方面军总共有 86 个师。但在艰苦的防御战中，苏军已严重削弱，人员、武器都深感不足。德国南方集团军群包括第 1 坦克集团军，三个野战集

德军在乌克兰战线上的突进势如破竹，苏联很多阵地还没来得及布防就丢了。图为被德军轰炸后的乌克兰机场。

团军，另外还有罗马尼亚两个集团军、一个匈牙利军和一个斯洛伐克军。从7月20日起，意大利法西斯军队也直接参战，所以敌军总数共82个师，人数比苏军几乎多1倍。

对于基辅是否放弃的问题，斯大林同朱可夫曾经激烈讨论过。朱可夫主张放弃基辅，而斯大林却不主张放弃，并指示乌克兰党组织向全体军民发出号召，号召他们抗击德国法西斯侵略者。在当地党组织和政府的领导下，20万基辅居民参加构筑防御工事，7万多人参加了民兵，3万共产党员参军上前线。德军在南线的主攻方向是基辅。这一线的全部主力都投到基辅方面。

7月11日，德国第6集团军的先头部队进入基辅地区。7月下旬和8月上旬，德、苏双方为攻、守基辅展开了持续、激烈的战斗。苏军在战略防御的原则下，顽强死守，同时伺机实行反突击，消灭敌人的有生力量，千方百计地顶住德军的进攻。苏军英勇奋战，把敌人拖得疲惫不堪，使他们每前进一步，都要付出沉重的代价。

7月30日，德军用5个师进攻基辅，但被苏军击退了。

8月6日，德军又对基辅发动大规模的攻势，经过12天的鏖战，德军才勉强前进8至10千米，但仍未能攻入基辅。德军强攻基辅不成，便一方面改变战术，对基辅的苏军采取大合围，另一方面请求增援，消灭基辅外围的苏军。经希特勒批准，德中央集团军群的第2坦克集团军和第2野战集团军南下乌克兰，包抄和进击苏西南方面军的后方。

8月12日，在基辅南面，德第1坦克集团军也从别拉雅—策尔科维迅猛南下，进抵别尔沃马伊斯克，切断了苏军第6和第12集团军的退路。与此同时，德第17集团军又从文尼察南边向乌曼进攻，把苏军这两个军包围在乌曼的南边。被围苏军拼命杀敌，到8月13日，许多指战员壮烈牺牲，不少人被俘。8月底，德第6集团军同苏联第5集团军在基辅以北展开激战。苏军且战且退。德寇紧追，并渡过第聂伯河，突入杰斯纳河地区，在切尔尼哥大地区同南下的德第2集团军会师，把苏军第5、第21和第37集团军围困在切尔尼哥夫、基辅和涅仁的三角地带。9月12日，德第1坦克集团军从克列明楚格北上，迎接南下的德第2坦克集团军。9月15日，这两股法西斯坦克部队在基辅以东的洛赫维察会师，把苏联西南方面军的4个集团军包围起来。9月19日，基辅陷落，苏军蒙受了重大损失。据西方史学家记载，德国南方集团军群抓到了65.5万苏军俘虏。一再坚持死守基辅的赫鲁晓夫，在基辅陷落前乘飞机离开，险些做了德国法西斯的刀下鬼。

三、希特勒发动“台风”攻势

希特勒南北分兵

1941 年 6 月 22 日，德国入侵苏联，并以闪击战战术快速突击，其装甲集群以钳形方式推进。德军先分割苏军，再彻底歼灭苏军。德军北方集团军群向列宁格勒快速进攻，南方集团军群向乌克兰和高加索高地推进，而中央集团军向莫斯科方向推进。苏军的防线漏洞百出，伤亡惨重。8 月上旬，德军占领斯摩棱斯克，莫斯科的大门被德军打开。

8 月 4 日早晨，古德里安来到中央集团军群司令部所在地罗弗伊鲍里索夫，亲自向希特勒汇报战况。希特勒的军事会议是在司令部里举行的。每个人都需要单独发表意见，事先谁都不知道别人说什么。会议期间，包克、霍特和古德里安一致主张应加紧进攻莫斯科。霍特说他的第 3 装甲集群要到 8 月 20 日才能继续进攻。古德里安说他的第 2 装甲集群的最早进攻日期为 8 月 15 日。希特勒却说列宁格勒附近的工业区是德国急需夺取的目标。他认为莫斯科与乌克兰之间谁最重要，他很难作出割舍。他说有好几个原因使他想先占领乌克兰：第一，南方集团军群已经在乌克兰建立了胜利基础；第二，乌克兰的原料和农产品，对德国日后的经济发展和战争都有很大的帮助；第三，克里米亚是苏联轰炸罗马尼亚油田的航空母舰，必须铲除那个基地。

德军炮轰苏联军事重地基辅。乌克兰是苏联的粮仓，基辅的存亡对苏联来说至关重要。

希特勒建议在冬季刚开始时，再去进攻莫斯科和哈尔科夫。而对于古德里安、包克和霍特认为最主要的战略问题，在那天的会议中并未确定下来，为此 3 个人要求希特勒尽快确定。当天的会议还讨论了一些十分琐碎的问题。例如，古德里安向希特勒提出不撤出艾尔雅突出地带，因为他需要以它作为进攻莫斯科的跳板，但这个问题会议也没有确定下来。但古德里安决心自己做好进攻莫斯科的准备。

8月8日，罗斯拉夫尔的战役结束。德军俘虏苏军3.8万人，并缴获200辆坦克和200门火炮。古德里安又去视察罗斯拉夫尔附近的各军师部。

8月9日，德第24装甲军发起攻势后，古德里安随第4装甲师一起前进。第35坦克团和第12步兵团配合默契，简直跟演习一样，古德里安的炮兵部队出了很大力。

8月10日，古德里安的第2装甲集群所属各部到达指定位置。第7步兵师到达恰托维特齐以南地区，第3、第4装甲师正在进攻米罗斯拉维特齐的苏军，第10摩托化步兵师到达米罗斯拉维特齐。第78步兵师在斯洛博达推进，其先头部队赶到了布强，第197步兵师到达阿斯托费亚，其先头部队到达了阿廖什尼亚，第29摩托化步兵师到达罗斯拉夫尔，第23步兵师到达罗斯拉夫尔以北地区，第137和第263步兵师在杰斯纳河岸驻扎，第10装甲师在艾尔雅以西地区整顿，第17装甲师在艾尔雅西北地区，第18装甲师在普鲁德基以东地区，帝国师和“大德意志”步兵团在艾尔雅的西北整顿。

德中央集团军群司令部和陆军统帅部都主张向莫斯科进攻，并以莫斯科为决战地。古德里安也没有放弃这一主张，他相信希特勒能同意大家的观点。

但是希特勒认为，莫斯科只不过是个地名，而列宁格勒才是布尔什维克主义的发源地，是苏联的真正堡垒。与此同时，他想攻占富饶的乌克兰，夺取战略物资。如果德军扫清了乌克兰的苏军，那么德军在进攻莫斯科时，就不用担心侧翼了。

随着德军辩论着目前主攻哪里，几个星期的时间大多被浪费。希特勒第一个目标是夺取乌克兰、顿涅茨盆地和高加索等资源地区。这些地方都处于南方集团军群战区内。希特勒的第二个目标是列宁格勒。列宁格勒眼看就要被占领，但希特勒重犯一年前他在敦刻尔克所犯的错误，命令勒布的装甲部队在列宁格勒城外停止前进，结果该城仍在苏军之手。

经过几天的争论后，希特勒不顾所有将领的反对，下令同时在南路的乌克兰方向和北路的列宁格勒方向发起主攻，莫斯科留到最后解决。正向莫斯科逼进的坦克部队去增援北方集团军群，包围列宁格勒；古德里安的装甲部队去增援南方集团军群，夺取基辅。

德军参谋总部和中央集团军群的将领们都认为，莫斯科一旦被夺取，苏联的军事工业不仅会受到严重损害，而且苏军的防线会一分为二，使苏军无法组织起统一的防御。此时已被胜利冲昏头脑的希特勒无法听取手下将军的意见了。

希特勒制造“台风”

德军攻占基辅，使希特勒更加得意忘形，他称“这是世界上史无前例的最大战役”。但是，尽管这个成就“非同小可”，他的一些将领对于它的战略上的重大意义却更加怀疑了。秋雨季节快来了，到时候苏联各地的道路将是一片泥泞。随之而来的将是冰天雪地的严冬。斯大林正在加紧组织力量，准备利用严冬的有利时机，对德国法西斯强盗给以沉重的打击。

希特勒虽然在战争初期先发制人，捞到不少便宜，处于主动进攻的有利地位。但是，随着战争的深入发展，每前进一步，困难也就愈来愈多。德军总参谋长弗朗茨·哈尔德于 1941 年 8 月 11 日在日记中写道：“现在已经越发清楚，我们不仅低估了苏联巨人的经济力量和运输力量，而且更重要的是，低估了他们的军事力量。我们最初计算敌人大约有 200 个师，现在已经察明番号的就有 360 个师。一旦十几个师被歼灭，苏联就又投入十几个师。我军战线由于分布太广，显得过于单薄。”伦斯德在战后向盟军提审人员直率供认：“在发动进攻后不久，我便发现以前所写的关于苏联的一切都是满纸胡话。”

8 月 21 日，希特勒向总参谋部下达了一项新的指令。命令按以下指令继续进攻：冬季到来之前就应该达到的主要目的，不是夺取莫斯科，而是在南方夺取克里米亚、顿涅茨工业区和煤矿区，并使苏联人无法从高加索运送石油；在北方夺取列宁格勒并与芬兰会师。

希特勒不断干预战役指挥，他已给同时攻占列宁格勒和斯大林格勒的主意迷住了，因为他自信这两个“共产主义圣地”一旦陷落，斯大林所领导的社会主义苏联就要土崩瓦解了。他对那些不能赞赏他的战略天才的陆军元帅和将军们进行了侮辱。他批评陆军司令部中全是一批“脑袋已被过时理论弄得陈腐不堪”的人。总参谋长哈尔德与陆军元帅勃劳希契举行会谈，讨论“元首”对陆军总司令部和总参谋部事务进行的“不能允许的”

希特勒在听取将领的作战部署。

干涉，否则，他建议陆军总司令和他本人辞职。

这件事情发生后的第二天，即8月23日，坦克集团军司令古德里安来到希特勒的大本营，竭力主张立即进攻莫斯科。然而，希特勒认为，“将来继续进行战争，十分需要乌克兰的原料和农业”，“克里米亚是苏联进攻罗马尼亚油田的航空母舰”，他批评将军们“对于战争经济方面的问题一窍不通”，并强调他已发布命令，必须坚决贯彻执行。

这是苏德战争爆发以来，德国最高统帅部中发生的最严重的一次危机。可是更严重的危机及其不利后果还在后头。9月5日下午，希特勒突然改变了主意，决定重新发动对莫斯科的进攻。他咬牙切齿地命令道：“中路军必须在8～10天内开始行动。包围他们，击败他们，消灭他们！”希特勒同意把古德里安的中央装甲集团军重新调回来，这时该部在乌克兰正打得难解难分。同时，他还同意从列宁格勒前线把莱因哈特的坦克军调过来。10月2日，大规模进攻终于开始了。希特勒对这次进攻莫斯科抱有很大的期望，为之取名为“台风”，顾名思义，就是要猛袭苏联人，要在莫斯科前沿歼灭斯大林的最后的作战部队，要把苏联打垮。此刻，德国的战车正在隆隆驶来，一场猛烈的“台风”正向莫斯科刮来，保卫莫斯科的战役就要开始了。

朱可夫临危受命

9月30日，为了使“台风计划”具有符合计划目的和代号的力量，德军中央集团军群调集了七十四五个师，180万人，1700辆坦克和强击火炮，1390架飞机，1.4万多门火饱和迫击炮。数量比原定计划多二分之一，在苏德战场上的4个坦克集团军中，就有3个投入了莫斯科战役。同时，还有第2航空大队支援德军的地面部队。

苏联方面准备了3个方面军：西方面军、预备队方面军和布良斯克方面军。这3个方面军总共有95个师，125万人，990辆坦克，677架飞机，7600门火炮和迫击炮。

根据德军的部署，苏军指挥部采取措施，建立了纵深防御。但3个方面军未能及时识破德军的意图及部队的主攻方向。西方面军把主力放在维亚济马以西，而德中央集团军群的两支突击部队却放在杜霍夫施纳和罗斯拉夫尔，以便从南、北两边深深地包围和迂回攻击西方面军主力。

从10月2日拂晓起，德军的炮兵向西方面军阵地开炮，随后便转入了进攻。12个满员师的突击在45千米的地段上压在了卢金第19集团军右翼两个人数不多

在战斗中被炸毁的苏军坦克与装甲车

的师和邻近的第30集团军的两个师身上。敌我双方力量对比悬殊：人员是5～6倍，坦克几乎为10倍，大炮和飞机为9倍。德军很快就在第19集团军和第30集团军的接合部上打开了一个30～40千米宽的缺口。各快速兵团由这个缺口从东北迂回苏军，急速向维亚济马冲去。南面，在罗斯拉夫尔—尤赫诺夫方向上，预备队方面军的第43集团军也没能阻止德第4野战集团军和第4坦克集群的冲击，有4个苏联集团军被合围起来。被围苏军顽强抵抗，牵制德军20几个师。10月中旬，部分苏军突围，退到莫日艾斯克防线，不少战士为国捐躯，许多指战员留在敌人后方，参加游击队，还有不少人被俘。据战后西方出版的有关这方面的书籍记载，从10月2日到10日的几天内，进攻莫斯科的德军完成了三个大包围圈。在这三次作战中，苏军共损伤66.3万多人。

在这危急的关头，斯大林电召朱可夫立即返回莫斯科。

10月6日傍晚，斯大林打电话给朱可夫，问他列宁格勒的情况怎样。朱可夫报告说德军已停止进攻，但城市仍在遭受德军炮击和空袭。朱可夫报告说，苏军的空中侦察发现德军机械化和坦克纵队正从列宁格勒向南大规模运动，并发表看法说德军指挥部显然正在把这些部队调往莫斯科。听了朱可夫的报告以后，斯大林沉默了一会儿，然后说，在莫斯科方向，特别是在西方面军地域出现了严重局势。斯大林最后对朱可夫说："把你的列宁格勒方面军司令员的工作交给参谋长霍津将军，你乘飞机来莫斯科一趟。"

10月7日黄昏，当朱可夫将军来到克里姆林宫时，看见斯大林正独自一人待在他的办公室里。斯大林正患流行性感冒，身体显然不大好。他向朱可夫点头致意，然后指着地图说："你看！这里的情况很糟糕。我无法从西方面军得到有关真实情况的详细报告。"斯大林吩咐朱可夫立即到方面军司令部去了解情况，并随时打电话向他报告。告别前，斯大林问："你认为德国人最近会再次进攻列宁格勒吗？"

“我想不会。敌人损失惨重，又把坦克和摩托化部队从列宁格勒地区调到了中央方向。敌人无力以列宁格勒地区现有的兵力实施一次新的进攻战役。”

“你认为希特勒将把从列宁格勒地区调出的坦克和摩托化部队用在哪里？”

“显然，用在莫斯科方向。”

谈话时，斯大林站在桌旁，桌上放着标有西方面军、预备方面军和布良斯克方面军情况的军用地图。斯大林望着西方面军的地图，显然在运筹下一步的行动。他说：“看来，敌人已经在这个方向上行动了。”15分钟以后，朱可夫来到总参谋长的办公室。这位总参谋长为他准备了一张正在进行激烈战斗的莫斯科邻近地区的地图，并介绍了几个方面军的危急处境以后说，在莫日艾斯克防线和莫斯科邻近地修筑阵地的工作还没有完成，而且这些地方防守薄弱。朱可夫认为必须派部队占领这些防线，首先是莫斯科—莫日艾斯克防线。由于情况紧急，当天夜里朱可夫就马不停蹄地驱车来到西方面军司令部，检查此地的防御情况。

军事总动员

在德军日益增强的压力下，西方面军不得不向后撤退，莫斯科面临的危险与日俱增。德军在苏军防御中部的纳罗—佛敏斯克和波多尔斯克方向完成了纵深突破。德军从西、北、南三方面包围了莫斯科。莫斯科处在万分危急之中。

西方面军军事委员会发出告军队士兵书：

同志们！在我国面临危险的严酷时刻，每一个军人的生命应该属于祖国。祖国要求我们每一个人贡献出最大的力量，发扬英勇顽强、英雄主义和坚忍不拔的精神。祖国号召我们要成为无法摧毁的铜墙铁壁，堵住法西斯匪帮去莫斯科的道路。现在比以往任何时候都需要加强警惕性、铁的纪律、组织性、坚决果断的行动、必胜的信心和随时准备自我牺牲的精神。

在这生死存亡的紧急关头，以斯大林同志为首的国防委员会作出在莫斯科近郊歼灭德军的决定，采取攻势防御的果断措施。根据斯大林同志的指示，苏联红军依靠前线工事系统，组织了坚强的攻势防御，以削弱和消耗敌人的有生力量；并准备集中后备力量，在时机成熟时，转入反攻，给德军以歼灭性打击。

根据斯大林的命令，10月17日，建立了加里宁方面军，从莫斯科西北面阻击德军。10月19日，国防委员会宣布莫斯科戒严，号召首都人民不惜一切，配合红军，誓死保卫莫斯科。20日，《真理报》发表《阻止敌人向莫斯科前进》的社论，动员全市人民在敌人到达首都之前，用自己的鲜血把他们埋葬。莫斯科市委召开全市积极分子大会，号召全市人民把首都变成攻不破的堡垒。

在莫斯科危急的日子里，全市人民积极响应党组织的号召。三天之内就组织了 25 个工人营，12 万人的民兵师，169 个巷战小组和数百个摧毁坦克班。全市约有 45 万人参加修筑防御工事。莫斯科人民不畏严寒，日夜奋战，准备同德军作拼死的搏斗。11 月，在莫斯科附近修筑了 320 多千米长的防坦克障碍物，设置了 250 多千米长的防步兵障碍物。他们在冰冻的土地上，用自己的双手，挖出了 300 多万土方！

在莫斯科战役期间，一支苏联红军反坦克炮分队在想尽办法向前推进。

敌人对莫斯科的狂轰滥炸日甚一日，几乎每夜都有空袭警报。但是，在此以前党组织已做了大量工作，来加强地对空防御，千百万人民积极参加了防空训练。燃烧弹对莫斯科人来说已不再是可怕的了。在保卫莫斯科的战斗中，苏联空军起了很大的作用。仅在 10 月份的一个月中，苏联空军就出动飞机 2.6 万架次，支援和掩护地面部队袭击敌人。战斗正在莫斯科西部接近地激烈进行着。莫斯科市民的工作条件和生活条件越来越困难。他们冒着空袭，对莫斯科市内和市郊的大型工业企业继续进行大规模疏散。

宛如离弦的利箭

根据“台风计划”，9 月 30 日，德军中央集团军群计划出动第 2 集团军和第 2 坦克集团军，突破布良斯克方面军的防线，并歼灭布良斯克方面军。古德里安统率的德军坦克集群宛如离弦的箭，径直射向维亚兹马。莫斯科会战爆发！

1941 年 9 月 30 日傍晚前，德军第 2 坦克集团军所属部队像尖刀一样，插入了苏军第 13、第 50 集团军的薄弱地带。德军自南北两面迂回包抄布良斯克方面军，并企图绕到西方面军的后方。

10 月 3 日，从乌克兰到莫斯科，古德里安的部队进展神速。不到 3 天，古德里安就占领了布良斯克战线以东 200 千米的奥廖尔。进展之神速，以至于当德军坦克开入奥廖尔城时，电车上的乘客纷纷向他们招手致意，这些乘客误以为是苏军的装甲部队。

德国步兵及辎重部队穿过卡拉切夫的村庄向奥廖尔进发。

古德里安占领奥廖尔后，指挥德军迅速切断了布良斯克—奥廖尔公路，一举攻占了卡拉切夫，紧接着向布良斯克迂回包抄前进。10月6日，古德里安攻占布良斯克。与此同时，德军第9和第4集团军分别以第3和第4坦克集团军在杜霍夫希纳和罗斯托夫方向实施猛烈进攻，迅速突破了苏军的防御阵地，并从南北两面，急速地向维亚济马冲去。

10月7日，古德里安的第2坦克集团军与南进的德第2集团军一起，在布良斯克以南包围了苏军第13集团军和第3集团军一部，在布良斯克以北包围了苏军第50集团军的部分兵力。希特勒觉得胜利已是板上钉钉了，便再也按捺不住激动的心情，认为攻占莫斯科简直就是探囊取物。他在10月7日签署了一项最高统帅部的命令：不准包克接受莫斯科的投降，即使主动投降也不予接受；德国军队不需要进入莫斯科，而是用炮击和轰炸予以毁灭。希特勒觉得光用炮弹还不够，还要加上大量的燃烧弹和高爆炸药，直到把莫斯科夷为平地才能解除他内心深处对布尔什维克主义的仇恨。

希特勒宣称，要在10天内占领莫斯科，并于11月7日苏联十月革命胜利这一天在莫斯科红场检阅德军进攻部队。

10月14日，古德里安为了消灭被合围的苏军，出动了第2坦克集团军5个军中的4个军，但他没能完成歼灭任务。

在布良斯克防御战役中，苏联布良斯克方面军牵制了德军庞大兵力，破坏了德军从南面深远迂回西方面军和莫斯科的计划。苏联政府提出了“坚决捍卫亲爱的首都”“灭亡德国法西斯侵略者于莫斯科城下”等口号。

早在10月3日清晨，苏军为了消灭突破口的德军，发动了强大的逆袭，但没有击退德军。德军两个坦克集团军从北、南两个方面插入维亚济马，严重威胁苏军的主力。

10月13日，在维亚济马地区的苏军大部分被歼灭，少量苏军冲出包围圈退往莫日艾斯克防线，有的则留在敌后展开游击战。

维亚济马战役，德军坦克和步兵配合默契，向苏军纵深进行穿插迂回，苏军

67.3 万人被德军俘虏。苏军损失惨重，但被围苏军的战斗使苏军统帅部得以巩固莫日艾斯克防线。

德军认为苏军的兵力和武器快接近山穷水尽的地步了，苏军俘虏告诉德国人，今年这么晚发动莫斯科攻势完全出乎他们的意料。莫斯科眼看就要落入德国人手中了，德军充满了信心，上自包克元帅下至普通士兵都认为很快就要进入莫斯科了。希特勒为此建立了特别工程兵指挥部，其任务是炸毁克里姆林宫。德国宣传部甚至报道说，东线的战争基本结束，苏军已经被歼灭。

所有方向都在战斗

10 月 19 日，国防委员会号召莫斯科人民要不惜一切代价，与苏联红军协同作战，保卫莫斯科。在莫斯科最危急的日子里，全体人民积极响应号召，表现出了一种“临危不惧、气壮山河，誓与敌人决一死战”的英雄气概。莫斯科人民豪迈地说：“敌人在哪里进攻，我们就在哪里歼灭他们！我们要在红场上为列宁而战斗，决不让纳粹的血手玷污列宁的陵墓！”人民群众的支持，给前线的广大指战员们以巨大的鼓舞。

朱可夫后来深有感触地说：“当我们谈到莫斯科保卫战的英勇战绩时，我们所指的不仅仅是军队英雄的战士、指挥员和政治工作人员的战绩。在西方面军以及在尔后各次战役中之所以能取得胜利，完全是首都军民团结一致和共同努力的结果，是全国、全体苏联人民对军队和首都保卫者进行有效支援的结果。”

10 月底，希特勒集中 51 个师，包括 13 个坦克师和 7 个摩托化师的兵力，再次强攻莫斯科。此时，莫斯科的形势万分危急！

为了保卫莫斯科，苏联军民发扬了殊死作战精神。前线：红军官兵死守每一处村镇、渡口、制高点，与德军反复拼杀，且战且退，消耗德军实力。后方：工人、妇女及其他非战斗人员全民动员，组成了 12 个民兵师，支援前线作战。几十万莫斯科妇女和少年，不分昼夜地修建莫斯科环城防御工事，在两个月内挖掘、修建了数百千米长的防坦克壕、战壕、交通壕及各种阻敌障碍、设施。兵工厂的工人加班加点，为前线生产枪支

誓死保卫莫斯科的宣传海报

弹药。这时候，整个莫斯科成了一座与德军拼搏的大军营。

希特勒的新计划是：霍普纳的第 4 坦克集团军与霍特的第 3 坦克集团军并拢，在施特劳斯第 9 集团军的配合下向沃洛科拉姆斯克、克林方向进攻，准备从西北方接近并迂回包抄莫斯科，如有可能从北面突破。

古德里安的第 2 坦克集团军向高图拉、卡希拉、科洛姆纳进攻，从南面逼近莫斯科。第 4 集团军则从莫斯科以西实施攻击。对于这个计划，希特勒极为满意，很快向部队下达了指令：从 11 月 13 日起，全线进攻，目标——莫斯科。苏联军民在所有的方向展开了与德军的决战。

斯大林阅兵红场

在首都和全国军民的支援下，前线苏军浴血奋战，视死如归，把敌人拖得精疲力竭，进攻能力日益减弱。但是，战争形势依然严峻，为了进一步鼓舞士气，斯大林决定举行传统的十月革命节阅兵式。11 月 1 日，朱可夫被召到最高统帅部。斯大林对他说：“今年十月革命节，除了开庆祝大会外，我还想在莫斯科举行阅兵式，你认为怎样？前线的形势允许我们这样做吗？”朱可夫回答说：“德军在最近几天内没有力量发动大规模进攻；他们在 10 月份的作战中遭到了严重损失，现在正补充兵力和调整部署。但他们能够而且肯定要进行破坏。”最后决定，无论如何要举行阅兵式。为了防备在庆祝活动中遭到空袭，他们又调来战斗机，以加强首都的空防。

11 月 6 日，在兵临城下、炮声隆隆、“敌军围困万千重”的莫斯科，苏联首都人民在地下铁道的马雅可夫斯基车站隆重举行了伟大的十月社会主义革命 24 周年庆祝大会。斯大林作了《伟大的十月社会主义革命 24 周年》的报告。斯大林指出，德军后备快要枯竭，苏联后备才刚刚充分扩充起来，德国和苏联相比，实力已大为削弱。德国法西斯对苏联实行的闪电战已经彻底破产，德国帝国主义及其军队必然灭亡。

苏联红军在莫斯红场上经过斯大林的检阅后，直接开赴战场。

11 月 7 日上午，红场

举行了盛大的独具风格的阅兵式。这天早上，一场大雪降临莫斯科上空。

整个阅兵式都是在雪中进行的，坦克、大炮和汽车都被雪覆盖着，庄严肃立的指战员们的双肩和后背都是雪。苏联最高统帅斯大林威严地屹立在列宁陵墓前，检阅了红军队伍，并发表了鼓舞人心的演说。他对苏联全体指战员说：你们进行的战争是解放战争，正义战争。让伟大的列宁的胜利旗帜引导你们，彻底粉碎德国侵略者！消灭德国占领者！

这一空前壮举，大长了苏联军民志气。斯大林一再重申，苏联共产党和苏联政府有信心消灭德国法西斯侵略者。希特勒德国一定会由于其罪行累累而崩溃。斯大林说："这一群丧尽天良、毫无人格、充满兽性的人恬不知耻地宣称要消灭伟大的俄罗斯民族，消灭普列汉诺夫和列宁、别林斯基和车尔尼雪夫斯基、普希金和托尔斯泰、格林卡和柴可夫斯基、高尔基和契诃夫、谢切诺夫和巴甫洛夫、列宾和苏利柯夫、苏沃洛夫和库图佐夫的民族……德国侵略者想对苏联各族人民进行歼灭战。好吧，既然德国人想进行歼灭战，他们就一定得到歼灭战。今后我们的任务，苏联各族人民的任务，我们陆海军战士、指挥员和政治工作人员的任务，就是把侵入我们祖国领土的所有德国人——占领者一个不剩地歼灭掉！"斯大林讲话之后，全场起立，高呼："伟大的斯大林乌拉！""斯大林同志万岁！"在游行中，全副武装的苏联红军，迈着雄健的步伐从红场列宁墓前走过，接受最高统帅斯大林的检阅，随后就从红场开赴前线。

四、莫斯科城下大决战

上帝再次拯救了这片土地

1941 年的冬天，苏联很早就大雪纷飞了，气温降到零下。据古德里安记载，初雪是在 10 月 6 日的夜间下的，正是对莫斯科重新发动进攻的日子。这样的天气提醒他再一次要求大本营发来棉衣。到了 10 月 12 日，雪还在下个不停。11 月 3 日，第一次寒潮到来，气温骤降。11 月 7 日，部队开始发现严重冻伤病员。13 日，气温降到 -8℃。古德里安还写道："由于供坦克履带防滑的尖铁没有运到，路上的冰引起了不少困难。天冷使得大炮上的瞄准镜失去了效用。发动坦克时，得先

苏军在冰雪中作战，严寒成了抵挡希特勒大军的最坚实的屏障。

在底下烘烤一阵。燃料常常冻结，汽油也冻得黏糊糊的……由于天气太冷，机关枪打不响，我们的37毫米反坦克炮已经证明对付不了苏联的T-34型坦克。”“自苏联战役开始以来，还是第一次遇到这种情况。这是一个警告：我们的步兵战斗力已经到了尽头了。”

而且不止步兵如此。11月21日，哈尔德在日记上也写道，古德里安打来电话说，他的装甲部队已经无能为力了。这位素来善战的坦克兵司令明白表示，他决定去见见中央集团军司令包克，请求收回发给他的命令，因为他“实在无法执行”。他情绪消沉到了极点，那天他又写道：冰天雪地，无法避寒，无衣御寒，人员装备受到严重损失，燃料供应也糟糕透顶——所有这一切使我难以履行司令官的职责，长此以往，我的重大责任要把我压垮了。

古德里安在回忆这段往事时也说，对那时发生的事件真正能够作出评价只有这样的人：在这悲惨的冬天，他曾目睹苏联的漫天大雪，他曾挨过那吹过苏联的把沿途一切都埋在雪中的凛冽寒风；他曾一小时又一小时地乘车走过荒无人烟的地方，好不容易见到一间不怎么样的房屋，里面住的是缺衣少食、饥寒交迫的士兵；他也曾遇到对比之下吃得较饱、穿得较暖且装备一应俱全的苏联人。

恶劣的天气，使得德军在进攻莫斯科的过程中困难重重，这似乎也预示着上帝有意再次拯救了这片土地。

斯大林的电话

希特勒发动的“台风”攻势，既没有能够消灭苏军，也没有能够占领莫斯科，而是被迫转入了防御。经过半个月的休整，德军又于11月15日开始向莫斯科发起第二次大规模的进攻。这次德军的兵力是：中央集团军群有3个野战集团军，3个坦克集团军，总共74个师和4个旅。其中，德第9集团军牵制加里宁方面军；第2集团军牵制西南方面军。在苏联西方面军正面，德军集中了51个师，大炮、坦克和其他装备仍占优势。根据德军这次作战方案，德国第3和第4坦克集团军进攻北面的克林，从北面包围莫斯科；第2坦克集团军在南边占领图拉，从南面包围莫斯科；第4集团军在西面包围并消灭莫斯科以西的苏军，然后从南北两面包抄，在莫斯科以东会合。德军妄图采用这种南北钳形攻势，同时配合正面进攻，一举占领苏联首都莫斯科。

苏联西方面军的兵力是：35 个步兵师、3 个坦克师、3 个摩托化师、12 个骑兵师和 14 个坦克旅。红场阅兵鼓舞了红军和苏联人民的士气，他们的战斗口号是：死守阵地，决不让德国法西斯进入莫斯科！ 11 月 5 日清晨，德军开始向克林进攻，23 日占领克林。11 月 27 日，另一支德军占领了离莫斯科仅有 24 千米的伊斯特腊。当天夜间，一小股德寇在雅赫罗马地区渡过了莫斯科—伏尔加河运河。莫斯科已处在德军大炮射程之内，德军用望远镜几乎可以看到克里姆林宫的尖顶。这在希特勒和他的大部分将领看来，莫斯科似乎已在掌心之中了。德军在苏联首都北、南、西三面，已到达距离目标三四十千米的地方。在后方东普鲁士的大本营里，希特勒乐观地认为，他的军队已前进了 800 千米；他们只要再走三四十千米便行了。希特勒命令陆军元帅包克向莫斯科作最后攻击。他妄图在莫斯科举行“胜利庆典”。

在这千钧一发之际，斯大林打电话给朱可夫：“你坚信我们能够守住莫斯科吗？我怀着沉重的心情向你提出这个问题，希望你作为共产党员诚实地回答我。”

“毫无疑问，我们能够守住莫斯科，”朱可夫回答说，“但是，至少还需要增加两个集团军和 200 辆坦克。”“你有这样的信心很好，要英勇顽强！”斯大林说，“你打电话给沙波什尼科夫，商量一下把你所要的两个预备队集团军集中在哪里。他们将于 11 月底准备好，但是坦克我们还没有。”

斯大林指示朱可夫采取紧急措施，用快速反突击战术，迅速地把德军打到运河西岸。到 11 月底和 12 月初，苏联第 1 集团军和重新组建的第 20 集团军，在第 16 和第 30 集团军的紧密配合下，在空军的支援下，进行了一系列的反击，消灭了敌人大量有生力量，解除了德军从北面和西北面突入莫斯科的危险。

正西面突击

对于这次反突击战术，朱可夫认为不可那样做，因为，计划将使苏军的西方面军的防线大大加长了，加上弯曲部分长达 4 千米，这样会使防御的中央预备队被德军分割消灭掉。朱可夫还没有说服斯大林，电话线就断了——斯大林挂断了电话。

谈话使朱可夫很沮丧，这并不是因为斯大林没有考虑他的意见，而是将最后的预备队投入一次完全没有把握取得胜利的反突击中去，其后果将是把预备队全部消耗掉，以致无法增援防御上的薄弱环节了。

大约 15 分钟之后，朱可夫便召开了紧急会议。两小时后，方面军司令部向

二战已成为经典的影视题材。此图展现的是《莫斯科保卫战》中的苏联红军在莫斯科郊外严阵以待、阻击一切来犯之敌的情形。

第16和第49集团军司令员以及其他主要指挥员下达了实施反突击的命令。反突击实施了，但德军几乎在同时重新对莫斯科发动攻势。他们向莫斯科西北的加里宁方面军的第30集团军的左翼发动了突击，同时向西方面军的第16集团军的右翼和中部发动突击。300多辆德军坦克同时发动进攻，而苏军只能调集到56辆坦克，其中许多坦克还是火力较差的轻型坦克。防御抵挡不了敌人攻击，很快被突破了。

从11月16日早晨起，德军开始从沃洛克拉姆斯克地区向克林急速发动进攻。苏军在克林没有预备队，因为预备队按照最高统帅部的命令已调到沃洛克拉姆斯克地区实施反突击，并在那里被牵制住了。罗科索夫斯基从观察所里看到，在猛烈的炮击和飞机轰炸之后，敌人几十辆坦克向316师阵地猛冲。当天的战斗结果，敌人只是使第316步兵师的防线稍稍后撤了一些，但是阵地还在苏军手里。

从11月17日清晨起，德军恢复了进攻。在几个狭窄的地段上德军集中了坦克和步兵，在炮兵和俯冲轰炸机的有力支援下，猛烈冲击第16集团军的战斗队形，企图在沃洛克拉姆斯克—伊斯特拉方向上突破防御并扩大进攻。战士们表现了坚忍不拔的顽强精神，打退了敌人一次次的进攻。当天，鉴于316师的英勇战斗，最高苏维埃主席团奖给该师红旗勋章。11月18日，第316师被命名为近卫第8师。

寒冷的冬天，也给德军提供了一些有利条件：大地开始封冻，现在为数众多的德军坦克不仅可以沿大路运动，而且可以不受道路的限制，穿过树林和开阔地带。苏军的防御变得更为困难，现在必须在好几个方向上迎击敌人，第16集团军显得兵力不足了。战斗愈来愈残酷。11月19日至20日，德军第3和第4坦克集群继续向苏军第16集团军及其左邻第30集团军疯狂进攻。经过一系列几乎是不间断的作战，罗科索夫斯基的集团军在兵员和兵器方面都遭受了沉重损失。而且，剩下的部队也已精疲力尽，指挥员和参谋人员疲劳得连站都站不稳了。

包克说：“我已到了山穷水尽的地步”

在希特勒和他的大部分将领看来，莫斯科似乎已在股掌之中了。德军在莫斯科北、南、西三面已到达距离三四十千米的地方。希特勒远在后方东普鲁士的大本营里，反复地端详着地图。在他看来，到莫斯科的这最后一程，根本算不上什么。他的军队已前进了800千米，只要再前进三四十千米便大功告成了。陆军元帅冯·包克负责指挥中央集团军向莫斯科作最后攻击。尽管苏军加强抵抗，但包克相信“一切都已不成问题”。到11月的最后一天，11月31日，包克投进了他最后的一个营。对莫斯科最后的总攻，定在第二天，即1941年12月1日。

然而德军最后的总攻却遇到了顽强的抵抗。这是有史以来在一条战线上集中的最强大的坦克部队：在莫斯科正北赫普纳将军的第4坦克集团军和霍特将军的第3坦克集团军向南进击；在莫斯科正南的古德里安的第2装甲军团从图拉北上；克鲁格的庞大的第4军团居于中央，穿过市郊的森林向东杀开一条血路——希特勒的最大希望就寄托在这样声势浩大的军事部署上。到12月2日，第258步兵师的一个侦察营突入莫斯科城郊的希姆基，克里姆林宫的尖顶已经在望，但是第二天早晨就为几辆苏联坦克和从市内工厂紧急动员起来的工人队伍所击退。这是德国军队到莫斯科最近的地方；这是他们第一次也是最后一次近距离看到克里姆林宫。

12月1日晚，包克就给陆军总部发报，对整个形势发表了自己的看法：

过去14天的战斗已表明，认为抵抗集团军群的苏军会“土崩瓦解”的想法纯属幻想。要是部队继续压在莫斯科的大门跟前——几乎整个苏联东部的铁路、公路网都在这里会合，那就意味着对数量上占很大优势的敌人进行一场激烈的防御战。集团军群现有的兵力不足，就连有限的时间也坚持不了。即使发生了不可能的事从而取得了进展，德军现有的兵力仍不足以包围莫斯科，同时抵御来自东南、东部、东北的反攻。

因此，很难看出继续进攻有什么意义，能达到什么目标，特别是因为部队的战斗力就要消耗殆尽了，到那时怎么

一堆德军在冰天雪地里生火取暖，恶劣的气候、食物的短缺、过长的战线、战略的失策，注定了德军的最后失败。

办，现在就要做出决定。

我不了解陆军总部的意图，不过，如果要使集团军度过冬天保全自己，那就要派来尽可能强的预备队，敌人一旦突破，能立即将其封锁住，这样才能使精疲力竭的作战师能撤离前线，进行休整与补充。

哈尔德收到包克的电文之后，毫不耽搁地将电文中的观点以书面形式呈报给最高统帅部。当晚，哈尔德给包克打电话，一方面告诉他对他的电文的处理，一方面给他打气，他在电话中说："从正面突破敌人设防的阵地，对于兵力不足的部队来说，是一项艰巨的任务。但是，我们必须使出最后一把劲，打败敌人。倘若最终这一切明显地变得不可能的话，我们只好重新考虑。"过了一天，12 月 3 日，包克再给参谋总长打电话说，第 4 军团的先头部队又撤下来了，他们快要到山穷水尽的地步了。哈尔德劝他说："最好的防守就是进攻。"这话说起来容易做起来难，因为碰上的是苏联人和那样的天气。

"真正的对手"

从 11 月底起，气温已下降到 –31℃，数以千计的德国士兵被冻成残废，许多人仍无冬装，还经常得在露天宿营。可怕的严寒不仅摧残着人体，而且还使机器停转，武器失灵。坦克的发动机无法启动，机枪和自动武器不听使唤，步枪枪栓被冻油卡死。而此刻苏联第 1 突击军团却突然在战场上出现：他们的机枪披着枪套，以防止寒流的侵袭；他们的武器加上冬季润滑油，使用灵活；每个战士穿得暖暖的，足以御寒。

他们得到大量威力强大的 T–34 型坦克群的支援，这种 T–34 型坦克正是为在严寒条件下作战而特地设计制造的。苏军向着冻得麻木僵硬的德国兵扑上去，将他们从所占领的地区赶回去。在莫斯科市东部远郊的兵工厂内，工人们正以惊人的速度工作着，生产出来的 T–34 型坦克就直接从生产线开到街上，穿过城市，炮口喷吐着火舌，冲入敌军群中。满载着武装工人的卡车一辆接着一辆穿过莫斯科肃穆、冷清的大街，开往火车站，那里的火车正等着把

苏联红军在 T–34 坦克的掩护下向德军阵地反击。

他们送往高尔克村和卡丘什基村一带，去抗击德军部队。

每一辆可动用的机动车辆，包括征用的汽车，甚至政府官员的黑色轿车，都从东到西飞速穿过全城，急急忙忙把刚到达的西伯利亚部队送往前线。德军从西北方向沿斯塔里查—沃洛克拉姆斯克—莫斯科公路干线发动猛攻，以取得最后突破，与此同时，德军还冒着风雪，占领了波烈沃和维奥斯科沃，离莫斯科不到 30 千米。

然而，太多的德国士兵已经到了实在无法忍受的地步，可怕的无休止的寒冷超过了人体所能支持的限度。在他们以为苏联人最后的预备队力量已被歼灭的时候，越来越多的苏联人却源源不断地在他们面前出现，这种情况已超出了人的理智所能接受的程度。德军在各地的攻势已被极度的严寒紧紧卡住，锐气丧失殆尽，不得不陷于停顿。莫斯科现在几乎已处在火炮的射程之内了，而由红军和武装工人组织起来的队伍却把他们挡了回去。越来越多的被冻伤的德国士兵，扑倒在雪地里，歇斯底里地呜咽着：“我再也挨不下去了！我实在挨不下去了！”

“最黑暗悲惨的一天”

在莫斯科南面，德军于 11 月 18 日发起进攻，12 月 3 日包围了图拉，切断了它和莫斯科之间的铁路和公路联系。苏军连夜抽调增援部队，向德军发动了快速反突击，在图拉工人歼击营的配合下，打退了德军的进攻。德军不能占领图拉，就从东面迂回，向卡希拉进攻，妄图从守卫图拉地区的苏军后方突破。苏军再次打退了德军的进攻。就这样，无论德军如何企图在 11 月份占领图拉，从而打开通往苏联首都的道路，均未得逞。图拉市像一个无法攻克的堡垒一样屹立着！图拉捆住了德军整个右翼集团的手脚。敌人决定迂回图拉，为此不得不把自己军队的战线拉长，古德里安集团军也因此失去了应有的战役战术的密度。在苏军的连续反突击下，德军死伤惨重。

德军从南北两翼包围和占领莫斯科的企图失败以后，便打算单刀直入，从正面直接突入莫斯科。12 月 1 日，德军从正面，即纳罗佛明斯克地区向莫斯科发动最后一次进攻。经过五天激战之后，德军惨败，被迫退到纳拉河西岸。12 月 5 日是莫斯科会战关键性的一天。在环绕莫斯科周围 300 千米的半圆形阵地上，德军全线被制止住了。傍晚，古德里安通知包克，他不仅已经被阻止住，而且还得后撤。同时，勃劳希契也绝望地告诉他的参谋长说，他要辞去总司令的职务。这一天被称为是德国将领们“最黑暗悲惨的一天”。

古德里安后来写道：“这是我生平第一次必须作出这样一种决定，没有比这再困难的事了。我们对莫斯科的进攻已经失败。我们英勇的部队的一切牺牲和煎熬都已归于徒劳。我们遭到了可悲的失败。”在克鲁格的第四军团司令部里，参谋长勃鲁门特里特已看出形势到了转折点。他后来回忆道：“我们想在1941年打败苏联的希望，已在最后一分钟化成泡影了。”在莫斯科城下20多天的激战中，德军损失惨重。从11月16日到12月5日，德军损失官兵15.5万人、坦克777辆、大炮、迫击炮数百门。希特勒向莫斯科发动的“台风”攻势遭到失败。苏军在斯大林的运筹下，一场威武雄壮的反攻就要开始了。

反攻！反攻！

正当德军遭到严重消耗，开始转入防御之时，苏军则已做好对已精疲力竭、冻得半死的德国军队发动强大反攻的准备。

11月29日，朱可夫给斯大林打电话，要求把第1突击集团军和第10集团军从最高统帅部预备队拨给西方面军指挥。斯大林问朱可夫：“你确信敌人已接近危机状态而没有可能投入新的重兵集团吗？”朱可夫对斯大林说，德军已经极端虚弱。

11月30日拂晓前，斯大林打电话询问西方面军军事委员会对于在整个方面

莫斯科保卫战的绘画，图中苏联红军越过防线向德军发起进攻。

军的战线上实施一次反攻有什么意见。朱可夫回答说，他没有足够的兵力兵器发动这样的进攻，但是他可以扩大已经在方面军两翼展开的反击，也许可以达到那个目标。接着，当天就制定了一项详细的作战计划。朱可夫的计划的核心是在新的集团军到达并在指定地域集中之后，于12月3日夜至4日凌晨开始反攻。当前的目标是，向克林、索尔涅奇诺戈尔斯克和伊斯特拉发动突击，以粉碎方面军右翼的德军各主要集团军，同时向古德里安集团军的侧后发动进攻，以消灭方面军左翼的德军。中央方面军的各集团军预定在12月4日深夜至5日凌晨开始进攻，以达到钳制正面敌军，阻止德军从这里调走部队的有限目标。

11月30日当天，朱可夫向最高统帅部报告了他的作战计划。斯大林未作任何改变便批准了。由于12月初下的一场大雪给军队的部署带来了一些困难。在克服这些困难后，各兵种于12月6日清晨前已作好转入反攻的一切准备。

12月6日凌晨，莫斯科的大反击开始了。在经过集中的空袭和炮火轰击之后，朱可夫的西方面军的部队，从莫斯科的南、北两面开始行动。随着战斗的胜利进展，战争的主动权已逐渐掌握在士气高昂的苏联红军手里。这时，早一天发动进攻的加里宁方面的部队，已经在加里宁以南楔入敌军防御阵地。加里宁方向的攻势起初是成功的，但由于冬季道路无法通行和兵力不占绝对优势而受阻。西方面军右翼向敌人施加了强大压力，大有分隔并合围从克林到索尔涅奇诺戈尔斯克的德军集团之势。

苏联红军对克林的进攻，迫使德军指挥部从邻近地段调兵增援。但他们这样做，反而便利了红军向索尔涅奇诺戈尔斯克、红波利亚纳和伊斯特拉的进攻。到13日，德军在克林和索尔涅奇诺戈尔斯克地区的抵抗已被粉碎。他们丢下大炮和车辆，向后退却。沿着被积雪覆盖的道路向西退却的德军部队，遭到苏联红军的猛烈轰炸，损失惨重。

到12月16日，苏军部队已把德军赶出了加里宁、克林和叶利齐。

12月16日夜间，古德里安接到希特勒的一个电话，禁止他继续后退，并答应给受到严重削弱的师派遣补充营——部分用空运。他还答应：在1月份向维帖布斯克前线派遣5个师；到1月中旬，另有2个师和2个补充师在德国东部边境待命。同时他指示戈林派遣4个轰炸机联队、1个双引擎战斗机联队和6个运输机联队以加强第8航空军。

但是，陆军元帅冯·包克和陆军总司令先后提出辞职，辞职申请都得到了希特勒的批准。希特勒对包克的去职并不感到是一个损失。他对他的亲信说：“发布几项作战命令谁都干得了。”对勃劳希契这个人，希特勒评价道：“一个爱好

莫斯科保卫战的胜利，打破了德军不可战胜的神话，极大地鼓舞了苏联红军的士气。

虚荣、懦弱无能的可怜虫，他呀，算不上是一个军人。如果勃劳希契再留在他的职位上，哪怕是几个星期，也会酿成巨灾大祸。”

12 月 19 日，希特勒召见哈尔德，对他说，他将亲自接任陆军总司令。哈尔德可以留任参谋总长，如果他愿意的话。哈尔德表示愿意。但是希特勒明白表示，从今以后，他将亲自掌管陆军事务，正如他掌管德国的一切事务一样。

1941 年圣诞节那天，红军对古德里安所部的进攻取得了重大胜利——在切尔恩合围了德军机械化步兵第 10 师的部队。德军突围后，古德里安命令部队后撤到苏萨河—奥卡河一线的阵地。代替冯·包克的冯·克鲁格元帅，对此怒不可遏，要求陆军最高司令部解除古德里安的职务。第二天，希特勒就解除了古德里安的职务。

朱可夫的反攻取得了胜利，德军在莫斯科附近的损失是毁灭性的。20 天来，朱可夫的西方面军摧毁并缴获了 1000 辆坦克、1434 门火炮和大量其他军事装备。西南方面军的部队缴获并击毁了 81 辆坦克、491 门火炮，还有其他兵器。数以万计的德军官兵阵亡。

第四章

蔓延：血染太平洋

一、偷袭珍珠港

东条英机上台，日本对美开战

东条英机，1884 年 12 月 30 日生于日本东京一个军阀家庭，自幼受到军国主义思想和武士道精神的熏陶，为日本征战建立功勋的“训示”对他影响很大。1905 年，他从陆军士官学校毕业前夕带领着第 17 期 300 名学员在皇宫振天府前宣誓：“要为天皇而死……粉身碎骨心甘情愿。”

1941 年 10 月 16 日，日本近卫内阁总辞职。18 日，战争狂热分子东条英机任首相的内阁正式成立。东条英机上台后坚决主张，如果美国不按他的意图办事就立即开战！

11 月 7 日，在美国例行的国务会议上，全体参会人员对远东形势都非常担心，因为危机已经逼近。国务卿赫尔明确指出：“形势十分严峻。我们不知道日本军事攻击会在什么时间什么地点开始，一定要经常警戒。”全体参会人员顿时鸦雀无声，他们都在认真思考战争的现实可能性。然而，当时绝大多数美国人不用说在亚洲和日本开战，甚至在欧洲也不同意参战，一直主张袖手旁观，“坐视狂热的、堕落的欧洲人自相残杀”。罗斯福总统处于进退两难的境地。

东条英机及其内阁成员

与美国的犹豫不决刚好相反，在裕仁天皇召集历届首相元老讨论是否对美英开战的会议上，东条英机坚决主张不能同意美国在中美外交谈判中要日本从中国撤军的提案，认为陆海军已经达成一致意见，做好了战争的准备。一旦战争爆发，首先占领东南亚资源丰富地带，以此为据点击败敌军。在战争进行中间，预计英国不久即将向德国投降，苏联也将被德军征服，美国将完全陷入孤军作战的状态，结果自然是在有利条件下建成“大东亚共荣圈”。

尽管众多元老反对对英美开战，海军军部所有高层将领也都认为在长期持久的战争中，日本不可能战胜美国。但是由于裕仁天皇赞同东条英机的意见，也顾及面子，不愿意在陆军面前示弱，只能硬着头皮一再表示：“对美英不辞一战。”正如海军大将丰田副武在战后所说：“海军积年累月动用大量军备预算，一旦遇到机会就自我炫耀，说什么海上防卫是铜墙铁壁，西部太平洋防守我们已包下等大话。事到临头要开战了，再说没有把握没有自信的话，是无论如何也张不开口的。”

由于日本培养军国主义侵略分子已经有数十年的历史，日本陆军和海军军令部都由主战的少壮派掌权，让他们放下屠刀是绝对没有可能的。加上东条英机力排众议、天皇对东条英机的赞赏与支持，日本最终决定对美国开战。

日本的“最后提案”和美国的“最后通牒”

日本早已经有对美英作战的企图，但在很长一段时期里，都在表面上继续跟美国进行外交谈判，企图用欺骗手段麻痹美国，捞取好处。

其实对于这个，美国也早已有所察觉。早在 1940 年 9 月 25 日的时候，美国就已经能够破译出日本的机密电报。日本外务省使用的紫色密码机，是最高机密用的密码电报。日本自以为别人根本就不可能解读出来，但却被一个叫弗里德曼的天才破译出来。当时德国的秘密工作也做得很出色，觉察出日本的密码可能已经被美国破译，因为松冈和希特勒的会谈情况泄露出去就是很明显的迹象。德国向日本提出了忠告，可日本外务省却认为那是绝对不可能的事情，没有重视。

美国破译出日本给德国的密电：“我们不向苏联出兵，决定要和美英打仗，去占领越南、泰国、马来西亚、新加坡、印度尼西亚等地，我们坚决不能答应美国的要求，从中国撤出占领军。”美国还破译了日本内部密码电报：“日本方面已经用了各种手段说明了意见，阐明了立场，除了促使美国再研究以外，已经到了没有其他积极手段的地步了……可通过英国委婉告诉美国，再不需要多长时间搞交涉了。”但是，破译这些情报的美国依然按兵不动，想尽量避免战争爆发。

1941 年 11 月 2 日 ~ 5 日，在日美谈判几近失败的情况下，日本通过了《日本国策实行要领》和《对美交涉要领》两个决定。这个决定的大体内容是，日本对美国发动武力进攻的时期定在 12 月初。如果对美国的交涉成功了，方可停止动用武力。

赫尔签署对日石油禁运的文件。

在提案里，日本对美国的交涉分为甲乙两个方案，如果甲方案美国不同意时再提出乙方案。并且，这是日本对美国的最后一次提案。如果被拒绝，日本势必要发动对美国的战争。但是由于甲方案里有要求“美国从太平洋撤出大部分舰队”等过分要求，野村大使估计这只能引起美国人的愤怒，所以没有提出，只提出了乙方案：

1. 只要美国能够保证日本在法属印度支那的利益，并解除对日本资产的冻结以及恢复对日本石油的输送，日本将立即从南部法属印度支那撤军。

2. 等到中日战争解决之后，日本将从法属印度支那全线撤军。

实际上，美国早已从破译的密电中知道了这是日本对美国的最后通牒，但是罗斯福依然告诉国务卿赫尔“要进行富于同情的研究”。美国国会也仍然希望能保留会谈的余地。美国对待日本，一直保持着博弈的态度。

日本侵略中国，需要大量的石油资源，而到 1941 年为止，这些石油几乎全部是美国提供的。美国一直希望和日本修好，只为了不要在太平洋上面对一个不算太弱的对手，所以事实上美国一直在对蒋介石政权施加压力，在提供经济援助和武器的同时，要求蒋承认伪“满洲国”的独立，和汪精卫政权合并，以换取美日交好。可是 1941 年，日本占领了印度支那，美国人一方面为了维护法国人的利益，一方面唯恐日本在太平洋坐大，于是在 8 月份开始实施对日本的石油禁运。

美国总统罗斯福虽然不能够接受日本的提案，但依然不想和日本开战，所以决定妥协。他要求国务卿赫尔以日本的乙案为基础制作一个妥协案。11 月 22 日，《赫尔备忘录》就出台了。内容主要是：只要日本不再向南方推进，美国将缓和对日本的经济制裁，并不干涉中日之间的战争。但是，此议案的有效期为 3 个月，期限过后要进行重新协商。之所以加上 3 个月的期限，是因为美国尚看不清欧洲战局，无法决定对日政策。

11 月 22 日当天，中国驻美国大使得到了这个妥协案的内容。值得一提的是，当时的中国驻美大使正是鼎鼎大名的胡适。中国当时正为美国对日本禁运石油而缓了一口气，现在得到这个消息当然是晴天霹雳。胡适立刻发电报给蒋介石，得到蒋的指示：决不能让美国对日本妥协，否则就意味着中国完了！

一方面，蒋介石如洪水般地向美国发送电报反对此事，另一方面，胡适也在11月24日和赫尔的单独会面中严正抗议。他这样说："美国打算向日本卖石油吗?你每向日本卖出一滴石油，中国的将士们就将流一加仑的鲜血！"

然而美国人根本不买账。11月25日，赫尔和阁僚开会，确定了将宣布这个妥协案，同时也向蒋介石发了不少回电进行解释，希望蒋也能对日本妥协。

日本方面同样通过解读密码了解到了这一切，于是他们心中大喜，不再进行多余的外交交涉，坐等好结局。蒋介石几乎已经绝望了，他给从来没有见过面的丘吉尔发了电报，电报里说："如果美国和日本结成妥协案，那么中国的军民抵抗也将会因为失望而崩溃。以后即使再有更多的援助也不会有用，中国人民将对你们所说的国际信义失去信心。"

这个时候的英国正在德国的攻击下苦苦挣扎，对于英国来说，美国如果和德国的盟友日本决裂，那么和德国决裂的可能性也将大增，所以在11月25日的晚上，丘吉尔给罗斯福发了一封电报："如果中国被摧毁，那么我们所面临的威胁也将大增。英国希望美国能收回这个草案。"

于是，在11月26日，赫尔接见了日本的驻美大使野村吉三郎和来栖三郎，交给了他们一份和24小时前的妥协案截然相反的文件，美国有学者称之为《11月26日美国案》，这个备忘录要求日本必须从中国和印度支那无条件撤军，美国和日本必须只承认中国的重庆政府。这相当于是美国对日本的最后通牒。

对于日本会对美国发动攻击的可能性，美国其实早已通过破译的情报知道得一清二楚。1941年11月25日，罗斯福总统曾对部下告诫说："下星期一，即12月1日左右最危险，日本惯用奇袭伎俩，你们要加紧研究对策。"

国务卿赫尔等人也提出了不能消极等待被动挨打的局面。但是当时的国际形势太过于微妙，德国的希特勒认为，要想摧毁苏联，打垮英国，必须得有一个"条件"——美国不要介入。所以希特勒最怕的就是美国参战。为了不招惹美国，他对德国海军下了最严格的命令：任何德国潜艇都不许在大西洋攻击美国舰队。

美国国务卿赫尔与日驻美大使野村吉三郎和来栖三郎会见后走出会议厅。

美国舆论界也看透了这一点，当时

很多美国人都主张坚持中立。美国的决策层担心主动参战会引起国内政治上和道德上的分裂，太过于冒险。虽然按照战争的常规，先发制人可以占据主动位置，可是为了统一全国舆论，美国只能在遭到侵犯以后才能参战，即使被动挨打是划不来的，但是也不能先发第一枪。这是美国没有积极准备作战的主要原因。

为了阻止日本的疯狂行动，美国总统罗斯福给日本裕仁天皇写了一封十分谦和的亲笔信：

我对陛下只是在对两国都处在特殊重大的时刻才送交亲笔信的。鉴于目前正在酝酿形成的深刻而广泛的非常紧急状态，我认为有发这封信的必要。

现在，在太平洋地区正要发生危及美日两国国民和全人类幸福和和平的事态，这个形势正孕育着悲剧的发生。

美国人民爱好和平，维护各个国家共存的权利。过去几个月来，我们热切关注美日外交谈判。我们希望结束中日战争。我们希望太平洋各个国家互不侵犯，和平共存，免去不能忍耐的沉重军备负担，各国人民不遭受任何国家的排挤，恢复无差别的通商。

我相信陛下一定和我一样，为达到上述各项重要目的，同意消除美日两国之间任何形式的军事冲突，这一点非常重要。

约一年以前，陛下的政府和法国维希政府缔结协定。根据这份协定，为了保护在北方与中国军队对峙的日本军，允许五六千人的日军进驻越南北部。今年春天和夏天，维希政府为了共同防卫越南，承认日军进驻越南南部。这就是说，日军并没有对越南实行攻击，也没有攻击的企图。

最近数星期内，日本陆海空军部队明显急剧增兵。在越南集结这么多的军队，肯定会使其他国家认为它的性质不是防御性的，产生疑虑也是合理的。

在越南集结的庞大日军势力已经到达印度支那半岛的东南端和西南端。对此，当然会引起菲律宾、印度尼西亚、马来西亚和泰国居民的怀疑，认为是否在准备或企图进攻。

我相信，这些居民感受到的恐怖，关系到和平和他们国家的安危，是理所当然的反映。这一点，陛下一定了解。而且，美国多数国民也用恐惧的目光注视着日本陆海军及空军基地用于攻击手段的人员和装备。这一点，陛下也是了解的。

我认为，不能让上述各国国民长期坐在装满炸药的火药桶上。

假如日本全面从越南撤军，美国丝毫也没有侵入该地区的意图。

对此我可以保证。同样，印度尼西亚、马来西亚、泰国等国也保证。我正打算商请中国政府提供上述保证。只要日本军队从越南撤退，便可保证太平洋全域的和平。

我给陛下写这封信，就是因为我希望在此危急关头，您也能和我一样考虑扫除乌云的方法。我相信，我和陛下一样，都担负着不仅使美日两国国民，还要使邻近各国人民都能恢复传统友好、阻止死亡和破坏的神圣任务。

1941年12月6日于华盛顿

富兰克林·D. 罗斯福

这封加急电报本来是12月7日中午传送到日本电报局的，但是日本军部故意拖延到晚上10点才将电报发至美国驻日本大使馆。美国的格鲁大使接到电报后立即打电话给日本东乡外务大臣的秘书，要求夜间紧急会见天皇。但是一直到12月8日上午七点半，东乡大使才交给格鲁大使一份文件，说他已经拜见了天皇，这份文件就是天皇陛下对总统急电的回答。而实际上，这份文件与日本驻美大使野村交给赫尔国务卿那份“日本方面的最后通牒”是同一个文件。

当格鲁大使再次要求拜见天皇的时候，东京市内大街小巷关于日本奇袭美国珍珠港的消息已经到处传开了。

利用谈判为战争做掩护

1940年，德国在西欧屡屡得手，英国、法国和荷兰在东南亚的殖民势力严重削弱。日本开始妄想夺取英国、法国和荷兰在亚洲的殖民地，解决石油等能源危机，保证长期战争的需求。

日本一边打着日美友好的幌子，一边加紧备战。

美国当然不乐意日本独占太平洋地区，但是美国奉行“先欧后亚”的战略方针，在太平洋地区没有做好战争准备，不想立即向日本开战。这时的日本也早就想发动太平洋战争，只是时机还没有到，于是就用谈判的方式作为掩护来迷惑美国人，暗地里进行战争准备。

1940年9月，《德意日三国同盟条约》签订，条约的矛盾直接指向美国。日本签订这个条约主要是为南进打开道路，同时要求德国出面斡旋，调整日苏关系，松冈外相甚至幻想将苏联也拉入这同盟。1941 年 3 月，他亲自访问莫斯科，与斯大林签署了《日苏中立条约》，这个条约的签订彻底解除了日本南进的后顾之忧。

三国同盟条约签订后，日本与美国的关系急剧恶化，但是双方都避免彻底摊牌，不愿意公开发生冲突。

1941 年 6 月，希特勒终于发动了蓄谋已久的侵苏战争。日本也不甘落后，1941 年 7 月 2 日，日本不顾美国反对，登陆东南亚南部，美国中断了与日本的谈判。

7 月 24 日，美国总统罗斯福告诉日本人：如果日本继续向荷属东印度推进，那就是远东的全面战争，希望以石油换取美国在东南亚的中立，维持太平洋地区的和平。

日本不顾美国的反对，仍然派兵攻占了法属印度支那南部。

7 月 26 日，罗斯福总统宣布冻结日本在美国的一切资产，防止日本利用美国的财政金融设备以及日美间的贸易损害美国的利益。

7 月 26 日，日本对美国进行报复，冻结了美国在日本的一切资产。

8 月 1 日，美国宣布对日本实施石油禁运。

8 月 15 日，美国宣布禁止所有货物出口日本。

这个时候，日美谈判再次陷入僵局。美国对日本的全面禁运，对于资源匮乏的日本是很致命的打击。为了得到荷兰的东印度群岛年产量 800 万吨石油的油田，以及东南亚的丰富资源，日本加紧了通过战争掠夺资源的步伐。

但是针对美国的制裁，近卫内阁仍主张进行谈判，以麻痹美国，以谈判来掩护日本的军事行动，日方甚至假惺惺地提出八九月间近卫首相与罗斯福总统在夏威夷举行首脑会议，遭到美国拒绝。

1941 年 10 月 18 日，战争狂魔东条英机出任日本新首相，加快了战争准备的步伐，同时继续玩弄谈判手法，掩护其战争意图的烟雾和争取时间的缓兵之计。

1941 年 11 月 5 日，日本已经决定向美国、英国和荷兰开战，时间定在 12 月初。但是，他们对美国的谈判依然雷打不动地进行着，让美国人对和平还抱有幻想。

就在日本海上编队已经出发去偷袭珍珠港的时候，日美的谈判行动还在进行中。

回顾日本近代外交史，我们可以清楚地看到，从明治维新初期要求打破不平等条约时起，日本的外交一直贯穿着一条侵略扩张的路线，尤其是在发动甲午战争、日俄战争后，更是一发不可收；先吞并朝鲜，继又挑起“九一八事变”侵占中国，后又偷袭珍珠港，南侵东南亚各国，日本自始至终借外交手段来推行侵略战争，或是借外交来掩盖侵略战争。到了后来，战争逐步升级，规模越来越大，以致发展到国力难以支撑，当局无法驾驭的地步，最终自取灭亡。

山本五十六的突袭计划秘密出台

山本五十六是日本新潟县长冈市武士高野的第6个儿子。因为他出生这一年其父高野贞吉56岁，所以给儿子取名为“高野五十六”。他自幼受到了武士道和军事熏陶，17岁那年他以第二名的成绩考入江田岛海军学校32期，1904年以第7名毕业后任“日进”号装甲巡洋舰上的少尉见习枪炮官，参加了1904～1905年的日俄战争，1908年，进入海军炮术学校学习，1914年，以上尉军衔进入海军大学深造，1915年晋升为少佐。1916年，他从江田岛海军学校毕业后，经牧野忠笃子爵介绍，过继到旧长冈藩家老山本家，成为山本带刀的义子，由“高野五十六”改名为“山本五十六”。

山本五十六正在研究作战部署。

1940年11月，山本五十六晋升为海军大将。这个时候，发生了一件事情：英国海军奇袭意大利塔兰托军港，从航空母舰伊拉斯特里亚号上飞出24架旧式双翅轰炸机，一举击沉了3艘意大利战列舰，塔兰托战役的成功震撼了整个世界。人们第一次知道，原来海上霸王的战列舰居然可以被从一架小飞机上扔下来的鱼雷葬入海底。以前人们一直以为从空中投放的鱼雷至少需要大约30米的深度，可是英国皇家海军在水深只有12米的塔兰托港内使用改良后的低空鱼雷照样取得了辉煌的战绩。这给山本五十六很大的启发。

1941年美国向日本全面禁运之后，日本政府更加坚定了与美国决一死战的想法，山本五十六开始全身心投入研究怎样打败美国的计划中。

当时日本海军的普遍观点是，当美国舰队远渡重洋而来的时候，日本先用潜艇和路基飞机不断消耗它，等到它的实力消耗到与日本海军力量相等的时候，日本海军再抓住有利时机，在马绍尔群岛以北、马里亚纳群岛以西与美军太平洋舰队进行决战，以战列舰对战列舰的传统战列炮击战法将美国海军全部消灭。

但是精通海战的山本五十六敏锐地指出，这种计划即使是在日本自己的兵棋推演中也从未成功过，很不现实。如果美国舰队躲开了日本飞机的轰炸，并且出动机群轰炸日本舰队呢？这种打法很难歼灭美国海军舰队，还很容易形成消耗战。

无论是国力还是军力，日本都不能跟美国长期对抗。如果打消耗战，日本除了战败，没有别的出路。如果想在战争中打败美国，唯一正确的选择就是："开战之初，就立即击沉美国太平洋主力舰队，挫伤美国海军及美国人的士气！"继而，在没有美国海军阻挠的情况下进攻荷属东印度的资源产地。

山本五十六是日本海军航空兵专家，他自然想到的是出动航空兵偷袭美国太平洋舰队的驻地珍珠港。根据山本五十六酝酿已久的一号作战计划，分为以下几种情况执行：

在美国太平洋舰队主力舰大部分停泊在珍珠港内时，用飞机彻底将其击沉，封锁珍珠港。

在美国太平洋舰队主力舰停泊在珍珠港外时，同上处理。

在美国太平洋舰队主力舰从夏威夷出发并发起攻击时，派决战部队迎击，将其一举歼灭。

日本是一个非常讲究细节的民族，所以偷袭珍珠港的计划把所有细节都考虑得十分周密。为了使兵力编组既有强大的突击能力，又能避免编队太大被美军发现。山本五十六将编队定为：6 艘航空母舰、2 艘战列舰、2 艘重巡洋舰、1 艘轻巡洋舰、11 艘驱逐舰、3 艘潜艇、3 艘油船，共 33 艘舰只，舰载机一共 432 架，其中 354 架担负突击任务，其他 69 架飞机负责保护整个编队的安全。

当时可以选择的航线一共有三条：1. 经过阿留申群岛的北航线；2. 途径中途岛的中航线；3. 途径马绍尔群岛的南航线。这三条航线各有利弊。中、南航线的气候便于航行，但是往来的商船太多，距离夏威夷群岛很近，容易被美军发现。北航道虽然离美军岸基航空兵飞机巡逻范围较远，但是气候比较恶劣，风大浪急海上加油十分困难。但是出于保密方面考虑，山本五十六决定走北航线。

除此之外，突击机群起飞海域的距离，也是经过精心算计的。太近了容易被美军发现，太远了会使飞行员疲劳，影响战斗。经过多次研究，山本五十六将起飞的海域确定为瓦胡岛以北 200 海里的海域。

攻击时间定在星期天。因为根据美军的活动规律，出海军舰往往是在星期六返回，星期天在珍珠港内停泊的军舰最多，星期天美军休假也最多，防备松懈。

由于参战的第 5 航空舰队两艘航母上的飞行员没参加过夜间飞行训练，所以山本五十六把突击的时间定为：东京时间 12 月 8 日早晨 6 点起飞，8 点发动攻击！

偷袭前的夏威夷绝密"潜伏"

为了配合突击美国的军事行动万无一失，日本在搜集美国情报上面费了很大的工夫，特别是1941年5月以后，派往珍珠港的间谍多达两百多人。他们利用各种方法收集珍珠港的天气、水文、地形和美军基地、飞机、舰艇的部署等情况。

遭袭前的珍珠港

这些“潜伏”在珍珠港的日本间谍中，最有影响的是吉川猛夫。作为日本派往珍珠港情报站的主角，吉川猛夫并不是职业间谍，而是偶然成了间谍。吉川猛夫原先是日本预备役海军少尉，就在事业如日中天时，这名狂热的法西斯分子却患上严重胃病，被迫退役回家疗养。刚好一个日本海军高官在回家时遇到了吉川猛夫，吉川猛夫很怀念在军中的日子，还穿着旧军装。海军高官随便问他愿不愿意回到海军，吉川猛夫高兴地答应了。

于是，吉川猛夫就被编入了专门搜集美国军事情报的军令部第3部第5科。1941年3月，化名森村正的吉川以领事馆书记官的身份来到珍珠港。这名23岁的书记官一到，就遭到中情局的严密监视。中情局下令，“注意他的行踪，尽快查清背景”。但中情局很快发现，他是一个花花公子，常去的地方竟然是在珍珠港后面的阿莱瓦山坡上、一家日本人开的“春潮楼”。在几个被称作“尼赛女郎”的美籍日本艺妓陪伴下，这位“浪荡公子”常调情笑闹、酩酊大醉。

一次，美国情报人员窃听他的电话，竟发现他和一个艺妓在电话里调情。中情局人员听烦了，拔掉了窃听插头，对他的调查到此结束。

美国人的麻痹为吉川的情报活动提供了便利。吉川所去的春潮楼，是一个很特殊的地方。因为打开酒馆二楼的窗户，就可以看到美军在珍珠港内的各种舰艇、军事人员的活动情况。每次到春潮楼，在喝酒聊天之余，吉川总是秘密注意美国军舰的活动规律，默记在心，回去后再用密码记录下来。他从来不用望远镜和照相机，所以很少引起美国情报部门的怀疑。

夏季，日美间的关系越来越紧张，美国联邦调查局加紧对住在夏威夷的日本人的调查，反间谍力度越来越大。吉川也收到加速搜集美国海军情报的密令。为了掌握更准确的情报，吉川不断地变换着身份。

白天，吉川乔装成甘蔗田的佣工，以破衣烂衫的形象作为掩护接近珍珠港，观察美军军舰的情况。吉川的水性很好，通过潜水精确的掌握了远海水中障碍物、潮流、海岸坡度等情报。

深夜归来，吉川阅读夏威夷的报纸，仔细研究哪些军事基地要招工，哪些美军军舰停在港内的消息。一天，吉川从报纸上发现一条消息：一位小姐将于某月某日与战列舰“弗吉尼亚号”上的一位军官举行婚礼。到了婚礼的那天，吉川果然发现一艘军舰停在港内，那就是“弗吉尼亚号”。

通过这些方式，吉川摸清了停在珍珠港的舰船名称，掌握了美国太平洋舰队的兵力部署和军事设施的基本情况。

1941 年 11 月 1 日早晨，日本海军部派遣海军军官中岛前往檀香山，奉命把军部的一份重要命令转交给吉川猛夫。吉川得到命令，被要求搞清楚 97 个问题，包括在珍珠港停泊的舰船总数、不同类型舰船的艘数和舰名、战列舰和航空母舰的停泊位置、希卡姆和惠勒机场的飞机机种及数量……。吉川迅速把这些问题都详细写了下来，并把问题答案转交到了中岛手上。

1941 年 12 月初，吉川按照海军要求，每天都报告珍珠港美国舰队的动向。日本情报部门根据间谍提供的情报，绘制了一幅详尽的美军军情水文图，上面用日语标出珍珠港的军事目标，日军准备根据这幅地图行动。12 月 7 日（日本时间），即日军偷袭珍珠港的前一天夜晚，吉川还给东京发去特急电报，报告珍珠港停泊了战列舰 9 艘、轻巡洋舰 7 艘、驱逐舰 9 艘、3 艘航空母舰和巡洋舰出港未归。日本军部依靠这些情报，坚定了袭击珍珠港的决心。

12 月 8 日，当可怕的爆炸声传来的时候，吉川刚吃过早饭。他激动地跑到院子中，看到头顶上掠过的飞机机翼上的“太阳”，立即跑去向喜多总领事报喜。他们十分激动，战争爆发了，他们的末日也快要到来了。吉川和喜多总领事从收音机中听见“东风，雨”的隐语后，马上烧毁了密码和文件。日本使馆冒出的白烟引来了警察，想跳楼的吉川被捕，4 个月后吉川等日本外交人员被美国政府驱逐出境。

南云舰队出征太平洋

对于山本五十六攻击珍珠港的决定，南云忠一是激烈反对的，但还是被任命为这一行动的总指挥。虽然山本五十六是战略决策者，但是作为一线指挥官的南云忠一的表现直接影响着这场战斗的胜败。

南云忠一

这位从未亲自指挥过航空母舰的航空母舰舰队司令官是传统的海军军人，他从战列舰见习军官，炮艇艇长一步一步晋升为战列舰舰长、舰队司令，对大炮巨舰的传统思想情有独钟。为了弥补南云航空专业上的弱点，海军部派草鹿龙之介海军少将当他的参谋长。这是一个非常巧妙的安排。草鹿虽说不是一位飞行员，但他有着一系列在航空兵中任职的良好履历，其中包括就任小型航空母舰“凤翔”号和大型航空母舰“赤城”号的指挥职务。在即将到来的作战中，不仅草鹿的知识弥补了南云在航空专业方面的缺陷，而且他的平衡能力也减轻了困扰南云的许多问题：南云常常过多地看事情的阴暗面，而草鹿的乐观主义可以帮助南云摆脱不必要的烦恼。因此，草鹿成了南云不可缺少的臂膀。

但是，南云也有南云的长处，水雷战专家就是航海的专家，正当大家为了如何隐秘远航3000海里而头疼的时候，南云却表示航海的事情大家就不要犯愁了。只要你们能飞得起来，扔得下去炸弹，炸得掉美国船，南云肯定能带你们到你们指定的地方，而且后来的事实证明南云确实做到了这一点。

1941年11月26日，日本海军一支由6艘航空母舰为主力的舰队在海军中将南云忠一的指挥下离开日本开往珍珠港。途中舰队保持彻底的电波静默。

但华盛顿的日美谈判还在装模作样地进行。日军还派出大量舰机在日本本土活动，并模拟航空母舰编队，频繁进行无线电联络，以给美国造成“其主力舰队仍在本土活动”的错觉。而珍珠港的美军则疏于防范，周末照常放假，港内一派和平景象。

南云机动部队一直保持着无线电静默，只收不发，沿预定的北航线向东迂回前进，以避开美国的巡逻飞机和商船。航行出人预料地顺利，连日来浓云密布，如一个天然的帷幕将庞大舰队的行动遮蔽了起来。海面也没有出现冬季常常掀起的巨浪。

12月2日，正当南云机动部队刚刚越过东西经日期变更线，进入中途岛以北的西经海域时，山本用新密码给南云发出来密令：“攀登新高峰一二〇八。”即按原计划12月8日（夏威夷时间12月7日）发起攻击。南云随即下令各舰长熄灯行驶，并把“Z作战”行动向全体官兵传达，随时做好战斗准备。

隐没在单冠湾的庞大舰队

在偷袭珍珠港的整个过程中，甚至每一个细节都非常诡秘，不漏一点风声。不仅美国军部不知道，连日本本国的高层人物，包括东乡外交大臣都完全不知道。

为了不让美国情报部门获悉机动舰队的动向，在 1941 年 11 月 22 日以前，日本联合舰队秘密集结在北海道北面的单冠湾。单冠湾经常笼罩在浓雾之中，只有一些岛民生活在那里，非常偏僻，几乎不为外界注意。历史上最强的航空母舰舰队在此地下锚，等待一道发出进攻的命令，这是当时任何人都想象不到的事情。舰队一进港，就切断了同岛外的一切联系。全岛如同装在闷葫芦里一般，不仅断绝了交通，通信联系也断绝了。由海军派出专门的补给船，给岛民运来粮食和其他生活必需品。日本当局规定，机动部队从这里出发后，这些补给船仍将继续留在单冠湾，与岛民一样不能向外通讯。直到 12 月 8 日日本当局宣布开战时才可以与外界联系。

不只是岛内居民，连联合舰队内部也严密封锁消息，知道集结的目的和任务的人为数甚少。南云忠一本人也不知道哪一天出发。

11 月 23 日，在机动部队的旗舰“赤城号”上，召开了两个会议。会议关注的焦点是，能否在到达目的地以前不让美方发现日本机动部队的行踪。太平洋虽然辽阔，但要使这支具有 30 多艘舰船的庞大舰队在航程中保持绝对秘密，是非常困难的。如果一不当心进入了美国人的巡逻圈，袭击作战就会全盘垮台。况且，此时美国也已经感到日美关系濒于危机，大大加强了戒备。这次会议从早晨一直开到深夜，对航道选择、海上加油等问题进行了缜密的研究和部署。

为了从空中准确识别美国舰艇，日军机动部队的飞行员事先不厌其烦地进行了不计其数的训练。各飞行队都备有美国各种军舰模型，飞行员利用训练间隙，从纵横面、自上而下以及斜角进行反反复复的观察。譬如，哪一艘军舰有几个烟囱，舰桥在左舷还是右舷，是笼式桅还是三角桅等，飞行员甚至连做梦也在琢磨。他们对本国舰船的识别能力很差，但识别美国舰船，特别是航空母舰和战列舰，则万无一失。

日本零式战机从航母上起飞，准备向珍珠港发动袭击。

12月4日，强风暴雨，机动舰队先头部队按既定计划，向北纬23度，西经157度的夏威夷群岛驶去。其他舰队依次拔锚出发，奔向波涛汹涌的海洋。全舰队一路上完全处于电波管制之下。为了避免无线电被截收，无线电收发报机一律锁闭，各舰队之间改用手旗信号和灯光信号联络。从日本本土打来的短波高周波信号，只由大型舰艇接收，然后改成低周波发给小型舰艇。

当日本舰队步步逼近珍珠港时，美国人也闻到了从日本方面发出的越来越浓厚的战争气息。

12月6日，由美国海军情报翻译班和陆军通讯情报处联合组成的“魔术”室正在紧张地工作着，负责“魔术”室的情报主任克雷默少校看到破译出来的电文后，当即电告所有有关上级等候收信，随后他立即赶到了白宫。

当克雷默在白宫门口按电铃时，已是12月6日晚9时30分了。当时罗斯福总统正在椭圆形书房里同他的那位前几天刚出院的密友霍普金斯轻松地漫谈着准备在佛罗里达州以钓鱼度过自己晚年的问题。

罗斯福一口气看完后，随即把文件递给了霍普金斯，并对霍普金斯说：“这就是说要爆发战争了。”

霍普金斯看完译电后说：“战争无疑将在有利于日本的情况下爆发，但遗憾的是，我们不能先放第一枪，以制止日本人的突然袭击。”

罗斯福点点头说：“不能，我们不能这样做。”

接着，两人对何时何地可能爆发战争进行了一番分析，都感到情况难以预料。

“虎！虎！虎！”

当地时间1941年12月7日，太平洋洋面上秘密行驶的一列庞大舰队，正在悄悄地接近珍珠港。旗舰“赤诚号”航空母舰的桅杆上高高悬挂着Z字旗，意思是：“帝国兴亡在此一战，即令粉身碎骨，也要努力奋斗。”

而这个时候的珍珠港，依然是风和日丽，安静祥和的星期天。6时45分，美国驱逐舰在港外击沉了一艘袖珍潜艇，稍稍惊破了早晨的宁静，但并没有发出警报。许多军官正在吃早饭，准备换班。

7时35分，渊田的飞机第一个到达珍珠港时，港中仍洋溢着周日早晨的平静。渊田打出了一发信号弹，命令机群按照奇袭队形开始展开，同时发出“虎、虎、虎”的信号，通知母舰奇袭成功。8000千米外的“长门号”战列舰上，一名兴高采烈的文书将电报递给山本，山本无动于衷地继续和参谋长下着棋。

按奇袭计划，将按鱼雷机、水平轰炸机和俯冲轰炸机的顺序进入攻击，首先

日本的偷袭使得美军在珍珠港的太平洋主力舰队遭到毁灭性的打击。

袭击舰只。由于云层遮挡，部分飞机没有看到信号，于是渊田又打了一发信号弹。俯冲轰炸机见发出了两发信号弹，认为是强攻命令，这是针对敌人有所防范时的强攻战术，按制空队、俯冲轰炸机、水平轰炸机和鱼雷机进入。

7时55分，美军“内华达号”战列舰上的水兵们正要升国旗，奏美国国歌。

忽然，从东南方闪现一大批俯冲轰炸机，闪电般贴在海面上，来了个急转弯，冲到机场上空。

为了保持精确的轰炸，许多轰炸机飞到距地面仅几百米时才投弹。机场上炸弹如雨，一架架美军重型轰炸机被炸碎。几架美军战斗机趁乱刚刚起飞，就被居高临下的日军“零”式战斗机击落。

最初的几分钟内，太平洋舰队中没有人意识到发生了什么事情，等逐渐清醒后，停在舰队最外侧的“西弗吉尼亚号”和“俄克拉何马号”已各中了两枚鱼雷，后者又中了5枚炸弹后，带着400多名官兵倾覆。前者由于及时打开注水阀，慢慢地沉入了水下。“亚利桑那号”由穿甲弹在舱内爆炸引发了大火，“加利福尼亚号”中了两枚鱼雷后舰上重油库腾起烈焰，并且逐渐下沉。5分钟后，零星的高炮开始响起，但也是杯水车薪。

8时10分，一封明码电报——“珍珠港遭空袭，这不是演习”转到美国海军部，海军部长诺克斯惊道：“这不是真的，这一定是指菲律宾。”国务卿赫尔得到这一消息时，衣冠楚楚的野村大使正在接待室中等待着将部分电文交给赫尔。

8时40分，在第一次攻击持续了约1小时之后，岛崎少校率领的第二攻击波抵达瓦胡岛，经4分钟后展开，开始了攻击。他们轮番攻击了卡内欧里机场、希开姆机场和福特岛机场，俯冲攻击机队又攻击了珍珠港的舰艇。日机专找用舰炮对空射击的军舰攻击，只到舰炮停止射击才罢手。太平洋舰队司令金梅尔上将的旗舰“宾夕法尼亚号”停靠在舰坞，也被日机发现，遭到攻击。

9时40分，第二攻击波大摇大摆地撤离后，渊田又在珍珠港上空盘旋，拍摄着他的胜利成果，而后飞往集结地率领机队返航。渊田的飞机最后一批降落。他强烈要求实施第三次空袭，轰炸油罐场和修理设施。南云认为基本任务已超额完成，不愿再冒更大的风险，而后舰队返航。

由于美国太平洋舰队的绝大部分战舰都停泊在珍珠港里，大多数飞机又都集结在机场上，所以日军一举将驻屯在珍珠港的美国海军、空军基本摧毁，珍珠港军港陷于瘫痪，阵亡海军将士2300多名。日军获得了使美军胆战心寒的大胜利。

“不要忘记珍珠港”——美国对日宣战

日本偷袭珍珠港成功后，经过一个半小时后，日本宣布对美英两国进入交战状态，并把最后通牒交给了美国驻日大使格鲁。

格鲁大使在同一天，还来东乡外相办公室要求面见裕仁天皇。相隔仅7个小时，谈的却不是面见天皇的事，给他的竟是交涉终止的通知。

而珍珠港遭受奇袭的特急电报到了当天中午才到达华盛顿。正在白宫椭圆形办公室里与霍普金斯一起看邮票册的罗斯福得到消息后，立即给赫尔国务卿打电话。

下午2时5分，野村吉三郎大使和来栖三郎特使来到了美国国务院，将日本外务省给美国的最后通牒交给了赫尔国务卿：

敦睦万邦，确保东亚安定，贡献世界和平，乃帝国矢志不移之志。曩者，中华民国不解帝国真意，不幸竟而目睹中日战争之发生。帝国为寻求和平，防止战争扩大，始终尽最大之努力。然美利坚合众国，动辄拘泥于理论，忽视现实，固执其不切实际之原则，故意拖延谈判，实为帝国政府难以谅解也。

美国政府处处声称为了世界和平，但却坚持对自己有利之各项原则，并逼迫帝国政府采纳。如果立足于现实世界和平，理应善自理解对方之立场，寻求妥善的互惠方案，以期能够实现。而今竟忽视现实，将一国独善之主张强令对方国家接受，如此态度，殊难促进谈判之成立。

帝国政府兹鉴于美国政府之态度，今后之谈判难望继续维持或达成协议。特此通告美国政府，表示遗憾。

赫尔国务卿读完这份最后通牒，立即露出十分激怒的神色：“我在过去9个月的谈判中间，一直和你们说真心话。这些，只要看一看记录就会明白了。我在50年之久的公职生涯中，从来没有见过这样没有廉耻、充满虚伪和公然歪曲事实

罗斯福总统对日宣战，美国正式加入第二次世界大战的行列中。

的文件，连做梦都不能想象地球上竟有这样牵强附会能说出这么多谎言的国家！”

当天下午，因行动不便而一向深居简出的罗斯福总统，做出了异乎寻常的举动，亲自前往美国国会，而且没有坐轮椅，而由他的长子扶着走进大厅，向美国参、众两院发表了为时 6 分钟的讲演。罗斯福开门见山地说：“昨天，1941 年 12 月 7 日，美国遭到了蓄意的猛烈攻击，这个日子将永远是我们的国耻日！——美利坚合众国受到了日本帝国海空部队的蓄意进攻……”

罗斯福沉痛地宣布：

“昨天，日本政府已发动了对马来西亚的进攻。

“昨夜，日本军队进攻了香港。

“昨夜，日本军队进攻了关岛。

“昨夜，日本军队进攻了菲律宾群岛。

“今晨，日本军队进攻了中途岛。

……”

“他们说我们是胆小的国家，他们说我们是纨绔子弟的国家，让他们去对麦克阿瑟和他的士兵们说吧，让他们去对坚持抵抗的同盟国家说吧……”

罗斯福的讲话频频被雷鸣般的掌声所打断。

最后他要求国会宣布：“自 1941 年 12 月 7 日星期日日本发动无端的、卑鄙的进攻时起，美国和日本之间已经处于战争状态……”

罗斯福在如雷的掌声和欢呼声中合上了记事本。这是他自担任总统以来第一次代表了全体美国人民讲话。参议院随即以 82 票对零票，众议院以 388 票对 1 票的压倒性优势批准了罗斯福的宣战要求，美国走进了第二次世界大战。

英国首相丘吉尔听到这个消息后高兴得老泪纵横，他在得知日本偷袭珍珠港的消息之后的第一句话就是“好了！我们总算赢了”。曾几何时，为了把美国拖进战争，他费了九牛二虎之力，也只搞到一个《租借法》，而日本人的行动却使美国人不得不痛下决心投入一场全球战争。当天，英国宣布同日本处于战争状态。

在中国重庆。12 月 9 日，蒋介石在中日战争爆发 4 年之后，正式向日本宣战，他向全国宣布与日本断绝一切外交往来，直到用武力将日本军队完全驱逐出中国。蒋介石致电罗斯福说："在我们新的共同战斗中，我们将竭尽全力，与你们站在一起，直到太平洋地区和世界从野蛮势力的祸殃中以及无止境的背叛中解脱出来。"

战争中的美国

与其他任何交战国相比，战争对美国而言已经相当温和了。这个国家以最低的参战士兵伤亡率结束了这场战争，而美国人则在战争所带来的经济繁荣中基本上处于日趋上升的好势头之中。1940 年末，罗斯福总统说出了自己的希望，即美国可以变成"民主的武库"。在珍珠港事件之前，这个愿望很快就要变成一个现实，但这一事件改变了美国本身及其与世界上其他国家之间的关系。

到 1945 年，很多事情都发生了改变。在战争的过程中，美国总共制造了 30 万架军用飞机，还有 8.6 万辆坦克以及数字同样庞大的其他各种军事设备。美国的军队拥有世界上最为奢华的武器配备。

战争期间，大约 1500 万男性在美国军队服役，其中另有 35 万名妇女，这个数字仅次于当时的苏联。自 1942 年以来，该国庞大的军工事业受到来自于五角大楼的控制。

在五角大楼的核心处，是另一个全新的机构，那就是参谋长联席会议，它是军队首长委员会，主要负责协调美国的军事计划并同英国进行有效的联络组织。虽然那里曾经有过很多的争议，但是英美联合计划有着更多的成效，这要比混乱的德日联盟好一些。参谋长联席会议组织其实在盟军后来的大获全胜中是一个主导性的因素。

1941 年 12 月，美国国会通过了《战争权力法》，授予总统更多的执行权力。更大规模的政府机构在不久之后被纷纷建立起来，从而掌控着战争经济的各个重要方面。其中的战时生产委员会与战争动员办公室是最重要的两个。人力或许是当时处于第一位的问题，但是，美国境内的征兵活动却没有像其他很多国家那样，搞得甚嚣尘上、如火如荼——比如说，已婚的男子几乎不太会被招募到军中。未被征召入伍的男子，并不一定非得接受与战争有关的工作，而妇女也不会以任何形式被强迫去劳作或服役。

大型企业以及普通百姓，在战争期间都过上了繁荣向上的生活。公司的业绩节节飙升，农业也不落人后。实际上，那时候的工资水平平均上升了 50% 左右。

制造飞机发动机是很多新行业之中的一个，并且向美国妇女开放。

参加家庭之外工作的妇女数量，大约增加了三分之一，并达到劳动力总数的22%左右。之前，参加工作的妇女基本上都是年轻女子，包括未婚的或者没有孩子的母亲，但是在战争期间，大部分妇女都参加到各种工作之中。

虽然妇女干“男人活”的思想早已被接受，但是在现实中，并没有多少妇女会真的去接管之前由男性干的粗活，她们更多的是去参加新工作，经常是那种在以前从来没有过的类型。

电影《传奇的铆工罗西》中的人物原型，就在不太常见的一家造船厂工作，这似乎是因为造船业在当时正迅速引入更加现代化的焊接法建造工艺。其实，战争期间生产繁荣的核心，是生产率的大规模提高，新技术、新机器、新生产方式的更多应用。

虽然很多妇女开始参加工作并日趋兴盛，但是她们的工资依然只是男性的1/3左右。类似的情况也发生在非洲籍美国人，以及其他处于种族劣势的人群身上。在战争期间，他们的工资要比那些白人涨得更快，但依然保持着很大的差距，而种族主义依然在日常生活和军队中无所不在。军队中也会出现种族隔离的现象，并没有多少非白人可以获准加入战斗编队之中，更没有几个非白人可以晋升为军官。

希特勒和墨索里尼大惊失色

正当东条英机笑逐颜开的时候，德国的希特勒却暴跳如雷，在场的人被吓得目瞪口呆。

希特勒认为，德国征服欧洲，摧毁苏联，最后制服英国的目标是可以实现的，但必须有一个条件：美国不介入。但珍珠港事件使美国人终于找到了参战的借口，希特勒的世界性战略可能要功亏一篑。

1941年6月21日之前，几乎全部西欧和中欧国家都已被法西斯德国和意大利占领或沦为它们的附庸。6月22日凌晨4时，德国进攻苏联的闪电战开始。但德军未能像入侵计划所规定的那样攻占列宁格勒，而是被阻于莫斯科附近。特别是11月中下旬，德军加强了进攻，苏军进行了英勇抵抗，终于粉碎了德军的迷梦，并耗尽了德军的预备队。

日本轰炸珍珠港的时候，正好是德军在苏联即将大溃败的时候。这让希特勒十分绝望，按照他的设想，日本应该出兵西伯利亚，从东西两方夹击苏联，而不是去招惹美国。

珍珠港事件在顷刻之间解除了苏联唯恐东面受敌的后顾之忧，现在斯大林几乎可以把他在亚洲的全部力量用来对付德国了。并且，对世界战争局势有着神经质般观察力的希特勒，他跟日本的狭隘完全不同，日本忽略了美军的整体实力，对美军参战的后果缺乏清醒的认识，他深知美军的战争潜力。他很清醒地明白，偷袭珍珠港的小胜，无疑为日军走向彻底的覆灭提前敲响了丧钟，同时也把自己打造第三帝国的如意算盘给砸得粉碎！

这个时候，外交部长里宾特洛甫告诉希特勒，东条首相要求德国立刻对美宣战。他同时提醒"元首"，根据三国条约，只有在日本直接遭到进攻时，德国才有义务援助日本。

"如果我们不站在日本一边，这个条约在政治上就死亡了。"希特勒说。

希特勒面临着严重的现实问题。经过两三天的考虑，他转念一想，又觉得这未必完全是坏事，他认为日本在亚洲牵制住一部分英美的兵力也是可取的。希特勒对部下说："日本选择的时间事实上正是苏联寒冬的意外困难使我军士气遭到严重压力的时候，也正是德国人都十分担心美国早晚要参加冲突的时候，因此从我们的立场看，日本的参战再及时也没用了。"于是，12月11日，德国宣布对美开战。

墨索里尼在清晨还没有起床的时候，听到日本偷袭珍珠港的消息，很惶恐地跟他的女婿齐亚诺外相说："这下子可完蛋了。"他周围的工作人员也开始恐慌起来。但是经过一天的反复权衡，他也跟希特勒一样，开始觉得也许坏事可以变成好事。美英付出大量兵力在亚太地区和日本打，他在欧洲的压力就小得多了，可以重温他的"非洲大帝国旧梦"了。于是，12月11日墨索里尼也宣布对美开战。

也是在这一天，东条英机和希特勒、墨索里尼签订了一个三国军事协定，宣布德、意、日三国"在对美、英联合作战取得胜利以前，绝不放下武器"以及在任何情况下都决不单独媾和的"决心"；同时规定了瓜分世界的范围，商定在胜利结束战争之后，缔约国应根据三国同盟的精神，在建立"世界新秩序"的事业中进行合作。

二、疯狂的日军

武力攻占马泰港缅

日军的实际战略目标是盛产石油的荷属东印度群岛，袭击珍珠港也只是战略支援任务。为了这个目标，日本实际上经过了一年多的充足准备。

日本陆军统帅部从1940年年末就开始制定对美国、英国、荷兰的进攻计划。经过10个多月的研究，1941年8月，海军陆军的协同作战计划大体上已经完成。

陆军第一阶段的计划是占领重要资源地带，摧毁敌军在东南亚的主要根据地。进攻的步骤是：首先攻占马来半岛、新加坡、菲律宾、泰国，并攻占缅甸，切断美英运送援华物资的滇缅公路并威吓印度；占领香港、关岛、威克岛、新加坡、婆罗洲（现在的加里曼丹）、西里伯斯（现在的苏拉威西）、爪哇、苏门答腊、俾斯麦群岛、吉尔贝特群岛。各作战部队的进攻目标都有明确分工，有进度日程表。陆海军的协同作战计划也有具体的详细安排，力求一丝不乱。

在偷袭珍珠港前，日本大本营参谋本部就已经接到来自马来湾的军机电报："8日1时30分在哥打巴鲁登陆成功。"实际上，在12月8日这一天，日本侵略者同时对泰国、马来亚、菲律宾、关岛、威克岛、吉尔伯特群岛以及香港发动了进攻。

为取得荷属东印度，必须经过英属的马来半岛。日军对马来半岛的进攻兵分两路：一是陆路在太平洋战争爆发之前已经进占印支南部的近卫师团，从陆上进入泰国，占领曼谷后，沿马来半岛南下；另一路是山下奉文中将率领的第5和第18师团，分批从海上登陆。为了支援登陆行动，日本海军以小泽治三郎海军中将指挥的南遣马来舰队负责掩护，辖有重巡洋舰5艘、轻巡洋舰4艘以及护卫舰只。

马来半岛战役中被摧毁的英国皇家空军战斗机

日本舰队从海南三亚起航，向马来半岛进发。12月6日登陆舰队转向西北，佯装开往曼谷，声称要切断印度与中国之间的运输线。12 月 7 日上午，英军侦察机发现日军舰船，英军判断日军将先在泰国登陆。其实，这支登陆输送队于 7 日 12 时已突然转向，分兵数路，驶往马来半岛北部的哥打巴鲁、泰国的北大年和宋卡。1941 年 12 月 8 日凌晨 1 时 45 分，入侵舰队的南路 5000 多名日军在 4 艘驱逐舰交叉火力的掩护下在哥打巴鲁登陆。这时 4500 海里以外的珍珠港以北,突袭机群正在准备起飞。两个小时后，日军部分击退了哥打巴鲁的守军，控制了日本新帝国的第一个滩头堡，珍珠港的突袭机群也飞临美太平洋舰队上空。

1942 年 12 月 25 日，英国守军挂出白旗向日军投降，香港失守。

日本的整盘计划非常周密，早在 12 月 7 日正午，日本驻泰国大使就已经向泰国政府交涉和平进驻，限定在 8 日零时之前给予答复，摆出不论结果如何，日军都要按计划进入的架势。一个主权国家当然不愿意接受这种要求，犹疑到 8 日上午 3 时还没有答复。3 时 30 分，日本南方军司令官寺内寿命令日军进入泰国，日本近卫师团立即越过越泰边境进入泰国。与此同时，近卫师团的吉田大队从海上登陆，两股部队在 9 日天亮时就占领了曼谷。一个弱小的国家在一天之内就被日军占领。

12 月 8 日黎明，另一股日军进攻香港，他们先对九龙进行轰炸，遭到反击后，便集中力量对九龙进行攻打。由于香港是不设防城市，1936 年修筑的防御工事尚未完成，所以日本很快就在 13 日占领了九龙，并切断水源。英军退守香港本岛。日军两次要求香港总督马克 · 扬爵士投降，均遭到拒绝。12 月 18 日，日军分三路在香港登陆，英军不支，25 日被迫宣布投降，香港被日军占领。

日本第 5 军入侵泰国之后，很快就开始进行进攻缅甸的准备，因为截断供应重庆政府的国际交通线——滇缅公路，就可以开展使印度脱离英国的工作，保障日本侵略军北翼的安全。12 月 13 日，日本对缅甸采取空中攻势，掩护日军在田拿沙里姆省远海登陆。在缅甸境内，日本利用恐怖的战略轰炸和第 5 纵队的活动及泰国傀儡部队的配合，急欲切断中国抗战大动脉的滇缅公路。

日本在缅甸投入的兵力，远比攻占新加坡和菲律宾多得多。但是，他们并没有享受到胜利的快感。从大本营到南方军令部，一直到战地指挥官，都感到进不能，退又不得，只有蛮干下去。在雨季到来的时候，一直展开你死我活的持久战。

从 1941 年 12 月 7 日到 1942 年 5 月上旬，日本侵略者一举强占了泰国、香港、马来亚、菲律宾、荷属东印度、缅甸以及太平洋上的一些小岛。

麦克阿瑟饮恨菲律宾

菲律宾是太平洋和中国南海、印度洋之间的交通要冲。其境内的吕宋岛是菲律宾最大的岛，岛上建有美国在远东地区最大的军事基地克拉克和甲米地。

日军企图控制本土至东南亚间的海上交通线，决定攻占菲律宾群岛，把美军赶出远东地区。日军派本间雅晴率领第 14 集团军，下辖第 16 师、第 48 师和第 65 旅，共 5.7 万人。配属部队有海、陆、空三方的精良部队，南方军的部分部队也给予了支援。

麦克阿瑟，美国著名军事将领，太平洋战争中盟军主要军事将领之一。1944 年授衔五星上将。

美国对坚守菲律宾缺乏信心，希望远东军司令麦克阿瑟指挥驻菲美军能够阻挡日军，拖延几个月，这样美国就有时间增兵了。事实上菲律宾军队是仓促组建的，缺乏训练，装备很差。大多数菲军官兵抵抗日军的态度并不积极。

相反，日军的第 16 师团和第 48 师团，是由作战经验丰富的老兵组成。再加上庞大的舰队支援，况且日军还可以利用台湾的陆基飞机攻击菲律宾守军。

1941 年 12 月 7 日，美军陆军部作战处处长伦纳德·杰罗将军告诉麦克阿瑟，珍珠港已经遭到袭击，还未来得及说出美军的损失情况，麦克阿瑟就大叫道：“珍珠港！那可是美军最强大的基地呀！”杰罗说：“你那里也将遭到进攻，那是肯定的。”麦克阿瑟说：“告诉马歇尔将军别担心，这里没事。”

麦克阿瑟并不知道，美太平洋舰队已经遭受重创，夏威夷群岛海空军基地与菲律宾相距 4000 海里，很难支援菲律宾。他的菲律宾群岛注定要沦陷的。

麦克阿瑟看不起绑腿不整、军衣宽大、裤管松弛、短短的罗圈腿的“日本鬼子”。他以为日军在珍珠港肯定遭受了重创，并且坚持认为，受到重创的日军是不敢再举进攻菲律宾的。

1941年12月8日9时，日军出动500架飞机多次发动攻击，几乎歼灭了麦克阿瑟的空中力量，炸沉美舰艇4艘，炸毁了海军巡逻机的四分之一。

远东空军被日军摧毁以后，罗斯福总统还亲自发来电报，告诉麦克阿瑟美国最大的潜艇部队前来增援，正在途中。可是，麦克阿瑟的期待落了空。12月中旬，海军上将金听说日本在菲律宾海域部署了强大舰队以后，命令将援兵撤到澳大利亚。事后，麦克阿瑟在发给华盛顿的电报中，强烈指责海军的逃跑行为。对海军的“背信弃义”，麦克阿瑟一直无法原谅。

12月20日，日军占领了菲律宾第二大岛棉兰老岛。22日，日军登陆部队兵分两路在拉蒙湾和吕宋岛的仁牙因湾登陆。25日，日军在和乐岛登陆。在短短的17天内，日军在9处登陆成功。

在日军的突然攻击下，麦克阿瑟被动应战。日军主力部队在吕宋岛上的林加延湾一带发动进攻。麦克阿瑟认为美菲军队是日军的2倍多，完全可以守住吕宋岛。

于是，麦克阿瑟重新制定了作战计划，决定在海滩上迎击日军。结果，战线过长的两个菲律宾师在林加延湾的海滩上与两个身经百战的日军师团遭遇了。交战结果可想而知，菲律宾军受到日军陆海空的立体攻击，全线溃退。守军在打回巴丹半岛的路上，扔掉了大部分军需品。这时，本间命令日军马上攻占马尼拉，他以为美军一定会在马尼拉进行最后的决战。

1942年1月10日，日军向巴丹半岛的美菲军队发起总攻。这时，麦克阿瑟已经在纳蒂布山布置了防线。但部队的军需给养严重缺乏，粮食与药品严重匮乏，疾病蔓延全军。

日军抢占位于菲律宾马尼拉湾的战略要地科雷希多岛。

1月初，一支日军大队通过纳蒂布山最陡峭的山崖出现在纳蒂布山防线背后。美菲军面临被全歼的危险，麦克阿瑟下令向南撤退。26日，麦克阿瑟在巴加克—奥里翁一带部署了新防线。8万名守军和26万名难民挤在面积为16平方千米的狭小阵地上。军民都沿着巴加克—奥里翁防线住着。

同样，日军的处境也不妙。日军进攻时伤亡惨重，再加上疾病流行，减员较大。日军被迫停止进攻。由于日本海军不能拥有制海权，军需给养无法到达被围困的巴丹守军那里，守军得不到任何补给。

相对于战争初期美军的大溃退来说，麦克阿瑟指挥美菲部队抵抗日军成为当时唯一的亮点。一些国会议员把他捧上了天，企图把他调回国内担任陆军统帅。麦克阿瑟也因此成了美国在第二次世界大战中的第一位英雄。

尽管菲律宾守不住了，但罗斯福认为，美国太需要麦克阿瑟这样的英雄了，不能死在巴丹半岛。3月12日，麦克阿瑟奉命离开巴丹半岛，赴澳大利亚组建西南太平洋美军司令部。麦克阿瑟难过地向留下来的部队发誓："我一定会回来的！"

4月9日，巴丹半岛的守军7.5万人全部投降。不足2万人的日军驱赶着刚刚抓来的战俘开始了新征程。

饥病交加的战俘队伍在烈日下步行，途中许多人倒毙，日军对战俘任意杀害。在集中营，定量配给的食物很少，战俘们处于饥饿状态，只得把时间和精力主要花在跟踪和捕捉臭虫和虱子上。

席卷荷属印尼和太平洋诸岛

荷属东印度群岛位于亚洲大陆、澳洲大陆、太平洋和印度洋之间，拥有丰富的石油、橡胶、锡、生铁、煤等物资，是澳大利亚的天然屏障。

由于澳大利亚的军队都在欧洲作战，分散的美英荷澳盟军拼凑了一支盟军来防御日军。

1942年1月10日，英国人阿奇巴尔德·韦维尔将军负责指挥联军。联军的指挥体系庞大、混乱，官兵人员素质不一，武器装备极差，各国部队接受双重领导，无法统一指挥。

东印度群岛的盟国陆军有9.2万人，包括东印度军7.5万人，舰只146艘，飞机300架。1941年12月16日，日军攻占婆罗洲北部的米里和斯里亚，25日攻占古晋。

从1942年1月10日起，扎拉根的联军就开始破坏油井、港口设施和航空基地。

1月11日，日军进攻打拉根，双方发生了激战，联军伤亡惨重。

盟军战俘在爪哇为日本人修桥铺路。

从 1942 年 1 月 11 日 ~ 2 月 20 日，日军依次占领了打拉根、巴厘巴板、马辰、苏拉威西岛、根达里、安汶岛、帝汶岛。这时，联军失去了后方。

2 月 14 ~ 15 日，日军伞兵部队在巨港着陆。同时，日军约 1 万人在巨港登陆成功。

2 月 15 日，日军占领巨港，联军炸毁炼油设施后退守爪哇岛。

2 月 19 日，日军派出舰载机 200 架，轰炸澳大利亚的达尔文港，炸沉 11 艘舰艇，击毁 23 架飞机。西路日军第 38 师一部的任务是攻占苏门答腊岛上重要石油资源地。

这时，日军从东西北三个方向对爪哇形成了包围。

在第一阶段的作战中，盟军的兵力过于分散，飞机损失较重，接连失利。2 月 25 日，韦维尔将军被迫下令撤销盟军司令部，爪哇岛的防御由荷兰人指挥。

第二阶段是爪哇海战。

1942 年 2 月下旬，美英荷澳的太平洋舰队多次进攻日军的登陆运输舰队。

2 月 23 日，日军第 48 师分乘 48 艘运输船，在第 4 水雷战队、第 2 和第 9 驱逐舰战队的护送下，由巴厘巴板港起航，驶向泗水。

27 日，联军舰队总指挥弗里德里克・杜尔曼率领联军舰队主力离开泗水，驶向爪哇海。

杜尔曼于 1889 年 4 月 23 日出生在荷兰的乌得勒支城。从 1938 年 8 月 17 日到 1940 年 5 月 16 日，杜尔曼在东印度群岛担任荷兰皇家海军航空兵指挥官。

1942 年 2 月 27 日夜间，联军舰队从马都拉北海岸驶往萨普迪海峡一带，然后回到图班，没有找到日登陆舰队。

杜尔曼得到侦察机的报告：在马威安附近发现了日运输舰队，连忙率领舰艇向日舰队冲去。杜尔曼的联合舰队由 5 艘巡洋舰和 9 艘驱逐舰组成。

联合舰队的通讯能力很差，无权指挥飞机进行侦察，海军舰员都十分疲惫。

日军占有明显的优势，拥有一种新武器——93 型鱼雷，射程很大，而且航迹很小。日舰动用了穿甲弹，重创联军的巡洋舰“埃克塞特号”。杜尔曼将军为了保护“埃克塞特号”，指挥舰队撤退。日本驱逐舰紧追不舍，发射鱼雷击沉一艘联军的驱逐舰“科顿纳尔号”。

联军舰队撤出了战斗，杜尔曼派大部分驱逐舰返航加油。杜尔曼率4艘巡洋舰和1艘驱逐舰继续寻找日舰队。

晚上10时30分，杜尔曼的舰队找到日舰队。日舰队在距联军舰队7315米处发射鱼雷，击沉了两艘巡洋舰。杜尔曼将军葬身大海。联军的巡洋舰“休斯敦号”和“珀斯号”都逃跑了，第二天晚上，日舰队追上这两艘巡洋舰，后击沉。至此爪哇海战结束了，联合舰队推迟了日军进攻爪哇一天。

第三阶段是爪哇登陆战。日军对爪哇岛发动了大规模的连续轰炸。

3月1日，日军在爪哇岛的东部和西部登陆，切断了爪哇北部的铁路线，同时包抄了东印度群岛的海军基地泗水港。爪哇首府雅加达、联军总司令部所在地万隆和海军基地泗水港都被日军孤立。

3月5日，雅加达沦陷。7日，万隆沦陷。8日，日军占领泗水港。

3月9日，荷属东印度群岛代总督逃往澳大利亚，联军向日军投降。

随着荷属东印度群岛的投降，日本人发现大量的油田被放火焚烧，便向白人发泄愤怒。很多白人被流放。在马卡萨关押着大量的白人战俘，多数被活活打死。东南亚人经常被日本人辱骂毒打，承受着死亡的威胁。日本人在当地还掠夺大量的粮食和原材料，致使当地农业经济瘫痪。

染指澳大利亚

日军在开战初期，以不到6个月的时间呈扇形向东南方向推进，共强占了380万平方千米的土地，控制了1.5亿人口。

尤其是在占领了拉包尔以后，日本陆军和海军侵略集团的指挥官和作战参谋们猖狂已达到极点。被胜利冲昏头脑的日军，变得更加穷凶极恶。

对下一步作战计划，日本陆军和海军的主要领导人激烈讨论了一个多月，双方各持己见，争执不下。

远在东京大本营的参谋本部就有两种意见，一些人认为，应该到此为止，不再向前进攻，以确实保住南方占领地域，形成长期持久战的状态；还有些人认为，日本应该乘欧洲德苏战争之机，越过中苏国境线，夹击苏联，迫使苏联投降。如果中国和英国、苏联都被打败，美国被孤立，便能消灭它对日本作战的意志。

海军认为这两种意见需要时间太长，没有物质基础，是完全办不到的，并提出先进攻澳大利亚，要求陆军增援8个师团，被陆军断然拒绝；陆军则打算把南方派遣军中的五分之一兵力调到中国大陆和日本本土去，也遭到海军的否定。

日本陆、海军战略思想各不相同，经过激烈争论，最后，陆、海军之间以妥协形式决定了下一步的进攻计划。具体顺序是：第一步是进攻新几内亚东南端莫尔兹比港和所罗门群岛；第二步是进攻中途岛和美国阿拉斯加西面的阿留申群岛；第三步是进攻斐济和萨摩亚群岛。

第一步主要目的是切断美国和澳大利亚的补给线，使盟军不能用所罗门群岛、澳大利亚、斐济等地做反攻的基地。

美军 P-39 战机在新几内亚岛上空执行作战任务

日本海军的总意图在于侵占美国海上基地，把控制地区扩展到美英两国在夏威夷和澳大利亚之间的那些基地。日本陆军最重要的任务是完成对新几内亚岛的占领。其中，主要目标是占领新几内亚东南岸东部的莫尔兹比港。

日军占领了澳大利亚领土新不列颠岛等地区后，直接威胁位于新几内亚东南方的莫尔兹比港，它是澳军的前哨基地。盟军感到形势十分严峻，在这种情况下，盟军的决策集团也有各种不同的意见，澳大利亚决策人打算在日本进攻时不再抵抗，把澳大利亚北半部拱手让给侵略者。

罗斯福和丘吉尔早已决定，必须拯救澳大利亚，以便把它作为反攻日本的跳板。

美英双方同意，把一直在北非作战的澳大利亚 3 个师中的两个精锐师调回澳大利亚，美国陆军参谋长马歇尔将军还下令把美国陆军第 32 师、第 41 师运往澳大利亚，还有防空分队、工兵分队和支援部队，总共达 10 万人。他还下令建立以澳大利亚为基地的空军，决心保住莫尔兹比港。

为了挽回劣势，美英联合参谋部决定把太平洋分为两个独立战区：一个是中部太平洋战区，由驻珍珠港的切斯特·W. 尼米兹海军上将指挥；另一个是西南太平洋战区，由驻墨尔本的麦克阿瑟陆军上将指挥；下定决心要扭转战局，转败为胜。

盟军反攻作战的战略计划，是以所罗门群岛作为战区的分界线，从所罗门群岛向东，尼米兹率领部队，经过拉包尔、马绍尔群岛、加罗林群岛、马里亚纳群岛向日本本土进攻；麦克阿瑟则率领部队由所罗门群岛向西，在席卷新几内亚岛以后，向菲律宾进攻，最后指向日本本土。这个计划简称望楼计划，亦称瞭望塔行动。

1942 年 5 月初，在美军的作战会议上，对望楼计划又作了修改，缩小了尼米兹担任的中部太平洋战区，在中部和西南战区之间增加一个战区，由葛姆里中将负责指挥（10 月以后改由哈尔西中将指挥）。

7 月 2 日，美国参谋长联席会议颁布一项命令，开始了美国对日本第一阶段的进攻目标，尼米兹海军上将指挥部队攻占圣克努思群岛，为进攻图拉吉岛做准备；麦克阿瑟陆军上将指挥所属部队发动平行攻势，把日军逐出新几内亚；为执行第三个任务做准备，即收复拉包尔。

随后，太平洋作战情报处破译日本海军秘密电报，发现日军正在图拉吉岛南方 20 海里的瓜达尔卡纳尔岛上紧急修筑飞机场。针对这一情况，英美盟军考虑到这个机场一旦完工，直接威胁着战争的局势，于是再次修改了作战计划，暂时放弃在圣克鲁斯群岛上修建基地的打算，把攻击图拉吉岛和瓜达尔卡纳尔岛放在第一步。

在以后的 5 个月时间里，日军便连战连败，从而宣布太平洋战争的第一阶段已经完全结束。

三、扭转战局

天皇的隐忧

1942 年元旦，日本全国各地，大街小巷，每户人家都悬挂国旗，欢庆之声此起彼伏，洋溢着节日的快乐。各大报纸趁机扩大版面，刊登奇袭珍珠港等战地的巨幅照片，宣传自 1941 年 12 月 8 日开战以来，日军仅用短短二十几天的时间，以超出想象的速度取得辉煌战果的事情。某报纸还大肆报道裕仁天皇及其家属的平安和健康，祝愿“天机煦丽”“武运长久”。

但这份报纸的另一个版面，却这样写道：“去年 12 月 8 日，宣战大诏颁发之日，实乃以皇国兴废为赌注的大事。天皇陛下在此日之后，深虑之余，饭不能进，寝不能安，只管祈求神灵庇护。”只此几句话，真实地道出了裕仁天皇当时的真实心理状态。

日本裕仁天皇自去年偷袭珍珠港、对美英宣战那天起，心里无比兴奋，但究竟能否取得最后的胜利，却也没有十足的把握。其实从那天起，他便如坐针毡，坐卧不宁。

当忐忑不安的裕仁天皇在听到前方频传捷报时，比如：击沉敌军舰多少啦，大破敌军多少啦，这里登陆成功啦，那里敌军投降啦，又占领什么地方啦等等，精神马上为之大振，胸中的隐忧一扫而光。

1942 年元旦，是日本天皇最高兴的一天。日本人民在军国主义宣传的鼓动下，纷纷手举国旗庆祝胜利，全国上下“万岁”的呼喊声连绵不断。

1 月 8 日上午举行陆军阅兵式。裕仁天皇骑着“白雪号”坐骑，由各皇族、内阁各部大臣、外国驻日武官陪同，检阅步兵、装甲兵、炮兵、骑兵。各军种列队通过时，天皇在马上举手答礼。当机械化部队通过时，500 架陆军飞机飞越皇宫上空，阅兵式达到最高潮，可谓盛况空前。

2 月 18 日，新加坡被攻陷，日本全国上下举行祝捷祝贺会。每个家庭都配给 3 合白酒（约 300 毫升），每一个小孩都配给一角钱的糖果，以示共庆胜利。11 时 55 分，裕仁天皇乘“白雪号”坐骑，出现在皇宫门前二重桥上，接受聚集在广场上的国民的祝贺。皇宫内外大摆筵席，群臣穿着节日盛装，连以前极力反对开战的元老重臣也参加了。

曾发动七七事变、三次担任内阁总理大臣的近卫文麿也参加了庆贺会。他不相信日本最终能取得太平洋战争的胜利。祝贺会结束后，原内阁书记官长富田健治说：“太不愉快了！这样下去能挺到最后吗？我倒想着明年这个时候会出现什么情况？”

日本许多有识之士也都在担心，认为这是继“九一八事变”后，日本又吞下了一颗特大炸弹。

2 月 21 日，正在沉溺于欢庆攻占新加坡的东京都警视厅接到一封匿名信，信上写道：“战争是野蛮的行为，打倒日本。天皇是什么？杀掉东条！消灭骄傲自大的日本人，拆掉或烧掉靖国神社，取消天皇的名义，那都是无用的东西！不要像皇军那样混蛋！”

裕仁天皇

2月22日，东京新闻社校对记者接到一封请转交给警视总监留冈幸男的信，信中写道："我觉得这次攻占新加坡不是日本的大胜，而是大败的开始。看一看今天日本的国情，没有米，没有食品，国民在涂炭中喘息……天皇陛下住那么多那么好的住宅，还要到外地去避暑避寒……把那些食品拿出来优待国民吧！"

2月23日，东京市谷的墓地里，有一个公共厕所的墙上写着："赶快停止战争！最后一定打败，国民太受苦了。"

类似这样的匿名信、公开信、大字报、小字报、厕所文学，警视厅出版的《思想月报》《特高月报》中登载了许多。日本人民中反战反军反对天皇的意识越来越明显，裕仁天皇再次陷入担忧与不安之中。

东京遭到第一次空袭

1942年1月14日，由美国总统罗斯福和英国首相丘吉尔、中国驻美大使宋子文、苏联驻美大使等26国签字发表了反轴心联合国宣言。正陶醉在"胜利"中的日本一时间成为众矢之的。

美国为了挽回太平洋战争初期的不利战局，牵制日军进攻，对日本偷袭珍珠港进行报复，组织召开了阿卡迪亚会议。会议从1941年12月23日开始，到1942年1月14日结束，共20余天。

阿卡迪亚会议进行期间，日本正在进攻马来半岛等地。虽然太平洋战局非常紧迫，美英元首把基本战略的第一步放在北非和地中海的反击上，对日本的进攻坚持守势，待机反攻，但不是挺着挨打。

会议决定在华盛顿设立英美联合参谋本部，建立起在战争中协商、研究、制定、实施所有战略战术的体制；将缅甸、泰国、法属越南同盟军和中国战区合并，称为中缅印战区，由蒋介石任最高总司令，中国远征军从此开赴缅甸最前线。

为了防止日军侵略印度和斯里兰卡，在阿卡迪亚会议上还制定了一个空袭日本的大胆作战计划。要想从太平洋上的航空母舰起飞，对相隔1000千米之遥的东京进行轰炸，这在当时来说，是战争史上未曾有过的冒险，经研究决定把这个任务交给航空队第一流飞行员、飞行速度世界纪录保持者詹姆士·杜立特中校来率领。

1942年4月18日早晨，美国第20机动部队司令官威廉·P. 哈尔西中将率领两艘航空母舰"大黄蜂号"和"企业号"，由5艘重型巡洋舰、7艘驱逐舰、2艘油船护卫，全速向日本本土方向驶去，去完成一项震惊世界的空袭任务。这是一次绝密的军事行动，除很少人外，连各舰上的工作人员都不知道详细任务。

上午6时30分，日本太平洋沿岸担任警戒任务的渔船发现向西南方向飞去的美国侦察机，便立即给国内发电报。同时，日本海军军令部和联合舰队司令部也接到从其他舰艇上发来的电报。在这些舰艇的视野内，都在水平线上看到了黑色集团的形影正在移动中。

美机空袭日本的消息轰动了整个世界，给日本军国主义者当头一棒，也给反法西斯主义者国家以信心。杜立特也因为此战而名扬四海。

“肯定是美军的航空母舰！”日本防空指挥部下了结论。

美国机动部队知道已经被日军发现了，非常着急，一时空气十分紧张。海军飞行队中校杜立特当机立断，把原定于夜间空袭日本的计划改在白昼进行。

上午7时25分，杜立特中校驾驶的第1号飞机，首先从距离东京约500千米的地方起飞，随后，16架飞机陆续全部飞离海面，超低空飞行，驶向日本的东京、横滨、名古屋、神户等重要城市。

日本海军部接到急电后，反应迟钝，判断空袭可能在19日早晨，没有发出警报。担任本土防卫任务的防卫总司令部也和海军部一样，没有发出防空警报。

上午9时半距东京东部600千米的地方曾发现500米低空有一架B-25型飞机向西飞行，打算追击，但目标迅即消逝。由于美机是超低空飞行，没有被联合舰队的高空警戒发现。

这一天，东京正和平常一样进行防空演习，发出了数次警报。人们已习以为常，并不在意。

12时刚过，日本防空监视哨向东部军司令部传来报告，说是发现敌大型飞机一架。可是，东部军司令部盲目受原来的判断所支配，将信将疑，还打算确认一下这个情报是否错误。

刹那间，12时15分，东京上空突然出现了美国大型轰炸机，第一颗500磅的炸弹已经投下来。此轰炸机全长近17米，翼展20多米，总重量13吨，时速500多千米，续航能力2000多千米，能载两吨炸弹。

轰炸是在中午工作人员下班的时候进行的。500磅的炸弹一枚接一枚呼啸着直坠而下，按既定计划击中了主要目标。钢铁厂内顿时黑烟滚滚，东京南面的海军造船厂内，船坞中的潜水舰“大鲸号”被炸毁，一艘还未建好的巡洋舰被炸毁。

日本的截击机和高射炮火力使美机受到很大威胁，但由于美机几乎是擦着树梢低空飞行，高射炮很难瞄准。日本第 17 飞行团的飞机仓皇起飞迎击，却一架美机也未击中。美机在下午 3 时后，已经平安离开了。

名古屋也和东京一样，飞机制造厂、坦克制造厂、船坞、钢铁厂、炼油厂、武器制造厂、军需仓库都遭到轰炸。四日市、神户和歌山等地，美机也都按计划投下炸弹和燃烧弹。全部飞机在下午 3 时半飞离日本上空。

这次空袭，使日本朝野极度恐慌，但仍不忘虚伪宣传。18 日下午 3 时，东部军司令部发布战报，说："下午零时左右，敌机从数个方向来袭京滨地方，受我空地两防部队反击，逐次退散。到现在为止，已判明击落敌机 9 架，我方损失轻微，皇宫安泰。"

这次空袭，日本遭受的人员伤亡和物质损失并不太大，但政治影响、心理影响和战略方面的影响却大得无法估计。日本军国主义者受到当头一棒，开始恐慌和担忧起来，日本国民的反战情绪从此更加滋长。

美机空袭日本这个爆炸性新闻立即传遍了全世界，全世界爱好和平反对侵略战争的人们一片欢欣，受到巨大鼓舞。他们从失败主义和忧伤中振奋起来，从而加强了反攻必胜的信心。

所罗门海海战

贪得无厌的日本占领了新不列颠东端的拉包尔以后，还希望控制所罗门海这片海域，尤其是对巴布亚半岛南端的莫尔兹比港，日军早已垂涎三尺。

莫尔兹比港是澳大利亚北方海域的唯一战略要地，是空海交通要冲。日本占领莫尔兹比港的目的是切断美国和澳大利亚之间的联系，进而占领斐济、新加里得尼亚、萨摩亚，这样拉包尔可以不受威胁，在战略上处于主动地位。

美 B-17 轰炸机在所罗门岛上空执行作战任务。

对美澳方面来说，所罗门海也是战略防御重要地区，只有以此作为反攻日本的起点，牢牢控制所罗门海，才能通过丹比尔海峡北上，向东京进攻。因此，所罗门海域成为两军必争之地。

在所罗门海战中，一艘美军战舰被日军鱼雷击中，爆炸起火。

从1942年4月到1943年4月之间，所罗门海域发生了大小共一百来次海空争夺战，盟军在激战后取得胜利，从而扭转了战局，奠定了反攻取得决定性胜利的基础。

所罗门海海战开始前，3月8日，日军占领了新几内亚岛东部北岸的莱城和萨拉莫阿地区，以后，又占领了肖特兰德岛和布纳。4月初，日本海军军令部决定深入所罗门群岛，夺取图拉吉岛，最终目标是夺取新几内亚东南的莫尔兹比港。

4月下旬，由第4舰队司令官井上成美海军中将指挥率领日军进攻舰队集结在特鲁克军港待命出发。

盟军的防卫力量共有两支特混舰队，一支由奥布里·菲奇海军少将率领，是以“列克星敦号”航空母舰为中心的特混舰队；另一支由弗莱彻海军少将率领，以“约克城号”航空母舰为中心的混合舰队。

盟国海军为了防止日军进一步向南太平洋扩张，在4月初就采取了准备。计划在收回图拉吉岛，在美国和澳大利亚的航线上增加一个堡垒以后，沿所罗门群岛进攻拉包尔。

5月3日，日本志摩部队占领了图拉吉岛。5月4日晨，40架美舰载机从“约克城号”上起飞，两次轰炸图拉吉岛近海，击沉日驱逐舰“菊月号”和3艘登陆船舶，击伤5架飞机和2艘舰船。

这一天，日军梶罔少将率领4000名官兵分乘14艘运输舰驶往莫尔兹比港。轻航空母舰“祥风号”、4艘重巡洋舰、4艘驱逐舰掩护这次作战行动。

5月5日，从新喀里多尼亚海军基地和澳大利亚火速赶来支援的英国“芝加哥号”“澳大利亚号”“霍巴特号”巡洋舰，与盟军两支特混舰队合编为美第17特混舰队，由弗莱彻海军少将指挥，进入决战状态。

在日军进攻莫尔兹比港前，盟军从被击沉的日本潜水舰中捞到日军电报密码本，破译后获得一份重要情报。这是一份日军预定在5月动用大部分兵力去攻占莫尔兹比港的作战命令。

5月6日，美侦察机果然发现了日本进攻部队，美机大编队开始向日军猛烈空袭。美航空母舰“列克星敦号”上起飞的战斗机和轰炸机轮番进攻，集中轰炸日军的航空母舰“祥风”号。

5月7日上午11时，“祥风号”沉入海底，舰上900名官兵中近四分之三死在舰内。美军赢得第一轮所罗门海海战的胜利。

5月7日下午，日本舰队在袭击美国航空母舰时被击落10架飞机，另有11架在返航时坠入海中，只有6架安全回到母舰上。

5月8日上午9时，日本侦察机发现美机动舰队，立即出动战斗机18架、轰炸机18架、鱼雷轰炸机32架强袭美军的2艘航空母舰。“列克星敦号”命中2发鱼雷和2颗炸弹，被击破；12时47分，各处泄漏燃料，气化后引火发生大爆炸，又延及弹药库，爆炸强烈。

美军这两艘航空母舰遭受日机空袭以前，“列克星敦号”上起飞的43架飞机和“约克城号”上起飞的39架飞机也正在强袭日本航空母舰，“翔鹤号”命中3发炸弹，受到严重破坏，被迫退出战场。“瑞鹤号”急忙逃遁，幸免被炸。井上中将发出“停止攻击北上”的命令，日军撤离战场。

海战的结果，表面上看，双方互有损失，日本海军损失较小，但美国的造船和抢修速度较日本快很多，这样美军就占了优势。而且在战略上，盟军挫败了日军从海上进攻莫尔兹比港的企图，并且把原定于5月进攻的日期推迟到8月。日本在战略上失败了。

所罗门海海战是日本海军自发动战争以来第一次受挫。太平洋战争从此进入日本和美国及其盟国的战略相持阶段。美国战史学家认为这次战役在太平洋战争史上谱写了新的篇章。

日本“加贺”号航空母舰

珍珠港、马来海战以后连续败北的盟军，通过这次海战，极大地提高了士气，对击败日军舰队充满了自信。

这次海战后，对日本来说，不仅没敲起警钟，他们反而更加骄傲轻敌，把“击沉”两艘美航空母舰的消息向东京报告，国内顿时欢声一片。实际上，被“击沉”的航空母舰，只用3天就修复完毕，并立即参加到以后的中途岛反击战中去了。

日军的麻痹大意，自我陶醉，又不能掌握真实情况，给美军帮了大忙，这是以后日军在中途岛海战中战败的原因之一。

山本设计新赌局

1941年12月28日，在日舰队旗舰“长门号”战列舰上，联合舰队的司令长官山本五十六正在观看由日本情报人员参照美军公布的损失整理出来的偷袭珍珠港的战果报告。

山本五十六逐行审对着报告上的数字，高兴得满面笑容。一方面，美军公布的损失，比日军参加突袭行动的部队上报的战果大了很多。由此看来，日军突袭珍珠港获得了意想不到的战果。

另一方面山本五十六没有料到美海军有说实话的勇气。美海军遭受那么大的损失，竟然都公布出来了。山本五十六认为，美海军敢于说出实际损失，是因为美国的实力太强大了。

在日本海军中，山本五十六是个指挥天才，以具有大胆甚至冒险决策的能力而著称。如很多日本人一样，山本五十六具有浓厚的樱花情结，宁可在短时间内凋谢，也想开放得十分灿烂。

号称“赌徒”的山本五十六，突袭夏威夷群岛的珍珠港是他发起的一次大赌博。突袭珍珠港的大获全胜，不但使山本五十六名声大噪，而且使他对自己的策划能力更有信心了。

珍珠港的战斗结束了，山本五十六又想攻占美国的一个小岛屿——中途岛。

中途岛地处太平洋中部，面积很小，但岛内建有海港和美军机场。美军可以从岛上的机场出动飞机，警戒半径达60海里的海域；岛上的港口能够作为美航空母舰编队的补给和前进基地。可见，中途岛具有攻防两大功能，成了美军在太平洋上最佳的前沿阵地。

山本五十六以他过人的军事视觉，发现了中途岛的重要战略价值。山本五十六决定早日攻占中途岛，尽快结束太平洋战争。

对日海军来讲，一旦占领了中途岛，就能把中部太平洋的防御圈快速向东推进，利用中途岛上的海空军基地，监视和警戒美国太平洋舰队一切活动。日军攻占中途岛，能够在美国中部太平洋防御圈上冲开一个巨大的缺口，对夏威夷群岛的美舰队构成巨大的威胁，并把中途岛作为以后进攻夏威夷群岛的前沿基地。

可是，当山本五十六向日本军部提出攻打中途岛的计划后，日本军界要员们

日本联合舰队司令山本五十六

中途岛海战画报

美太平洋舰队司令尼米兹

纷纷表示反对。日本陆海空三军要员们认为攻占位于夏威夷群岛正前面的中途岛是不行的，哪怕占领了，也无法坚守。

他们提出很多理由反对山本五十六的计划，不相信中途岛的战略价值。有些人说山本五十六是被珍珠港的胜利冲昏了头；还有人说，山本五十六虽然胆子很大，但没有指挥这么大规模海战的经历。

山本五十六是个有自信、有韧劲的人。为了宣传自己的作战计划，山本五十六来到军部找到永野。他说："日军夺取太平洋地区的最大障碍就是美太平洋舰队。开战两年内若日本无法获得决定性的胜利，美国就会凭借强大的实力取得军事上的绝对优势。目前解决这个问题唯一的方法是迅速战胜美舰队，早日摧毁美太平洋舰队的主力。若我们攻打中途岛，尼米兹会派出太平洋舰队的主力前来支援，那时我们就跟美太平洋舰队一决雌雄。"

听完山本五十六的发言，永野不禁摇了摇头，指出攻占中途岛的计划是错误的。军令部也说山本五十六的看法太天真了，就算有了中途岛，也无法威胁美国大陆。

就在他们争论不休，各执己见的时候，发生了一件让日本国民非常震惊的重大事件。

1942 年 4 月 18 日，美军 16 架陆基轰炸机空袭了日本东京等中心城市。原来，在珍珠港被袭以后，罗斯福总统要求轰炸日本，对日本偷袭珍珠港进行报复。

太平洋战争爆发以前，日本天皇曾得到过军人们的保证：决不能让敌军的炸弹落在神圣的大日本帝国的国土上。这次轰炸虽然对日本造成的物质破坏很小，但日本国民的士气极大地降低了，对日本国民的自尊心造成巨大的震动。

军部为没有保住东京的安全而悔恨，那些反对攻占中途岛的声音听不见了。一心想进攻中途岛的山本五十六，借助美国航空队空袭东京这一事实，再次力排众议。马上与参谋们制定进攻中途岛的具体军事计划。

此次作战计划，主要包括三项独立的但协同作战的军事行动：

第一，攻占西阿留申群岛；

第二，攻占中途岛；

第三，与美太平洋舰队决一雌雄。海战的主要意图是通过攻占中途岛给日本海军和空军夺取基地，继续朝太平洋和西南太平洋进军，与美太平洋舰队决一死战。

为了成功地完成计划，山本五十六动用了日本海军所有的主力，并把这些兵力编成了先遣部队、第10机动部队、进攻中途岛部队、主力部队、北方部队、岸基航空部队等6支部队。

在攻打中途岛的计划中，山本五十六共调动了水面舰艇206艘、舰载飞机约470架、岸基飞机214架、登陆部队和建立基地的部队1.68万人，几乎包括了日本海军的全部精锐。

山本五十六计划于6月6日发动中途岛海战，作战计划以6月6日为中心，精心制定了各参战部队的行动时间表。

山本五十六精心设计着赌局，坚信在新的一局中还能像珍珠港海战那样，再获得全胜。

庞大的联合舰队

山本五十六与参谋们制定了详细的攻占中途岛计划后，为保证计划的成功实施，又调动了日本海军精锐部队组成庞大的日本联合舰队。

1942年5月20日，山本五十六下达了各参战部队作战行动的最后命令。联合舰队将于7天后出海，为了确保计划的万无一失，山本五十六利用中间这几天的时间，又组织了为期两天的大规模演习。

5月25日，在演习中，美军投下9枚炸弹，击沉了日军两艘航母。可日军无法容忍失败，高木武雄海军中将向参加演习的军官和参谋们汇报的情况是1艘航空母舰都没有损失。

1942年5月27日早晨，庞大的日本联合舰队在日本濑户内海西部的军港驻岛待命，每艘军舰都完成了出海的所有准备，加足了燃油、弹药以及补给品，整个联合舰队弥漫着必胜的氛围。

5月27日是日本的海军节，联合舰队士气旺盛，官兵们都认为，此次出海会给日本海军增添更大的战绩。

8时，“赤城号”航空母舰起航信号发出，第10驱逐舰战队、第8巡洋舰战队、第3战列舰战队第2小队、第1航空母舰战队和第2航空母舰战队纷纷拔锚，驶向中途岛。

联合舰队在中午前后通过了丰后水道，傍晚时分驶入太平洋深处，采用环形巡航队形朝东南驶去。

不久，“赤城号”飞行长，偷袭珍珠港时的空中总指挥渊田美津雄因为急性阑尾炎，被送往医务室。几天后，第1航空舰队作战参谋源田也由于肺炎被送往医务室。

他们两个无法参战，对于南云来说，等于没有了左膀右臂。紧接着，山本五十六遭受胃病的日夜煎熬，也病倒了。

5月28日，阿留申群岛牵制舰队由日本九州岛北端的港口出征。在南面，运载着500名登陆部队的日军运输舰从马里亚纳群岛中的塞班岛驶向中途岛。

5月29日晨，联合舰队的其他舰只从日本濑户内海起航。近藤信竹率领的中途岛攻击编队驶在整个舰队的最前面，后面是包括山本五十六的旗舰“大和号”的主力舰队，由34艘军舰组成。

山本五十六选定6月7日为进攻中途岛的日子，因为7日的月光对夜晚登陆有好处。

6月2日，由于南云航空母舰舰队没有雷达，在浓雾中朝中途岛方向驶去。再加上能见度很差，不能飞出弹射侦察机，结果南云舰队无法了解自己的处境。

日本“赤城”号航空母舰

6月3日黎明，雾更大了。为了避免互相碰撞，南云被迫动用保持沉默的无线电，向各舰艇下令。

随后，一队美军鱼雷轰炸机发动突然袭击，虽然只击中了日军护航舰队后边的一艘油船，然而山本五十六仍然感到担忧——日舰队的行动已经暴露了。

6月3日上午10时，天终于晴朗了，南云舰队以24节的航速快速前进，组成一支巨大的环形队伍，炮筒林立的战列舰护卫在外围；大型航空母舰“赤城号”“加贺号”“飞龙号”和“苍龙号”，正行驶在中央。

一幅描绘日军大败美军的宣传画

6月3日傍晚，日舰队快速由西北方向向中途岛靠拢，4日拂晓以前就能够到达距离中途岛320千米的起飞海域了。这时，弗莱彻和斯普鲁恩斯指挥两支特混编队，正在中途岛东北面500千米的海面躲藏。

这两支特混编队的总指挥弗莱彻少将认为，日军的南云航空母舰舰队正在附近海域。6月3日晚7时50分，弗莱彻率领特混舰队向西南方向追去。

6月4日拂晓，特混舰队将到达中途岛北面，正好偷袭南云的航空母舰舰队。这是个很正确的判断，当天晚上美国的航空母舰距离南云舰队仅为160千米。

1942年6月4日凌晨2时45分，日军“赤城号”航空母舰发起了猛烈的进攻。

黎明来临之时，南云舰队航空母舰上的探照灯早已照亮了巨大的飞行甲板。4艘航空母舰正在中途岛西北240海里处，迎风全速驶向中途岛，航空部队已经做好了向中途岛发起第一轮空袭的准备。

4时30分，南云中将下令进攻。8架战斗机相继起飞，18架舰载俯冲轰炸机相继起飞。

15分钟内，108架飞机都从4艘航空母舰上成功地起飞了。它们编成壮观的环形队列绕行舰队一圈，朝东南方的中途岛飞去。

南云发动第一轮空袭

1942年6月4日，中途岛上的美军早就等候多时了，正准备迎战南云舰队的第一轮空袭飞机。5时50分，中途岛上的雷达发现了前来空袭的日军机群，防空警报全部响了起来。这时，尼米兹命令中途岛上的所有飞机立即起飞。

中途岛海战中，美机俯冲掠过日军航母，投下炸弹后迅速飞离，日军防空炮火在美机周围呼啸而过。

守岛部队的6架“复仇者”鱼雷轰炸机、4架装有鱼雷的陆基轰炸机、19架轰炸机和37架“无畏”“守护者”俯冲轰炸机，起飞后向北面的南云航空母舰方向扑去；还有20架“水牛”式战斗机和6架“野猫”式战斗机向西北方飞去，迎战扑面而来的日本攻击机群。

6时16分，美国战斗机与日本机群遭遇了。

负责护航的日军“零”式战斗机队首先向美军飞机开火，双方的飞机不断翻飞、俯冲，相互攻击。日军的战斗机在数量和性能上都远远超过迎击的守岛部队的飞机。很快，17架美军战斗机被日军战斗机击落，7架美军战斗机被击伤。

摧毁了美军飞机的截击，日本攻击机群迅速进攻中途岛。轰炸机冒着守岛部队的高射炮火不断俯冲，轰炸了20分钟，炸毁了油库和一个空的飞机库。

日本轰炸机想在中途岛歼灭航空力量的计划失败了。它们能够找到的轰炸目标，只是飞行跑道和几座空机库，岛上飞机都已经飞走了。

当南云航空母舰舰队向中途岛发起第一轮空袭时，美军特混舰队正在积极准备发起对日军航空母舰舰队的偷袭。

6月4日黎明，美海军第16、17特混编队总指挥弗莱彻，从“约克城号”航空母舰上出动10架侦察机去寻找南云舰队。5时25分，水上侦察机在靠近南云舰队航行的海域，看到一大批灰色的日军战舰时，连忙用无线电向基地报告。

接到情报后，弗莱彻于6时07分向“企业号”航空母舰上的斯普鲁恩斯少将发报，命令第16特混编队向南云航空母舰发动空袭，第17特混编队随后空袭。

斯普鲁恩斯命令两艘航空母舰上的大部分飞机参加空袭，把“底牌”一次全部抛出。

当时，斯普鲁恩斯特混编队拥有两艘航空母舰，飞机数量分别为“企业号”79架，“大黄蜂号”79架。

7时2分，14架鱼雷攻击机，32架俯冲轰炸机在10架战斗机的护送下，从“企业”号航空母舰上出发了。15架鱼雷机、35架俯冲轰炸机在10架战斗机的护送下从“大黄蜂号”航空母舰上出发了。

与此同时，南云舰队的4艘航空母舰的飞行甲板上已经停满了飞机。停在航空母舰上等待起飞的第二轮飞机，绝大部分是鱼雷轰炸机。这些飞行员是日本海军航空兵的精锐。

南云为了以防万一，仍然把他最优秀的飞行员留在了航空母舰上，准备击沉美国航空母舰。

南云舰队的鱼雷轰炸机是当时世界上性能最好的舰载轰炸机，时速达378千米，载弹800千克。不仅能够投掷鱼雷，进攻航空母舰或者其他战舰，还可以投掷炸弹，轰炸机场等目标。

早在6时，南云的旗舰“赤城号”发现了空中的美军水上侦察机在活动。南云感到担忧，怕遭到美国航空部队的空袭。

7时，美军6架鱼雷攻击机和4架俯冲轰炸机飞到“赤城号”右舷上空。他们是从中途岛起飞的。

日军护卫战舰重炮齐射，在高射炮的连发炮火的封锁下，20多架日军“零”式战斗机起飞迎击。

美战机不顾密集的炮火，向“赤城号”冲来。日军“零”式战斗机已经击落了3架美机，其他7架美机继续向南云航空母舰扑去。

瞬间，美飞机投掷鱼雷，又升上高空。在没有战斗机的护航下，美机再次袭击日航空母舰，但只有1架鱼雷攻击机和2架俯冲轰炸机回到了中途岛。

遭到美机的空袭后，南云认为这些美国飞机肯定是从中途岛飞来的。他认为必须早点把中途岛的空军歼灭掉，于是下令再次空袭中途岛。

二战时期的日军潜艇，空中飞行的是日军航母编队的“零式”舰载机。

7时30分，由“利根号”航空母舰起飞的侦察机报告说，距离南云舰队200海里处有10艘美舰。南云命令侦察机查清美舰中是否有航空母舰。

7时45分，南云下令暂停卸下鱼雷，等待侦察机的下一次报告。

7时55分，中途岛美军的轰炸机群飞来了。由于飞行员都是刚从学校毕业的，没有俯冲投弹的经

美军在中途岛附近海域上空投弹轰炸日舰。

验，很快就被击落了8架，重创了6架，投下的炸弹没有一发击中日舰。

接着，诺里斯带领11架轰炸机到达日舰队上空，在日军战斗机的打击和战舰高射炮的封锁下，被打落5架，只有4架投掷了炸弹，但没有一颗击中。

8时20分，日军侦察机报告，在美军舰队好像有1艘航空母舰。南云听说舰队后面有航空母舰，连忙命令停止挂炸弹，重新挂上鱼雷。

南云下达的一连串的换炸弹挂鱼雷的紧急命令，使航空母舰的甲板上和机库里十分混乱，卸下的炸弹和鱼雷被迫堆在一起，没有放进弹药舱，日军的机械兵并不知道这样做是自寻死路。

8时30分，日军空袭中途岛的第一轮空袭机群飞到航空母舰上空，请求降落。这时，“赤城号”和“加贺号”航空母舰攻击机正在换弹，无法起飞，“苍龙号”和“飞龙号”战斗机急需加油和补充弹药，无法立即出动替攻击机护航。

参谋长草鹿和作战参谋源田都主张先清理甲板，叫第一轮飞机降落，再发动第二轮空袭。

“飞龙号”航空母舰上的第2航母战队司令山口多闻看到南云犹豫不决，通过灯光信号向南云转达建议：“我认为必须命令第二轮空袭飞机起飞！”

山口多闻是日本海军界的少壮派将领，头脑冷静而且刚强果断，历任日本驻美大使馆海军武官、联合舰队首席参谋、海军大学教官、军令部课长和战列舰舰长等。在多年的海军生涯中，山口多闻富有远见，以能当机立断而著称。

山口多闻的建议是比较正确的，但是南云知道山口多闻才干超群，很可能成为山本五十六的继任者。

这一点引起了他的嫉恨，南云不肯接受山口多闻的建议，命令把在甲板上的第二轮攻击机降入机库，清理甲板，命令第一轮空袭飞机和在舰队上空快耗光燃料的战斗机降落。

8时37分，航空母舰开始回收飞机。15分钟后，飞机全部着舰，机库里的机械兵放下还没有完成的换弹任务，立即为甲板上的飞机加油、装弹。

9时18分，负责警戒的战斗机全部降落，机库里一片混乱。50架战斗机加油装弹完毕后马上起飞，在南云舰队上空护航。

南云本来想做好充足的准备，再给美舰队以重创，可是这样慢吞吞的出击，失去了最佳的战机！

这时，美军航母舰载机群开始了攻击。“大黄蜂号”的15架鱼雷机，由沃尔德伦带领，由低空飞行，于9时20分找到了南云舰队，马上发动攻击。可是鱼雷机的速度太慢，又没有战斗机护航，在日军50架战斗机的截击下全部坠落。

9时30分，“企业”号的14架鱼雷机飞到南云舰队上空，朝“赤城号”航空母舰两舷发动攻击。

在日军战斗机的疯狂拦截下，有9架被击落，剩下的5架投下的鱼雷准确性太差，反被击落1架。返航中，3架鱼雷机由于伤势太重而坠海，只有1架回到航空母舰。

“约克城号”的攻击机群比前两艘航母起飞时间晚很多，但在途中得到了日舰的新位置的情报，立即改正了航线。

它们只比“企业”号的鱼雷机晚发起攻击几分钟，5分钟之内，所有日机就能够腾空起飞。只需5分钟！然而，美机已经开始攻击了！

航母大决战

1942年6月4日10时24分，日本“赤城号”下令立即起飞，正在这时，瞭望哨呼叫：“美军俯冲轰炸机！”日舰的机关炮立即开炮，但已经来不及了。3架美机向“赤城号”俯冲下来，美机大肆攻击，日战斗机来不及拦截，因为刚刚拦截美军的鱼雷机，正在舰上补给。空中没有一架担任警戒的战斗机！

“赤城号”航空母舰被击中两枚450千克的炸弹，两枚炸弹对巨大的航空母舰无法造成重伤，然而却使甲板上的飞机全部爆炸，火势快速蔓延，航空母舰失去了作战能力，通讯联系中断。

南云的指挥失控后，他知道无法在“赤城号”上指挥了，只好跟青木舰长辞别，爬到舰桥的窗口，拽着绳子爬到甲板上，然后离开。

与此同时，小麦克拉斯的机群还攻击了“加贺号”航空母舰。9架美机朝“加贺号”俯冲，各投掷了1枚炸弹。

接下来的6颗炸弹中有4颗命中“加贺号”飞行甲板，使舰桥和四周的甲板燃起大火，很多舰员伤亡。舰长冈田次作和其他军官当场死亡，幸免于难的飞行长天谷孝久立即接过指挥权。

“约克城号”航空母舰。该航母在中途岛海战中被日机击沉。

舰上燃起了熊熊大火，舰员们努力制止火势，可是整个军舰都被大火包围，很难找到躲藏的地方。天谷等大部分舰员被迫撤到小艇甲板上躲藏。天谷命令弃舰。

“加贺号”航空母舰的大火越来越大。“苍龙号”上的机械兵们看到“加贺号”燃起熊熊大火时，知道“加贺号”在劫难逃，不约而同地观望天空，13架美军俯冲轰炸机正向他们俯冲下来，几分钟内，“苍龙号”连中3弹。

第1颗炸弹击中舰身前面的飞行甲板，后2颗炸弹命中中部升降机。烈火引爆了油库和弹药库。

10时30分，“苍龙号”变成了火场，爆炸声不断响起。舰上的炸弹和鱼雷全都爆炸了。

10时40分，“苍龙号”丧失了行动能力，轮舵和消防系统彻底炸毁。因为火势太猛，舰员被迫逃到甲板上，连续不断的大爆炸把很多舰员炸到了海面上。

10时45分，柳本柳作舰长下令弃舰。一时间，很多士兵为了躲避大火纷纷跳海。“滨风号”驱逐舰和“矶风号”驱逐舰赶来营救，但效果甚微。

当“赤城号”“加贺号”和“苍龙号”传来巨大的爆炸声时，“飞龙号”航空母舰的山口舰长正在向飞行员们训话：“你们已经是南云舰队的最后一批飞行员了……”

上午10时40分，日军18架俯冲轰炸机，在6架战斗机的掩护下，从“飞龙号”

航空母舰上启程，前去寻找美军的航空母舰。他们紧紧跟在莱斯利率领的返航机群后面。美军轰炸机把日军飞机带到了弗莱彻将军的“约克城号”航空母舰上空。

在高空警戒的12架美军战斗机，冲进日本机群进行拦截，击落了6架日机。日本轰炸机立即向下俯冲，但有更多的日机被密集的防空炮击碎。有3颗炸弹击中“约克城号”。

炸弹在“约克城号”舰舱内引爆，炸死许多美军舰员。

返航的日军机群马上向山口多闻报告：击中了“约克城号”。“约克城号”航空母舰上的舰员们拼命抢救，使舰上的大火被扑灭了。“约克城号”继续航行，飞行甲板上的飞机仍能起飞。

不久，日军10架鱼雷攻击机在6架战斗机的掩护下再次从“飞龙号”航空母舰上起飞，对“约克城号”再次发动攻击。鱼雷机发射的鱼雷命中了“约克城号”，摧毁了舰上的动力、照明和通讯设备。

“约克城号”向左侧倾斜浮在海面上。后来，舰长伊利奥特·巴克马斯特下令弃舰。

6月6日早晨，日军潜艇发现了浮在海面上的“约克城号”，朝它发射了两枚鱼雷。7日早晨“约克城号”突然倾覆，沉入海底。这样，美舰队只剩斯普鲁恩斯少将的两艘航空母舰了。

6月4日下午2时，一架美国侦察机发现一支日舰队正朝西面航行。“企业号”航空母舰上的斯普鲁恩斯将军，立即出动所有还能参战的24架美军俯冲轰炸机向“飞龙号”飞去。

下午5时，“飞龙号”航空母舰上的水兵们发现在西南方飞来一长串飞机，6架“零”式战斗机飞过去进行拦截，击毁2架美机。其他的美机俯冲下来了。

美机从耀眼的太阳方向钻出，冲向“飞龙号”航空母舰。随后落下的4枚重磅炸弹，穿透了飞行甲板，相继爆炸。

“飞龙号”上的日军舰员拼命救火时，从中途岛飞来的轰炸机群也赶来了，它们扔下了很多炸弹，无一命中。

又有更多的轰炸机，从夏威夷赶来。结果，“飞龙号”难逃沉没厄运。中途岛西北的海面，变成了火场。

6月4日21时23分，海水大量涌进，“飞龙号”开始倾斜，很快丧失了行动能力。6月5日凌晨“飞龙号”沉没。

当南云舰队遭受灭顶之灾时，山本五十六正指挥着主力舰队，在南云舰队后边450海里的洋面上航行。

美军飞机轰炸日“赤诚号”航母编队的绘画

6月4日上午10时30分，“‘赤城号’着火”的电报突然打破了山本五十六的计划。

6月5日零时15分，山本五十六命令近藤和南云停止进攻美舰队和炮击中途岛的军事行动，与主力舰队会师。

对于山本五十六的决定，心急如焚的参谋们无法接受，他们要求攻下中途岛。首席参谋黑岛叫道:“长官，‘赤城号’还没有沉没。若被美国拖去当成了战利品，那真是奇耻大辱呀！我们不能用陛下的鱼雷来击沉陛下的战舰呀！”

6月5日晚上11时55分，山本正式下达撤退命令。

这时，栗田的第7巡洋舰战队的4艘重巡洋舰以及第8驱逐舰分队的2艘驱逐舰正在执行炮击中途岛的任务。

栗田距离中途岛比估算的远很多，参谋们认为炮击任务是无法按时执行的，于是午夜时分命令栗田撤退。

栗田接到命令时，离中途岛只有90海里。日舰“熊野号”发现右舷有艘美军潜艇，栗田下令向左转舵。同时，“熊野号”用信号灯向二号舰“铃谷号”发出紧急转向警报信号，“铃谷号”接到信号后，也向“三隈号”也发出警报信号，并立即转向。结果后面的“最上号”撞上了“三隈号”左舷。

栗田指挥“熊野号”“铃谷号”继续向加油地点驶去，与山本五十六率领的主力舰队会师。

6月5日天亮后，中途岛出动12架俯冲轰炸机前往轰炸，弗雷明驾驶的飞机撞向“三隈号”，使“三隈号”受到重创。下午，12架美军轰炸机再次攻击，投下的80颗炸弹都没有击中。

美军航母舰队的兵力不足，只能选择一个目标攻击。当美军舰载机追到时，“飞龙号”航空母舰早已沉没，只好攻击护航的驱逐舰。

斯普鲁恩斯认为飞行员已经疲惫不堪，况且附近海域又有日军潜艇出没，再加上距离威克岛太近，岛上的日军拥有陆基飞机，于是于6月6日黄昏下令返航。这一决定挽救了美航母舰队。

根据双方航线推算，若美航母舰队继续驶向威克岛，将在夜间与日舰队相遇。结果，斯普鲁恩斯下令撤退，中途岛海战结束了。

中途岛海战惨败后，日本再也没有力量发动大规模的海空作战。日军掌握的太平洋战区的战略主动权，也被美军夺走了。

四、瓜岛战役——太平洋战争胜败的分水岭

美军攻占瓜岛

为了保住中途岛，1942年7月2日，美参谋长联席会议决定把新几内亚岛和所罗门群岛作为战略焦点，并颁发了一项命令，要求对日发动第一阶段的有限攻势，攻占圣克鲁斯群岛，由尼米兹海军上将全面指挥，为8月1日进攻日本所罗门群岛中部基地做准备。

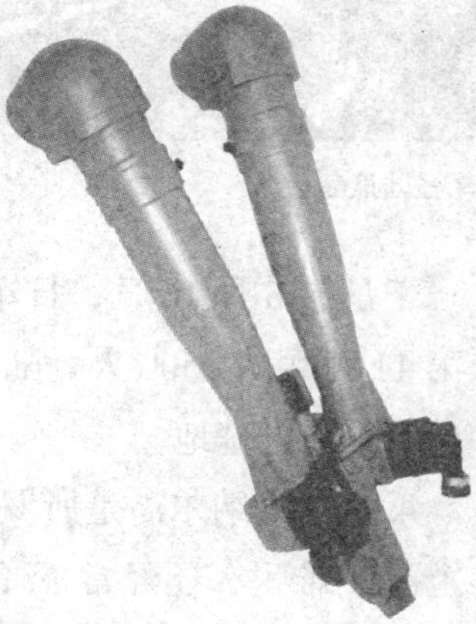

日军使用的战地望远镜，这种望远镜优点就是侦察兵可以不用探出身子就能侦察敌情。

在中途岛失败后的日军，锋芒严重受挫。可自以为是的日本当权者，看不清自己的现状，认为联合舰队与美国的太平洋舰队相比仍占很大优势，陆军在整个战场上则还没有过重大失败，于是下决心要占领新几内亚岛，其第一步就是通过巴布亚新几内亚。

与此同时，进攻新几内亚岛的美军，由麦克阿瑟指挥，为执行第三任务做准备；第三任务是进攻新不列颠，夺取拉包尔。

从陆路攻占新几内亚东南端的莫尔兹比港，要首先占领图拉吉岛和瓜达尔卡纳尔岛。

1942年5月，所罗门海战以后，日军占领了图拉吉岛。其主要意图是想建水上飞机基地。日军在图拉吉岛上，发现在其南方对面有一个面积较大的瓜达尔卡纳尔岛，它的北岸适合修建飞机场。

美军登陆瓜岛。

于是在6月16日，日军派门前大佐率工兵先遣队250人登陆，7月6日，又派第11工兵队2500人登陆，同时运去建设器材，开始在瓜达尔卡纳尔岛上修建一个空军前进基地。

瓜达尔卡纳尔岛是所罗门群岛中一个较大的岛屿。这是个鲜有人至的岛屿，岛上酷热难耐，还经常下倾盆大雨。海拔达2440米的深绿色火山，像脊梁骨似的横贯全岛。沿南岸全是连绵山脉，北岸山麓下丘陵起伏，沿海地带有些平原。岛上绝大多数地方是奇峰秀岭和稠密的丛林，生长香蕉、酸橙和木瓜等野生植物。到处是鳄鱼、大蜥蜴、毒蜘蛛、蚂蟥和蝎子。遍布昆虫、疟蚊，白蚁甚多。日本军队对这个岛更是一点都不了解，连一张岛上的地图都没有。

这个时候，美国太平洋舰队作战情报处破译了日本海军的第25号密码电报，得知了这个岛上的消息。同时，也有从图拉吉岛上逃来的政府工作人员和当地人向美澳军秘密报告了这些情况。

美中部太平洋舰队司令官尼米兹海军上将和东南太平洋战区司令官戈姆利中将获得这些情报以后非常震惊。因为日军一旦把这个飞机场建成，从瓜岛起飞的日机就能够轰炸圣克鲁斯群岛埃法特岛和新喀里多尼亚北部的库马克飞机场，美澳军现有的防线将受到严重威胁。不但危及澳大利亚，而且更重要的是美参谋长联席会议制定的“瞭望塔行动计划”就要被打乱，因而不能坐视不管。

戈姆利司令官命美第 1 海军陆战师师长范德格里夫特少将为瓜达尔卡纳尔岛登陆作战部队的指挥官，命令他在 5 个星期内必须拿下瓜达尔卡纳尔岛和图拉吉岛。

1942 年 8 月 6 日傍晚，由特纳海军少将指挥的 23 艘运输船队逼近所罗门群岛，由英国海军少将克拉奇利指挥的 8 艘巡洋舰和 1 个驱逐舰群为登陆护航。空中和海上支援有“黄蜂号”“企业号”“萨拉托加号”3 艘航空母舰，以及由所罗门海海战指挥官弗莱彻海军中将指挥的共有 82 艘舰船的攻击舰队。

8 月 7 日上午 5 时 20 分，庞大的美海军舰队猛烈炮击两岛，到夜里，已有 1 万名以上海军士兵登陆成功，大批物资上陆。不久，重炮、山炮、坦克等已源源进入阵地，气势雄伟，锐不可当。

瓜岛上的日军只有海军守备队 250 名，修建飞机场的工兵 2500 余名；图拉吉岛上只有航空兵约 400 名，海军陆战队约 200 名。激战后，两岛上的日军战死 600 余人，30 名被俘，70 余名逃到附近小岛上。美军宣布滩头登陆成功。

8 月 8 日下午，美军占领了日军修建的飞机场，后来命名为亨德森机场。这是美国海军从 1898 年以来在太平洋上第一次成功的两栖登陆作战。

消息传到东京的日本大本营，据说有一位参谋本部的参谋连忙问：“瓜达尔卡纳尔岛在什么地方？”

在这一时期，在辽阔的太平洋洋面上，美国已占据海上运输的绝对优势。日美两国在生产力的竞赛方面也发生根本性的变化。美国飞机的生产量是日本的 6 倍，运输用商船是日本的 30 倍。

日舰疯狂反扑

图拉吉岛的日军被美军歼灭以前，就知道了美军的登陆行动，因为图拉吉岛的日军曾向拉包尔的日军发出求助电报，但被日军陆军第 17 集团军百武司令误认为是骚扰性质的偷袭，不是美军的大反攻。但瓜岛的机场被美军占领的话，那对南太平洋地区的日军太不利了，百武决定组织兵力早日夺回瓜岛。

于是，日军第 8 舰队司令三川军一从驻拉包尔的海军陆战队中抽调 519 人乘坐“明洋号”运输船和“宗谷号”供应舰，前去攻打瓜岛。当三川得知美军在瓜岛海域实力强大时，连忙下令进攻编队返航。尽管如此，在返回途中，“明洋号”还是被美军潜艇击沉，船上的几百名海军陆战队员全部淹死。

三川军一认为瓜岛美军对日军十分不利，决心早日组织反攻。但是，第8舰队的军舰由于执行各种任务而变得分散，三川只好调来了5艘重巡洋舰、2艘轻巡洋舰、1艘驱逐舰来补充力量。

8月7日晚，日军第8舰队由拉包尔起航，向南进军。为了躲开美军的空军侦察，日军只得在夜间行驶。可是就在日海军第8舰队刚刚起航时，美军潜艇已经发现他们并报告了上级。美军认为日军舰队距离瓜岛500多海里，因此没有引起充分的关注。

一架澳军的侦察机曾发现了日军第8舰队，澳军飞行员出于无线电静默的顾虑，在飞回基地吃过饭后才向总部报告，结果延误了时机。

同时，日军第8舰队在航行时采取了无线电静默，美军无法截获准确的情报。特纳明白日军进攻的主要目标是登陆编队，从拉包尔至瓜岛的必由航道是所罗门群岛两串岛屿间的狭窄水道。

8月8日，特纳派2架侦察机顺着水道侦察。飞行员隐瞒了由于天气恶劣没有飞完全程就返回基地这一情况。所以，特纳以为日舰队没有进入所罗门群岛海域。

三川为了能够了解美军的情况，他要求5艘重巡洋舰各放飞1架舰载侦察机，侦察瓜岛的美军情况，掌握了美军舰队的实力和部力部署。

当时，三川得知美军在瓜岛海域拥有多艘航空母舰，掌握着制空权，并在兵力上占有绝对优势。他决心用己之长攻美军之短，发动夜袭。三川连续出动了3次侦察，对美军的情况已经了如指掌。

瓜岛尽管并不大，但无论对美还是对日，都具有重要的战略价值，两军反复争夺，最终美军凭借强大的火力和补给夺得此岛。

下午6时，三川命令日舰把甲板上的易燃物都扔入大海，对弹药进行最后的整理并做好战斗准备。

晚10时35分，在夜幕的掩护下，以日舰“鸟海号”为首的单纵列舰队组织了攻击队形。同时，三川又认真研究了侦察机送来的3份美军情况报告。

很快，三川发出了战斗命令，要求舰队向美军的巡洋舰发动进攻。

另一方面，美军中负责海空支援的航母编队司令弗莱彻，以舰载机损失严重和燃料不足为由，向戈姆利请求撤退。在没有获得批准的情况下，弗莱彻于黄昏时分就擅自率领航母舰队撤离了瓜岛海域。

航母舰队撤离后，特纳因为没有了空中支援，登陆部队的补给物资卸载量还不足四分之一，他的舰队在第二天只能撤退。这时，登陆部队司令范德格里夫特对此表示强烈不满，然而，特纳说舰队的处境太危险了，只能连夜尽量多卸一些补给物资。双方展开了激烈的争论，结果却不欢而散。

几个小时后，三川的第8舰队发现了由英国海军少将克拉奇利指挥的一支美军巡洋舰队。当克拉奇利的巡逻舰队刚到达萨沃岛与瓜岛之间的海域时，三川立即下达攻击命令。几分钟内，克拉奇利的几艘巡洋舰全都沉没在铁底海湾。

美巡洋舰"文森斯号"立即反攻，短短半小时的海战，盟军共有4艘巡洋舰被击沉；盟军官兵死亡1270人，另外，盟军还有1艘巡洋舰和1艘驱逐舰受到重创。

日军重创了美军的巡逻舰队后，三川没有进攻美军的运输船队。8月8日夜的所罗门海战，美舰队损失惨重，其海上掩护力量大大削弱，为了避免运输船队遭受日本舰队的打击，特纳命令运输船队立即撤退新喀里多尼亚。

8月9日至12日，三川率第8舰队的巡洋舰和驱逐舰向瓜岛进行两次炮击，炮击后立即返航。岛上躲进密林的日军立即组织反攻登陆的美军，因为美军早就有所准备，日军的反攻失败了。

几天后，山本五十六派第8舰队为增援瓜岛的编队护航，同时联合舰队的主力准备趁机诱歼美军的航母编队。

8月23日凌晨，弗莱彻的航空母舰编队驶入瓜岛以东海域，被日军一艘潜艇发现。南云得到这个消息后，下令日舰做好战斗准备，并向南航行。

当弗莱彻得知日军的航母正在特鲁克附近海域时，他命令第18特混大队返回南方加油，其他舰队继续在马莱塔岛以东执勤。

8月24日晨，美日海军双方距离300多海里，通过侦察活动都发现了对方。

13时许，日军牵制舰队的"龙骧号"航母放飞6架轰炸机和15架战斗机，空袭瓜岛机场。日机群被击落一大半，无法破坏瓜岛机场。弗莱彻误以为日军牵制舰队是南云的航母舰队，因此命令"萨拉托加号"航母派出30架轰炸机和8架鱼雷机前去攻击。

14时30分，"企业"号航母的侦察机找到了以两艘航空母舰为主力的南云舰队。由于美军航空母舰与出击机群间的通讯联络中断，机群于15时50分到达“龙骧号”航空母舰上空，正准备放飞第二批飞机，美军30架轰炸机从高空进行轰炸，“龙骧号”被炸弹命中，舰体大量进水，沉入太平洋。

同时，先后两架日军侦察机飞到美军航母编队上空，都被美舰队击落。弗莱彻下令做好防空准备，他把队形变成防空队形，还将两个舰队拉开了10多海里的距离，以分散日攻击机的兵力。

16时29分，日军机群距离“企业号”30海里，分成几队扑来，因美舰雷达的显示屏上图像混乱，美舰空战指挥官分不清敌我，放弃了指挥。

16时40分，日机向“企业号”进行俯冲轰炸。由于日军飞行员的素质大大下降，再加上美军的防空炮火太猛，日军鱼雷机在投掷鱼雷前就被击落，“企业号”被击中3颗炸弹，引发了大火，舰体倾斜。

日机飞走后，舰员们扑灭了大火，恢复舰体的平衡，仍能回收飞机。

8月24日9时35分，日军增援舰队驶入马莱塔岛以北海域被美侦察机发现，瓜岛的航空队马上起飞8架俯冲轰炸机进行空袭，运输船“金臣丸号”沉没，旗舰“神通号”巡洋舰和另1艘驱逐舰被击伤。

接着，由圣埃斯皮里图岛起飞的美军轰炸机赶到，将日军“睦月号”驱逐舰击沉。由于没有空中支援，再加上运送的部队大半葬身海底。日军增援舰队被迫返航。

11月12日，美海军少将特纳奉命率舰队把6000多名陆军和海军陆战队员护送到瓜岛。傍晚，田中率领的日军炮击舰队靠近瓜岛。特纳抽调5艘巡洋舰和8艘驱逐舰，前去迎击日军炮击舰队。

日美两支舰队驶入瓜岛以北的铁底湾。日舰队首先发现了美军，不过，日战列舰携带的是356毫米炮轰瓜岛美军阵地用的杀伤弹，并不是穿甲弹，美军编队才没有全军覆没。

从14日5时55分起，直到15时30分，“企业号”航母的舰载机和瓜岛、圣埃斯皮里图岛的航空兵部队对日军炮击编队发动了轮番空袭，把11艘运输船炸沉了6艘，有1艘运输船因受重创而被迫返航。

15日深夜2时，日军增援编队的4艘运输船到达瓜岛，开始卸载。田中率领舰队于2时30分撤退。天亮后，瓜岛的美军航空部队把4艘运输船全部击沉，用燃烧弹把海滩上的弹药和大米全部焚毁。日海军被迫撤离，在瓜岛海战中彻底失败了。

登岛日军全军覆没

日本统帅部看到美军在瓜岛登陆后，决心夺回瓜岛，第17集团军司令百武接受命令指挥登陆战。

为了登陆作战的胜利，百武决心选派一木大佐肩负指挥官的重任。一木大佐虽然身材低矮，但具有十足的武士道精神，并且具备热带丛林地作战的丰富经验。

图为瓜岛战役中被击毙的日军士兵。

1942年8月18日夜，一木大佐率领日军登陆部队，成功地在美军防线东面的太午岬附近秘密登陆。然后，一木大佐命令侦察小分队向西面摸进。

碰巧，瓜岛上的范德格里夫特将军也派出一支侦察小分队向东面摸进。8月19日午后，两支侦察小分队遭遇了。

日军侦察小分队遭到了美军侦察小分队的突然袭击，被当场打死31人，只有3人逃生。

美军侦察小分队发现，被打死的日军和岛上残留的日军并不一样，这些日军的胡子刮得非常干净，军装很新，衣袋和文件包中还有地图、电报密码以及日记。

范德格里夫特听到美军侦察小分队报告的这一情况，立即召开紧急会议。与会军官们一致认为，一批日军登陆部队已经秘密登陆了。

范德格里夫特立即下令，由第1团团长波罗克率领陆战队连夜搜寻日军主力部队。装甲部队做好战斗准备，作为机动部队支援各战线。

借着月光，一木大佐率日军穿过密密的丛林，来到特纳鲁河西岸的一座沙堤边。他想通过沙堤，偷袭对岸阵地上的美军。

21日凌晨，一木大佐下令进攻。日军立即从丛林中冲出来，顺着沙堤朝对岸的美军阵地扑去。冲在最前边的是各小队队长。军官们光着上身，挥舞着指挥刀，越过特纳鲁河口。美陆战第1团团长波罗克下令：等日军靠近些再射击，没有命令不准射击。

300名日军官兵冲过了沙堤，军官发现没有遇到任何抵抗，命令士兵们加快速度。第二股日军跳出丛林，冲向沙堤。就在这时，波罗克一枪击毙了挥舞指挥刀的日本军官，并大喊一声：“射击！”

美军在瓜岛搜寻残敌。

美军阵地上，轻重机枪一阵齐射，几十个日军官兵倒下了。面对美军的密集火力，日军军官越过倒下的日军伤员和尸体，挥舞着军刀，冲在最前边。

冲在最前面的日军冲过了沙堤，离美军阵地还有十几米了。波罗克下令："扔手榴弹！"陆战队员们扔出的手榴弹不断地落在向前冲的日军身边，把许多日军官兵炸飞，哀嚎声此起彼伏。

当第二股日军冲到沙堤中央时，美军阵地的火炮发起了猛烈地炮击。冲在最前面的日军被迫停了下来，后边的日军挤了上去，聚在一起的日军挤成了一团。

美军趁机集中火力，扫射阵地前的日军，机枪手随意射倒成群日军。许多日本伤兵拉响了手榴弹，纷纷在阵前自尽。

一些冲进美军阵地的日军顽强抵抗，用手榴弹炸毁了美军的火力点，继续射击阵地上的美军。这些人数不多的日军大大牵制了美军的火力。第二股日军连忙冲过沙堤，发动更猛烈的进攻。

一木大佐发现从沙堤上进攻受阻，命令神源中队从侧翼进攻美军。美军发现神源中队绕过特纳鲁河向上游迂回后，立即出动一支部队前去阻击日军。

由于美军的火力太猛，日军士兵无法抬头，只得趴下来躲避，逐渐退回原出发地点。

这时，第二股日军已经冲过了沙堤，占领了部分美军战壕。美军的火炮又开始了炮击，沙堤被炮火炸断，日军后续部队被炮火拦在了对岸。

阵地上的美军官兵打得非常艰难，他们与日军激烈地争夺着每一寸阵地。

双方展开肉搏战，用刺刀、枪托、匕首展开了厮杀。危急时刻，波罗克把预备队都投入战场，向日军发动反攻。

激战至21日拂晓，美海军陆战队第1团终于夺回了前沿阵地。范德格里夫特将军命令21架俯冲轰炸机，天刚亮全部起飞。他们到达日军阵地上空后，高爆炸弹铺天盖地地落在沙堤上，炸得日军无处躲避。

波罗克趁机组织美军发起全线反攻。美军士兵冲向沙堤，日军无法抵抗，纷纷撤退，许多日军士兵跳下特纳鲁河，河面上漂满了顺流而下的日军……

一木大佐发动的进攻失败，被迫收集残部，退入密林躲避美轰炸机的轰炸。

范德格里夫特决定彻底肃清特纳鲁河东岸的日军。8月27日下午，美军发动了全线反攻。

美军12架俯冲轰炸机向日军阵地发动了空袭。美机贴着丛林向日军投掷炸弹。与此同时，美军的坦克炮和火炮一齐开火。炮弹接连不断地落在日军阵地上，日军士兵的残肢断臂不断地翻飞。

波罗克命令美军由正面发动进攻冲向了日军阵地，一木大佐连忙组织日军抵抗，十几个日军士兵被炸得无处可躲，连忙跳出战壕冲向丛林。

一木大佐发现有些士兵竟敢逃跑，连忙击毙了几个逃兵。

这时，克雷斯韦尔率领部队已经绕到日军的身后，从日军的背后展开进攻。

美军两面夹击，杀声震天，气势汹汹。

被包围的日军拒不投降，一些日军官兵开始剖腹自杀。

美军士兵追击背着一木的神源等日军，追到了海滩。日军躲到海滩的树林后面射击，作最后的抵抗。

由于美军人多势众，多次围攻后，剩下的十几个日军四散而逃，多数战死。就这样，一木支队全军覆灭于瓜岛上。

生死大决战

一木大佐率领的日军登陆部队在瓜岛被美军全军歼灭后，日本统帅部非常愤怒，决心再次潜伏登岛与美军决一死战。从8月28日夜至9月7日夜晚，日军先后分批把川口支队、青叶支队及新组建的一木支队共8400人运上瓜岛。

日军兵力增强以后，决定于9月12日发动地面进攻，并对美军实施大规模

瓜岛战役中被击沉的日军战舰

的海上炮击和舰载飞机的狂轰滥炸。

指挥进攻的川口将军采用闪击战术摧毁美军阵地，收复飞机场。以前，日军在向美军发动进攻之前，必须穿越泥泞的沼泽和多刺的灌木丛。

参加此次进攻的6000名日军艰难地穿过浓密的丛林时，体力上已消耗很大。美军却早已在陡峭的山岭上修好了工事，范德格里夫特将军在山岭上部署了700名伞兵，等候日军多时了。

9月12日夜，美军看到一颗信号弹从山下的丛林里升入高空，黑暗中响起了机枪和全自动步枪的射击声。紧接着，第一批日军冲了上来，伏在阵地上的美军的各种武器同时开火，枪炮声和日军的喊叫声响彻夜空。

天亮后，美军发动了反攻，把日军赶出了阵地。山岭仍然掌握在美军手中。

9月13日夜，山口把第一次进攻退下来的日军和刚赶到的日军编成一支200人的进攻部队，分成6组，再次发起轮番进攻。日军高喊着，从黑暗的丛林中向山上冲锋。整个美军防线上展开了激烈的肉搏战。

双方的许多士兵纷纷被捅死和砍死。在肉搏战中，美军炮弹的爆炸声和双方士兵的惨叫声混合在一起。

当太阳升起时，瓜岛上的美军飞机纷纷出动，击散了日军。5辆美军坦克顺着特纳鲁河推进，把日军打得无招架之力，混乱不堪。

川口指挥剩下的日军，躲进茂密的丛林中。士兵乱哄哄地撤退着。

为了向瓜岛增兵，日海军加快了运输速度。9月中旬至10月中旬，日军几乎每天夜里都会向瓜岛秘密增兵。这时、瓜岛的日军已有15个步兵营，2.2万人，装备了25辆坦克和100多门火炮。

为了歼灭瓜岛日军，美军也向瓜岛输送兵力。截止到10月23日，在瓜岛的美军达2.3万人，足以与日军抗衡。

在瓜岛多次进攻失败后，第17集团军司令百武中将决定亲自登岛指挥作战。

10月9日，百武带领指挥部人员在瓜岛上岸。在对瓜岛的地形还不够了解的情况下，百武下达了作战命令。

由炮兵指挥官住吉少将由西面炮击美军沿河构筑的阵地；第2师团丸山中将由南面分兵两路夹击瓜岛机场，一路由川口指挥，一路由那须指挥；飞机和水面军舰全部参战。

10月23日夜，住吉指挥炮兵炮击美军阵地。随后，12辆日军轻型坦克冲向沙堤，日军步兵跟在坦克的后边，在狭窄的沙堤上挤成一团。美军的各种武器同时开火，炮弹落在坦克的后边，炸得日军官兵无路可逃，不断地毙命。

住吉连忙命令日军炮兵压住美军炮火，掩护坦克和步兵。美军在防御阵地上部署了装甲车，连续击毁3辆日军轻型坦克。

美军发现日军进攻的兵力不足，命令炮火击毁后边的坦克，把后面的日军截住。美军的爆破手冲到日军坦克旁，迅速地把反坦克手雷塞到坦克履带里。

美军装甲车不断地发射反坦克炮，双方激战5个多小时后，日军伤亡惨重，已经没有招架之力了，住吉指挥剩下的日军躲进丛林。

24日早晨，百武听说住吉进攻又失败了，暴跳如雷。百武命令当晚马上向“亨德森”机场发动进攻。

傍晚，空中响起了阵阵雷声，大暴雨就要来了。这时，日军所有的大炮都发炮了，密集的炮弹落在美军阵地上。几艘日军驱逐舰也用舰炮轰炸美军阵地。

日军官兵冒着暴雨端着明晃晃地刺刀跳出丛林，高喊着口号，纷纷向美军阵地冲去。

美军轻重机枪手纷纷射出密集的子弹。美军火炮也疯狂地炮击，炮弹雨点般落在日军阵地，炸死许多日军。

日军猛烈地发起一次次集团冲锋，通过铁丝网缺口，踏着地上的尸体，迎着枪林弹雨拼命向上冲。许多美军士兵跳出战壕，抱着冲锋枪猛扫，密集的子弹射向日军。

日军和美军又展开了肉搏战，在暴风雨中，双方用刺刀、指挥刀、手榴弹、枪托甚至牙齿拼杀。日军的后

美军在瓜岛升起国旗，宣布瓜岛战役胜利。

续部队不断地冲上前线，这时，美国的预备队也全部参战了。

美军的装备精良，时间长了，日军很难抵挡，似潮水一般地向山下撤退。

10月25日夜，那须少将命令日军集中所有的大炮，轰炸美军的防御阵地。美军都躲到阵地后面，结果日军的炮火失去了作用。

美军的大炮向日军的炮兵阵地猛轰，双方开始了炮战。成群的日军官兵，冒着炮火向前冲锋，口中大喊："美国佬，你们快完蛋啦！"

黑暗中，美军的轻重机枪一同开火，那须少将倒了下去。日军官兵看见将军被打倒，狂呼乱叫地向美军冲去。

经过几次交战，瓜岛美军完全摸透了日军的战术，美军先躲在工事里，等日军的炮火准备过后再跳进战壕，日军不靠近绝不射击。美军还组织了狙击手，专门射杀冲在前面的挥舞军刀的日军指挥官。

连续两天两夜的厮杀，山岭变成了焦土，丛林变成了山地，日军中队长以下的指挥官全都战死。

11月4日、11日、12日，美军陆续向瓜岛增兵，总兵力达2.9万人，还运来了很多重炮和坦克等重武器，火力大大增强。

11月6日，瓜岛日军的兵力达到3万人，超过美军1000人。

11月16日，麦克阿瑟的部队在瓜岛成功登陆。麦克阿瑟指挥美军不断地反攻，把日军赶到沿海的狭小地带。

由于后勤补给中断，瓜岛的日军面临被全歼的危险。因为粮弹药品奇缺，日军官兵虚弱不堪，许多官兵饿死、病死，多种疾病蔓延，更谈不上什么战斗力了。

12月，美军在瓜岛上的兵力增至5万，而日军只剩下1万多人了。

在长达几个月的瓜岛地面争夺战中，日本陆军先后投入的兵力达3.9万多人，死亡多半。日军统帅部决定：停止夺取瓜岛的作战，秘密撤离。

1943年2月，日军出动300架飞机，20多艘驱逐舰负责掩护，分三批撤离瓜岛。

1943年2月9日，美军宣布瓜岛战役胜利。

击毙山本五十六

1943年4月14日8时，美国太平洋舰队司令部的情报参谋埃德温·莱顿海军中校拿着一份文件快步走进美国太平洋战区总司令兼太平洋舰队司令切斯特·尼米兹海军上将的办公室，莱顿手上的文件是一份截获并破译的日军联合舰队司令山本的日程安排。

当尼米兹看完情报内容，眉头一皱，计上心来。从日程安排上完全可以趁机干掉山本。

当尼米兹的请示电报到达时，罗斯福正与海军部长诺克斯和海军作战部长金海军上将一起共进午餐，罗斯福听了汇报，并没有立即表态，因为在西方世界有一条不成文的惯例，战争中不得暗杀对方的国王和统帅。

美国 P-38“闪电”式战机是美国二战时期的经典战机，其作用在太平洋战场上体现得淋漓尽致。图中一架 P-38“闪电”式战机击落一架日军的“零式”战机。

看到总统的犹豫，金上将说，山本要去的地方是前线，在作战区域内，一名海军大将和一名普通的士兵一样，都是合法的射击目标！

罗斯福这才下了决心，干掉山本！并为此次行动取了最恰当的名字——“复仇行动”！报珍珠港的一箭之仇！

尼米兹接到总统指示，立即开始制定行动计划。

4 月 17 日，美国海军部长弗兰·诺克斯通过太平洋舰队司令官尼米兹将军向哈尔西将军发出击落山本座机的命令。哈尔西把这个命令通知给马克·米切尔海军少将，由瓜达尔卡纳尔岛上的 P-38 战斗机执行这个任务。

4 月 18 日上午 9 时 20 分，天空万里无云，十分晴朗。约翰·米歇尔少校指挥 18 架 P-38 式战斗机从瓜岛亨德森机场起飞，在椰树茂密的岛屿上空低空盘旋一会儿，向布干维尔岛上空飞去，到达布因北部。

山本五十六的座机和宇垣缠参谋长及随员乘坐的飞机，在 6 架战斗机的护卫下，从拉包尔出发飞经布因，预定在 4 月 18 日上午 9 时 40 分在巴拉尔飞机场着陆。

9 时 34 分，美军 P-38 机群经过两个多小时飞行后，已经到达了布干维尔岛莫依拉角，米歇尔率飞机一面以小角度爬升向岛西飞去，一面开始进行机炮和机枪试射，此时天高云淡，视野良好，根据计划 11 分钟后就将遇到山本了！

9 时 44 分，美军发现绘有日本国旗的两架日机在战斗机的护卫下正在飞行中。日本零式战斗机的高度为 2000 米，发现美国机群后，加快速度驶往山本座机的前方。山本座机接到战斗机的通知后，急速下降向布因机场飞去。

一瞬间，美机群一齐向两架日机射击，一时间，枪弹声，机关炮声响彻晴空。

山本五十六的葬礼

山本和宇垣乘坐的两架飞机立即喷出火焰，一架拖着黑烟，栽进丛林中去。另一架飞机机翼被击毁，平滑着落进海里。

米切尔待机群回到基地后，立即向哈尔西报告：米歇尔率领的P–38机群于9时30分到达卡希利上空，击落有零式严密掩护的2架攻击机及3架零式，1架P–38没有返航。

当天，美军太平洋舰队作战纪要中写道：日军联合舰队总司令，可能于今天在布因地区上空被P–38战斗机击毙。由于日本对山本的死讯一直保密，所以美军一直无法确定山本是否已被击毙。

山本座机被击落后，驻在布因岛上的第6师团在密林中查找了一天，傍晚终于发现了坠机残骸。山本五十六的左颚骨中弹贯穿，左肩中一弹，在机内身亡。当夜日军将山本五十六的遗体送往布因机场。日本当局严密封锁消息，“不许外界知道”。

5月23日，日本才正式向全体国民公告山本遇难的消息。

6月5日，日本在东京为山本五十六举行了国葬。

日军将山本之死列为“甲级事件”，并开始进行调查，日军也曾怀疑过密码被破译，就故意拍发草鹿任一中将前往前线视察的电文，作为试探，但美军识破了日军的伎俩，在电文提及的时间和航线上，没有出现一架美机。因此日军认为密码绝对可靠，山本之死纯属偶然。就这样，日本却依然没有发现密码被破译！

第五章

转折：决战斯大林格勒

一、厉兵秣马

残雪，希特勒心中的痛

1942年2月，位于柏林东北方向约650千米，被称为“狼穴”的腊斯登堡，这里是阿道夫·希特勒的住处，同时也是第三帝国的战时大本营。

希特勒习惯于蝙蝠式的日常作息，他经常凌晨三四点钟睡下，早上10点多钟才起床，战争开始的最初几年，前线捷报频传，希特勒的心情很好，作息也很有规律，每天午后和深夜二点，他都邀请身边人员饮茶闲聊，一边欣赏里理查德·施特劳斯的曲子，边放松一下疲惫的身体。

自从1941年冬，东线形势逆转，“狼穴”已很少举行这类茶会。希特勒很少再轻松地与人谈笑风生了。他的日常作息全打乱了，健康也受到很大损害。随从人员突然发现他们的元首面色苍白、脸变长了，走路也不像过去那样机敏有力。

希特勒的私人医生莫勒尔开始给他服各种药物，每天要注射不同的针剂。他入睡前还要吞下一大把安眠药，但这些天连安眠药都不起作用了，还常常突然头晕。

这一天凌晨4点，“狼穴”的主人仍然毫无睡意，他走出暗堡，带着他的法国阿尔萨斯种名狗贝尔到户外溜达。

希特勒来到户外，四周寒风凛冽，惨淡凄凉。他微驼的身躯不禁打个寒噤。暗堡的夜像墓地一样寂静，它的周围是一片森林，月光下越发显得幽暗恐怖。黑暗中希特勒不敢再独自行走，生怕绊倒，他的狗贝尔则活蹦乱跳着。

户外的清新空气使希特勒精神一振。此时他发现前面一棵树的底部残存的一堆尚未融化的积雪。这堆积雪在夜幕衬托下，闪着幽幽的白光，显得惨白刺目。

眼下，希特勒最见不得积雪，见到雪就会引起生理不适。面对这堆残雪，希特勒突然感到一阵头晕目眩，身体无力地倚靠在大树上。他的思绪也不由自主地回到了前一年冬季德军在莫斯科经历的悲惨一幕。

1941年6月22日，德意志帝国对苏维埃社会主义共和国联盟不宣而战，发动了军事史上最大规模的闪电袭击。

在德军的突然打击下，苏军节节败退，三个月内竟被击溃数百万，丧失了大量国土，面积可超过整个法国。9月，德军坦克已进逼莫斯科城下，希特勒欣喜若狂，在柏林的集会上得意地宣告："敌人已经被打倒，再也站不起来了。"

进攻莫斯科的台风战役打响后，德军乘胜追击，坦克兵团把苏西方面军和预备队方面军切割成两半。钳形攻势获得意外成功，德军又俘虏了苏军67万之多。德军指挥官的望远镜里已看到了克里姆林宫顶上的红星。

然而，战场风云瞬息多变。11月7日斯大林在纳粹军队大炮的威胁下，在红场检阅苏军，进行了一场激励演讲，并命朱可夫将军整顿莫斯科的防御阵地。从此，苏军士气高涨，抵抗变得更加顽强起来。

1941年11月，严冬开始降临。当德军向莫斯科发动第二次凶残进攻时，莫斯科发生了140多年未遇的寒流。此时，战局发生了戏剧性的变化。

因为这时德军士兵还穿着单薄的夏装。成千上万的德国人在凛冽的寒风中被冻死冻伤，更可怕的是连坦克也发动不起来，大炮无法瞄准，机枪和其他自动武器几乎全部失灵，德军士气降到了最低点。

当苏军顶住了德军进攻后，立刻从远东调来精锐部队，苏联红军的坦克冲垮了德军阵地，屡战屡胜的德国人首次尝到失败的滋味。俄国战场传来的不祥消息，总是听到前沿指挥官的抱怨和要求撤退的请求，希特勒本能地意识到，在冰天雪地中撤退会一败涂地。

一天，希特勒得知有一个师正在溃退，他立刻接通了这个师指挥所的电话。"我的元首，我们再也守不住了，苏联人密密麻麻地向我们进攻。我们的机枪不停地扫射，前边的人倒下了，后边一群群的敌人又冲上来了。我们再也守不住了，士兵的神经受不了了，该撤退了。"几百千米以外的冰天雪地里传来了沮丧和绝望的乞求。

希特勒气恼地问："先生，你想往哪里撤退啊？撤多远啊？""啊，我也不知道。"对方惊慌失措地回答。

希特勒勃然大怒："再后退几十千米也是一样冷。撤退能带走重型武器吗？不能带将来怎么打仗？什么？你没有选择余地？那么好吧，你一个人回到德国，把军队给我留下，我来指挥。"啪的一声，希特勒愤怒地扔掉了话筒。

不久，希特勒对在冰天雪地中的德军士兵下了"不准后撤"的死命令，凡是稍有异议的将军都被他撤了职，最后陆军总司令勃劳希契也被从岗位上赶走了。一不做二不休，希特勒索性自己当了陆军总司令。

1942年1月底，苏军的攻势减退了，德军的阵地稳定了下来。

狗的吠叫声把希特勒从回忆中惊醒。他知道再过个把月冬雪就融化了，道路也变干了，该对苏联人发动新的攻势了。“1942 年一定要在东线结束战事”，他喃喃自语道，眼睛露出了残忍的凶光。

戈培尔说：元首给我们民族充了电

希特勒决心要在 1942 年结束对苏战争，他把这一年看作是东方战场“决定性的一年”。

当 1942 年来临时，世界已处于灾难之中。1931 年日本在远东蓄意制造了“九一八”事变，把四万万中国同胞推向了战争深渊；1939 年德军闪击波兰，挑起第二次世界大战。他们越过马其诺防线，把炸弹扔向了不列颠群岛。

东西方国家的一座座城市，无论是南京、马尼拉、吉隆坡，还是华沙、巴黎、伦敦都在炮火中颤抖，一栋栋楼房轰然倒塌，千百万人无家可归，四处逃难。瘟疫肆虐，流血和死亡成了日常生活常见的一部分，白骨累累，尸积如山，人类进入了噩梦般的血腥岁月。

然而，当新年的钟声敲响时，人民也看到了战胜法西斯的曙光。

1941 年 12 月初，苏德战场上，苏军在莫斯科发起反攻，德军伤亡 50 余万，开战以来德军不可战胜的神话破产了。

1941 年 12 月 7 日（当地时间），即苏军在莫斯科反攻的次日，日本人偷袭了珍珠港的美国舰队，从而使战争从欧洲、亚洲和大西洋扩展为全球性的冲突。

12 月 11 日，德国和意大利承诺了与日本签订的三国公约，向美国宣战。美国和英国也以宣战回敬了他们。世界格局发生了重大变化。

1941 年底，丘吉尔与罗斯福商讨同盟国战略，召开了“阿卡迪亚”会议。

这次会议宣告对德、意、日轴心国宣战的同盟国家签署一项共同宣言，包括美、英、苏和中国在内的 26 个国家要动员所有的人力、物力反对法西斯。

躲在“狼穴”的希特勒以焦虑不安的心情注视着世界反法西斯同盟的形成。如果德国不迅速战胜苏联，那么美国潜在的军火生产能力同苏联潜在的人力联合起来，战争将出现非常难于掌控的局势。

基于这一战略估计，希特勒决定集中所有力量在 1942 年对付苏联。要在东方重新发动攻势，必须首先摆脱莫斯科会战的阴影，恢复大后方对自己军事天才的信心。

那天早上希特勒回到“狼穴”，就让秘书给他安排演讲，他要以如簧巧舌的演说，让战争中的德国人始终保持歇斯底里的狂热。他就靠慷慨激昂的演说，最终爬上了国家权力的宝座。

初春的一天，希特勒出现在柏林体育馆，他上身穿一件灰色制服，下摆塞在一条黑色的单裤里，胸前佩一枚普通士兵的铁十字奖章。他一出现在体育馆，场内一万名刚刚授衔的青年军官就爆发出一阵狂热的掌声。

希特勒双手撑着讲台，没有回避德军在莫斯科战役中的惨败，而是反复述说在危机来临时，是他独自一人扭转了局势，他甚至嘲弄起德国的将领一旦形势危急就纷纷辞职。体育馆响起一阵阵掌声和狂热的欢呼声。

希特勒不愧是一个战争动员演说高手。他引用1812年拿破仑大军在莫斯科城下的覆灭来证明自己的成功，把德军的一次惨败说成是一件了不起的胜利，是元首本人拯救了德国的军队，拯救了德意志民族。奇怪的是这一类颠倒黑白的演讲，在当时德国朝野被普遍地接受下来。

希特勒煽起了德国人的歇斯底里，这正是他所需要的，在讲演结束时他也开始歇斯底里地狂叫："我们战胜了一种命运，它在130多年前曾毁灭了另外一个人。"以后希特勒又多次发表演讲，所到之处无不受到欢迎。

4月26日希特勒来到帝国国会作演讲，他要求国会授予他权力，在他认为合适的时候可以惩罚任何德国人，希特勒用近乎吼的声音叫着："我十分期望能有这样一个决定：在我为我们无与伦比的伟大事业的服务中，国家能给我以权力，无论在何地，我可以以我认为合适的任何方式采取行动。这对我们是生死攸关的问题。无论在前线还是在国内，在运输部门中，在行政机关，还是在司法部，必须服从一个思想，就是为胜利而战斗。"

希特勒说这话的时候，他担任德国总理已将近十年，同时他还是军事领袖，兼任陆军总司令。但他觉得还不够，他还需要一纸空文，可以为所欲为地做任何事而不受阻挡。

希特勒终于如愿以偿，帝国国会代表们全体起立，发出阵阵欢呼，唱起国歌同意了希特勒的要求。历史学家评论道，从此，希特勒本人就是法律。

德国朝野相信真如希特勒所讲的，只要权力都归他所有，就能保证战争的胜利。这种心态在他的党徒中尤其明显。

戈培尔，这位早年就追随希特勒的德国宣传部长，在他的日记本中描绘了这种心情：元首的演讲"给整个民族充了电，就好像蓄电池似的。只要他健康地活在我们中间，只要他能把他的精神力量给予我们，我们就能逢凶化吉"。

敌我双方大备战

苏德战争初期，苏联的航空兵在技术上处于劣势，被德国空军所压制，使得德军装甲部队快速推进了苏联境内。但因苏联的公路网很原始，道路条件太差，德军部队严重受阻。德军部队的机动主要依靠轮式车辆，并非履带式车辆。在泥泞的公路上，坦克能够前进，但轮式车辆很快就陷进去了。

1941 年时，德军的坦克比不上苏军的 T–34 坦克。T–34 坦克装甲厚 50 毫米，装备 76 毫米高速火炮，越野能力很强。德军接近莫斯科时，苏军大量使用了 T–34 坦克。这些坦克在莫斯科保卫战中起到了很大的作用。

在莫斯科保卫战结束时，德军损失很惨，用闪击战征服苏联的计划完全破产了。德国损失了大批最有素质的军官和士兵，特别是坦克兵和飞行员。

尽管德军被苏军击退了 100 ~ 250 千米，但莫斯科的局势仍然紧张。城市上空飘浮着很多防空气球，高射炮林立，城里到处是弹坑。

1942 年春，苏德两军都急需休息，同时也都在积极备战，准备发动更大规模的战役，以夺取战争主动权。

苏军尽管获得莫斯科保卫战和冬季反攻的胜利，但苏军兵员、坦克和飞机的损失比德军更大，短期内组建和训练新的部队困难很大。在美英等国的援助下，苏联军工生产恢复到了战前水平，苏联有 1.6 亿人口，使组建庞大的战略预备队成为可能。

1942 年春季，身兼德军陆军总司令的希特勒正在忙着制定德军的夏季攻势。他明白，仅凭一次战役就摧毁苏军是不太现实的。因为他估计苏军至少拥有 265 个步兵师。而事实上，苏军的实力远远不止这个数字。希特勒还预计英军很可能会在 1943 年登陆欧洲大陆，因此，他认为德军必须在 1942 年征服苏联。

德国运输队正在利用畜力渡过一条俄罗斯的河流。面对即将到来的冬季，部队后方的补给显得尤为重要。

于是，希特勒要求德军在南线发动进攻，必须夺下高加索的油田，而苏联定会不惜一切代价保卫油田的。德军如果拿下了这些地方，就能够使苏联失去作战急需的石油、粮食和工业，同时使德国得到这些物资。

斯大林也说过类似的话，为了把战争继续下去，苏联必须保卫高加索的油田。斯大林格勒一下子变得重要起来，其原因就是石油。

意大利菲亚特 G.55 人马座战斗机。作为轴心国集团的主要成员之一，意大利在德国兵力不足的时候“慷慨解囊”，甚至出人出力出装备。

如果德国占领斯大林格勒，就能够封锁通过黑海和伏尔加河向苏联中部运送石油的主要路线。德国急需石油发动飞机、坦克、卡车，急需新兵来补充部队。

冬季作战结束时，德军伤亡 116 万人，预备部队难以弥补如此大的损失。

希特勒深感兵力不足，他向轴心国征召部队。凯特尔奉命到布达佩斯和布加勒斯特，为夏季攻势征召匈牙利和罗马尼亚军队，整师整师地征募。

1942 年 1 月底，戈林来到罗马，要求意大利为德国提供部队。他向墨索里尼保证说，德国在 1942 年就能征服苏联，在 1943 年就能征服英国。墨索里尼答复说，只要德国出大炮，意大利就派两个师去苏联作战，并说需要跟希特勒直接谈一谈。

4 月 29 日到 30 日，德、意两国首脑在萨尔斯堡举行会谈。墨索里尼、齐亚诺和随从人员住在巴罗克式的克莱斯汉姆宫殿，宫殿内布置了从法国运来的帷帘、家具和地毯，足见希特勒对这次会谈的重视。

会谈时，希特勒让里宾特洛甫请两位客人放心，在苏联、北非、西线和公海上，德军的攻势很顺利。希特勒透露，东线就要发动大的攻势，矛头直指高加索油田。里宾特洛甫说：“只要苏联石油来源切断，苏联就会投降了，然后英国也将投降，以求保全支离破碎的英国殖民地……最后再收拾美国佬。”

希特勒话说得也很多，他没完没了地吹着牛。墨索里尼一向习惯自己发言，但这一次却不得不忍着。墨索里尼总是看着手表，尽量耐着性子。约德尔在沙发上睡着了，凯特尔离希特勒很近，他直打瞌睡却不敢睡着。

希特勒的演说总算得到了回报，墨索里尼承诺向苏联战场提供足够的部队。其他的轴心国也和意大利一样，对希特勒做出了承诺。

这样一来，轴心国将有 52 个师进入苏联战场，其中，罗马尼亚 27 个师，匈牙利 13 个师，意大利 9 个师，斯洛伐克 2 个师，西班牙 1 个师。这 52 个师占东线轴心国兵力的四分之一。

哈尔德等大多数军官反对把希望寄托在“外国”师上。他们说，那些外国部队的素质是靠不住的。但德国兵力不足，只能被迫接受外国援兵，这一决定很快就给即将到来的战争带来副作用。

罗马尼亚人与匈牙利人有仇，两国士兵互相敌视。希特勒感到很头疼，下令禁止罗马尼亚军队与匈牙利军队接触。意大利和匈牙利士兵则感到自尊心受到了伤害，他们对本国部队接受德国人指挥十分不满，更反感德军派人充实他们的部队。

在东线作战的德国官兵发现，轴心国部队的战斗力极低，依靠他们的结果是可怕的，同时也给德军的后勤工作带来巨大的压力。但希特勒却认为部队越多越好，在这之后，东线作战地图上标明的轴心国部队的数字大增。

希特勒的战争密令

在战争年代，希特勒虽然是德国的政府总理，但他几乎不过问军事之外的事务，而是把国内大部分事务分别交给了戈林、希姆莱和里宾特洛甫等人，他有意识地让自己担任一个新角色——元首，即国家的军事领袖。

这就是为什么他总是对人说：“只要我们还在打仗，我就不能脱下这套军装。”为此，他还经常穿着一身单调的灰色制服、黑裤子、鸭舌帽，并且佩戴着铁十字勋章，甚至取消了一切娱乐活动。

据说有一次，希特勒的情妇爱娃·勃劳恩邀请他去看一场电影，也被他拒绝了。他说：“我必须节省眼力，好用它来看地图和公文。”希特勒的住处挂满地图，他的身前身后总跟着一批将军，每天听取汇报，随时有年轻干练的副官听候调遣，他们常常被元首指使得团团转。

中央集团军群和北方集团军群作牵制性攻击，迷惑敌人，使希特勒更加自命不凡，他相信自己是一个军事天才。实际上希特勒的军事信条很简单，他信奉两点：第一是克劳塞维茨的名言，“进攻是最好的防御”；第二，拒绝任何形式的军事撤退。所以在德军战线后方很难找到一条预备性的防线。靠这两条，希特勒竟然一次次躲过了灾难。

1942 年，当苏军的攻势停止时，希特勒相信一场大规模的进攻将决定战争的最终结局。

1942 年 3 月 28 日，在与墨索里尼会谈一个月前，希特勒在“狼穴”召开一次秘密军事会议，出席会议的有总参谋长哈尔德将军及各大军团的指挥官。

作战令中有明确规定，目的是消灭苏联人。下午二时，希特勒走进挂有大幅作战地图的会议室，长桌周围的元帅、将军们都恭敬地起立致意。副官小心翼翼地为他挪开椅子。希特勒坐下，环视一下目光专注于自己的部属，开口说："各位，去年冬天的麻烦已经过去。战争主动权还在我们手中。这一次我们不能让苏联人靠严冬的积雪苟延残喘，在今年夏秋两季给斯大林致命的打击，这次作战我们要集中在南方，进攻高加索，夺取那里的油田为我所用。另外，我们还要占领顿涅茨盆地工业区、库班小麦产区和斯大林格勒。"

简要介绍了今年的作战目标后，希特勒站了起来，握了握拳头，提高了嗓门："先生们，我们占领了高加索和伏尔加河流域，把斯大林格勒从地球上抹掉，战争也就结束了。"

希特勒讲完后，室内反应并不热烈。希特勒不满地皱着眉头，这时陆军上将哈尔德走向地图："诸位，今年夏秋攻势在41号作战令中有明确规定，目的是消灭苏联残余势力，切断他们的战争资源。我们要以假象迷惑敌人，达到出其不意的效果。"

接着哈尔德又向将领们详细介绍了这次作战的计划与军事力量，担任主攻的南方集团军群的兵力增至100个师，下编5个集团军，1500架飞机配合作战。

整个战役分两个阶段进行。第一个阶段：首先实施克里木战役和哈尔科夫战役，由曼施坦因上将指挥的第18军团在4～6月攻占刻赤半岛和塞瓦斯托波尔要塞。

希特勒视察他的帝国卫队，此时的希特勒仍坚定地相信，他的大军能最终战胜一切敌人。

同时，由保卢斯率领的第6军团和克莱施特带领的集团军在哈尔科夫展开强大攻势，为进攻高加索和斯大林格勒做准备。

7月份正式开始第二个阶段：北路由曼施坦因攻打列宁格勒；重点是中路和南路，进攻高加索，夺占油田；进攻斯大林格勒，围歼顿河以西的俄军。目的是将斯大林格勒置于我军重武器杀伤范围之内，使敌人无法再把它作为工业中心和交通枢纽。

哈尔德刚说完这席话，将军们

就开始窃窃私语议论起来。马上有人提出夺取高加索油田付出的代价太高，还有人怀疑是否有足够的人力和弹药执行长距离的进攻计划，甚至连戈林对夏天能否打败苏联都表示没有把握。

将军们的担忧正是因为莫斯科战役惨败后留下的阴影。从那以后，他们对战争狂热的信心开始减退。希特勒不满地扫视了四周一眼，大战在即他不便发作，便振作精神说道："先生们，我们已经征服了连拿破仑都没有征服的恐怖的冬天。它再一次证明我们帝国的士兵是世界上最勇敢的士兵，它足以摧毁布尔什维克，使敌人丧胆。"

讲到这里，希特勒想起莫斯科会战后从内部看到的一部录像片，成群结队的德军俘虏，头上缠着头巾，身上挂着取暖的破布，鼻尖下还挂着一串串冰碴。

想到这，他停顿了一下，沉重地对在座的将军们说："这次我们要吸取教训。各军团在攻打顿河、伏尔加河流域时，要沿河挖地掘坑建造冬季营房。到了10月，让士兵都住进冬季营房里。"

这时，众将领眼中都流露出赞许的神色，希特勒心中生出一种激动，他有一种预感，这次会战一定会顺利展开。于是，他满意地说："这次作战，对第三帝国生死攸关，要特别注意保密，让对方造成错觉，保证会战胜利。"

二、大战拉开序幕

乐观的斯大林想先敌下手

莫斯科保卫战后，苏联国内普遍出现一种乐观情绪，军民都相信战争中最危急的时刻已经过去，局势在慢慢好转。

斯大林在1942年2月23日颁布了庆祝红军成立24周年的命令。他在命令中出乎意料地宣布，用不了多久，红军会打垮敌人，整个国土上重新飘起胜利的红旗。这时，报纸上也提出在新的一年结束战争的说法。

事实上，德军被彻底打败，还要经过三年半的浴血苦战。那么斯大林为什么宣称"胜利就要来临了"呢？

1942年1月1日，美国、英国、苏联、中国等26个国家代表在美国白宫签署了《联合国家宣言》，决心共同反对轴心国，决不单独媾和。之后，美、英两国制订了“先欧后亚”的战略。国际反法西斯统一阵线形成，使苏联拥有了众多同盟者。而美、英的战争战略原则，又使斯大林对战争必胜充满信心。无论从人力、物力还是军队数量、装备，同盟国将远远超过轴心国，这大概是斯大林在1942年初作出“胜利快要来临”判断的重要依据。

3月的一天早晨，斯大林在办公室批阅文件。像往常一样，他先翻阅过去一天的世界战况。这天他发现盟军情况出乎意料地不妙：德军潜艇在大西洋神出鬼没地袭击英、美船只；日军自“珍珠港事件”爆发后，在短时间内迅速攻占了泰国、马来西亚、新加坡等国重要城市与岛屿。号称装备精良的美、英两国军队却只剩下招架之力。

斯大林有些沮丧，他没料到他的战时盟国竟如此不堪一击，又有些庆幸，日苏之间还保持着中立关系。

墙上的挂钟敲了一下，斯大林开始仔细阅读国内战报，心情却随之好转起来，他看到的是一份总参谋部对冬季战役的总结。从缴获的德军文件中得知：在冬季作战中，德军损失50余万，阵地向后撤退了200多千米，德国最高统帅都开始担心军队的士气，这是欧洲开战以来的首次。

看到这里，斯大林记起前些日子截获的一份报告，忙把它找出来。

这是一位德国士兵对冬季战役的描述：“为时太晚，而且没有任何重型炮，甚至连一个反坦克炮也没有，我们营就这样作为所谓的临时补缺部队被投到一个缺口处。苏联人当然用重型坦克和数量巨大的步兵袭击我们，把我们向后推去。我们的机关枪因为严寒打不响，我们的弹药又用光了。

士兵们开始毫无秩序地大批后退，在撤退中军官们用手枪对着他们，试图在大混乱中恢复秩序，但士兵仍然络绎不绝地后退，装备丢得满地都是。退却的路上满是死马和破车。一群群不成样子的受难者，身裹着毯子，腿上缠着破布和绷带，在路上一瘸一拐地走着，看上去很像当年拿破仑退却中的场面。”

战斗间隙，德机枪手在己方阵地侦察敌情。

在报告的最后部分，这位士兵要求道：“我们——这场大灾难的幸存者——只有一个愿望：元首应对负有罪责的人施以严厉的制裁。”

斯大林激动地从桌旁站起身，拿着烟斗，在屋里来回踱步。这说明德国士兵开始怀疑他们是不可战胜的超人了，他们抱怨将军乱指挥，使他们陷入了战争泥沼，看来战争已进入了一个新阶段，要赶快制订夏季战役方案。想到这里，兴奋不已的斯大林拿起桌上的电话：“沙波什尼科夫同志，请来一下。”

总参谋长沙彼什尼科夫元帅惯于识破诡谲多变的战役战略意图和预测军事事态的发展，但这会儿他看着摊在办公桌上的两份报告陷入了沉思。一份是侦查部门送来的情报：“从可靠渠道获悉，德国准备在东线实施坚决进攻，春季进攻比较可靠的时间是 1942 年 4 月中旬或 5 月初。”

另一份是 3 月 23 日国家安全机关向国防委员会的报告：“德军重要突击将在南段实施，任务是突破罗斯托夫，向斯大林格勒和高加索推进，然后，由此向里海方向进军。德国人期望以此来获得高加索油田的石油。”这可非同小可。

3 月份以来，苏德战场上格外平静，苏军突击力量已几乎用尽，德军也熬过使他们疲于奔命的恐怖的冬天。沙波什尼科夫想，它预示着双方在积蓄力量，酝酿着一场更大规模的血腥厮杀。

种种迹象表明，希特勒最近将发动大规模的攻势。经过冬季挫折后，德国已没有力量发动全线进攻，但德军会在何时、何地以多少兵力进攻呢？沙波什尼科夫无奈地摇摇头，身为总参谋长的沙波什尼科夫，突然感到自己已才智枯竭，失去了对战局的总体把握和具体观察的能力。

两天后，斯大林召开最高防务会议，商讨夏季战役方案。参加会议的苏军高级将领有伏罗希洛夫、铁木辛哥、沙波什尼科夫元帅、朱可夫大将和总参谋部作战处长华西列夫斯基上将。

沙波什尼科夫首先报告冬季作战战况：“在 1941 ~ 1942 年冬季攻势中，我军粉碎了德军攻占莫斯科的阴谋，将战线向前推进了 200 多千米。根据各种情报分析，总参谋部认为夏季作战德军将在中央战线莫斯科方向发起攻击。”沙波什尼科夫的这一番话是两天前与斯大林经过仔细研究后得出的结论，各方面军司令员对此也无疑虑。

随后，会上讨论了苏军夏季战役的战略，是防守为主还是以攻代守？朱可夫将军主张前者。他说：“近一个时期，德军已从挫折中恢复了过来。而我军由于兵力和兵器损耗过大，需要补充大量的人员和技术装备。加上天气转暖，有利于德军最大限度发挥机动作战优势，下一阶段我军宜采用战略防御态势……”

“朱可夫同志！我们在确定夏季作战方案，不能太消极保守，而要在防御基础上主动出击，破坏德国人进攻部署，夺取战场的主动权。”朱可夫话未说完就被斯大林打断了。

朱可夫默不作声地坐下，斯大林觉得有必要让将军们从宏观上把握这场战争。“苏德战争现在已进入关键时期，在苏德战争初期，德军利用突然袭击和机动作战，占领了我们许多土地，表面上我们败了，但从整个战局看，我们没有败，我们使希特勒 3 个月打败苏联的阴谋彻底落空了。”

斯大林接着说：“莫斯科会战是战争的转折点，我军在冬季作战中给了敌人很大打击，使一贯轻视我军的希特勒大为震惊。现在德国人已感到兵力不足，补充困难，已无法全线进攻。我军要进行积极防御，积蓄力量，但不是消极等待，在适当时机、场合主动出击，打乱敌人部署，夺占战场主动权。”

斯大林这一番对敌我双方高屋建瓴的长篇分析，使将军们深深折服，会上批准了总参谋部的方案。但随着夏季来临，苏联的灾难也将接踵而至。

事实上斯大林对形势的估计过于乐观，而且先发制人的作战指导只是建立在敌情不明、一厢情愿的基础上。

从克里木到哈尔科夫：忘记防御的苏军

1941 年秋天起，克里木成了苏德争夺的战略要地。整整半年，苏德两军展开拉锯战。克里木半岛上空飘散起浓烈的硝烟。苏军的失利从克里木开始。

战争初期，曼施坦因指挥的德第 11 军团凭着优势的装备冲破苏军防御，但在攻打塞波斯托波尔要塞时，遇到苏军顽强抵抗。苏军依仗要塞严密的防御阵地，击退了德军的进攻。

随着冬季来临，苏军由守转攻，战场出现胶着状态。克里木方面的苏联军队从 1942 年 2 月到 4 月接连发动三次攻势，但都没有突破德军防御。

5 月的克里木海畔，风光迷人。现在又轮到德国人发起进攻了。

1942 年夏末，德军在向迈克普地区推进。撤退的苏联人索性将油井给点着了。

这天，曼施坦因乘着一艘巡逻舰沿着海岸视察着前沿阵地，一个名为“鸨”的方案已在脑中酝酿成熟。这个方案决定：先在阵线北部频繁调动部队，设置虚假的炮兵阵地，造成假象，让苏军预备队留在其北翼后方；尔后沿着黑海海岸，从南部登陆，用摩托化部队快速向纵深发展。

5月8日德军发起进攻。在轰炸机掩护下，德军坦克蜂拥而入，很快冲破苏军防线。

5月16日，德军占领刻赤，17万苏军被俘，海滩上堆满了苏军各种车辆、大炮。

当时，苏守军人数是德军的3倍。这样雄厚的兵力竟吃了败仗，原因很简单：部队是按进攻态势部署的，忘记了防御。

斯大林大怒，立即于6月4日发出训令，要求各方面军吸取教训：“懂得现代战争的性质，懂得必须把部队做纵深梯次配置和建立预备队。”

刻赤半岛失利后，使据守塞瓦斯托波尔的苏军陷入困境。曼施坦因集中20余万人马，把要塞围得水泄不通。经一个多月的激战，德军用大炮轰塌了要塞，克里木全境落入了德军手中。

当曼施坦因在克里木频频得手时，苏西南方面军司令员铁木辛哥元帅正挥师向哈尔科夫的德军发起猛攻。铁木辛哥是一员虎将，他善打硬仗。1941年秋他组织了基辅保卫战，为抗击德军对莫斯科的围攻赢得了一个多月的时间。在罗斯托夫战役中，他又让德军尝到了失败的滋味。铁木辛哥虽然指挥作战勇猛顽强，但有时又不免蛮干。

1942年春，铁木辛哥和斯大林一样对战争形势过于乐观。他完全赞同斯大林的判断，既然已判明敌人将对我发动一场攻势，何不先发制人呢？于是他很快制订了在哈尔科夫方向的作战方案，并以急件呈送大本营。

1942年3月底，斯大林召开紧急会议，讨论西南方面军提出的进攻计划。会上总参谋长沙波什尼科夫元帅和朱可夫大将对计划怀有疑虑，但斯大林支持铁木辛哥：“我们岂能坐等德寇首先突击！必须在宽大正面上先敌实施一系列突击。”

铁木辛哥对哈尔科夫战役充满自信，他对说三道四的怀疑论者说，我用脑袋担保战役的胜利。

铁木辛哥坚信，如果苏西南方面军和南方方面军在哈尔科夫实施进攻，一定会打乱德军部署，使苏军前出到基辅、切尔卡瑟、五一城、尼古拉耶夫一线。

5月12日，树林中隐蔽着整装待发的苏军坦克。当太阳跃出地平线时，铁木辛哥下达了开始进攻的命令，攻击起初进展顺利。苏军坦克三天内推进了50千米。德第六军团受到猛烈进攻，德国人惊慌失措。

这时，希特勒动用了克莱斯特集团军以攻对攻。形势突然发生了变化。苏第9集团军防线被突破，并直接威胁到苏西南方面军突击集群的后方。

一名德军士兵爬上一辆毁弃的苏军坦克，在德军凌厉的攻势面前，准备不足的苏联军队再次吞下失利的苦果。

当自信的铁木辛哥发动进攻时，他不清楚进攻的正面德军正屯集着100个师的重兵。当德军反攻时，他又以为是小股部队的滋扰，三天后才作出反应。战机稍纵即逝，保卢斯的第6集团军和克莱斯特军群合围了苏三个集团军，苏军损失惨重，24万人被俘。成千上万的红军牺牲。壮烈殉国的有方面军副司令员科斯坚科将军、第57集团军司令员波德拉斯将军和战役集群司令员博布金将军。噩耗传来，举国震惊。

苏西南战区元气大伤。铁木辛哥元帅把这次失败当成了终生耻辱。不久，西南方面军撤销，铁木辛哥担任新成立的斯大林格勒方面军司令员。但他担任此职只有10天便被免去职务，从此再未被斯大林委以重任。

当时，苏联人已无法堵住这股钢铁巨流。一招不慎，满盘皆输。苏军在克里木、哈尔科夫相继失利后，在列宁格勒、沃尔霍夫方向的进攻也接连受挫。希特勒的军队开始步步进逼，苏军开始不战而退。

清醒过来的斯大林明白了不能与德军在不利地点上硬拼乱打，只得命部队撤退。在德军一个月的围追堵击下，相继后撤了150～400多千米，直到伏尔加河畔。

战斗在一座不知名的村子打响

1942年7月，苏德战火燃烧到了伏尔加河畔。成千上万的德军坦克一股旋风从哈尔科夫向顿河弯南部刮来。坦克所到之处皆是熊熊烈火，横尸遍野，瘟疫肆行，到处布满了鲜血、死亡、痛苦和仇恨。

大量的德军坦克轰鸣着冲垮了苏西南战区的层层防线，如同决堤的江河，在草原上肆意横行。这一带没有高山峻岭，铁木辛哥的部队已无法阻挡。德军向斯大林格勒扑来。环城河伏尔加似乎在叹息、呻吟，在为斯大林格勒担忧，为苏联

1942 年 7 月，为了阻止德军进攻斯大林格勒，罗科索夫斯基将军下令在顿河东岸建立防线，有效抵挡了德军的攻势。

的命运担忧。

同一时刻，在莫斯科克里姆林宫。新任总参谋长华西列夫斯基上将正焦虑地向斯大林汇报战局，他困乏的双眼因睡眠不足黯无光泽。斯大林听着汇报，手里拿着烟斗在屋内缓缓踱步，前方的战报让人压抑、沮丧，甚至惊愕。三个月前，斯大林对战局充满乐观、自信，岂料战场形势逆转，冬季期间节节败退的德军突然如潮水般涌来，从克里木到哈尔科夫，苏军全线溃退。

斯大林后悔莫及，陷入沉思中。他居然没有判断出希特勒夏季攻势的主要方向。现在斯大林格勒危在旦夕。“斯大林同志”，华西列夫斯基打断了他的沉思，向他介绍起斯大林格勒的防御状况。

斯大林不敢再想下去。他斩钉截铁地说：“斯大林格勒无论如何要守住，要不惜一切代价阻止德军前进。”斯大林作出了命运攸关的决定：组建斯大林格勒方面军，将驻守莫斯科的预备队调往斯城。

一道道命令从克里姆林宫发往各地：7 月 4 日，第 5 预备集团军司令员接到命令：“集团军任务是固守顿河东岸，无论如何也不能让敌军渡过顿河。”

7 月 9 日，第 64 集团军代司令员瓦西西・崔可夫中将奉命率部前往斯大林格勒加强防御。

7 月 11 日零时 20 分，第 62 集团军 B.R. 科尔帕克奇接到命令，要求该集团军火速进抵该市接近地，在克列茨卡亚至苏诺维基诺设置防线。

7 月 12 日，大本营命令组建斯大林格勒方面军，铁木辛哥元帅担任司令员。方面军的任务是固守顿河沿岸，从巴甫洛夫斯克至上库尔莫亚斯卡亚 500 千米长的防线。

在组建斯大林格勒方面军之前，这里只有两个集团军，约 16 万人，2000 门大炮，400 辆坦克，454 架飞机。而参与进攻的德军拥有 6 个主力军、2 个坦克军，27 万余人，3000 门大炮，500 辆坦克，还有德第 4 航空队 1200 架飞机的空中支援。

7月14日，苏联最高苏维埃主席团通过决议，宣布斯大林格勒进入战争状态。

危如累卵的时刻来临了。铁木辛哥元帅随着溃退的苏军向伏尔加河畔撤去时，心里是多么不情愿，心中充满了悔恨和内疚。当接到最高统帅任命他担任新组建方面军司令时，铁木辛哥非常感动，暗下决心，拼死也要顶住德军的进攻。

新组建的方面军在各级指挥员的努力下，开始向指定地域开拔。他们昼夜向伏尔加河奔去、向顿河草原奔去。每当天空出现德军飞机，他们就地待命、养精蓄锐，一走进伏尔加河畔，他们就按照命令，消失在茫茫的顿河草原里。

最先进入阵地的是科尔帕克奇少将指挥的第62集团军，该集团军防守着从顿河大弯曲部的克列茨卡亚至苏诺维基诺约90千米的防线。部队一到，科尔帕克奇马上对阵地实施观察。他站在一座小山岗上，通过望远镜观察着周围的地形。他发现苏军大部分阵地设置在光秃秃的草原上，没有利用周围河流沟谷等天然屏障。这一地形对防守极为不利，却有利于德军发挥空中和坦克优势。

科尔帕克奇不由地深深担忧起来。他不知道其他部队准备状况更糟。第64集团军还在由图拉向斯大林格勒进军的途中。

战争爆发以来，斯大林格勒由于地处后方，一直远离战场。直到1942年4月22日夜晚，敌机第一次大规模空袭了这座城市。随着夏季来临，前线不时传来令人不安的消息，斯大林格勒开始动员起来。当局发现该城防御状况极糟。原先没有系统修筑过城防工事，已修筑的防坦克战壕和火力点也被雨水淹没冲垮。

为了提高战争的防御能力，1942年6月，斯大林格勒开始沿城修筑环形野战工事。市民们积极响应，成千上万的工人刚下班就跑到城外挖战壕。到7月中旬，挖掘了简易战壕2750千米，防坦克壕1860千米。7月15日，斯大林格勒政府决定在城郊构筑第四道防御战壕。然而，没等工人们把简陋的壕沟挖完，战斗就打响了。

7月17日拂晓，苏第62集团军第192师第676团在顿河草原与德军第6军团的先遣部队在一个不知名的村子相遇了。双方的战斗就在这里打响了。德国的坦克军首先围了上来。苏军战士依仗地形进行顽强抵抗，德军看战局不利，又投入了增援部队，甚至连飞机都赶来助威。眼看被包围，苏军开始向后撤退，潮水般的德军向顿河大弯南部涌来。

这场规模不大的遭遇战揭开了斯大林格勒大会战的序幕，后来，演变成影响第二次世界大战进程的一次转折性战役。斯大林和希特勒就是从这一天起把各自越来越多的部队投入这场旷日持久的血战之中，可以说是这个不知名的村子决定了苏德双方的命运。

“苏军全线崩溃了”

在夏季攻势中，希特勒当作决战来打，进展颇为顺利。为了彻底击溃斯大林，希特勒决定将他的大本营“狼穴”迁往靠近前线的苏联境内乌克兰行营。

1942年7月16日上午8时15分，希特勒带着随从兴致勃勃地登上飞机。飞机飞行了3个小时后在乌克兰维尼察降落。“克虏伯”轿车把希特勒一行送到一座代号“狼人”的暗堡。

希特勒很不适应环境潮湿的新营地，白天酷热，夜里气温骤降。他抱怨这里蚊虫太多。1942年7月17日，保卢斯集团军向斯大林格勒发起进攻，军队进攻颇为顺利。前线不断传来的好消息缓解了希特勒休息不好导致的情绪沮丧。因此，他高兴地对秘书说：“用不了多久，我们就可以离开这个鬼地方。”

德军进展的确十分顺利。陆军总参谋长哈尔德的工作日记，记录了德军向前推进的辉煌战绩：

“7月13日：南方战役的发展势不可当。”

“7月16日：会议讨论了即将开始的斯大林格勒会战的设想。”

德军动用迫击炮打击苏联红军。迫击炮作为一种高效的武器，具有超轻便、火力强、射程远等优点。

“7月18日：元首在今天的报告里发布最高命令，要求全线强渡顿河，开始夺取斯大林格勒的战役。”

“7月20日：第6集团军胜利地向东南方向推进……”

“苏军全线崩溃了……”当时驻柏林的瑞典记者佛雷多尔格对局势作出了这样的评价，同样在德军最高统帅部中也充满了这种情绪。

这时，希特勒认为苏军已无力抵抗，斯大林格勒唾手可得，不必在此使用重兵了。

7月23日，希特勒不顾军事将领们的反对，决定让霍特指挥的第4装甲集团军帮助A集团军群进攻高加索。因为他认为苏联人快要完了，攻打斯大林格勒只需保卢斯集团军就行了。

本来，在希特勒的计划中，高加索的战略地位优于斯大林格勒。高加索油田是苏联战时经济的基础。占领高加索等于切除了苏军的战争资源，德军坦克则会得到一直迫切需要的燃料。更重要的是德军越过高加索，德意两军就会携手共同占领英国统治下的中东，并迫使摇摆不定的土耳其对苏作战。高加索的目标关系到轴心国的全球战略。

德军第 6 集团军总司令保卢斯正在研讨作战方案。战争开始的一连串胜利让一贯沉着冷静的保卢斯也开始头脑发热，准备与苏军在斯大林格勒一战定乾坤了。

此刻希特勒认为德军能同时实现这两个目标，便兵分两路展开进攻。高加索和斯大林格勒由最初的主次、先后变为同样重要了。

希特勒发布了第45号训令，这个训令要求A集团军群加速向高加索方向进攻，要求 B 集团军群从北面急速夺取斯大林格勒、阿斯特拉罕，并在伏尔加河地区巩固下来，切断高加索与苏联中部地区的联系。

这样，在斯大林格勒方面，德军只剩下保卢斯率领的第 6 集团军了。

保卢斯，黑森人。他为人谦逊，办事认真，但过于谨慎，优柔寡断。他不贪图功名，但缺乏那种紧要关头作为杰出指挥官所必需的坚定性格，且没有多少指挥经验。

1940 年被选至参谋总部任重要职务，后任副参谋总长。1942 年 1 月，保卢斯晋升为上将，并出任德军第 6 集团军司令。

保卢斯较寒微的出身与谦恭的言表，受到纳粹党的青睐。他对哈尔德一贯敬重并有浓厚的友情。哈尔德曾说保卢斯沉着冷静，其实不如说是消极被动。他与哈尔德一样生来就是唯命是从的人。希特勒准确地估计到他一贯服从的特点，因而选择他作为自己在行政与军事方面的重要心腹。

保卢斯是个勤勉有才干的军官。他所做的大部分工作都是希特勒亲眼看着完成的。希特勒显然很器重他，因为仅在 11 个月中，他就由中将迅速晋升为上将。

希特勒在即将发动夏季攻势时，对保卢斯说：“如果我拿不到迈科普和格罗兹尼的石油，那么我就不得不结束这场战争。”哈尔科夫战役后，第 6 集团军士气旺盛，攻城拔寨，不到一个月就打到伏尔加河畔。

17 日德军与苏军交火后，苏军立刻溃退了，作战行动按计划顺利进行。一周内，第 6 集团军已将顿河弯曲部的苏第 62 集团军包围，进抵到卡拉奇地区，距斯大林格勒市区只剩 150 千米了，也许不出几天就可以结束战斗。

7 月 22 日晚上 8 时，德国第 6 集团各军司令官已准时到达司令部作战室。保卢斯微笑着走了进来，清了清嗓子，高声地说："先生们！刚刚收到元首签署的第 45 号作战命令。元首命令我们 B 集团军群的任务是，在向斯大林格勒推进的过程中建立起顿河防线；击溃正在组建的敌兵力集团，占领该城；封锁顿河和伏尔加河之间的桥梁以及河流。下面由施密特布置具体任务。"

施密特少将开始布置具体任务："为了抢在苏军后备军赶来之前夺占该城，我集团军分成两个突击集群。北部集群由坦克 14 军、步兵第 8 军（后来还有 17 军）组成，位于佩烈拉佐夫斯基；南部集群由步兵 51 军、坦克第 24 军编成，位于奥勃利夫斯卡亚地区。7 月 23 日，两集团军在顿河大弯曲部内沿顿河河岸向卡拉奇推进，在该地区会师，强渡顿河，夺占斯大林格勒。"

待施密特布置完任务后，保卢斯站了起来，鼓动说："先生们，攻打斯大林格勒是我集团军历史上最大的一次攻坚作战。我们必须明白，苏联人已危在旦夕，只要再来一次果断的冲击，他们就垮了。快去准备吧，你们动作要快、要猛！"

7 月 23 日拂晓，顿河右岸的上布律诺夫卡、马诺伊林和卡缅斯基一带响起激烈的枪炮声。德军北部集群以优势兵力向苏第 62 集团军右翼阵地扑来，苏军奋起迎战。

在第 62 集团军近卫军第 33 师第 84 团的防御地域内，防坦克枪手博洛托、萨莫伊洛夫、别利科夫和阿列伊尼科夫所在的排，守卫在克列茨卡亚以南的一个山冈，经过残酷的战斗，只有他们 4 人幸存。

德军列队经过卡拉奇地区的一所教堂，一场激烈的攻坚战正在积极准备中。

又一次战斗结束了。他们 4 人整修好工事，隐蔽在阵地前。突然又一阵坦克的轰鸣声响起来了。只见一群坦克黑压压地开了过来。"一共 30 辆"，别利科夫迅速数完坦克数量，给大家分配了任务。他们不动声色，将反坦克炮瞄准了远处的坦克群。德军坦克开始展开

德国虎式坦克，二战中火力最强、装甲最厚的坦克之一。

队形，准备向山冈发起冲击。

德国兵见山冈上没有动静，全都打开坦克顶盖，将半截身子暴露在外面。坦克越来越近，博洛托瞄准行进在最前面的一辆，扣动了反坦克炮的扳机。随着“轰”的一声巨响，坦克颤抖了一下，冒起一股黑烟。

紧接着，别利科夫瞄准第二辆坦克扣动了扳机！另外两位英雄也是首发命中，各击毁一辆坦克。稍后，博洛托和别利科夫又各瞄准一辆坦克，连开数枪，将两辆坦克打得趴在那里燃烧起来。

德国人发怒了。轰炸机开始轮番轰炸，把小土冈炸得树黑土焦。德军坦克向山冈凶猛地扑来。4位英勇的战士沉着应战，机动灵活，打一枪换一个地方，又连续击毁了数辆坦克。

敌人终于退走了。山冈附近留下15辆燃烧的坦克。

次日，德军一个营出现在第192师司令部。苏军师长扎哈尔琴科上校立即组织参谋人员反击。扎哈尔琴科率领20余位师部参谋边打边退。这时，一架德国飞机从低空飞来了。扎哈尔琴科端起机枪对空就是一阵猛射，德机被击中油箱凌空爆炸。扎哈尔琴科却被落下的炮弹当场炸死。这一天苏第192师伤亡过半。

7月24日夜，德军北部集团军群突入第62集团军的防御纵深，双方发生激战。德军最后突破了第62集团军右翼，并包围了布置在右翼的苏步兵第184师、192师，近卫步兵33师、坦克第40旅和3个炮兵团。

苏军战士冒着飞机和炮火的轰炸，向德军发起了英勇的反击。德军凭借飞机和坦克的优势，突破了第62集团军的防御正面，渡过顿河，从北面深入纵深包围第62集团军的左翼。第62集团军的处境越来越困难。此刻，苏军第64集团军同样在困境中抗击着进攻的敌人。

丘吉尔访问莫斯科

珍珠港事件后，英、美、苏三大国结成战时同盟。1941年7月，斯大林向新盟国首相丘吉尔致函，希望英国在欧洲开辟对德作战第二战场，使德军在两条战线作战。丘吉尔答称，目前在西欧登陆，“意味着流血与失败”。

德国的侵略将英国和苏联紧紧地联系在了一起。

1942年5月，苏联与美、英两国签署互相援助议定书和同盟条约。应苏方要求，美、英、苏三国公报宣布："会谈中就1942年在欧洲开辟第二战场这个刻不容缓的问题达成了圆满协议。"

公报发表，激起强烈反响：英国《泰晤士报》1942年6月12日声称："英苏友谊和合作已经奠定了牢固的基础。"美国报纸也一致欢呼三国结盟，《纽约时报》6月12日评论道，这将"预示着力量均衡的一次根本变化，这对欧洲的未来可能产生巨大的影响"。

6月20日，莫斯科《真理报》宣称，条约是"投进敌人营垒里的一颗炸弹"。此时，苏联人已把胜利希望很大程度上寄托在1942年盟国在欧洲开辟第二战场上。

很快，最高苏维埃以盛大而隆重的形式批准苏英条约。莫洛托夫在会上对西方盟国动了真情："在欧洲开辟第二战场，将给希特勒军队带来不可克服的困难，不久世人就能看到三大国日益强大的军事合作的后果。"

8月12日，丘吉尔座机进入苏联领空。他的心里揣测不安。苏军正与德军在这一带激战，他要带给正与德军激战，对英国翘首以待的苏联人一个不幸的消息——1942年不开辟第二战场。

1942年夏天，同盟国处于黑暗的深渊。英、美、苏三国各有各的难处。在东方，德国部队占领第一个苏联油田；曼施坦因奉命调动大炮和火箭炮朝列宁格勒挺进；而B集团军群正日夜围攻着斯大林格勒。

在西方，英、美两国军队也处处受挫。德军来到芬兰北部和英吉利海峡的岸边。隆美尔元帅在离亚历山大港80千米处，升起了纳粹党的旗帜。意大利的墨索里尼制定了进军开罗的计划。日本海军仍活跃在太平洋。

大英帝国也正遭受一次灾难性的失败。坚守托布鲁克要塞的英军，出人意料地向隆美尔投降了。消息传来，丘吉尔督促罗斯福同意取消这一计划，代之以在北非登陆的"火炬"计划。

下午5点，丘吉尔座机安全抵达莫斯科中央机场。机场上挂着美、英、苏三国国旗。在莫洛托夫陪同下，丘吉尔检阅了仪仗队，乐队演奏三国国歌。

当晚丘吉尔和美国总统代表哈里曼应邀去见斯大林。在克里姆林宫会客室，斯大林热情地说了一段问候的话，两位昔日宿敌、二战时的盟友坐到了一起。

会谈一开始，丘吉尔就开诚布公地说起此行目的：“我这次来是要向元帅阁下说明英、美两国政府的决定，在1942年我们两国军队无法在法国沿岸登陆，进行一次大规模的军事进攻。”接着丘吉尔开始详细说明为什么采取这一决定的理由。

丘吉尔的话如晴天霹雳使斯大林脸上布满乌云，他怀疑狡猾的英国人正在推诿，让苏联人被希特勒削弱后再动手。斯大林激愤地说：“你们要是不愿冒险，就不能赢得战争。我真不明白，你们为什么这样害怕德国人？”

丘吉尔不愧是外交谈判高手，为打破僵局，他拿出一幅地图，就“第二战场”问题作了一番发挥：“元帅阁下，我认为法国并不是进行第二战场的唯一地点。我和罗斯福总统已商订了另一项计划，那就是英美军队在北非发动攻势的‘火炬’计划。”

为说明“火炬”行动的重要性，丘吉尔在纸上画了一条鳄鱼，强调说：“大铁锤”风险太大，因为它打击的是希特勒这条鳄鱼坚硬的口鼻部，弄不好会被它一口吞了。而“火炬”是在这条鳄鱼柔软的下腹部燃烧，风险小威力却更大。

丘吉尔的话引起了斯大林的浓厚兴趣，他立刻思考起盟军在北非登陆对反法西斯战争的意义，虽然在近期内这一行动无法减轻苏联战场的压力。两人越谈越投机。半夜，丘吉尔和哈里曼满意地离开克里姆林宫。

苏联 T-34 坦克。这是苏联在二战期间生产的中型坦克，其全重 32 吨，乘员 5 人，装甲厚 18-65 毫米，主要武器为 1 门 76.2 毫米主炮和两挺机枪。

其实，丘吉尔并没有说服斯大林。英、美政府只是从本国利益出发，不愿为处于战火中的苏联“两肋插刀”，这对正在为生存而战的斯大林是当头一棒，他内心的愤怒可想而知。

第二天，斯大林向丘吉尔和哈里曼特使递交了一份措辞强硬的备忘录：“苏联统帅部是以1942年在欧洲开辟第二战场为前提来制定自己的夏秋军事行动计划的。英国政府的拒绝对苏联人民是一个精神打击，而且使红军在前线的态势复杂化。我和我的同事认为，1942年在欧洲开辟第二战场已经具备极为有利的条件。因为几乎所有德军精锐部队都调到了东线。1942年不仅可能而且应该开辟欧洲第二战场。”

丘吉尔不由得为英、美政府争辩一番。经过一阵唇枪舌剑，“两巨头”还是以大局为重，握手言和。

16日晨，丘吉尔如释重负离开莫斯科。而斯大林却不得不咽下丘吉尔给他带来的苦果。大敌当前，他不能与盟国弄僵。一想到盟国在紧要关头竟然见死不救，只在北非战场上无关痛痒地摆摆样子，反而使希特勒更加肆无忌惮地侵略苏联，加重苏军压力，他的内心充满悲愤。

孤立无援的斯大林承受压力之大，痛苦之深可想而知。他明白眼下只有咬紧牙关，背水一战，顶住希特勒的进攻才是唯一的出路。斯大林清醒地意识到，在1942年的苏联战场上，打好打坏都是苏联自己的事，不能指望别人来帮忙。

第227号命令

由于苏军在夏季作战中接连受挫，战士产生了怯战心理，军中普遍出现临阵溃退的现象。战场上毫无秩序的撤退是会传染的。当有人惊慌失措往回跑时，坚守阵地的人也会恐慌起来，结果变成一场大溃败。

曾任64集团军副司令、62集团军司令的崔可夫元帅，在回忆录中举了这样一个例子：有一次他在前沿视察，发现德军正在发起进攻，而苏军阵地却按兵不动。“为什么不开炮？”崔可夫责问炮团团长。“炮弹快没了。”团长窘迫地说。事实上弹药是不缺的。崔可夫写道：“指挥员在准备后撤时，往往这样搪塞。”

母亲送儿子上战场。德国法西斯的暴行使得苏联众多的热血青年离开家乡，走上前线。

大敌当前，面对这一情况，斯大林非常焦虑。他坐在办公室里思前想后，没有头绪。忽然他想起了十月革命前的往事。他是鞋匠的儿子，性格叛逆的他在神学院上学期间，阅读了大量禁书，后来又坐牢、被流放。

有一次遇上严寒，斯大林被流放到西伯利亚伊尔库茨克省的新乌达村。这对于出生在炎热的格鲁吉亚的他来说，西伯利亚严寒真是严峻考验。恰巧遇上可怕的暴风雪，他差点被冻死。于是他从流放地逃到第比利斯，后来又是坐牢、被流放、再逃跑。

最后一次流放，斯大林已经成了职业革命家，被选为苏共中央委员，后来就和列宁领导“十月革命”，炮打冬宫。想到这里，斯大林兴奋起来，这是怎么回事？

1918 年斯大林在察里津打退了哥萨克的进攻。那是他指挥的第一次大规模的战斗。当时，一场暴力、仇恨和戮杀的风暴席卷全国。新生的苏维埃遭到了国内外敌人的武装干涉，当时的察里津没有粮食、没有武器，部队缺少纪律，一片混乱，听到哥萨克来了就溃退了。

那时斯大林采取了果断措施，撤换了一大批不称职的军官，整顿战场纪律，凡逃兵、战败者就地枪决，战线稳定下来。可以说察里津是被“斯大林决战决胜的意志”拯救的。对，意志，沉浸在回忆中的斯大林忽然若有所悟，情不自禁地叫出了声。

7 月 28 日，斯大林以苏联国防人民委员的名义在颁发了第 227 号命令。命令中口吻极其坦率：“德国占领军正冲向斯大林格勒，冲向伏尔加河，企图不惜任何代价攫取拥有丰富石油资源和粮食的北高加索和库班河流域。”

“我们的领土大大缩小了，人口、粮食、金属、厂矿也减少了许多。我们失去了 7000 多万人口，年产 8 亿多普特粮食的产粮区以及年产 1000 多万吨钢材的生产能力。”

斯大林直截了当指明局势的严峻与危险，斯大林此时的心情是焦虑的，他语重心长地告诫人民：“我们每放弃一寸土地都将极大地加强敌人的优势，极大地削弱我们的防御，削弱我们的祖国。因此，必须从根本上杜绝诸如‘我们可以无休止地退下去’……是停止退却的时候了。必须顽强坚守每一寸苏联领土，尽最大力量去保卫它，直至流尽最后一滴血。”

命令最后部分，斯大林口气十分严厉：“惊慌失措者和胆小鬼应该就地枪决。从今以后，每个指挥员、红军战士、政工人员都应遵守这个铁的纪律：没有最高统帅的命令绝不后退一步。”

第 227 号命令充分反映了苏联人民的愿望，激发了苏军勇气，使苏军士气大为改观。连德国人都奇怪前一天逃跑的苏军，次日会莫名其妙进行最疯狂的抵抗。

在苏军接连撤退的日子，战士们经常收到亲友来信，控诉法西斯的暴行。当时，部队中广为流传着一位母亲写给在前线作战儿子的信：“科里亚：我亲爱的儿子啊，我流着痛苦的眼泪在给你写这封信。我对自己说：哭一会儿也该停停了，可是不行。当我想起法西斯暴徒的时候——痛断肝肠。亲爱的儿子啊，你都难以想到我们村在德国铁蹄下是怎么熬过来的！你的亲人中如今只剩下我一个人了，他们全被万恶的德寇赶到德国做苦工去了。连你可爱的小妹妹也被掳到万恶的德国去了。当时我们村像个奴隶市场。他们把人们从各个村庄赶到这里，并在押走以前把他们冻饿几天……

不，科里亚，我写不完我们遭的罪，就是下地狱，大概也比这要好受得多。我就是在黄泉之下，也绝不会忘记这群法西斯匪徒。我要永世诅咒他们。儿啊！向你致以亲人的祝福并嘱咐你：为你的妹妹季娜报仇，为我们被洗劫的村子，为祖国的一切报仇。"

类似这样的信件在苏军内部到处传递着，每一个苏军战士与希特勒不仅有公账还有私仇，他破坏和平，拆散这一家人骨肉，又毁坏那一家人的家园，杀死另一个人的父母兄妹。仇恨的火焰一经点燃，斯大林"不准后退一步"的命令就成为苏军士兵自觉的行动。

从 8 月下旬起，伏尔加河畔的决战日趋激烈，苏军的抵抗也明显加强。背水一战、哀兵必胜的军事准则又一次拯救了斯大林格勒。第 227 号命令后来被历史学家称作影响了斯大林格勒会战的进程。

8 月 23 日：最危急的一天

8 月 23 日上午 9 时，叶廖缅科上将正在与指挥部的参谋人员研究战场情况，突然接到空军第 8 集团军参谋长谢列兹涅夫的电话。"据歼击机飞行员侦察，小罗索什卡地域正在激战。敌人两路坦克纵队及载满步兵的汽车纵队，正向斯大林格勒开来，先头纵队已到达小罗索什卡防线。敌航空兵分成数批轰炸我军部队，为其坦克和汽车纵队清理道路。"谢列兹涅夫报告说。

"命令你集团军的全部飞机立即起飞，向敌坦克纵队和摩托化步兵实施强有力的突击！"叶廖缅科大声命令。

此时，叶廖缅科找来方面军汽车装甲坦克兵主任什捷夫涅夫和方面军作战部长鲁赫列少将，向他们介绍了新情况，并命令立即将预定进行整编的两个坦克军的余部组成一个集群，交由什捷夫涅夫指挥，担负阻止敌坦克和摩托化步兵从西北方向突向斯大林格勒，并准备实行反冲击。

但是，这两个坦克军只有 25 辆坦克。他们正在商议着坦克集群突击的具体方案，电话铃声又响了，方面军通信主任科尔舒夫少将报告："在科特卢班车站附近，敌人坦克击毁我军用列车，正向斯大林格勒前进。"

话音刚落，卫戍司令兼第 10 师师长萨拉耶夫上校走进指挥部。"敌人的坦克距斯大林格勒只有14～15千米，正向城市北部全速推进。”斯大林问道：“你采取了什么措施？”

“我已向两个团发出做好战斗准备的号令，要求他们务必和驻守在该地区发射阵地上的防空部队各炮兵营营长取得联系，并命令将预备团从米宁郊区调往街垒工厂地域。”

苏军在斯大林格勒外围展开阻击，与德军进行殊死搏斗。

不一会儿，叶廖缅科又接到东南方面军司令员戈尔多夫中将的电话，“敌人已占领了京古塔车站和第74千米会让站，我们正在采取措施准备向京古塔实施反冲击。”

指挥部电话铃声不断，一个又一个不妙的消息接踵而来：“敌坦克和摩托化步兵已经突进到奥尔洛夫卡以东，第10师第282团正与敌展开激战。”

“敌人的坦克已经接近拖拉机厂。有几发炮弹落在了厂区，工厂十分危险，我们准备把一些重要设施炸毁。”……

苏联最高统帅部发来了训令：“现在没有援兵，你们只能用现有的兵力消灭突入的德军集团，最重要的是不要惊慌失措，不要惧怕无耻的敌人，要相信我们一定会胜利。”

到了下午，形势进一步恶化。一阵阵凄厉的防空警报在斯大林格勒上空响起。德军出动2000架次飞机，对斯大林格勒进行毁灭性轰炸。无数炸弹、燃烧弹从斯大林格勒上空落下。

8月的斯大林格勒酷热异常，当德军轰炸时正刮大风，风助火势，一条条火龙吞噬着一座座房屋、一条条街道。成千上万座建筑倒塌。斯大林格勒成了一片火海。

在伏尔加河岸上，被炸毁的储油池烟熏火燎，黑压压地连成一片。燃烧着的石油四处流淌，石油不断注入伏尔加河，码头也起了火，港口停泊的轮船被烧毁。濒死的人在呻吟，妇女和儿童悲惨地哭泣和呼救。灾难和死亡的阴影笼罩着斯大林格勒的每一个家庭。

空袭半小时后，斯大林格勒与莫斯科的通信联络中断，机要秘书头戴耳机不停地呼喊，但无论如何也听不到最高统帅的声音。指挥部的空气凝固了，人人都感到了巨大的压力！

叶廖缅科站在电话机旁，通讯联络依然不通，无法得到最高统帅部与部队的声音。怎么办？如果不能尽快遏制德军的攻势，斯大林格勒沦陷就不可避免。他迅速拿出了应急方案，派专人将命令送到各部队。

根据指挥部的命令，苏军的歼击机几乎全部起飞，与德军飞机在空中展开了激烈的搏斗。大约 500 门高射炮对德军飞机发出怒吼。一架架德军飞机冒着缕缕黑烟，栽落到地面上，响起刺耳的爆炸声。

23 日，德军一共有 120 架飞机从斯大林格勒上空坠落。坦克第 23 军在斯大林格勒西北郊展开了英勇的防御战。195 辆 T — 34 坦克全部展开，与进攻的德军坦克和摩托化步兵厮杀起来。它们有力地阻止了德军坦克的前进。

拖拉机厂区的战斗警报拉响了，由工人组成的歼击营迅速集合起来。他们中的绝大多数人是从车间和工作岗位上直接赶来的，不少人手上沾满了机油，连工作服都没来得及换。拖拉机厂是苏联生产坦克的重要军工厂，如果工厂被毁或落入德军之手，后果将极为严重。工人们扛起步枪和机枪，驾驶着刚刚从车间传送带上下来的坦克，英勇地驶向战场：他们与坚守在这里的苏军坦克第 99 旅一起，组成了坚强的防线。

在紧急关头，斯大林格勒的人民，首先是工人，纷纷拿起武器，和军队一起，奋起保卫自己的城市。面对训练有素的德军士兵，工人民兵毫无惧色，他们用生命坚守着自己的岗位。

小罗索什卡战斗异常激烈。苏 62 集团军 87 师 179 团的 33 名战士，驻守在无名高地顽强地抗击德军的进攻。

德军离阵地越来越近。叶夫季费耶夫一声令下，反坦克兵器一齐射向冲在前面的坦克。数辆坦克一下就被击毁了，但其余的德军坦克很快冲到阵地前，卡利塔上士将一个燃烧瓶抛了出去。德军一辆坦克冒着浓烟，不一会儿就瘫痪了。

卡利塔用这种方法又摧毁了两辆坦克。守在阵地上的苏军信心大增，纷纷拿起了燃烧瓶。这一天，33 名勇士竟打死了 150 多名德军，击毁 27 辆坦克。苏军只有一人负轻伤。

当晚，叶夫季费耶夫接到命令，向冲进苏军阵地的德军实施反击。斯大林格勒方面军副司令科瓦连科少将指挥组织了这次反击。反击部队共 3 个步兵师、1 个坦克旅、1 个坦克军，任务是针对德坦克 14 军形成的长 60 千米、宽 8 千米的走廊。这条走廊的出现，切断了苏军两个方面军的联系，对苏军极为不利。

当天晚上，苏军坦克集群悄悄逼近德军阵地。随着炮声轰鸣，战斗打响了。科瓦连科指挥的突击集群兵分两路，一路受挫，另一路进展顺利，于24日凌晨2时冲进了大罗索什卡地域，切断了德14军后勤供应车队。结果双方损失都很惨重，但苏军达到了自己的目的。

一个德军炮兵小组在刚刚攻下的城镇中推进。对德军来说，攻陷一座城池，战斗远未结束，最令他们头疼的是永无休止的巷战。

8月23日24时，斯大林格勒与莫斯科恢复了联系，华西列夫斯基汇报说："……城南德军占领了京古塔车站、会让站。城北德军已进抵斯大林格勒北郊，在那里被阻后，向斯大林格勒拖拉机厂进攻……敌军航空兵猛烈空袭斯大林格勒，城市处在火海之中。伏尔加河水上航道和供应我军给养的铁路线均遭严重破坏。"汇报结束时，华西列夫斯基强调一句："形势万分危急，但斯大林格勒仍然在我手中。"

8月23日这一天对于斯大林格勒人来说，总算结束了。

8月23日，是斯大林格勒极为困难的一天。

但这一天也表明：苏联人民的顽强精神和英雄气概、沉着坚定和无比勇敢的战斗意志和必胜的信心，是任何力量也战胜不了的。

三、浴血苦战

朱可夫来到斯大林格勒

由于德军已经前出到伏尔加河，斯大林格勒的形势极为严重，而且日益恶化。经过几日激战，德军突破了顿河防御，主力渡过顿河，正向市区推进。在敌军逼迫下，苏军从斯大林格勒外围撤了下来，斯大林格勒已成为一片废墟。形势在不

朱可夫元帅正在研究作战方案。作为二战期间最著名的军事将领，他总能及时出现在形势最危急的战场，并扭转战局。

断恶化！

8月24日24时整，斯大林格勒进入戒严状态。

8月26日，城防委员会向全体市民发出修筑街垒的号召，斯大林格勒进入临战状态。

8月27日，格奥尔吉·朱可夫大将奉命离开西方面军飞赴莫斯科。

晚9时，在克里姆林宫的斯大林办公室，脸色忧郁的斯大林对匆匆赶来的朱可夫说："碰上难关了。德寇可能占领斯大林格勒，高加索战局也不妙。"

斯大林接着说："国防委员会刚作出决定，任命你为最高副统帅，负责斯大林格勒防卫。"然后用期待的目光看着朱可夫，决然地说："我们不能丢掉这座城市。"然后郑重其事告诉朱可夫，他已被授予全权，可以调动城内两个方面军、空军及其他部队，还有机动集结兵力的大权。

8月29日，一架飞机从莫斯科中央机场起飞。朱可夫透过舷窗，望着一簇簇白云，陷入沉思。

战争时期，一个驾驭千军万马的统帅，他的荣辱与战场上的胜败休戚相关。每当战局危急，斯大林总是想到他，先是到列宁格勒接替伏罗希洛夫元帅，后又到处于危难中的莫斯科组织防御，现在斯大林格勒又岌岌可危。

难以预料的战局又使胜与败只隔一层纸，关键是能否捕捉住转眼即逝的战机。他感到肩上责任实在太重，如果不能扭转战局，他真有点不寒而栗。

斯大林明确告诉他，非他莫属，大本营和总参谋部也这么认为。这对驰骋疆场的将帅来说是多大的荣耀。在旁人眼里，这已经是军人最高的荣誉了，他当然也免不了有一种虚荣心，但眼下不能想自己太多。

朱可夫具有刚强的性格，从不怨天尤人，患得患失。很快他就从疑虑不安中解脱出来。早年他就矢志报效祖国，先在沙皇军队里当士官，后来在红军中当排长、连长、团长、师长、军长，青云直上。

朱可夫暗下决心：宁可死在两军对垒的战场，也不平庸地度过一生。4小时后，飞机降落在斯大林格勒。朱可夫充满自信地走下飞机，登上来接他的"艾姆"牌越野车。

朱可夫在斯大林格勒方面军司令部小伊万诺夫卡一下车，华西列夫斯基第一句话就问：“什么时候进攻？”

朱可夫诧异地问：“哪儿来的消息？”他直接走向布满作战地图的长桌：“看来，战士们士气很高噢。”

华西列夫斯基笑着说：“前沿流传一句格言：朱可夫大将一到，进攻就开始了！”

苏军反击

尽管朱可夫对向敌军进攻信心不足。他觉得兵力太少，准备也过于仓促。但再不发动反击，城市就危险了。9月5日拂晓，朱可夫组织苏军在城北进行了一次进攻。

9月3日，朱可夫曾接到斯大林发来的一份密电：“斯大林格勒的形势恶化了，敌人距斯大林格勒3俄里。如果北部集团部队不立即援助，斯大林格勒可能在今天或明天被攻占。”应要求位于斯大林格勒以北和西北的各部队司令员立即突击敌人并援助斯大林格勒的军民。

斯大林格勒遭到空袭后，部队给养遇到困难。朱可夫接到电报，立刻与莫斯科联系。原定9月5日发起的反攻要提前2天无论如何不行：“3个集团军缺少弹药，最快在明晚黄昏时才能把弹药送到炮兵阵地。部队无组织进入战斗会遭到无谓损失。”

“你是不是以为敌人会等你慢腾腾地准备好了再发动进攻？叶廖缅科断定，如果你们不立即由北面实施突击，敌人只要用一次猛攻就可以拿下斯大林格勒。”电话那一端的斯大林斥责道。

斯大林格勒形式万分危急，但在一两天内敌人还不可能占领它。朱可夫不同意这一判断，并且坚持他的预感不会错。他甚至想一个被硝烟和炮火所包围的战士对战斗态势的预感，往往会比在司令部地图上作出的判断更贴近战场实际状况。最后，斯大林作了让步，按计划定于9月5日发起攻击。

朱可夫放下电话，觉得斯大林对反击的期望过高。战局发展证实了朱可夫的判断。

苏军发起冲锋后，立即遭到德军强有力的回击。德军集中了大量的坦克、炮兵和摩托化部队阻止苏军进攻，德军轰炸机不断轰炸运动中的苏军队形。第一天结束时，苏军几乎毫无进展。

尽管德军攻势强大，使苏军很难组织起有效的反击。不过朱可夫指挥的反击却有效地延缓了德军进攻的势头。

第二天苏军航空兵大规模参战，取得了一定进展。但德军立刻向斯大林格勒地域调集新的部队。交战的第三、四天，进攻已停止了，主要是各种火器和空战。

这次战役成功的地方，是阻缓了德军进攻的势头。

9月4日，C.N. 鲁坚科少将指挥的新建航空兵16集团军被命令编入斯大林格勒方面军参战。

9月6日，两个歼击机团从伏尔加河流域和沃罗涅夫方面军飞往斯大林格勒，参加了苏军的反击。

阿列柳欣才跃出机舱，第268歼击机航空师师长西德涅夫上校就把他叫去。西德涅夫打开地图，把图上用红铅笔标出的卡拉奇地域的顿河渡口指给他看："德寇在不停轰炸，需要掩护。"

一小时后，阿列柳欣率领的一架架"拉格—3"式飞机呼啸着升上了天空。飞到了指定空域，阿列柳欣发现了两组各有6架"容克—88"式德机的机群。德机竟然狂妄到没有掩护，他用无线电向僚机发出攻击的命令。

苏机开足油门冲了上去，德机没有察觉。阿列柳欣轻松地把一架德机捕捉到，随着一声炮响，"容克"在空中爆炸了，一会儿又有两架德机也起火向地面栽去。

为了掩护地面部队的突击，阿列柳欣大队又一次升入空中，发现有三组各九架轰炸机群在战斗机护航下接近地面目标。富有经验的阿列柳欣驾机一个转弯占领有利空域，向第一组轰炸机长机俯冲。随着一串电光，德机爆炸了。但他的飞机也被三架德机盯住了，他们在空中追逐着，展开格斗。

阿列柳欣早已把生死置之度外，他突然一个急转弯做了一个惊险动作，把从他头上飞过的一架德机撞了下来。不幸的是敌机打中了他的座舱，血从军服中汩汩流出，他强忍住痛跳了伞，失去了知觉。

当这次反击战结束时，朱可夫从内心感觉到凭现有的兵力无法彻底扭转战局，要消灭敌人，必须另外寻找出路。

他决定向最高统帅汇报他对目前战局的判断。斯大林在听了朱可夫对形势的分析后，没有轻率否定，而是对他说，如果你能亲自飞到莫斯科阐述自己的看法，可能更好一些。

苏军战机与德机空战的情形。随着战争的进行，苏联战略纵深的优势得以体现出来，他们的战机源源不断地从大后方飞抵前线，保卫着危在旦夕的斯大林格勒。

9月12日，一架飞机穿越密密云层，在莫斯科中央机场降落。巧合的是，这一天，德军的指挥官保卢斯将军的飞机也飞向了希特勒战时大本营——乌克兰境内代号“狼人”的暗堡。

苏军9月5日的猛烈反击，使保卢斯大吃一惊。他没有料到苏军的抵抗会越来越激烈，他的心情也时好时坏。

8月23日，德军从南、北两个方向向苏军发起冲击。担任北部作战的坦克14军冲锋陷阵，很快突破苏军防线，穿越小罗索什卡—137高地—康内会让站地区以北的一排小冈冲向伏尔加河。当参谋在地图上标出坦克14军的进攻路线时，司令部内充满了欢乐情绪。

可是没等兴奋异常的保卢斯平静下来，科瓦连科指挥的突击集群已猛扑过来。坦克14军由于进军过快，两翼步兵师没有跟上，立刻陷入了困境。保卢斯接通了与维特尔斯盖伊姆的联系。

电话里维特尔斯盖伊姆的声音有点惊慌：“苏军炮火很猛，请援军快点到达，形势很危急。”

援军也遇到了麻烦，步兵第8军紧跟着坦克14军突击，刚渡过顿河，指挥部就遭到空袭，几名参谋当场炸死。原本掩护坦克14军右翼的步兵51军伤亡也很大。该军在苏军反击下，行动迟缓，陷入进退维谷的境地。直到一星期后，保卢斯又调来几个步兵师，才使 14 军冲出重围。

当晚，维特尔斯盖伊姆失魂落魄地出现在第 6 军团司令部。在汇报完战况后，他没马上离开，用呆滞的目光忧郁地望了保卢斯一眼，心事重重。“有话就说嘛。”保卢斯见他这副沮丧神态，有些不耐烦。

维特尔斯盖伊姆终于鼓足勇气：“报告司令，这是一座巨人般的城市，我们攻不下来。我知道元首要攻下它的全部意义，但是苏联人太可怕了。与我们作战的不仅仅是军队，还有成千上万的老百姓……他们战死了，僵硬的手中还握着步枪，简直太可怕了。”维特尔斯盖伊姆生怕被打断，急急地说道：“我建议第 6 军团撤出伏尔加河，否则……”

保卢斯再也沉不住气了：“住嘴，你是帝国的将军，别忘了军人的荣誉。”保卢斯怜悯地看着他低下了头，不忍心再责骂，挥挥手道：“你累了，快回去休息吧。”两天后，维特尔斯盖伊姆被解除了职务。

德军凭着优势兵力，终于在苏军阵地上站稳脚跟，将苏军赶到内郭（市区）一线。可没等保卢斯松一口气，苏军在北部又出人意料地发起反击，使保卢斯不得不减弱进攻节奏，把市区的部分兵力抽调到郊外应急。

正当保卢斯为苏军的顽强反击愁眉不展时，参谋长施密特少将兴冲冲地走了进来：“好消息，前线传来捷报，苏军 9 月 5 日发起的进攻已被击退了。”

保卢斯如释重负，情绪又高涨起来。他一把抓住施密特：“通知各部队指挥官马上开会，研究新一轮进攻计划。”

9 月 12 日中午，希特勒在“狼人”大本营召开军事会议。希特勒对保卢斯的报告很满意，立即批准了他带去的作战计划。

次日晨，保卢斯带着作战计划心情轻松地登上飞机，参加元首召开的大本营会议。临行前，他对送行的施密特说：“苏军被打垮了，这一回我们不会让元首再次失望了。”

战争远远没有结束，双方又将展开新一轮的战斗。

真正的恶战开始了

斯大林格勒原名察里津，它是一座极其繁荣的城市。当时，它不仅是伏尔加河畔重要的贸易中心，而且是连接罗曼诺夫王朝最北端与最南端的交通枢纽。此外，它还是 1917 年俄国十月革命，红军决定性地战胜邓尼金的白军的战场之一。

1924 年，革命导师列宁逝世，斯大林格勒被苏联当局指定为苏联革命历史的重要标志和样板城市。斯大林格勒拥有 60 万人口，在斯大林 20 世纪 30 年代推

瓦西里·崔可夫将军，在斯大林格勒保卫战中是第62军的一名强硬派司令官。

行的工业化进程中发挥了重要作用。

1925年，斯大林掌权之后，苏联革命战争的历史以及他本人在历史中的地位被重新谱写。斯大林用自己的名字为察里津重新命名，注定了斯大林格勒这座城市将在苏联历史中占据一席之地，并且在未来抵抗纳粹德军的战争中承担起中流砥柱的伟大历史作用。

斯大林格勒是一个易守难攻的阵地，市中心是一处古代人坟墓形成的小山，即马马耶夫岗，所有的军事地图都将此处标为第1号高地，这里也是双方展开长达数周的惨烈遭遇战的战场。

察里察河将斯大林格勒南北分开，自西向东注入伏尔加河，直抵斯大林格勒1号火车站。舒米洛夫指挥的第64集团军就是部署负责保护第62集团军的左翼。1号火车站的东部是一座栈桥，连接西岸苏军与克拉斯纳亚斯罗伯达的东岸后备部队，同时提供物资供应。

对于斯大林格勒的苏联守军而言，伏尔加河虽然有可能使他们葬身鱼腹，但却是他们赖以生存的生命线。事实上，由于德军无法切断伏尔加河上的人员与物资供应线，最终无法阻止苏联取得最后的胜利。

1942年9月初，尽管斯大林格勒的任何地方都可以作为防御阵地，但许多苏军指挥官对于未来的战争结局万分沮丧，在内心深处充满了恐惧，其中就包括第62集团军司令洛帕京将军。尽管洛帕京将军作战非常勇敢，但对于未来充满了悲观情绪，战斗意志消沉。9月12日，崔可夫中将取代了洛帕京。

崔可夫时年42岁，身材矮小但极其健壮，个性率直但极其邋遢，坚强乐观但又冷酷无情，他天生就是一名拳击手和一名斗士。

崔可夫曾经参加过俄国国内革命战争。自从1941年6月东线战争爆发后，他一直担任苏联驻中国的陆军武官。1942年6月，崔可夫指挥第64集团军和一支突击队作战，猛烈打击了德军第4装甲集团军。

由于当时苏军接连遭遇惨败，许多司令官纷纷被解职。但崔可夫并没有受到这种绝望气氛的影响，经过在斯大林格勒的背水一战，他证明了苏联最高统帅部重用自己是绝对正确的选择。

通过研究德军的战术方法，崔可夫发现了德军在进攻斯大林格勒过程中的弱点。据观察，在空中力量加入战斗之前，德国装甲兵力往往不会发动进攻，步兵则紧随装甲部队之后作战。而在顿河平原这样一个开阔的战场上，德军势必战无不胜、攻无不克。

崔可夫同时认识到，德军这些技战术在城市内部的近距离作战环境下很难实施。苏军只有破坏德军这种作战模式，才能阻止德国空军活动，防止其对斯大林格勒继续造成毁灭性的破坏。

针对这种状况，崔可夫决定让苏军尽可能靠近德军阵地，最好能够在手榴弹的投掷距离内。这样一来，德国空军在复杂的城市环境下，其轰炸精确度受到严重的影响和困扰。同时，由于担心误伤德军地面部队，德国空军实施近距空中支援的能力被大大削弱，而这正是德军作战中惯用的一种战术。

与德军相比，斯大林格勒市区遍布废墟瓦砾的地形为苏联守备部队提供了更大的便利。在这种恶劣地形中，德军装甲部队与步兵进行机动作战相当困难，只能通过近距离格斗向前艰难推进，而这却是他们极不习惯、极不擅长的战斗方法。

于是，在战斗过程中，占据着地利优势的第 62 集团军拥有了一定程度的取胜机会。然而，此时距离崔可夫真正认为胜券在握的日子还很遥远。9 月 14 日，德军对斯大林格勒发动猛烈进攻，斯大林格勒战役正式爆发，真正的恶战才正式开始了。

残酷的市区争夺战

在向斯大林格勒发动大规模进攻前，德军面临的是分布在 643 千米的前沿阵地、总数 9 个集团军的苏军。

配备着冲锋枪的德国步兵，准备在斯大林格勒的废墟之中继续进攻。

9 月 14 日，在保卢斯的指挥下，库茨巴赫的第 51 军开始向斯大林格勒发动进攻。保卢斯和其他指挥官都对胜利充满了不切实际的自信。

1942 年 1 月，保卢斯出任第 6 集团军司令。虽然他比较墨守成规，但内心深处却野心勃勃，工作勤勉刻苦、精明强干，希特勒对他非常欣赏。1942 年 5 月，保卢斯在哈尔科夫战役以及向斯大林格勒推进途中表现非凡。此刻的保卢斯，脑海中还远远不曾体验失败是何种滋味。

1942 年 9 月 14 日 6 时 30 分，德军数百门火炮、飞机和坦克向苏军第 62 集团军发动猛烈进攻。崔可夫本来打算首先向德军发动一系列的小规模反攻，却被德军第 51 军抢先，后者兵分两路对斯大林格勒北部和市中心率先发起进攻。

在察里察河南岸，第 4 装甲集团军向舒米洛夫的第 64 集团军发动进攻。第 51 军向东南方向发起进攻。与此同时，第 14 装甲师和第 29 摩托化师从叶尔尚卡郊区向伏尔加河推进。

第 4 装甲集团军试图在察里察河南部形成小型包围圈，最终推进到伏尔加河。第 51 军将占领马马耶夫岗。随后，进攻德军将合兵一处，沿着察里察河岸向前推进，将切断西岸的第 62 集团军与东岸物资供应线路之间的联系。

截至下午 15 时许，设在马马耶夫岗顶部的崔可夫的指挥部已经被德军摧毁，由于德军猛烈的炮火不断向他们倾泻下来，苏军在与德军步兵展开肉搏战之前就已撤退到了掩体内。进攻的德军一批批向伏尔加河方向推进，朝着斯大林格勒 1 号火车站和他们的最终目标——栈桥推进。

东岸的苏军炮弹飞过伏尔加河，试图消灭德军，但无济于事。此时，崔可夫几乎快要失去对战斗的控制。他将自己最后的战术预备队投入了战斗，这是一个只有 19 辆坦克的坦克旅，奉命前去阻击德军。

黄昏时分，应崔可夫的请求，近卫第 13 师在夜色的掩护下渡过伏尔加河。该师沿着红斯洛博达东岸悄然前行。虽然近卫第 13 师的兵力达 1 万余人，但缺乏重型武器。

登陆艇靠岸后，在契尔耶克霍夫率领下，近卫第 13 师第 42 团第 1 营向德军发起了猛烈进攻，重新夺回了主动权并建立了一个桥头堡。近卫第 13 师的其余兵力迅速冲过斯大林格勒的街道，占领了马马耶夫岗左翼以及火车站周围的各个阵地。

9 月 15 日，近卫第 13 师遭遇德军正面进攻，争夺火车站的战斗异常激烈，双方互有攻守。火车站一天之内竟然 4 次易手，黄昏时再次落入苏军手中。

9 月 19 日，火车站的控制权继续不断更换，前后竟然高达 15 次之多。

9 月 16 日，近卫第 13 师从第 71 师手中夺回主动权，清除了栈桥及其周边地区的德军，重新夺回了火车站的控制权。

9 月 19 日，德军再次占领火车站，并对栈桥进行不间断的进攻。

9 月 20 日，经过浴血奋战，近卫第 13 师成功阻止了德军的推进，为崔可夫重组军队并使更多的后备队渡过伏尔加河参加战斗赢得了宝贵的时间。

斯大林格勒保卫战经典一幕

马马耶夫岗是一处独一无二的战术要地，具有非同寻常的重要意义，地理位置十分优越，从此处可以清楚地观察到第62集团军左翼和右翼的防御态势，同时能够鸟瞰后备部队的运动以及从东岸运来的补给物资的状况。

9月14日，为了占领马马耶夫岗这个最重要的阵地，双方也展开了激烈的争夺战。

9月15日，德军第295师已经摧毁了崔可夫设在马马耶夫岗的指挥部，而且将整个高地置于进攻火力之下。

9月16日拂晓时分，崔可夫命令两个团向马马耶夫岗发起冲锋，要求他们不惜任何代价坚守这个至关重要的阵地。虽然伤亡惨重，苏军还是奋勇地朝高地挺进，但立即遭到德国空军和地面德军的反攻。

直到9月18日破晓时分，战斗仍然没有任何缓解和暂停的迹象。8时许，德国空军突然结束战斗离去，这大大出乎崔可夫的预料。原来，朱可夫已经向顿河与伏尔加河之间的第6集团军左翼发起进攻，德国空军前去增援左翼，试图击退苏军的进攻。

然而，德国空军停止进攻的6个小时，对于崔可夫来说是一次宝贵的机会。他请求叶廖缅科提供两个满编师的增援兵力，但只得到了两个旅。

9月18日18时，叶廖缅科命令崔可夫发动反攻，这是一次异常大胆的计划，旨在增援斯大林格勒方面军重新发起的进攻行动。

9月19日，德军占领了斯大林格勒1号火车站，于9月21日将近卫第13师第1营包围。近卫第13师开始逐步后撤，在德军的猛攻下，第1营与大部队失去联系，通过残酷的肉搏战来突破包围圈。他们占领了距离中央栈桥仅有274米的阵地。

苏军苦战了 5 天，在付出惨重伤亡的情况下，除了暂时牵制德国空军的进攻之外，没有实现任何战术目标。

9 月 23 日凌晨，尼古拉·巴秋科中校指挥第 284 西伯利亚师渡过伏尔加河，刚到河岸，这时，德国空军发起一次拂晓攻势，击中了河岸上的油桶，伏尔加河顿时燃烧起来，拂晓时的黑暗与石油燃烧产生的浓烟混在一起，形成了一道天然屏障，为巴秋科的部队向河岸靠近提供了绝佳的掩护。

第 284 西伯利亚师穿过燃烧的城市，对近卫第 13 师的左翼进行增援，并向在马马耶夫岗东南部山坡的第 95 师提供支援。

9 月 23 日 10 时，第 284 西伯利亚师与近卫第 13 师向德军第 71 师发动反攻，阻击该师向伏尔加河推进。但是，第 62 集团军的左翼虽然已经趋于稳定，但实战证明，重新占领栈桥和 1 号火车站显然超过了第 62 集团军的作战能力。

同时，德、苏两军在伏尔加河河岸的谷仓也展开了激战，战斗的激烈程度是德军始料不及的。争夺谷仓的战斗从 9 月 17 日一直持续到 9 月 22 日，德军三个师的部分兵力都被拖入了战斗。这次战斗的惨烈程度简直就是斯大林格勒战役的一个缩影。

当苏军在德军强烈的攻势之下被迫向伏尔加河方向撤退的时候，他们往往会为每一座建筑物、每一条街道展开战斗，依依不舍地忍痛放弃本属于自己的每一寸土地。战斗继续激烈进行了 48 个小时。

德军第 94 师的威廉·霍夫曼曾经这样记录他所在营进攻时的战斗情景："我们的步兵与坦克向谷仓发动进攻，谷仓里冒出滚滚浓烟，粮食在燃烧，可能是苏联人自己将这些粮食点着了。太野蛮了。我们损失惨重。后来每个连剩下不到 60 人。守卫谷仓的根本不是人，简直是大火烧不死、子弹打不穿的魔鬼。"

在惨烈的争夺战中，攻守双方在坚韧与耐力上展开了激烈的较量，德军被苏军拖入了一场旷日持久的消耗战。即便如此，保卢斯、霍斯和普通的德军士兵仍然坚信，德军终将取得最后的胜利。他们认为，第 6 集团军从来没有被击败过，是德军中战斗力最强的野战集团军。

霍夫曼在 9 月 26 日的日记中这样抱怨："我们团已经卷入连续的战斗中，苏联人继续顽强抵抗。你根本看不到他们，他们藏匿在房屋内和地窖中，从四面八方进行射击，包括从我们后方发动袭击——他们在使用土匪的野蛮战法。"

9 月 26 日晚些时候，苏军第 92 旅在第 24 装甲师与第 94 步兵师的联合进攻下被击溃，与第 42 旅残部一起撤退并渡过伏尔加河。这时，德军第 24 装甲师已经突进至伏尔加河，并在察里察河南部将中央栈桥置于己方火力控制之下。

崔可夫的第 62 集团军在敌人第一次进攻中得以幸存下来，但德国人已经赢得了一场重要的战术胜利。同时，德国空军对强渡伏尔加河的物资运送人员与苏军舟艇编队不断进行攻击。

在斯大林格勒市中心，德军占领了火车站，将苏军暂时赶出了马马耶夫岗高地。然而，目前的状况并没有让他们感觉到胜利的迹象。苏军的抵抗使得德军惊恐不安。此时的德军已经没有了往日的骄傲自大和盛气凌人，而且也不再对苏军的战斗能力不屑一顾了。

霍夫曼在 9 月 28 日的日记中这样写道："我们与坦克一道占领了斯大林格勒南部并抵达伏尔加河。我们为胜利付出了惨重的代价。在三周时间内，我们前进了大约 9 千米。司令官向我们祝贺胜利……战争究竟在什么时候才能够结束？斯大林格勒的苏军什么时候才能被消灭？这场大屠杀能不能在圣诞节之前结束呢？"

再度突击

保卢斯深刻认识到第 6 集团军正在进行一场不同寻常的残酷的近距离战斗。这里遍布碎石瓦砾、建筑物、刺刀、手榴弹以及出其不意的临时战斗小队。这对惯以机动作战的德军来说极为不利。

在付出惨重代价之后，德国军官意识到时间所剩无几。随着斯大林格勒市南部战斗的逐步平息，保卢斯重组了疲惫不堪的军队，准备向工业区中心地带发动进攻。

德军的主攻方向是马马耶夫岗和厂区南端的红十月钢铁厂，而城市北部的进攻目标是捷尔任斯基拖拉机厂。德军的作战目的非常明确，即突破苏军防线，直抵伏尔加河，尔后调转方向进攻市内，沿河岸线向前推进，从而击溃苏军防线，合围和歼灭守卫部队。

第 62 集团军在斯大林格勒市建立了高效的侦察网络。在发现德军准备向北运动的企图后，崔可夫立即对自己的军队进行了重组。他强调要加强反坦克防御和布设地雷，同时要做好巷战的准备，以便士兵从内部和外部实施防御。

9 月中旬，苏军全权组织栈桥的一切活动，就装载、撤退以及作战等规定了明确的操作程序。罗加乔夫海军少将还征调了大量的渔民和渔船，他们悄悄将第 284 西伯利亚师和近卫第 13 师送到了战斗最前沿。由于日间渡河常常遭遇德国空军的猛烈袭击，苏军的大量运输都是在夜间进行的。

德军的大炮和小型武器对靠近西岸的苏联舰船构成巨大的威胁，但最可怕的威胁还是来自德国空军。由于实力上的差距，德国空军占据着斯大林格勒的空中优势。

苏联红军正在发起进攻。离摄像机最近的那名战士，用的是 PPSh-41 式冲锋枪。左边的那个战士携带着莫辛－纳甘 M1891 式 7.62 毫米步枪，这是一种旧式的设计，配备装有五发子弹的弹夹。

1942 年 10 月，随着苏联空军司令亚历山大诺维科夫上将的到来，苏军的防空力量大大提高。与此同时，由于资源的不足，德国空军无法持续有效地封锁斯大林格勒的铁路网络，这意味着苏联的防空资源可以源源不断地流入该地区。

即便如此，德国空军还是令人望而生畏的。崔可夫曾经这样评论道："德国空军的猛烈进攻就像铁锤一样，几乎把街道上所有的东西都砸到了地下。"为此，崔可夫调整了部队，并强调在面对德军可能对城市北部发动的进攻时，要小心谨慎，行动要快捷，因为德军几乎没有遭遇过任何空中打击，力量非常强大。

随着苏军对地形的熟悉，他们很快就适应了城市巷战。在获得德军可能进攻马马耶夫岗的情报后，崔可夫决定先发制人，对马马耶夫岗发动进攻。他命令左翼的罗季姆采夫的近卫第 13 师向德军阵地发动进攻，右翼的第 284 西伯利亚师向马马耶夫岗南端发动攻势。

同时，戈里什内指挥的步兵第 95 师向马马耶夫岗的东侧斜坡突击。进攻定于9月27日6时开始，以长达1小时的炮火准备拉开序幕。在第166号命令结束处，崔可夫这样说："我再次警告所有单位或兵团的司令官，不要在战斗中以整个单位如连、营的规模投入行动。进攻应该主要以配备冲锋枪、手榴弹、混合燃烧弹和反坦克步兵的突击小队来组织。"

在斯大林格勒，突击队是苏军的基本战斗单位。由 50 ～ 80 人组成的突击队被分解为三个相互依赖的分队：强击队、增援队与预备队。

由 8 ～ 10 人组成的强击队是突击队的前锋部队，其作用是渗透进入敌人的阵地——堑壕系统或建筑物内，然后消灭敌人。强击队员装备机枪、手榴弹、匕首和短柄铁铲，一旦强击队进入敌人阵地内，就要发射信号弹。增援队发现信号

苏军手持冲锋枪穿梭在城墟中。这种城毁地不失、分散打游击的巷战战术，既灵活又高效，使德军陷入进退两难的境地。

弹后，马上对占领的目标展开战术防御。

增援队的人数通常在20~25人左右，装备大量的轻机枪、重机枪、反坦克火箭、镐、铁铲、迫击炮和炸药。增援队往往配备战斗工兵，他们在实施防御与组织进攻的过程中都发挥着非常重要的作用。

预备队配备约30 ~ 50人，任务是阻击敌人发动的进攻。此外，一旦强击队和增援队遭遇敌人的顽强抵抗，预备队还将立即向他们提供后备人员支援。为了使队员能充分理解突击队是一个有机整体这一重要性，士兵们往往会在每个队中轮流战斗。

德军发现巷战中战场的拥挤和狭小等特点极大地降低了大规模部队实施一体化协同作战的能力。在近距离战斗中，侦察、突袭以及快速运动是取胜的重要因素。

为了生存，他们必须这样做，因为第6集团军是一支战斗力强、具有超强适应能力的部队。德国空军控制着白天的战斗，苏军白天的活动都充满了危险。在这场城市争夺战中，尽管第62集团军伤亡惨重，但崔可夫的战术还是取得了成功，而德军步兵对这种战斗方式却一无所知。

然而，正如克劳塞维茨所言，与防御相比，占领阵地更加困难。9月27日8时，苏军的进攻遭到空军第8军的破坏性干预，第62集团军被德国空军压制长达两个小时。

10时30分，第6集团军发动大规模反攻，第62集团军左翼迅速向伏尔加河方向溃退。此时，第389步兵师从西北部的戈罗季谢郊区向东南方向的捷尔任斯基拖拉机厂发动进攻。第24装甲师向“街垒”兵工厂推进。

与此同时，第100猎兵师向红十月钢铁厂进军。第295师又打响了与苏军第95师争夺马马耶夫岗的战斗。

德国空军在战场上空的轰炸对苏军造成了极大的破坏，切断了第62集团军和阻击德军进攻的分队之间的通讯联系。

9月27日傍晚，崔可夫意识到局势的严重性。由坦克第189旅负责支援的索洛古布第112师的左翼被迫实施大规模战术撤退，他们朝“街垒”兵工厂住宅区外围后撤了 1.6 千米。

在德军炮火和空中力量的连续打击下，苏军第 95 师几乎无法继续控制马马耶夫岗。当天，德军向前推进了 2743 米，几乎将第 112 和第 95 师彻底消灭。

9 月 27 日傍晚，在向上级发送的报告中，崔可夫陈述了当时形势的严重性。他指出，德军在一天的战斗中取得了巨大的胜利，而苏军则急需后备部队，最为重要的是想办法缓解德国空军的进攻。他向尼基塔·赫鲁晓夫请求增加支援——从空中对他们提供掩护。

在随后的日子里，顿河方面军经仓促准备后，向德军第 6 集团军发动了猛烈进攻，但第 62 集团军的压力并没有得到太大的缓解。

9 月 27 日夜到 28 日，罗加乔夫舰队运送斯梅霍特沃罗夫上校率领的步兵第 193 师渡过伏尔加河，做好迎击德军第 24 装甲师的准备。黎明时分，崔可夫命令第 284 西伯利亚师的两个团和第 95 师剩余的一个团向马马耶夫岗发动反攻。

随着炮火的增强，苏军在空军第 8 军的支援下，发动猛烈进攻，奋勇向马马耶夫岗顶部推进。然而，由于遭遇德军的猛烈反扑，苏军无法攻占马马耶夫岗，但继续坚持与德军对峙。这样，德军无法将苏军赶下马马耶夫岗，苏军也没有将控制权拱手让出。

9 月 28 日一整天，德军不断向进攻马马耶夫岗的第 62 集团军发动猛烈反攻，致使第 62 集团军没有取得任何进展。此外，德军还向“红十月”钢铁厂西部以及“街垒”兵工厂发动了猛烈的进攻。

朱可夫鲜为人知的一次败仗

1942 年春，朱可夫凭借莫斯科战役的威望，升任苏军副总司令，指挥莫斯科战区的加里宁方面军和西方面军。朱可夫认为，苏军冬季大反攻的侧重点应该是莫斯科方向，目标是围歼勒热夫突出部的德第九集团军，进而消灭整个德军中央集团军群。

斯大林经过考虑权衡，于 9 月 26 日做出决定，同时发动两个战略反攻，目标分别是斯大林格勒的德第六集团军和勒热夫突出部的德第九集团军。莫斯科方向的反攻由朱可夫指挥，代号“火星行动”。参战部队为两个方面军，总兵力 190 万，火炮 2.5 万门，坦克 3400 辆，战机 1200 架，由朱可夫亲自制订和指挥“火星行动”。

根据朱可夫的战斗经验，他清楚地知道这不是一个轻松的任务。莫德尔的德

苏德战场上正在进行战略反攻的苏军

国第九集团军围绕着勒热夫突出部筑起了坚固的防御工事，还在突出部侧翼的河岸筑垒并清除了公路和铁路上的障碍，以利于防守和在突出部内机动快速调动预备队。朱可夫和莫德尔都知道，谁控制了这些道路，谁就控制了这个突出部。

“火星行动”体现了朱可夫的典型风格，苏军七个集团军将在东、西、北三个方向，以泰山压顶之势对德第九集团军发起向心攻击，其中主攻方向位于勒热夫突出部的东西两侧。朱可夫打算从那里腰斩德军防线，围歼德第九集团军，然后挥师南下，会同其他5个集团军向维亚兹玛发动钳形攻势，进而围歼德军第三装甲集团军。为了避免在恶劣天气下穿越复杂地形，苏军各部队将以装甲集群为突击箭头，对德军防线进行正面强攻。

“火星行动”本来计划于10月开始，但一直推迟到11月25日。长时间的延误给了朱可夫及其方面军司令员以充裕的时间来集结他们强大的部队。为了在进攻方向上尽快取得胜利，朱可夫命令他的方面军司令员在战役之初就集中兵力并投入所有的装甲部队，希望这样做可以切断德军沿勒热夫突出部侧翼的重要公路和铁路，等到11月底溪流和沼泽开始冰冻，行动就可以开始了。

朱可夫的战役部署显然低估了德军防守的坚韧和反击能力，德第九集团军据守勒热夫突出部将近一年，对这块战场了如指掌，他们依托地形构筑纵深防御，将城镇乡村修建成要塞据点支撑防线，精确部署了交叉火力网以杀伤突破敌军。此外，德军中央集团军群拥有强大的战略预备队，战役爆发以后不断增援莫德尔，先后有5个装甲师和1个摩步师奉命驰援。相比之下，屯兵斯大林格勒的保卢斯第六集团军则没有这么幸运。

11月25日，斯大林格勒反攻开始一周以后，“火星行动”正式打响。朱可夫的攻势在勒热夫突出部的东、西和北翼同时展开。苏军两个集团军20万人，坦克超过500辆，所面对的德军大约4万人。虽然苏军有着数量优势，但猛烈的攻势在德军坚固的防线之前只取得微小的战果。3天后，苏军的进攻在付出了巨大损失后停止了。然而朱可夫没有被一开始的失败吓倒，命令继续进攻向南推进，这使得苏军的损失持续增加。

第二周，苏军在东、北、西三面都取得了一定进展，但也都因为德军顽强的纵深防守而显露疲态，不得不转攻为守，莫德尔立刻抓住机会反攻。12 月 7 日，德军反击突破最深的苏军第四十一集团军，德军第一装甲师和德意志摩步师一个团从北面，第十九和二十装甲师从南面，向苏军据守的突出部两侧发动钳形攻势，4 万苏军被包围，就地死守，等待救援。

朱可夫意识到形势的严重，12 月 12 日晨，苏第二十和二十九集团军的步兵在坦克的支援下，从瓦祖扎河桥头堡以南发起了进攻。“前进！为了祖国”的喊声响彻战场，一场激烈而残酷的战役开始了，并延续了一整天。但苏军的进攻没有达到目的，在 4 公里宽的正面，狂热的进攻遇到了加强过的德军反坦克防御阵地，正面的伤亡惊人，不过朱可夫还是催促继续进攻，进攻持续了 3 天，直到 12 月 15 日因为力量枯竭而崩溃。

德军第九集团军 12 月 15 日的战报，算是对朱可夫“火星行动”的盖棺论定：“敌军统帅虽然在战役策划和最初实施阶段展示了不俗的技巧和适应性，但随着攻势的发展再次表现出敌军统帅显然还是不能抓住有利局面扩大战果。敌军虽然雄心勃勃，开局进展顺利，一旦遭遇不测和伤亡以后，立刻失去理智，疯狂而徒劳地冲击坚固防线，这种让人无法理解的现象多次出现。在逆境中，俄国人往往丧失逻辑思维能力，决策完全靠本能。俄国人本质上迷信蛮力，崇尚压路机式的战术，盲目遵循战前部署，不会随机应变。”

然而灾难性的失败也没有摧毁朱可夫的斗志，虽然在勒热夫突出部侧翼的行动没有成功，朱可夫仍令第三十九集团军在突出部北部进攻。由于他顽固地不去正视现实，“火星行动”终究变成了一场毁灭性的灾难。斯大林、最高统帅部甚至连朱可夫本人都知道“火星行动”已经结束了。

朱可夫以他鲜明的个性发动了“火星行动”，苏军的攻势规模宏大，而且在人力物力上都占了压倒性的优势，然而他什么目的都没有达到。当然德军的胜利并不必失败好多少，在给苏军造成灾难性损失的同时，那些德国师也打得疲惫不堪。几个月后莫德尔申请放弃勒热夫突出部并得到批准并不是巧合，因为他和他的集团军再也不能承受一次这样的“胜利”了。

对苏军来说，斯大林格勒战役的光辉胜利完全掩盖了勒热夫突出部战役的惨败，朱可夫的仕途丝毫没有受到此次败绩的影响，在苏联官方历史里，朱可夫和华西列夫斯基分享了斯大林格勒战役的功劳。一年半后，朱可夫策划并参与指挥了“巴格拉季昂”攻势，一举歼灭德军第九集团军和第三装甲集团军，总算报了一箭之仇。

在“二战”中的苏德战场上，朱可夫是一颗最为璀璨的将星，作为斯大林最信任的军事将领，他多次在战场上力挽狂澜，起了关键性的作用，以其勇气、智谋、胆识和坚定的意志为战争的胜利做出了巨大的贡献，作为苏军的胜利象征而受到人们的赞扬。虽然也有过失误，但从整个战争中来看，他无愧于一代名将的称号，正如艾森豪威尔所赞颂的那样：“有一天肯定会有另一种俄国勋章，那就是朱可夫勋章，这种勋章将被每一个赞赏军人的勇敢、眼光、坚毅和决心的人所珍视。”

四、苏军赢得胜利

天王星计划

1942 年 11 月 18 日午夜 12 时，苏第 62 集团军司令部接到方面军司令员叶廖缅科上将传达的最高统帅部命令：

“天王星计划：1942 年 11 月 19 日，西南方面军和顿河方面军；1942 年 11 月 20 日，斯大林格勒方面军——向斯大林格勒地区的德国军队发动全面大反攻！”

崔可夫等人意识到斯大林格勒的血战终于要结束了，想到 7 小时之后的进攻，顿时兴奋不已。11 月 18 日午夜时分，在斯大林格勒城北，从顿河左岸巴甫洛夫斯克至那尔佐夫卡宽约 400 千米的地带上，苏西南和顿河两个方面军在森林和夜幕的掩护下已全部进入最后的攻击阵地。

阵地对面的意大利人、罗马尼亚人和德国人对苏军即将发动的大规模进攻都不了解。近几个月来，大规模苏军在斯大林格勒附近秘密集结曾引起德军的察觉，但德国人太自信了，他们没料到被打得筋疲力尽的苏联人还能发起进攻。他们更意识不到，这场进攻将扭转整个战局。

11 月 19 日 7 时 30 分，沿西南方面军和顿河方面军一线，3000 多门苏军大炮开始轰鸣，炮击持续了 80 分钟，数百吨炸弹倾泻在罗马尼亚第 3 集团军阵地上。

8 时 50 分，步兵和坦克兵团投入战斗。罗马尼亚军队拼死抵抗。但到了下午，苏军波浪式的进攻，终于将罗军击溃。与此同时，顿河方面军突破了德军的防线。

经过一昼夜激战，两个方面军重创了敌军，一切都与计划相合。20 日，集结于斯大林格勒南部卡尔梅克草原的部队也转入进攻。

苏联红军从坦克上跳下来，杀向敌军。

此时，在莫斯科的克里姆林宫，斯大林正等待着斯大林格勒方面军司令员的报告。一小时前，他已得知顿河和西南方面军进展顺利，先头部队已进抵奇尔河上游。电话接通了，叶廖缅科告诉他由于大雾进攻被推迟两小时。

20 日清晨，在卡尔梅克草原上，苏军坦克和炮兵部队埋伏在芦苇和水草丛生的湖间地带。因能见度太低，原定 8 时开始的炮火到 10 时才开始打响。火炮射击了 75 分钟，第 51、57 和 64 集团军从 3 个地段突破敌军防御，罗马尼亚第 4 集团军被切割、包围。

21 日下午，苏军部队挺进至苏罗维吉诺以北，威胁到保卢斯集团军交通线。21 日，从克列茨卡娅和谢拉菲莫维支出发的苏军转弯 90 度，两军会合后向北部的顿河进发，直插德军在斯大林格勒正面防线的后方，苏军占领了顿河大桥，切割了保卢斯集团的退路，进入卡拉奇地区，按原定计划完成了对德军第 6 集团军和第 4 坦克集团军的包围。

斯大林格勒方面军在击溃德军第 29 机械化师和罗马尼亚第 6 步兵军之后，从契尔符林河与顿河皇后河之间向卡拉奇至斯大林格勒的铁路挺进。11 月 22 日上午，苏军进至布齐诺夫卡，成南北夹击之势的苏军 3 个方面军在距斯大林格勒以西仅 60 千米的卡拉奇会师。11 月 23 日，苏军在顿河河曲和卡拉奇对德军第 6 集团军和第 4 坦克集团军形成钳形包围之势，将其与德军的 B 集团军群隔开。

总之，经过 19 日至 23 日的进攻，苏军完成了预定的战术突破，德军第 6 集团军已成苏军囊中之物。

11 月 19 日苏军的大反攻，是整个会战的转折和高潮。它是苏军在卫国战争中实施的第一次大规模的战略反击，11 月 19 日这一天也成为第二次世界大战中的重要日子而被载入史册。

不许撤退

19 日早晨，保卢斯被城北越来越响的隆隆炮声吵醒，还没起床，值班参谋就闯了进来向他报告：苏军在城北顿河一带发动了大规模进攻，罗马尼亚第 3 集团军遭到炮火猛烈袭击，阵地出现混乱。

罗马尼亚第3集团军面临的不仅是一场袭击，而且是一场灾难。罗马尼亚军队并不像德国军队一样精锐。简陋的防御工事很快就被2000多门苏军大炮夷为平地。

苏军突然发起的攻击，让B集团军群司令魏克斯大吃一惊。之前德国人从来没发现顿河一线有苏军集结，这些部队仿佛从地下冒出来的一样。

德国第6集团军司令保卢斯，并未因罗马尼亚军队的溃散而陷入恐慌，他还寄希望于坦克48军和坦克14军的阻击会起到作用。然而到了20日早晨，城南的苏军也发动了猛烈攻势，保卢斯才顿时明白了。

保卢斯感到脊背一阵发凉，而此时参谋长又告诉他，坦克48军出师不利，又受大雾影响，没有堵住罗军溃退的缺口。坦克14军也没有顶住红军压力，停止了进攻。另外还有消息传来，说苏军坦克正向第6集团军司令部逼来。军队中则流言四起，从北面和南面溃退下来的德国兵，更把这种恐慌带到了第6集团军指挥所。为防万一，保卢斯指令参谋们将多余的资料和文件烧毁。

很快，被派出去的一支侦察分队传来消息，证实有小股苏制坦克离顿河西岸戈卢宾斯基镇不超过20千米。保卢斯立即下令撤退，司令部人员分成五路纵队向下奇尔斯卡亚出发。

这几天的希特勒一直在紧张中度过，他每隔数小时就要与参谋总部的大本营通话，蔡茨勒将军不停地将最新动态报告给他。到21日中午，他已然意识到，南北夹击的两路苏军如两只巨型钳一样，很快就要在斯大林格勒周围闭合了，第6集团军已处在危险之中。

有两个办法让第6集团军摆脱困境：一是让保卢斯率部向西南方向突围，避免被敌围歼。但这么做等于放弃了斯大林格勒，德军费了九牛二虎之力才拼杀到伏尔加河就这么放弃，实在于心不甘。二是让保卢斯就地组织环形防御，拖住苏军，等待援军。这个办法风险很大，而且需要向被围部队空投大量弹药、食物。希特勒想听空军司令戈林元帅的意见后再作决定。

22日，保卢斯司令部各路纵队刚抵达下奇尔斯卡亚，就收到了元首发来的电报："命令：第6集团军司令官连同司令部一起开赴斯大林格勒，集团军组织环形防御，待命。阿道夫·希特勒"。保卢斯只好原路返回苏军正在合龙的大包围圈内。

然而情况对于德军却更加不容乐观了。苏军坦克离卡拉奇只剩几千米了，而几个小时前，卡拉奇附近具有战略意义的顿河大桥又丢失了。

顿河大桥位于卡拉奇别廖佐夫斯基农庄附近，它是苏西南方面军强渡顿河的唯一通道。苏军刚进攻时，保卢斯就指示，在必要时炸掉这个桥，阻止苏军南、北会师。守桥德军当夜把炸药安置在桥下，随时准备炸桥。但22日凌晨3时，在夜色掩护下，苏军一支装甲坦克部队经过伪装悄悄驶近大桥。守桥的德军看到坦克上有德军第22装甲师的标志，立刻挥旗放行。领头的坦克突然在桥上停下来，手持冲锋枪的士兵们跳下来，向毫无防备的德军开枪。顿河大桥就这样丢失了。

随后大批苏军坦克车隆隆驶过大桥，向东南方挺进。当天晚上，苏联南、北突击集群在卡拉奇顺利会师，德国第6集团军就像被装在一只大口袋里。保卢斯感觉除了突围已无其他办法，22日下午，他用无线电台向B集团军群报告：

"集团军被包围。尽管部队英勇抵抗，但整个皇后河谷，从索维茨克至卡拉奇的铁路，这一地区的顿河大桥，以及顿河西岸的高地统统落入俄国人之手。集团军燃料储备将尽，坦克和重型火炮一旦没了燃料将动弹不得，弹药也发生了危机，粮食仅能维持6天，假如无法形成环形防御。请给予酌情采取自由行动的权利。那时局势可能迫使我们放弃斯大林格勒和北部防御地段。保卢斯"

B集团军群司令魏克斯同意保卢斯的主张，于是即刻向统帅部去电。他提出，给集团军20个师空运补给是办不到的，动用全部现有的运输机，好天气一昼夜也只能往大包围圈里运送所需补给的十分之一。德国陆军参谋总长蔡茨勒上将也支持魏克斯和保卢斯关于放弃斯大林格勒地区的观点。

魏克斯和保卢斯以为撤退命令只是迟早的事了，但11月24日早晨，他们却接到了让两人大吃一惊的命令：

"第6集团军暂时被敌人包围。我决定该集团军集结于斯大林格勒北郊、科特卢班、137高地、135高地、马里诺夫卡、齐边科、南郊。集团军可以相信我，我将尽我所能，尽一切努力保障集团军的供应，并及时解除对它的封锁。我相信集团军也一定能够完成自己的职责。阿道夫·希特勒"。

希特勒为何决定让保卢斯继续坚守呢？因为戈林向他承诺，空军可以保证被围部队的给养问题。更重要的原因是，希特勒不愿意放弃已经到嘴边的斯大林格勒。第6集团军的33万人马只得待在斯大林设下的陷阱里。

困兽犹斗

困在包围圈中的保卢斯，像一只关在笼子里的猛兽，变得六神无主，昔日自信沉着的风度早已荡然无存。当初他挥师进军斯大林格勒时，绝没有想到这是一个巨大的陷阱，在那残破不全的建筑物和废墟瓦砾之中，几十万的兵马被吞噬。当苏军转入反攻时，保卢斯又未及时察觉苏军意图，以致被围其中。

苏联红军步兵在发起进攻。拿着步枪的士兵常在轻型冲锋枪的火力掩护下发起进攻。

苏军的围困一天天继续，保卢斯开始责怪戈林。最初戈林向希特勒和保卢斯保证，每天最低限度供应500吨物资。但自从11月19日空运以来，要么因为天气恶劣飞机无法起飞，要么因苏军炮火猛烈损失巨大。每天的空运量平均只是50 ~ 60吨，最多也不超过300吨。随着包围圈越缩越小，来自天空的补给就更加困难了。

保卢斯的心情之前也轻松过，那时统帅部告知他，曼施坦因元帅将率领一支强大的部队去解救第6集团军。曼施坦因是德军上下交口称赞的将领，保卢斯相信他会成为自己的救星。援救行动在12月初开始。包围圈中的德军士兵日夜企盼救兵的到来，终日念叨曼施坦因拍给第6集团军的电文："请坚守住！我们马上去拯救你们！"然而，曼施坦因的进攻并不顺利，被围的德军被告知，曼施坦因又退向了罗斯托夫。

沮丧失望的情绪继续在德军中弥漫。集团军主要基地塔钦斯卡亚都成了战场，军火库被炸，飞机被缴获。更致命的是，集团军被切断了与外界的联系，各分队弹药和粮食补给实际上已停止供应，每天每人只发100克面包片。大家饿疯了，开始杀马、杀狗、捉猫、吃树皮草根，所有能吃不能吃的都往肚子里填。

杯水车薪的补给从空中断断续续地运进来。保卢斯像他的士兵一样打不起精神。这天，他收到了元首的又一份命令。

"元首第2号命令补充件：

1. 为解救第 6 集团军，将于 2 月中，在哈尔科夫东南地域将集结由坦克兵团组成的重兵集团。为此，从西面正在迅速调遣党卫队 3 个师，及‘中央’集团军群的‘伟大的日耳曼’师。与此同时，还将在基辅以南地域集结 3 个从西面撤下来的步兵师。他们将在快速集群后，从这里沿铁路开往前线。

2. 定下决心：根据天气情况，从 2 月中大约在顿河以南向斯大林格勒方向发动进攻，目的是解救第 6 集团军。此项任务将由坦克集团军群和从‘A’集团军群和‘顿河’集团军群调来的其他快速兵团执行。

3.‘顿河’集团军群和‘B’集团军群应为快速集群创立和保障投入战斗所需的最好条件。”

元首的新保证让第 6 集团军军官重新精神振作起来，犹如一群垂死病人注射了一剂强心针。保卢斯也兴奋地喊道：“几小时前，我们将苏军最后通牒向大本营作了汇报。现在答复刚刚收到，全文如下：‘不许投降，集团军每坚守一天，对整个前线都是一个支援，可牵制苏军几个师的兵力。’我命令，立刻将大本营来电，通过无线电晓谕全军。第 6 集团军全体同仁，一定要振奋精神，为军人的荣誉而战，为第三帝国而战。”

殊不知，此时的苏军方面已经开始准备总攻。

1 月 10 日晨，最高统帅部代表沃罗诺夫上将、顿河方面军司令罗科索夫斯基来到第 65 集团军指挥所。总攻将在 1 小时后开始。担任主攻的第 65 集团军司令员巴托夫将军已看好几次表了，时间像凝固了一样。

苏军的主要突击方向：马利诺夫斯基突出部位，由第 65 集团军主攻，第 21、24 集团军助攻。在齐边科以南，第 64、57 集团军向巴萨尔基诺、新罗加哥克会让站发起攻击；而第 66、62 集团军则从叶尔佐夫卡西南地区向戈罗季谢发动进攻。

这三支利箭，能否穿透面前龟缩一团、状如刺猬的德军阵地？还没谁能说得准。

8 时零 5 分，进攻开始。数千门大炮雷鸣般的轰击将大地震得颤抖。

9 时，炮火向德军阵地纵深延伸。步兵开始冲锋，田野里响起成千上万人震天动地的“乌拉”声。

日落前，第 65 集团军已进入敌防御阵地 1.5 ~ 4.5 千米，其他集团军也突破了德军主要地带的防御。

11 日、12 日，苏军继续扩大战果，第 65、21 集团军已至罗索什卡河西岸和卡尔波夫卡一带。在南部作战的第 57、64 集团军，在遭到德军疯狂反扑的不利形势下，也推进到卡拉瓦特卡山谷和切尔夫连纳亚河南岸。皮托姆尼克机场已陷入了苏军围困之中。

德军第 6 集团军司令部乱成了一团。保卢斯心知他的部队抵挡不住这样猛烈的攻势，但他仍然故作镇定，命令集团军全体官兵奋力抵抗滚滚而来的苏制坦克。

12 日午后，保卢斯接到报告，皮托姆尼克机场附近出现苏军。保卢斯一下子心慌了，他知道这个机场是集团军的命根子，无论如何不能失去："赶快给我守住，援兵立刻就到。"放下电话的保卢斯在地图前徘徊起来，他答应派兵救援，但援军在哪儿呢？现在各个防线都吃紧，预备队也早就用上了。

保卢斯在绝望之中只好向大本营发报：

"陆军总参谋长即呈元首：

苏军主力从西、北、南三面冲破了第 6 集团军的防线，矛头指向卡尔波夫卡和皮托姆尼克。步兵第 44 师和第 76 师遭到严重损伤。机械化第 29 师仅有一部分有战斗力的部队。恢复态势没有任何希望。德米特里耶夫卡、齐边科和拉科季诺被放弃了。"

答复很快从大本营传来：

"第 6 集团军司令：

无论如何也要保住齐边科、卡尔波夫卡和罗索什卡。竭尽全力保住皮托姆尼克，不让敌人占领。要想方设法夺回齐边科。集团军司令官要上报采取反攻的措施，并要讲清楚，是在什么情况下，未经陆军参谋总部允许，放弃齐边科的。"

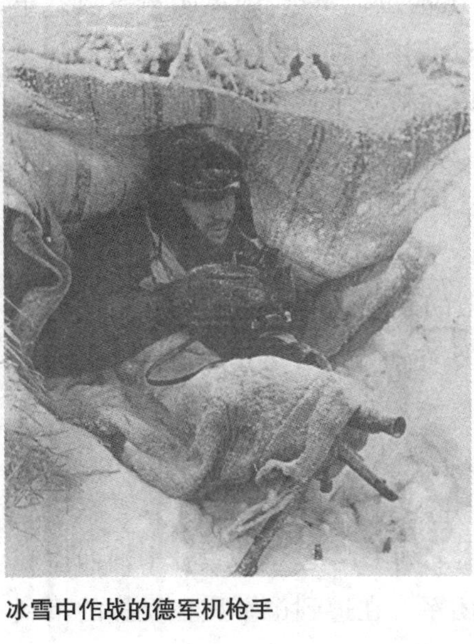

冰雪中作战的德军机枪手

这份答复没有提供任何援助和措施，却一味指责、训斥。保卢斯看到这份电文，几乎要疯掉了，但他看出电文中每一个字都透露着杀机，他仿佛看到元首正暴跳如雷地训斥着。他只好有气无力地把命令下达给作战参谋："命令部队不惜一切代价死守阵地。凡丢失的阵地都要想办法夺回来。"

保卢斯开始恐吓他的士兵不许投降，在一份命令中他威胁道：

"如果部队停止抵抗，我们将受到什么样的威胁；我们中的大部分人不是被敌人子弹击毙，就是在西伯利亚可耻的俘虏营中饿死、冻死或者被折磨死。但有一点是清楚的：谁要是投降，谁将永远看不见自己的亲人。我们的出路只有一条：在严寒和饥饿中打尽最后一颗子弹，战斗到最后一息。”

然而此时，再严的命令也改变不了第 6 集团军难逃覆没的命运。而且具有讽刺意味的是，未过多久，这位司令官就违背了自己下的命令，主动当了俘虏。

保卢斯投降

从苏军总攻的那一刻起，保卢斯就明白他的部队已成强弩之末，无力在伏尔加河上继续战斗了。但他还心存一丝侥幸，他希望手下的士兵能坚持到 2 月，等元首派的援兵来了就可以转危为安了。

战斗最后阶段，一名苏联红军高举胜利的旗帜，德军已成困兽之斗，战败是迟早之事。

然而，几天下来，苏军进攻越来越猛，包围圈也越收越紧。保卢斯渐渐放弃了希望。七天里，德军袋形阵地已缩小一半，每个人都有大难临头的感觉。第 6 集团军司令部被迫从古姆拉克撤往斯大林格勒城内，再一次烧毁公文，然后分乘几辆幸存的汽车出发了。在转移的路上，保卢斯看到一群群饿得面黄肌瘦的德军士兵和伤员，他知道苏军坦克正在逼近，这群人的命运已经注定，不是倒毙在途中就是被苏军俘虏。

保卢斯意识到抵抗已没有任何意义，为了他自己和其余士兵的生命，他向大本营发出请求：“粮食、燃料和弹药发生了灾难性的困难，部队战斗力急速下降，1.6 万名伤员得不到任何护理，精神崩溃已在士兵中产生。我再次请求给予行动援助。趁现在还有继续战斗的可能，就继续抵抗下去，如果没有可能，就停止不可能再进行的战斗。”

可是希特勒并不想成全保卢斯，他的回电是：

“不许投降。部队要执行自己的历史任务，抵抗到最后一刻，以便促进在罗斯托夫及其北面建立起新的战线，以及高加索集团军群撤出。”

1 月 22 日，在劝降再次被保卢斯拒绝之后，苏军发起了最后的进攻。

4100 门大炮集中在 22 千米的突击面上，对德军阵地猛烈开火。天地间充溢了轰轰烈烈的巨响，瓦砾、铁丝网被掀到空中，德军阵地被轰塌了，德军们正惊慌失措地弃阵而逃。

4天后，顿河方面军向斯大林报告:“苏军进攻顺利，已向前推进10~15千米，占领了古姆拉克、亚历山大罗夫卡、戈罗季谢等。敌人死伤达10万人，现德寇被包围在不足100平方千米的狭小地带，并分割成两部分，南部被钳制在市中心，北部被压缩在‘街垒’厂和拖拉机厂地区。预料几天内，‘指环’作战顺利结束。”

保卢斯再次向希特勒请求：

“部队弹尽粮绝……继续抵抗毫无意义，请即刻允许我们投降。”

第二天，回电来了：

“不许投降！部队应该固守阵地，要战斗到最后一个人，最后一粒子弹。”

元首是想让第6集团军为第三帝国殉葬。

保卢斯军队已被分割成南、北两块。城北德军有3个坦克师、1个机械化师和8个步兵师的残部；城南德军只剩下6个步兵师、2个机械化师和1个骑兵师的残部。德军士气低沉，开始成批成批地缴械投降。

这个时候，保卢斯收到了大本营发来的一件礼物，帝国最高勋章——带橡叶的骑士十字勋章。希特勒试图用它来换取保卢斯的战斗至死。保卢斯回电称：为了元首和祖国，他将“坚守自己的岗位，打到最后一兵一卒，一枪一弹”。

希特勒对保卢斯和几十万德军的最后一次“援助”，是把远程战斗机派到斯大林格勒上空，对濒临死亡的德军一再广播他在国内的演讲：“在这场战斗中，上帝在我们这边。我们不害怕流血，有朝一日，每一块新的土地将为倒下去的人而开满鲜花。我们条顿国家，我们日耳曼民族，一定会胜利。”

保卢斯投降，斯大林格勒保卫战以苏联红军的胜利告终。

保卢斯答复了一份电报，这也是他拍给大本营的最后一份电报：“我们在掩体里聆听元首的公告。我们在国歌声中敬礼，也许这是最后一次了。”紧接着他补充一句：“敌军就在门外，我们在歼灭，请不要联络，我正在毁坏电台。”

电讯中断，千里之外的元首大本营陷入一片悲伤之中。

然而，故事的结尾并不是元帅

战亡。当一群苏军出现在地下室门口时，保卢斯命令下属举起了白旗。

1943 年 2 月 2 日 16 时，斯大林接到报告：

“顿河方面军执行了您的命令，完成了击溃和消灭斯大林格勒方面被围的敌军集团的任务……斯大林格勒城内和斯大林格勒地区的战斗已告终结。”

在“红十月”厂一座毁坏的大楼里，第 62 集团军司令部，崔可夫喃喃自语：“难道真的结束了。”在外面，一群群战士用各式各样的武器朝天上射击着，叫声、笑声响成一片。到处是“胜利啦，胜利啦”的呼喊声。在莫斯科克里姆林宫，斯大林则正举起酒杯向周围的将军们纷纷祝贺着。

莫斯科的广播向全世界发出胜利的消息：“今天，2 月 2 日，顿河方面军部队彻底肃清了被包围在斯大林格勒北部的敌军的反抗，迫使其放下武器，最后一个抵抗基点被粉碎了。具有历史意义的斯大林格勒大会战以我军的完全胜利而告结束。”

历经 180 个白天和黑夜的厮杀，战争终于结束了，苏联胜利了。

祝捷电报如雪片般飞来。

美利坚合众国总统富兰克林·罗斯福发来贺信：“我谨以美利坚合众国人民的名义向斯大林格勒发去此信，以表达我们对英勇的保卫者的敬意。他们在 1942 年 9 月 13 日至 1943 年 1 月 31 日受围攻期间所表现的坚毅勇敢和自我牺牲精神将永远鼓舞一切自由的人们，他们光辉的胜利制止了侵略的狂澜，成为同盟国反侵略战争的转折点。”

英国首相温斯顿·丘吉尔也给斯大林发去贺信，称这是一次惊人的胜利。英国国王赠与斯大林格勒这座英勇的城市一把宝剑，剑上用俄英两种文字刻着“赠给斯大林格勒坚强如钢的公民们，聊表英国人民深厚的敬意——英国国王乔治六世敬赠”。

斯大林格勒战役是苏德战争的转折点，也是整个第二次世界大战的转折点。从此，苏军由战略防守转入战略进攻，而德国则一步步走向衰亡。

在斯大林格勒战役中，德军共损失兵力 150 万，坦克 3500 辆，火炮 12000 门，飞机 3000 架。第 6 集团军残存的 9 万人，包括总司令保卢斯元帅和 23 名将军，都当了俘虏。

希特勒听到保卢斯投降的消息，暴跳如雷，痛恨他不能为帝国杀身成仁，表面上却假惺惺向全国发表一项公报：

“斯大林格勒战役已经结束。第 6 集团军在保卢斯元帅的卓越领导下，忠实地履行了他们打到最后一息的誓言，为优势的敌人和不利我军的条件所压倒。”

并下令全国哀悼 4 天。

肃清乌克兰

1943 年仲夏至 1944 年晚秋，一系列进攻将德国人赶出了乌克兰，并将他们赶回到战前的波兰和罗马尼亚地区。在北部地区，德军对列宁格勒长达 900 天的围攻也开始消解。自库尔斯克进攻终止，一直到战争结束，在不到两年的时间内，苏联红军进行了大规模的推进，并几乎一直都在取得胜利。

在战斗的第一阶段，苏联人沿着前线一直在向前推进着，最后到达并跨过了第聂伯河，并重新收复了很多主要的大城市，比如斯摩棱斯克、基辅以及第聂伯罗彼得罗夫斯克等。在第二阶段，也就是在 1943 年冬天 ~1944 年初春，在北部地区和南部地区同时发起了进攻。在北部地区，德军对列宁格勒的围攻最终被解除；在南部地区，乌克兰的剩余地区均被占领。

这一过程是由苏联对库尔斯克北面突出部发起进攻作为序曲的，时间是 1943 年 7 月 12 日。到 8 月 3 日，苏军又对突出部的南部侧翼发起了进一步的进攻。虽然德国人对这些进攻都作出了极为巧妙的防御，但是他们不得不放弃奥廖尔。

截至 8 月末，苏联兵力已经在莫斯科南部的每一个地方发起全面进攻，但其中最成功的是库尔斯克以西的广袤区域，还有就是在顿涅茨克南部的另一个地区。

由于事先知道意大利可能会投降（这在 9 月 8 日变成了事实），希特勒早已开始加强其在意大利的增援部队。盟军于 9 月早期在意大利本土的登陆，使这一军事行动变得更加急切。因此，他授权在乌克兰东部的德国军队撤退到第聂伯河一带。在撤退的时候，他们还集中在不同的主要城镇，而那些地方在河上都有桥梁。苏军推进到这些地方，并在月底的时候临时准备了过河设施，地点分别在基辅的北部和第聂伯罗彼得罗夫斯克的西部。基辅是在 11 月初被收复的。

1944 年 3 月，德国士兵在东部战线冬季的寒风和暴雪之中。

奔赴边境线

到 1943 年 12 月，虽然陆军元帅埃利希·冯·曼施坦因和埃瓦尔德·冯·克莱斯特在防守指挥上十分英明，但是德国的前线依然存在着很多脆弱的突出部分，并在希特勒的命令下一直死守着。苏军的进攻一直持续到1944年3月，但这些攻势都先后遭到失败。后来，曼施坦因和克莱斯特被希特勒解职，原因就是他们做出了撤退的举动，并经常与他们反复无常的“元首”意见不合。

当这个阶段的战斗在4月中旬结束之后，前线开始从普里佩特沼泽地，经由喀尔巴阡山脉，一直延伸到敖德萨以西的黑海沿岸地带。

五、库尔斯克大会战

“堡垒”战役

1943年初，苏军在斯大林格勒战役中取得了决定性胜利后，乘胜进攻，收复大量失地，但德军在败退过城中，南方集团军群司令曼施坦因元帅也开始计划向苏军反扑。曼施坦因主动放弃了一些重要据点，诱使苏军深入。苏军的进攻战线越拉越长，而德军却趁机完成了兵力的集结。

2月19日，曼施坦因指挥德国南方集团军群向苏联西南方面军发起反击，到3月2日，西南方面军遭受重创，其第5集团军被毁灭，3月6日，德军开始向哈尔科夫进攻，没用几天就把一个月前丢失的哈尔科夫重新攻占。苏军被迫退守库尔斯克南面的奥博扬地区。为防止战线的彻底崩溃，斯大林把列宁格勒附近的第1坦克集团军南调，第21和第64集团军也被从斯大林格勒调过来，这样才使战线恢复稳定。

哈尔科夫战役的胜利让德军重新恢复了信心，曼施坦因希望通过一次主动进攻来歼灭苏军。苏军在库尔斯克地区的突出部位自然成为首选攻击目标。这个突出部位的形成，是曼施坦因上次反击造成的后果。苏联中央方面军和沃罗涅日方面军陷入突出部位内。在其南部，曼施坦因的南方集团军群控制了别尔哥罗德地区。在其北部，德国中央集团军群控制了奥廖尔一带。

这个突出部位正面长约400千米，而底部却不到110千米，就像一个拳头从苏军的战线中延伸出来。德军统帅部认为，这是一个非常好的进攻机会，他们可以在这里包围和歼灭进行防御的苏军。这次战役如果获得成功，将缩短德军的战线，使德军部队的机动性大大增加。

德军坦克穿过开阔地带向库尔斯克进发。

希特勒对这个作战计划是犹豫的，因为库尔斯克的进攻将使坦克遭受很大损失。4 月 15 日，他终于下定最后决心，发出了第 6 号作战命令。命令指出，“中央”和“南方”两个集团军群从 4 月 28 日起即应做好准备，发起对库尔斯克突出部的进攻，作战代号为“堡垒”。

“堡垒”作战按计划应于 5 月 4 日发动，但后来一再延期，最后被确定在 7 月 5 日发动。希特勒对这次战役十分看重，他在作战命令中指出：“这次进攻意义重大，必须速战取胜……有鉴于此，一切准备措施均须严密周全，全力以赴实现之。在各主要突击方向上应使用最精锐的兵团、最精良的武器、最优秀的指挥官和大量的弹药。每个指挥官、每个列兵都应深刻认识到这次进攻的决定性意义。库尔斯克之胜利应成为照亮全世界的一支火炬。”

为保证进攻的顺利进行，德军集中了强大的兵力：50 个精锐师，其中有 16 个坦克师和摩托化师。被称为德军之“花”的“阿道夫·希特勒”坦克师、“骷髅”坦克师、“帝国”坦克师、“大日耳曼”摩托化师等都包括在内。

集中在库尔斯克方向上的德军共有 90 万人，1 万门火炮和迫击炮，2700 辆坦克和强击火炮，2000 多架飞机，还有各种新式武器，如重约 56 吨的“虎式”和重约 45 吨的“豹式”坦克、“费迪南式”强击火炮等。

当德军为“堡垒”计划作准备时，苏军也在思考下一步的行动计划。沃罗涅什方面军司令瓦图京主张先发制人，发起进攻，打乱德军的进攻准备并夺回战略主动权。朱可夫、华西列夫斯基等人则认为苏军应先保持防御状态，利用坚强的防御摧毁德军的装甲兵力，然后再发起进攻。此时情报部门取得了大量材料，苏军统帅部根据情报判断敌人准备在库尔斯克地区发动强大攻势。于是朱可夫的计划被采纳，4 月 12 日开始，苏军开始在库尔斯克转入了积极的防御准备。

苏军在库尔斯克地区集中了强大的兵力，修筑了坚固的防御工事，并准备了大部队进行反攻。

担任主要作战任务的是罗科索夫斯基指挥的中央方面军和瓦杜丁指挥的沃罗涅什方面军，两军共有 133.6 万人，1.9 万门火炮和迫击炮，3400 辆坦克和自行火炮，约 2200 架飞机。另外，科涅夫指挥的草原方面军布置在库尔斯克突出部的后方，作为战略预备队。

在前沿阵地，苏军精心地设计他们的防御，构筑了数道防线，防御纵深超过 160 千米，整个防御体系由大量互相紧密配合的战壕、铁丝网、反坦克火力点和反坦克沟壕以及雷区组成，在德军最可能的进攻方向上，聚集了大量的兵力和火力。

为夺取整个战线的制空权，根据苏军最高统帅部的命令，苏联空军在 5、6 两个月主动出击，炸毁敌军机场，使其遭受重大损失。

除此之外，最高统帅部下属的游击运动中央司令部，命令敌后游击队开展积极活动，破坏敌人的交通，使其后勤供应陷于瘫痪。

苏军在党的政治思想工作上也下了很大功夫。苏共中央的许多负责人都参加了苏军总政治部的宣传鼓动工作。他们用反法西斯战争的正义性和崇高的爱国主义精神鼓舞广大指战员的斗志和必胜的信心。

双方都在紧锣密鼓地备战，但两个月来前线一直显得十分平静，一个个被认为德军可能发动进攻的日子都平安地度过了。

7 月份，恶战似乎临近了。7 月 2 日，苏军最高统帅部通知各集团军和方面军司令部，德军有可能于近日内发起进攻。7 月 3 日，德军投诚者称，他们已在做最后的准备。暴风雨即将来临。

大炮与战斗机齐鸣

7 月 4 日夜，在突出部位南部的苏联近卫第 6 集团军捕获了德军第 168 步兵师的一个士兵，他供认德军即将在第二天开始进攻，7 月 5 日凌晨，在突出部位北部的苏第 13 集团军俘虏了一个德军第 6 步兵师的中士，他也供认德军将在几小时之后发动进攻。苏联方面得知，德军确定于凌晨 3 时发起进攻。

库尔斯克会战。这是二战期间苏德战场的决定性战役之一，也是史上规模最大的坦克会战和单日空战。

为了打乱德军进攻步骤，朱可夫于5日2时20分下令，向德军阵地实施炮火反准备。苏联中央方面军和沃罗涅什方面军对德军的战斗队所进行的猛烈炮击，使敌人大为惊愕，造成了很大损失。

德军的进攻计划被迫向后推迟3个小时。6时整，在一阵猛烈的炮火急袭之后，德南方集团军群的第4装甲集团军根据预定计划发动进攻，在损失36辆坦克后，德军艰难地越过了苏军的反坦克雷区，猛攻苏第67近卫步兵师的防线。

面对敌人的疯狂进攻，苏联集团军的各部队发扬了集体英雄主义精神。加格卡耶夫上尉指挥的、由共青团员组成的反坦克炮兵连，在交战的最初几天就立下了不朽的功勋。他们一直战斗到最后一人，加格卡耶夫牺牲后，被追赠苏联英雄称号。一辆苏军坦克在激战中两次扑灭了车上的火焰，第3次被击燃时，已经无法灭火了，于是英勇的坦克手们就用燃烧的坦克去撞德军一辆重型坦克。

德军的进攻比预计的要猛烈得多。面对德军3个师的进攻，苏第67近卫步兵师被迫后退，瓦图京把方面军预备队调了过来，以期能把德军挡在第二道防线外。但德军还是撕开了苏军的第二道防线，并强渡了佩纳河。瓦图京被迫取消了原定于7月6日的反攻，而将计划用于反攻的第1坦克集团军的部分坦克布置在防线后方以支援步兵进行防守。

6日傍晚，瓦图京向华西列夫斯基请求增援，后者立即把草原方面军第5近卫集团军的第 2 和第 10 坦克军 353 辆坦克调往沃罗涅什方面军。斯大林亲自给瓦图京打来电话，要求他不惜一切代价，阻止德军在库尔斯克突出部南部的突破。

德军在 7 日的战斗中只向前推进了数千米，未能突破苏军防线。翌日，德军继续进行顽强的进攻。瓦图京则在计划反攻，为此他请求将草原方面军的第 5 近卫坦克集团军和第 5 近卫集团军调给他指挥，最高统帅部很快批准了他的请求，但部队要在几天之后才能到达。

7 月 9 日，瓦图京指挥部队继续在正面抵挡德军向奥博扬推进，同时在两翼连续发动反击，虽然反击每次都遭到失败，但却使德军无法全力攻击他们的主要目标。在奥博扬方向上，苏、德双方共投入 1400 辆坦克，2000 多门火炮，500 多架飞机。交战的规模超出了人们的想象。无数的坦克、火炮和飞机堆积成了废铁山。成千上万发炮弹、炸弹同时爆炸，烟尘迷漫，火焰冲天。

德第 4 装甲集团军司令霍斯将军见正面战场无法突破，决定先从右翼突破，他命令第 2 党卫装甲军转向东北的普罗霍罗夫卡。接下来的两天里，德军的进攻比较顺利，攻到了普罗霍罗夫卡城下。

7 月 12 日，库尔斯克会战的高潮——普罗霍罗夫卡坦克大战上演了。

战斗在清晨打响，苏德双方几乎同时发动进攻。开始时，由于德军“虎式”坦克的 88 毫米炮优势明显，而苏军 T–34 坦克的 76 毫米炮在同等距离下无法对德军造成威胁，于是苏军坦克开足马力以最高速度冲向德军。在冲锋中，苏军坦克付出了惨重代价。当双方接近后，战斗变得异常惨烈，一辆又一辆坦克被摧毁。在被毁的坦克旁，步兵仍在互相射击，甚至展开肉搏。战斗一直持续到傍晚，因双方都精疲力竭才停了下来。

宣传苏德库尔斯克大会战的海报

当时任苏联近卫坦克第 5 集团军司令员的罗特米斯特罗夫回忆道：“战场上，各种摩托不停地隆隆作响，履带声嘎嘎刺耳，炮弹飞鸣，直到深夜。数百辆坦克和自行火炮在燃烧。

尘土弥漫，烟雾蔽天……的确，1943 年 7 月 12 日是个历史性的日子。这一天苏联军人表现出空前的英雄主义，建立了不朽的功勋。在残酷的坦克战中，他们重创德国法西斯侵略军的突击集群，迫使其转入防御。”

在这天的坦克大战中，德军虽然以相对较小的损失，摧毁了更多的苏军坦克。但结果却是他们失败了，因为德军未能攻占普罗霍罗夫卡，随后源源赶到的苏军援兵建立起更加坚固的防线。7月12日大战使德军损失了大量兵员和400辆坦克，这一战的失败意味着德军从南面攻入库尔斯克的企图已不可能。

解放奥廖尔

在北线，7月5日凌晨，苏军的炮击同样使德军的进攻比计划向后推迟了，两个半小时后，德第9集团军开始了进攻。

战斗从5日进行到8日，德军虽给苏军造成很大损失，但苏军依靠数量上的优势，坚守住了阵地。德军企图夺取交通枢纽波内里，战斗异常激烈，德军数次攻入市区，但都被顽强的苏军赶了出来，最后才以惨重的代价占领了大半个波内里，但苏军仍控制着市内一些重要据点，使德军无法继续推进。

7月9日，300辆德军坦克向苏军阵地发动了最后一次进攻，结果依旧是一无所获，此时德第9集团军的攻击能量已耗尽，被迫在10日转入防御。

7月13日，希特勒把中央集团军群司令克鲁格和南方集团军群司令曼施坦因召到设在东普鲁士的大本营。会上，中央集团军群司令克鲁格认为，由于遭受的损失和苏联人已经开始的反攻，他的军队已不能继续前进。

但曼施坦因坚持认为，现在若停止作战，那也许就意味着放弃胜利。他说:“最近几天，敌人几乎把所有的战役预备队都投入了战斗，在顺利地打退敌人的进攻以后，胜利已经在望了。”

曼施坦因在研究作战部署。

最后曼施坦因的观点占了上风。会议决定，南方集团军群的突击集群继续向库尔斯克进攻，中央集团军群转入防御，并在现已占有的阵地上挡住苏军的进攻。然而几天之后，曼施坦因继续进攻的计划没有顺利实现，他的军队被迫回到原来发动进攻的阵地上。

此时库尔斯克北部的局势日益恶化，这促使希特勒最终取消了进攻，德军于7月17日开始后撤，到23日，双方基本恢复了交战前的态势。

当德军的攻势被阻止后，苏军决定于12日发动进攻，并以打败拿破仑入侵的俄国元帅“库图佐夫”的名字作为战役的代号。苏军的进攻首先在库尔斯克北部发起。

在库尔斯克北面的奥廖尔方向上，德军转入防御的部队约有 37 个师，其中有 8 个坦克师和 2 个摩托化师，总共约 60 万人，7000 多门火炮和迫击炮，1200 辆坦克和强击火炮，1100 架飞机。

库尔斯克会战是德军最后一次对苏联发动的战略性大规模进攻，双方共投入总兵力超过 268 万，另有 6000 辆坦克和 2000 架飞机，战斗空前激烈。

而发起反攻的苏联部队，有西方方面军左翼、布良斯克方面军和中央方面军，共 128 万多人，2.1 万多门火炮和迫击炮，2400 辆坦克和自行火炮，3000 多架飞机。苏军在兵员和兵器方面全部占有优势。

12 日凌晨，苏军向奥廖尔突出部的德军阵地实施了长达两个多小时的炮击，随后苏联西方方面军左翼部队和布良斯克方面军各部队在奥廖尔方向上发起进攻。德军则进行着顽强的抵抗，给苏军造成重大伤亡。

德军在奥廖尔地域广泛构筑了野战工事，并以工程障碍物和地雷场加以掩护。堑壕和交通壕四通八达，构成坚固的防御地带。为了守住奥廖尔地域，德军不惜一切代价不断调去新的增援部队。从 7 月 12 日至 18 日的 7 天内，共调去 7 个坦克师、1 个摩托化师和 4 个步兵师。

苏军最高统帅部根据发展攻势，决定将战略预备队投入作战，调遣第 3、4 两个坦克集团军和第 11 集团军增援前线，战场从此发生了有利于苏军的变化。

在大战的最后阶段，苏联空军完全控制了制空权，法国“诺曼底”航空大队也在库尔斯克上空与苏联空军并肩作战。面对兵力和坦克都占优势的苏军，德国第 9 集团军司令莫德尔意识到失去奥廖尔只是时间问题。7 月 16 日，莫德尔向希特勒请求放弃奥廖尔，将德军后撤至“哈根”防线，但被希特勒拒绝了。

1943 年 7 月 10 日，美、英军队在西西里岛登陆。到了 7 月 25 日，墨索里尼下台，意大利退出战争的迹象已经十分明显。希特勒开始面临东西线作战，他需要从东线抽调兵力去意大利，而奥廖尔突出部位的德军也面临被苏军合围的危险。希特勒最终同意弃守奥廖尔，把第 2 党卫装甲军调去稳定意大利的局势。

7 月 31 日德军向布良斯克方向的“哈根”防线撤退，德军在撤退途中实行残酷的焦土政策，要把奥廖尔地区变成废墟，掳走居民，毁掉庄稼，运走所有的物资。

苏联航空兵不断猛烈袭击撤退的敌军纵队。8月1日至5日，苏联空军第15、16集团军出动飞机9800架次，轰炸希特勒军队撤退路线上的铁路列车、道路交叉点、桥梁、渡口和运货的汽车队。苏联飞机空袭过后，路上布满了敌军官兵的尸体以及炸毁的汽车、坦克和各种技术兵器。

8月5日苏军攻克了奥廖尔。城内居民兴高采烈地欢迎解放者。同一天，南部的别尔哥罗德也获得解放。当天午夜12时，在苏联首都莫斯科，由最高统帅斯大林倡议，120门火炮齐鸣12响，庆祝苏军这一伟大的胜利。鸣放礼炮庆祝胜利从此成为一个传统。

苏军在奥廖尔方向上乘胜前进，至16日苏军的进攻基本结束，18日进抵敌人预先准备好的防御地区，即所谓“哈根”防线，战线逐步稳定了下来。

从7月12日到8月18日，苏军对奥廖尔的反攻持续了37天，向西推进了150千米，击溃敌军15个师，歼敌20万人，坦克1044辆，火炮2402门，拉平了库尔斯克防线，但却未能完成战前制定的合围并歼灭德中央集团军群的计划，同时苏军的损失也是巨大的，伤亡429890人，损失坦克2586辆，火炮892门，飞机1104架。

进军哈尔科夫

在南线，苏军的反攻确定在8月3日，以七年战争中俄国名将鲁缅采夫的名字为作战代号。进攻的苏军总计有90万人和2800多辆坦克和自行火炮。而这个方向上的德军只有18个师，其中有4个坦克师，总兵力约30万人。苏军拥有绝对优势。

8月3日，沃罗涅什方面军和草原方面军，在西南方面军的协同下，对别尔哥罗德—哈尔科夫方向上的德军发起反攻。

凌晨5点，苏军近万门大炮齐鸣，炮弹如雨点般倾泻到德军阵地上，炮击持续了两个多小时，最后以一阵喀秋莎火箭炮的齐射作为结束。随后坦克和步兵开始发起攻击，在炮击中幸存的德国士兵无力阻挡苏军的坦克，第一道防线很快被突破。经过一天的战斗苏军各突击集团平均向德军纵深推进了10 ~ 15千米。

在随后几天里，德军的防守异常地顽强，苏军的坦克虽然继续向前突破，但步兵却被德军缠住，进展缓慢。至8月5日苏第1坦克集团军攻占鲍里索夫卡，切断了德第255、第332步兵师和第19装甲师的退路。德军已面临被包围的危险，但仍然拼死抵抗，他们的顽强抵抗为曼斯坦因将德军主力从别尔哥罗德撤往哈尔科夫争取了时间。

8月5日傍晚，苏军解放了别尔哥罗德。苏军继续进攻，目标是乌克兰第二大城市哈尔科夫。

在6、7两日，苏军坦克队大踏步前进，跟随在后面的步兵忙于清除被包围的德军，两者逐渐脱节。曼施坦因希望抓住苏军这个弱点，开始在撤退中有计划地集结兵力，等苏军攻势结束时，实施反击。苏军方面对形势判断过于乐观，瓦图京认为德军已接近崩溃，命令前线坦克部队继续进攻，切断哈尔科夫至波尔塔瓦的铁路线，阻止德军逃脱。

德军在哈尔科夫实施反突击行动。

8月11日，德军的集结工作准备完毕，并补充了充足的弹药和燃料，开始反攻。由于苏军各部队之间分散很广，步兵和炮兵被落在后方，且弹药和燃料都已严重不足，苏军遭到近乎致命的打击。11日晚苏第1坦克集团军的第49坦克旅和第17坦克团被德军围歼，只因第5近卫坦克集团军的及时赶到才避免了第1坦克集团军的全军覆灭。14日，苏第6近卫集团军的第6坦克军被德军包围遭到惨败。在德军的进攻下，苏军被迫后退。

苏军在数量和规模上的优势起到了关键性的作用，他们虽然遭到重创，但很快又恢复了进攻。19日苏军攻抵哈尔科夫西面的乌德河北岸，并于20日强渡乌德河，在南岸建立了桥头堡。

德军统帅部特别重视哈尔科夫工业区和城市本身的防御。希特勒要求“南方”集团军群在任何情况下都要守住哈尔科夫。德军利用“虎式”坦克和“费迪南式”强击火炮，不断实施反突击。苏军突破敌人的猛烈抵抗，紧逼哈尔科夫外围环形防线，并从东面和东南面进抵哈尔科夫近郊。攻打哈尔科夫的战斗异常激烈，强大的苏第5近卫坦克集团军最后只剩下了50辆坦克。

8月22日下午，苏军地面和空中侦察发现哈尔科夫的敌军有撤退迹象。于是草原方面军司令员、苏联元帅科涅夫发出夜间强攻哈尔科夫的命令，不给敌人逃脱打击的机会。

库尔斯克大会战最终以苏联胜利而结束。德军从此失去了战略主动权。

22日晚，苏第53集团军率先攻入城内。第53、69集团军、近卫第7集团军、第57集团军和第5近卫坦克集团军的指战员，勇猛顽强，巧妙地绕过敌军支援点，深入敌军防御，从后方攻击敌军守备部队。当夜，市内展开巷战，大火弥漫，巨大的爆炸声不绝于耳。

德军开始全面撤出哈尔科夫，退向第聂伯河的防线。8月23日，城里枪炮声逐渐平息下来，苏军了收复哈尔科夫。别尔哥罗德—哈尔科夫战役中，苏军歼敌约20万人，自身损失也很惨重，士兵伤亡255566人，损失坦克1864辆，火炮423门，飞机153架。

苏军在别尔哥罗德—哈尔科夫方向上的胜利，标志着库尔斯克会战的结束。库尔斯克会战是第二次世界大战中规模最大的坦克战。无论就其规模、激烈程度还是战果而言，它都是第二次世界大战中最大的会战之一。斯大林说："如果说斯大林格勒附近的会战，预告了德国法西斯军队的覆灭，那么，库尔斯克附近的会战就使得他们已经处于覆灭的边缘。"

第六章

拉锯：逐鹿北非

一、希特勒点将

墨索里尼的豪赌

1940 年 9 月 13 日拂晓时分，一串嘹亮的小号声打破了北非沙漠的沉寂，一队坦克从利比亚与埃及交界的卡普措要塞鱼贯而出。随之而来的是三个步兵团，一个火炮团、一个机枪营、一个工兵连和一个迫击炮连。身穿黑色上衣，腰佩短剑和手榴弹的突击部队“阿迪梯”作为先头部队，走在队伍的最前面。紧接着的是几辆卡车，卡车上装满了大理石纪念碑。这些纪念碑是本尼托·墨索里尼计划用来记录自己从英国人手中夺取埃及这个“丰功伟绩”的。第二次世界大战开始已经一年了，与希特勒在欧洲所取得的胜利相比，自己几乎还没有赢得过一场战争。以现在的形势来看，西线战事已成定局，尽管还有英国在做垂死挣扎，但希特勒赢得最后的胜利是迟早的事。

经过一番深思熟虑，墨索里尼决定在北非发动一场战争，来最后显示一下自己的实力，以便在战争结束的时候能分到一点胜利的果实。他对意大利总参谋长彼得罗·巴多格里奥元帅说：“为了能以交战国的身份出席和平会议，我需要几千人为此献身。”他的这一想法已在法国作过一次实验，尽管结果令人丧气。7 月份，当法国即将落入德国人手中的时候，墨索里尼突然对同盟国宣战，并派军队进入与意大利接壤的法国境内。然而，这次突然袭击不但没有为意大利赢得多大的好处，反而成为别人的笑柄。

墨索里尼向意大利国民们大谈他的侵略非洲的主张。

现在正是意大利向非洲进军的最好时机，墨索里尼决定抓住这个机会。目前出兵夺取埃及，意大利占有以下有利条件：首先，英国虽然一直控制着埃及，但鉴于目前英国国内所面临的困境，已经无力再向中东战场投入大量人力和物力。其次，意大利在非洲也有自己的地盘。非洲东海岸的厄立特里亚和意属索马里很早的时候就已经是意大利的囊中之物，1911 年利比亚也落入意大利之手。墨索里尼新近又把东非的埃塞俄比亚收入囊中。利比亚位于埃及的西边，而埃塞俄比亚则毗邻英国在东非的殖民地。因此意大利可以从两条战线向埃及发起攻击。

当然，墨索里尼也清楚，面对训练有素的驻埃英军，他的军队不大可能重演 1936 年对埃塞俄比亚部队作战时旗开得胜的一幕。尽管如此，考虑到英国目前所处的两难境地，这场赌博看上去还是有赢的希望。并且这也向希特勒显示，他也对轴心国事业的发展贡献了自己的一份力量。

被墨索里尼选中领导北非意军的是 58 岁的鲁道夫·格拉齐亚尼元帅，格拉齐亚尼在镇压非洲土著民族反叛方面功勋卓著，而且因他对待敌手从不手软，人送外号“屠夫”。

格拉齐亚尼以为自己的任务主要是防御——向西保卫利比亚不受英军的侵犯，向东则防止来自驻突尼斯的法军的进攻，尽管这一方面的威胁随着法国的陷落也逐渐解除了。所以，当他得知自己的任务是向埃及境内推进 480 千米，夺取英国在亚历山大港的海军基地时，鲁道夫·格拉齐亚尼大吃了一惊。他立即飞回罗马向墨索里尼和总参谋长巴多格里奥申诉。

鲁道夫·格拉齐亚尼争辩说，他的军队只有不超过几个营的运输部队，是无法同英军匹敌的。此外，他还向墨索里尼抱怨手里的武器太陈旧了，像是一堆战争废弃物。他缺少最新式的装备——飞机、坦克、反坦克和防空火炮，甚至地雷。在沿埃及边界的一些地区，意大利士兵由于缺乏物资，不得不乘夜间巡逻之机偷挖英军布设的地雷，用来布设在自己的前线。

墨索里尼和巴多格里奥对于鲁道夫·格拉齐亚尼所描绘的惨淡图景并没感到特别惊讶。因为他们明白，最近这些年的军事冒险——特别是埃塞俄比亚战役和对西班牙内战的介入——已使意大利军事力量大大削弱。1939 年 4 月，意大利又入侵与自己隔海相望的阿尔巴尼亚。虽然阿尔巴尼亚不战而降，但意大利却不得不在那儿驻扎一支规模庞大的军队。而这些军队本来是可以用来壮大鲁道夫·格拉齐亚尼的队伍的。对于迫切希望在北非取得胜利的墨索里尼来说，鲁道夫·格拉齐亚尼的申诉自然不会有结果。他从“领袖”那儿所得到的只是一句安慰的话“我并没有决定去占领哪儿”，并且墨索里尼向他保证说：“我只是要求你向英国军队发动进攻。夺取埃及，将是对大不列颠的最后一击。”

失望的鲁道夫·格拉齐亚尼匆匆坐飞机返回了利比亚，他的此次意大利之行

1940年9月，英国驻埃及士兵正在巡逻。

没有得到一点实惠，只是得到一个口头承诺，那就是巴多格里奥答应会尽快给他运去1000辆坦克——这是在沙漠地形中最有效的武器。这项保证一直也没有实现，但它却在一段时间内给了鲁道夫·格拉齐亚尼一个合理的借口，来拖延进攻的时间。在此期间，意军与英军只是在边境爆发一些小规模的冲突。但是即使是这种小规模的冲突，也给意大利军队造成很大的伤亡。于是，墨索里尼向鲁道夫·格拉齐亚尼下达了最后期限。墨索里尼命令，无论如何，意大利军队必须在希特勒取得不列颠空战的胜利、德国士兵踏上英国国土之前攻入埃及境内。到9月初，眼看着德军就要在不列颠登陆了，墨索里尼再也不能等下去了，他向鲁道夫·格拉齐亚尼下了死命令，必须在两天之内发起进攻，否则鲁道夫将被撤职。

但是，鲁道夫·格拉齐亚尼却不愿继续驱使他的部队深入埃及。意军的左翼，还有意军的补给线——沿海滨通往利比亚的唯一一条大道——都处于地中海英国军舰的炮火攻击范围内。

鲁道夫·格拉齐亚尼决定让他的部队停驻在西迪巴拉尼。他从设在利比亚后方480千米的昔雷恩总部向他的野战司令马里奥·贝尔蒂将军发出命令，要求作战部队呈半圆形展开，分7个营地驻防。此后的3个月内，这些兵营内显得如此宁静，并不像是战争即将爆发。

英军出乎意料的胜利

在非洲大陆迎击意军的，是英军著名统帅阿奇博尔德·韦维尔将军。此时，他的部下只有英印部队5万人、苏丹国防军4500人。他仅有的几辆坦克还都是用土办法制造的装甲车辆，火炮更是只有2门陈旧的榴弹炮。

9月13日，8万意军先头部队越过埃及边界。英军一边抵抗，一边有计划地向境内撤退。9月15日，意军在损失了500人和150辆车辆之后，占领了埃及的西迪巴拉尼。之后，格拉齐亚尼决定在西迪巴拉尼巩固阵地，并集结起一支占压倒优势的军队，以完成此次入侵。意军开始构筑一连串横贯沙漠的向南延伸的密集堡垒阵地，等待英军的反攻。

格拉齐亚尼犯了一个致命的错误，他的短暂停战给了英军一个喘息的机会。在这期间，英军中东司令部总司令韦维尔将军等来了约 1 万人的援兵，这与意军相比虽然微不足道，但却使英军士气大振。有了这 1 万人的支援，韦维尔在埃及就可以建立起一支 3 万人的队伍，而到达的 1 个坦克旅，更增强了英军的攻击能力。

此后，韦维尔依据侦察兵的报告制定了一个秘密计划。原来，据英国的侦察兵拍回的照片显示：在意军建起的 7 座防御兵营中，每两个兵营之间有 25 千米的空地，在这里意军既未设防，也无人巡逻。并且这些兵营都只是在朝向英军的一面设防，如果英军能够神不知鬼不觉地穿过尼倍瓦和拉比亚之间的空隙，就可以从意军未设防的后部对意军实行毁灭性的打击。

韦维尔考虑到自己的实力，并不打算发动一场大规模的进攻。在他的计划中，袭击的时间最多不超过 5 天，袭击的范围最远只能推进到西迪巴拉尼以西 40 千米的布格布格。他的目标有三，首先是试探一下意军在正规战斗——而不仅仅是小规模的遭遇战中的士气；其次确保几千名战俘的安全；最重要的是在德军进入利比亚之前给意军以沉重的一击。

12 月 6 日上午 7 时，印度第 4 师和英国第 7 师全数出动，坦克、炮车和卡车保持 200 码的间隔迤逦前行。岩石和骆驼刺使他们的行军速度很慢，但是对沙漠了如指掌的奥康纳已提前对此作了相应的安排。他的 3 万部队将在梅塞马特鲁和意大利兵营的中间地带停下来休息整整一天一夜。由于他们时刻处于意大利侦察机的监视之下，所以奥康纳甚至命令将卡车的挡风玻璃除去，以免太阳反光让敌军的飞行员发觉。12 月 8 日夜，部队继续前进，用来照明的是经过巡逻队特殊布置的指路灯，这种指路灯能很好地隐藏他们的行踪。凌晨 1 点，在离尼倍瓦的意军兵营后方几千米处，英军停止前进。

12 月 9 日早晨 5 点，英军在黑暗中醒来，他们默默地吃着早餐，等待进攻时机的到来。在他们的东边，尼倍瓦的意军兵营有了一些动静。7 时 15 分，第一辆英军坦克冲了出去。紧接着，一排排的坦克隆隆驶来，坦克两侧是履带式小型装甲车，车上的布朗式轻机枪高高

英国士兵与意大利士兵正在猛烈交火中。

1940 年 12 月，双方在经过激烈的战斗后，英国在利比亚地区俘虏了几万名意大利士兵。

翘起，向防卫墙上惊呆了的意大利哨兵进行扫射。接着响起了一阵英军作为冲锋号的苏格兰风笛声，与此同时，苏格兰高地联军士兵冲进了兵营，他们的刺刀在初升太阳的照耀下闪着寒光。混乱中，意大利骑兵的马匹受了惊吓，引颈长鸣，四蹄乱蹬，搅起了一片烟尘。

意大利士兵几乎没有还手之力。他们的 20 辆坦克全都停在兵营的环形防卫线以外，现在已被英军的“玛蒂尔德”坦克打成了一堆浓烟滚滚的废铁。意军只能用机枪和手榴弹还击，许多人惨死于英军坦克的履带之下。坦克在兵营中横冲直撞，所到之处只看到血肉模糊，惨不忍睹。

战斗一直持续到上午 9 时，意军的第一座兵营在 3 个小时内便陷落了。出乎所有人的预料，这次进攻英军共俘虏了 2000 名意军士兵。这一成果鼓舞了英军的士气，使得英军士兵个个热情高涨。

在这次进攻中，还发生了许多有趣的事。奥斯泰斯·阿尔登中校率领他的部队抵达玛克提拉的意军兵营，正准备发起进攻，他手下的一个军官就喊道：“有白旗，先生！”“胡说！”阿尔登吼道。但是在防御工事后面，确实有一位旅长和他手下的 500 人正以标准的立正姿势站在那儿。“先生，”旅长用标准的外交法语对阿尔登说：“我们的子弹已经打完了。”然而，在他说这话的时候，阿尔登中校却看到他的身边还有一大堆尚未动用的弹药。

英军只用了两天时间就推进到西迪巴拉尼，这座小镇也很快就被占领了。和以前一样，英军又一次取得了令人惊讶的完全的胜利。当第一辆“玛蒂尔德”坦克进入被英国海军的炮弹炸得满目疮痍的街道时，人们发现一个已经划开了肚皮的阑尾炎患者被丢弃在手术台上，意军溃退时的仓皇由此可见一斑。

12 月 12 日，即进攻三天之后，已有 3.9 万名意军投降或被俘，这一数量大大超过了英军的预期，结果反而使得他们不知所措。一位坦克指挥官向上司抱怨道：“我被迫在 200 名——不，500 名——举起双手的士兵中间停下来。看在上帝的分上，把这些浑身血污的步兵送进战俘营吧。”一队又一队身穿布满灰尘的绿颜色制服的意大利士兵挤满了通往梅塞马特鲁的道路。在梅塞马特鲁的主管军官面对如此之多的俘虏只好发给他们木头和带刺的铁丝，让他们自己建造临时战俘营。

“5天的袭击”发展成大战役

在开罗，韦维尔很快意识到，他原来计划的“5天的袭击”已不适应于目前的局势，发动一场大规模的战争已成为必然的趋势。12月11日，英国军队已抵达原先的目的地布格布格，但奥康纳的部队仍然没有停下来的意思。

12月16日，即战斗打响一周后，奥康纳的部队就攻占了苏卢姆和哈勒法耶山口，并进入利比亚境内，先后攻占了意军在拜尔迪那据点附近的卡普措和西迪欧玛等战术据点。韦维尔的参谋人员刚刚研究出下一阶段的作战计划，表面羞怯内心却无比坚韧的奥康纳很快就会促使他们重新制订计划，因为他很快便完成了制定的作战计划。连韦维尔自己也坦言，他做梦也想不到战事发展得如此顺利。

丘吉尔同样兴高采烈。不久以前他还对韦维尔的能力产生过怀疑，现在则完全放心了。1月2日，朗莫里上将的“威灵顿”式轰炸机袭击了拜尔迪那，炸弹雨点般落在意军的碉堡和机枪掩体上。意军的坦克和物资仓库在烈焰中化为灰烬，轰炸整整持续了一夜。与此同时，拜尔迪那还遭到由英军坎宁安上将的旗舰以及其他2艘战列舰的猛烈炮击。炮击一结束，“瓢虫”号和“蚜虫”号炮艇，以及主要用于海岸作战的“恐怖”号低舷铁甲舰便悄悄地向岸边驶去，以便对位于悬崖之上的拜尔迪那的防御工事进行近距离炮击。

1月4日，经过连续几天的猛烈炮击，拜尔迪那上空已是黑烟蔽日。有一大段悬崖突然塌方，呼啸着滑向大海，意军的许多炮兵阵地因此被彻底毁掉。由于炮击，驻守在拜尔迪那的意军面临着缺水和缺粮的困境。至此，贝肯索对于坚守阵地已不抱希望，于是他化装成一个二等兵，带着少量部队溜出拜尔迪那，连夜逃往托布鲁克。1月4日日落时分，拜尔迪那政府大楼上的意大利旗帜飘然落地，意大利军队终于投降了。

二战中的意大利 P40 坦克

1月20日，奥康纳已做好了攻占托布鲁克的准备。他的部队已消灭了意军的8个师；原先驻扎在北非的 25 万意军已只剩下一半，且大多装备较差。但是如果奥康纳不能在一个月内彻底击败驻扎在利比亚的意军，把整个东部昔兰尼加省置于英军的控制之下，德军很可能对意军进行援助，那时候后果将不堪设想。

澳大利亚军队只用了一天半的时间就突破了托布鲁克 50 多千米长的外围防线，这主要得益于一次沙暴。在沙暴的掩护下，澳大利亚士兵——其中一些不得不戴上防毒面具以抵挡风沙——在铁丝网下面埋上炸药，将敌人炸得粉碎。1 月 21 日日落时，先头部队距托布鲁克只有十几千米。

8 天后，位于托布鲁克以西 160 千米的德尔纳陷落。随着意军的溃败，奥康纳也逐步面临着这样一个严峻的问题：他能在意军撤出昔兰尼加之前截住他们吗？此时，意军正沿滨海大道迅速向的黎波里撤退。如果他动作足够迅速，他就有可能在他们逃走之前截断他们的退路。由于此前英军已在要塞梅基利让一支精锐的意大利坦克部队逃脱，这使得奥康纳非常生气。于是，他向士兵们下达了以“飞奔”的速度向班加西挺进的命令。

2 月 4 日黎明，第 7 装甲师的 50 辆巡逻车和 80 辆轻型坦克从梅基利出发，穿过昔兰尼加的内陆草原，企图截断驻扎在班加西的意军的退路。但一路上沙石遍地，剧烈的颠簸加上劳累，使得士兵们普遍出现呕吐，大大减缓了行军的速度。跟在他们后面的是奥康纳和韦维尔派往西部沙漠的代表埃里克·多尔曼·史密斯准将，他不得不开始怀疑他们能否完成阻截意军的任务。

但是 2 月 5 日中午，从班加西以南达福姆村庄附近的一辆装甲车上传来了他们期待已久的消息：意军的退路已被截断。奥康纳为自己赢得了半小时的时间来布置陷阱。战斗持续了一天半。绝望的意军坦克一次又一次地发起集团冲锋，试图冲破英军的封锁线，但是他们每 30 辆坦克才配备有一台无线电发报装置，几乎不可能进行有效的协同作战。

到 2 月 6 日，英军每个旅只剩下 15 辆巡逻坦克。这时候伪装也变成了一个作战的武器，双方进入残酷的消耗战。2 月 7 日凌晨，奥康纳得到消息称，鲁道夫·格拉齐亚尼元帅已经逃往的黎波里，他手下的军队开始投降，他们已无力再战了。于是，奥康纳和多尔曼·史密斯驱车穿越方圆 25 平方千米的战场，所到之处让人触目惊心。

2 月 12 日，多尔曼·史密斯准将回到开罗。同时，他还肩负着一项重要使命，那就是劝说韦维尔批准奥康纳继续向利比亚首都的黎波里进军。但是他一走进韦维尔的作战指挥室，就已经知道答案了。沙漠地图已从韦维尔的墙上消失，取而代之的是一幅希腊地图。韦维尔向他挥了挥手，并对他说道：“你瞧，埃里克，我正忙着为我的春季战役作准备呢。”希腊的首相迈塔克萨斯突然去世，他的继任者亚历山大·科里洛斯最终决定接受丘吉尔提供的援助。

此时的韦维尔依然沉浸在战斗胜利的喜悦中，断然想不到，他此次的军事冒险已给他种下了麻烦的种子。如果他的胜利能够再晚一些的话，希特勒将没有力量对非洲进行援助。然而英军在非洲的胜利，使得希特勒感受到了威胁，于是立马派出一个德国装甲师和一个轻机械化师前往的黎波里，以阻止英军的推进。面对这种局面，最开心的莫过于墨索里尼，这和他企盼中的一样，只不过稍微作出了一些牺牲而已。

希特勒出手

希特勒此时正忙于苏联战争，根本无暇顾及意大利在北非的战事，所以一开始并不打算向非洲派兵。但是随着意大利军队的溃败，希特勒意识到，如果让英军控制了利比亚，就等于让英军把枪口对准了意大利的胸口，丘吉尔很可能迫使墨索里尼谈和。这个结局将是希特勒最不愿看到的。

1941 年 1 月 11 日，希特勒发出命令，派遣第 5 轻机械化师火速前往北非，在 2 月中旬到达，全力阻止英国人的挺进。1 月 22 日，在德军乘船到达非洲以前，托布鲁克的意大利军队投降了，这给意大利带来了巨大的挫败感。

对于意大利的失败，墨索里尼从未对自己的指挥产生过怀疑，而是毫不留情地指责陆军元帅格拉齐亚尼，为了遮丑，墨索里尼撤销了他的职务。这时墨索里尼已把全部的希望都寄托在了希特勒身上。

隆美尔

希特勒此时也意识到，必须赶快派一个德国装甲师去非洲。希望在英军人力和物资都已经匮乏的情况下，来个渔翁得利之举。于是，希特勒指示总参谋部，在原有的阻击部队第 5 轻机械化师动身以后，马上又派一支完整的装甲师去北非支援。

1941 年 1 月 22 日，由于托布鲁克陷落，德军增援北非的计划被迫提前。这时候，希特勒想起了一位年轻的将军，此人是一战的传奇人物，在二战的法国战场也出尽了风头。这个人就是隆美尔。隆美尔曾以伤亡 2000 余人的代价，俘虏了英法联军近 10 万人，缴获坦克和装甲车 485 辆，卡车 4000 辆，火炮数万门。为此，隆美尔第 7 装甲师获得了“魔鬼之师”

的称号。

此时，隆美尔正在德国休息。接到命令后，隆美尔立刻动身前往柏林。2月6日，隆美尔被召唤到总理府。希特勒给他看了一些英国和美国杂志的插图，上面刊登着英国的理查德·奥康纳将军率军胜利进攻利比亚的照片。

希特勒对隆美尔的辉煌战绩大加赞扬了一番，然后直奔主题，他问隆美尔对非洲战局有何看法？隆美尔此时已猜到了希特勒的意图，于是说："意军在北非快要撑不住了，失去北非，就意味着失去了地中海，这对我们无疑是一个重大损失。北非很重要，但我们的意大利盟友把事情弄得一团糟。我们不能再袖手旁观了。"

希特勒对隆美尔的回答很满意，于是说："好的。我准备让你担任非洲远征军的司令官。第5轻机械化师归你指挥，有必要的话，我会再给你派一个装甲师。此外，那里还有很多意大利师，也可以归于你的麾下。"隆美尔对于这样的指派激动不已，他回答说："多谢元首的信任，我一定竭尽全力保住非洲，决不辜负元首的期望。我会尽快出发的。"

此后，德国的勃劳希契元帅向隆美尔具体布置了任务，隆美尔被任命为德国"非洲军团"军长，并以最快的速度奔赴利比亚去调查当地的真实情况。隆美尔出发时，口袋里装着的是统帅部主管凯特尔为他拟定的行动计划。在这个行动计划中，凯特尔指示他在罗马和利比亚应该如何与意大利友军相处。同时，这份文件还强调了希特勒的态度："不准丢德国人的脸。"

隆美尔怀着期待的兴奋心情离开了柏林。德军驻利比亚总司令这个响亮的头衔激起了他的雄心壮志，在军事术语中，总司令比军指挥官还高一级。

按照原定计划，德军第5轻机械化师的先头部队于2月中旬到达非洲，第5轻机械化师主要人员和装备将于4月中旬到达非洲，而增派的一个完整的装甲师是第15装甲师，最快也要在5月底到达非洲。保证这些德军到达非洲的前提是，意大利军队必须守住苏尔特湾地区的防线。而这样做与意大利军队的计划完全背道而驰，因为意大利军队只想守住苏尔特湾地区的的黎波里。

由于的黎波里地区较小，难以保卫空军基地。隆美尔表示，如果意大利方面不同意在的黎波里以东建立新的防线以守住苏尔特湾地区，那么他就只能向意大利人表示歉意，因为他没有必要把德军派往的黎波里送死。

经过一番交涉，双方互相妥协，最终达成一致。意大利军队在北非的一切摩托化兵力都交给隆美尔指挥，而隆美尔的"非洲军团"又必须接受格拉齐亚尼的管制。

隆美尔到非洲后的首要任务是调查利比亚局势，然而野心勃勃的隆美尔心里想的却是在德军到达利比亚后，就开始进行真正的战斗。隆美尔多次向德国元首驻罗马的代表林特伦暗示，对英军发动进攻才是他的真正意图。林特伦极力劝说隆美尔改变这种念头，并且指出，如果贸然发动战争，只会使隆美尔失去声望和荣誉。但隆美尔并没有把林特伦的劝告听进去，进而作出了震惊世界的举动。

此后，隆美尔在北非的军事行动不仅使希特勒大跌眼镜，也使英国、美国等参战国大吃一惊。隆美尔以他那杰出的军事才华纵横北非，使得北非由一个容易让人忽视的小战场转变成为影响第二次世界大战进程的重要战场。

隆美尔唱起“空城计”

1941 年 3 月 12 日，隆美尔抵达北非战场已将近 4 个星期，在这一天隆美尔在的黎波里的街头上演了一出精彩的空城计。在的黎波里的主要广场上，一队看上去似乎永无尽头的坦克纵队正隆隆地驶过。

这些可怕的重达 25 吨的“潘萨Ⅲ”型和“潘萨Ⅳ”型坦克全都涂上了当时流行的沙漠伪装色——沙黄色。穿着同样颜色制服的坦克指挥官笔直地站立在坦克炮塔上，脸上的表情像他们的翻领上装饰的死神头徽章一样冷漠。站在检阅台上举手行礼的是一个矮小而结实的德国中将：埃尔温·隆美尔，他拥有一双蓝色的眼睛，给人一种深不可测的感觉，他就是新组建的非洲军的司令官。

站在隆美尔旁边的是副官汉斯·韦纳·施密特中尉，他看着一辆接一辆的坦克，接连不断地从旁边的一条大街上开出来，又隆隆地驶过广场，不禁越来越感到惊奇。大约 15 分钟之后，他注意到一辆履带有明显缺陷的“潘萨Ⅳ”型坦克，并且认出这是他先前在坦克队列中曾经见过的一辆，他此时终于明白了其中的缘由，忍不住抿着嘴偷偷地笑了。

德军士兵正用望远镜侦察前线情况。

现在他才明白，前一天晚上隆美尔对手下军官所讲的话的真正意图。当时，隆美尔强调了欺骗敌人以隐瞒非洲军虚弱的重要性，因为这支部队的大部分此时还远在欧洲。施密特逐渐明白，隆美尔其实只是让坦克绕着几个街区来回行驶，从而以一个坦克团造出一个装甲军团的声势。

隆美尔的这一出空城计足以令他赢得意大利人的敬畏，也足以令在场的英国间谍在后来后悔不已。在这一天，隆美尔向人们显示他的冒险精神和欺诈技巧，这些才能在下一阶段的沙漠战中将发挥和真正的装甲部队一样重要的作用。对英国人来说，这些才能是他们有待掌握和必须学会如何应付的，他们甚至在几天前才得知隆美尔的身份。在3月8日之前，韦维尔上将的参谋人员只能称新的德军司令为“X将军”。现在他们从情报部门得知这位“X将军”就是隆美尔。这一消息在开罗引起了不安。

隆美尔一向以好斗著称。他对敌人的弱点有着天生的直觉，对速度和出其不意格外钟情，他的格言是：进攻、动力、力量。1940年5月，时任德国第7坦克师——“魔鬼之师”——指挥官的隆美尔，曾多次智胜从法国败退的英军。他的部队总是出其不意出现在英军最意想不到的地方。

隆美尔出生于一个无钱无势的家庭，他完全是靠个人的奋斗取得成功的。他对此感到非常自豪，有时甚至并不掩饰他对一些最高级的德国将领的鄙视。他认为德军总司令瓦尔特·冯·勃劳希契元帅只不过是一个过分敏感和孤僻的贵族。

而为人尖酸刻薄而又雄心勃勃的德军总参谋长弗朗茨·哈尔德上将，在隆美尔眼里也是一个只懂得纸上谈兵毫无实践经验的家伙。隆美尔作为一个野战军司令，除了战斗之外，他几乎没有什么嗜好。他既不吸烟，也很少喝酒。他每天必做的事情只有一样，那就是给他的妻子露茜写信。在他的生命中，除了家庭就是战斗，战斗是唯一能使他产生乐趣的事情，战斗并取得胜利是他一生的追求。胜利时，他会像小学生一样兴高采烈，而失败时他便会垂头丧气。

然而，此次希特勒派隆美尔到北非来的主要任务并不是进攻，所以隆美尔的进攻欲望愈发强烈。意军现在蜷缩在的黎波里，时刻担心着英军会沿着海岸线进军，前来攻占这座港口城市。

他们中的许多人已经把行李打好包，随时准备着撤离这里，前往意大利。虽然希特勒没有把北非战场放在优先考虑的位置，但他还是感到德国不应该让他的轴心国伙伴被赶出这一地区。尽管他答应向墨索里尼提供援助，但是勃劳希契在给隆美尔的指示中说得很清楚，他的任务只是防御：目前德国还没有能力运来足够多的兵力将英军赶出利比亚东部的省份昔兰尼加。

希特勒答应拨给隆美尔的两个师之一，第5轻机械化师已经在2月中旬开始向北非出发，计划到4月中旬运完。第5轻机械化师包括配备有80辆中型坦克（“潘萨Ⅲ型和“潘萨Ⅳ”型）和70辆轻型坦克的第5坦克团，实际上比它听上去的要可怕得多。

5月底，隆美尔被告知：另一支训练有素的坦克师，第15师也将很快抵达北非。北非尚存的意大利摩托化部队——主要是拥有60辆老式坦克的“阿雷特”装甲师——也将归于隆美尔的指挥之下。不过出于外交上的考虑，北非德军部队将接受北非意军新的总司令伊塔洛·加里博尔迪上将的指挥。

隆美尔在的黎波里进行战略部署。

2月12日，隆美尔在刚刚抵达的黎波里的时候，就预料到英军很快就会重新向西挺进。他心里清楚，如果英军在他的增援部队到达之前立即展开进攻，他将很难阻止他们。在缺乏人员和装备组建强有力的防线的情况下，隆美尔把希望全都寄托在了极力显示他“强大”的防御力量上。

“我相信，如果英国人感觉不到威胁，他们很可能会继续向前推进，”他后来写道，“但是如果他们看出他们将要进行的是一场恶战，那么他们会推迟进攻，将所需的物资筹备好。这样我们就可以为自己赢得时间来加强力量，直到我们强大到足以抵抗敌人的进攻。”

隆美尔飞抵的黎波里仅几个小时后，就又登上飞机，对的黎波里以东的沙漠进行了空中侦察。通过仔细的观测，他决定在位于滨海大道上的苏尔特地区建立防御阵地。苏尔特是处在的黎波里和英军驻地欧盖莱中途的一个村庄。加里博尔迪上将不愿冒险让自己的部队向着敌人的方向前进400千米，因为他的部队本来就所剩无几了。但是隆美尔坚持这样做，他认为这样做可以尽快将前线指挥权掌握在自己手中。

第二天，两个意大利步兵师和“阿雷特”装甲师开始向苏尔特进发。2月14日，第一批德国军队——一个侦察营和一个反坦克营——抵达的黎波里，并于次日早晨开往苏尔特。与此同时，隆美尔再次施展了他的伪装术，他之所以这么做是为了威慑敌人。到2月17日，隆美尔已经对这支匆匆集结起来的半真半假的军队十分满意，此时他已经做好迎击敌人的充分准备。

二、北非闪击

轻取欧盖莱

现在我们再来看看英军方面的情况。此时，英军中在战争直觉方面堪与隆美尔匹敌的奥康纳中将已被提升为驻埃及英军的总司令，因为在上一阶段取得对意战役的胜利后，他迫切需要休息。2 月底，韦维尔任命菲利普·尼姆中将担任昔兰尼加英军的总指挥。尼姆虽然也以作战勇敢而闻名，但对沙漠战争他是毫无经验的。

正如韦维尔后来所承认的那样，他在昔兰尼加的防务安排上犯了一个致命的错误。3 月中旬，韦维尔亲自到班加西地区视察英军的前沿阵地。这时，他吃惊地发现，他对班加西南部的斜坡的想法是“完全错误的”。他原以为这道斜坡可以作为一道天然屏障，坦克只能在极少数的几个地方攀援进攻。但是，他到现场一看才发现，那些斜坡根本起不到阻挡的作用，坦克可以从任何一处登上斜坡。在视察中他还发现，尼姆的战略部署“简直荒唐”，他立刻命令作了一些调整。“但是最令人担心的，”他回忆说，“还是作为全军核心的第 2 装甲师的巡逻坦克的状态。”52 辆坦克中有一半待在维修车间里，每天还不断有新的坦克抛锚。

韦维尔指示尼姆，如果驻在欧盖莱的前线部队受到攻击，就将他们撤回到班加西，并沿途进行阻滞战斗。在必要的情况下，尼姆将放弃班加西，并将坦克拉上班加西东部的斜坡以保存实力。这次视察使得韦维尔开始忧心忡忡，他已经产生了不好的预感，但对此他又毫无办法，因为他的大部分兵力已经被派往希腊。

尽管如此，韦维尔还是认为隆美尔在 5 月底之前是没有足够的实力发起进攻的。德军最高统帅部也这么认为。3 月 19 日，就在韦维尔从前线视察回到开罗的第二天，隆美尔飞抵柏林。他已经意识到“英军暂时的虚弱”，并且坚信应该“尽最大努力加以利用，以一劳永逸为我们赢得战争主动权”。他请求勃劳希契允许他立即对英军发起进攻，但被坚决拒绝了。

德国 75 毫米反坦克炮

勃劳希契耐心地向隆美尔解释道，德军最高统帅部还没有做好在北非发动一场决定性战役的准备，而且除了已经许诺的部队，隆美尔几乎得不到其他的任何增援部队。因为此时希特勒即将派部队去希腊援助墨索里尼，并且他还在秘密策划着对苏联的入侵。当然，对于这些情况，隆美尔是毫不知情的。勃劳希契继续安慰道，在5月底，第15坦克师到达后，隆美尔可以对英军的前沿阵地发起一次有限的攻击，最远可能推进到艾季达比那。如果形势乐观，他可以重新攻占班加西，但不可发动全面进攻。隆美尔回答道："我们不能只占领班加西，而是应该占领整个昔兰尼加，因为占领班加西这个孤地是无法自保的。"然而，勃劳希契对此的态度是非常坚决的，他对隆美尔下达了最终命令，在5月底之前不能采取任何行动。隆美尔表面上遵从了勃劳希契的命令，实际上却已经下定决心发动进攻。

在动身前往柏林之前，隆美尔已经向到达北非的第5轻机械化师的一部——主要是第5坦克团——下达命令，让他们做好于3月24日进攻欧盖莱的准备。从柏林回到北非后，他立刻发出了进攻的命令。他为自己违抗最高统帅的指示寻找的借口是：一个给德军军事据点运送补给的小分队经常受到驻欧盖莱英军巡逻队的骚扰，为了保住这个据点，他必须把英国人赶出欧盖莱。

欧盖莱的防卫并不坚固，那儿的英国士兵和韦维尔有着同样的感觉：他们眼下还没有受到敌人的威胁。3月24日凌晨，他们突然遭到了隆美尔军队的进攻。欧姆弗雷德·冯·魏克玛少校指挥的第3侦察营的坦克和装甲车沿1000码的战线展开，全线向欧盖莱压过去。跟在他们后面的卡车正按照隆美尔的命令拼命扬起滚滚黄尘。这是隆美尔第一次在沙漠中开展他的欺骗术。魏克玛的许多"坦克"根本不能开火，它们只是一些安装在汽车底盘上的假坦克——现在被称作"纸板师"。在飞扬的尘土中，它们看上去和一支可怕的战斗部队一样令人恐惧。守卫欧盖莱的英军迅速撤离，退到欧盖莱东北50千米的梅赛布列加。

听到德军未遭任何抵抗就占领欧盖莱的消息后，丘吉尔立刻给韦维尔打电报，在电报中丘吉尔以一种调侃的语气说："我猜想你是在等待乌龟把头伸出龟壳足够长，再把它斩断。"在给丘吉尔的回电中，韦维尔用很长的篇幅详细地介绍了自己目前所面临的困境。他指出，利比亚的英军因抽调兵员去希腊而被大大地削弱了，他手中已经没有部队可以派去增援尼姆。但最后，他又让丘吉尔不用太过担心，因为他确信德军暂时还不会发动一场大规模的进攻。3月30日，韦维尔打电话给尼姆，告诉他不要过于担心，并宽慰道："我相信至少在一个月之内，他们是不会有任何大的动作的。"然而，就在第二天，隆美尔就对梅塞布列加发起了进攻。

隆美尔在欧盖莱停了一个星期，但是他担心如果他坐等第15坦克师的到来，会使英国人有时间来构筑一个防御工事，从而使梅塞布列加成为一个坚固的堡垒。于是，他派遣德军的突击主力第5坦克团沿着滨海大道前进，英军在隘口处进行了顽强抵抗。

到傍晚时分，战斗陷入僵持状态。隆美尔当机立断，派遣一个机枪营穿过大道北边高低起伏的沙丘，从侧翼对英军展开攻势，把英军从隘口击退。当非洲军的士兵向梅塞布列加发起冲锋的时候，英军只有匆忙弃阵逃跑。

第二天上午，隆美尔从德国空军提供处得知，英军仍在向北撤退，并没有继续抵抗的意图。就目前的形势来看，昔兰尼加省似乎已敞开大门欢迎隆美尔的到来。这对隆美尔来说是一个无法抵挡的诱惑，他已经完全不顾上级下达的在5月底之前不能发动大规模攻势的指示，全身心地投入战斗之中。他命令第5轻机械化师继续向艾季达比那推进。

4月2日，经过短暂的战斗，艾季达比那和附近的港口须提那被德军攻占。这时，加里博尔迪试图制止隆美尔，但此时此刻，任何人都无法阻挡隆美尔向昔兰加尼前进的脚步。

英军全线溃退

隆美尔把他的军队分成三路，一路沿滨海大道向北去进攻班加西，一路向东进攻摩顿格拉那和本加尼亚，第三路则从中路出发，进攻安提拉特和摩苏斯。在进军过程中，他采取的是以不变应万变的灵活作战计划。德军只需要到处发起进攻，一旦英军开始撤退，便紧随其后伺机行动。很快尼姆的军队便全线撤退。

隆美尔并不是那种只会在作战室里指手画脚的军官。在战争中，他喜欢乘坐飞机或乘车视察他的部队，并依据战争的情况向他们下达命令。在这次战斗中，隆美尔需要的是德军在速度上的优势。于是，他把作战参谋乔治·艾雷特少校留在指挥部，自己则乘坐飞机到各个战线上去督促战士们加速前进。

4月3日这一天，由于隆美尔盲目追求速度，使德军冒了一次很大的风险。这对于本来就反对进攻的加里博尔迪来说，无异于火上浇油。于是他强烈要求隆美尔停止所有的战斗，未经他的允许，军队不能再前进一步。隆美尔此时也大为愤怒，因为他不能让这大好的机会白白溜走。于是，双方的谈话变得相当激烈。当晚，德军占领了英军主动撤离的班加西。

现在，隆美尔的快速进军产生了他预期中的效果：尼姆的部队出现了混乱和

英军炮兵的反击。在隆美尔灵活多变的战术面前，英军的战术显得既单一又保守。

恐慌。轴心国军队突破梅塞布列，使得英军开始了持续一周的 800 千米大撤退。这次仓皇撤退后来被一些英国人幽默地称为“托布鲁克大赛马”。英军传统的冷静和刚毅的品质在这次撤退中突然间消失得无影无踪。

尼姆也曾试图恢复秩序，但形势的发展已使英军士兵去控制。4 月 2 日，韦维尔亲自到巴斯评估形势。他到达巴斯后，立刻意识到尼姆已经失去了对部下的控制。于是，他立刻派人去请奥康纳重新出来接掌指挥权。4 月 3 日奥康纳到达后，向韦维尔建议，让尼姆继续指挥，他自己则担任尼姆的顾问。这么做的理由是“中途换马不会真的有好处”。

奥康纳的到来也没能扭转乾坤。隆美尔看到自己那种伪装的强大已经起作用了，于是决定继续保持。因为就目前的形势来看，这已成为德军赢得胜利的一大法宝。英军第 2 装甲师正向梅基利败退，一路之上，在各种小冲突和停顿中，又损失了大量坦克。隆美尔不失时机地让那座沙漠小城堡成为了他多头并进的中心。三支强大的德军纵队卷着滚滚黄沙，以向心突击的方式向梅基利直扑而去：第 5 轻机械化师的主力和“阿雷特”师沿着本加尼亚和腾杰得尔一线；德军第 5 坦克团及作为支援力量的 40 辆意军坦克沿梅苏斯一线；第 3 侦察营则经由班加西穿过查鲁伯一线。

第4支轴心国纵队则沿着滨海公路扑向德尔纳，澳大利亚第9师早先曾撤到此地，预计在一处干涸河床上对德军进行强有力的抗击。然而，4月6日情况发生变化，澳大利亚第9师几乎已处于德军和轴心国大军的包围之中。于是，澳军不得不从德尔纳慌忙逃窜。此后，E.O.马丁中校的“诺森柏兰明火枪团”也迅速收拾整理，匆忙地汇入到东撤的狂潮之中。

当天夜里，尼姆和奥康纳也觉察出自己的情况岌岌可危，于是决定从指挥部撤退。这两位将军属于最后一批撤离者。坐着尼姆的指挥车，他们朝着东边大约160千米处的特米疾驶而去。然而不幸的是，那天夜里他们走错了一个岔道口，向北开往了德尔纳。结果他们全都成为了德军的俘虏。

在这片浩瀚得几乎找不到哪怕是一条小路的沙漠角斗场上，迷路是常有的事，无论是对于英国人还是德国人。隆美尔的先头部队也遇到了同样的麻烦。每天，隆美尔都得用上几个小时，乘着那架“斯多奇”飞机，试图找到他们并进行协调指挥。频繁出现的沙漠风暴使得德军纵队不时偏离预定路线，并且使本可以对他们进行引导的隆美尔的飞机或其他飞机只得临时找块空地着陆。从梅苏斯出发的赫尔伯特·奥尔布里奇上校的第5坦克团也在沙漠中迷失方向达一天之久。隆美尔发狂般地到处寻找这支部队，并差一点就使他过早地告别这个令他名声大振的战场了。

虽然德军在沙漠中时常迷失方向而且汽油短缺现象日趋严重，但是，4月7日，他们和意大利军队还是一起包围了梅基利。陷入包围圈中的是英军第2装甲师的一些残余部队，印度第3机械化旅和其他几支未能逃脱的部队。隆美尔要求被困的英军高级指挥官率军投降，但被拒绝了。4月8日上午，就在轴心国部队开始发起总攻的同时，英军也正试图冲出包围圈。在一片混乱中，一些英军官兵设法逃了出来，但是到中午时分，梅基利还是失陷了。这一役使得“沙漠之狐”隆美尔的神奇故事从此广为流传。

托布鲁克的拉锯战

在梅基利被德军攻下的这一天，韦维尔在托布鲁克的一家滨海旅馆里，向英军的高级军官们宣布了一项事关重大的决定：英军必须死守住托布鲁克。鉴于德军的胜利进军，从德尔纳成功撤退的澳大利亚第9师将前往托布鲁克，与驻扎在当地的英国和英联邦国家部队会合，誓死守住托布鲁克。

出席会议的军官没有一个人对韦维尔的计划提出疑问。因为大家都明白，只要英军能守住托布鲁克，隆美尔就不可能长驱直入。没有托布鲁克，隆美尔也就

托布鲁克的英炮兵守军正向敌军阵地猛轰。托布鲁克对于攻守双方来说都至关重要，一方是志在必得，一方则誓死坚守。

不能在昔兰尼加地区找到一个合适的海港来运输部队给养。当然，要守住托布鲁克绝不是一件轻而易举的事情。一方面是志在必得的隆美尔，他会不惜一切代价把防御的军队赶入大海。另一方面，英军的食物、弹药和补充装备都很困难，因为德军已完全掌握了这座城市的制空权。然而，英军已别无选择。现在，在托布鲁克周围，仅存有拜尔迪那、西迪巴拉尼和梅塞马特鲁等几个据点了。

隆美尔对于英军的这个情况也是了如指掌的。现在，隆美尔面临的唯一困难就是如何拿下托布鲁克。因为在今后数天里，他的非洲军将会绕过托布鲁克，沿着海边向东拿下卡普措要塞、塞卢姆和哈尔法亚隘口，但是，只要英军扼守住他们的防御工事，对隆美尔的侧翼和后方构成威胁，轴心国部队的长驱直入就是徒劳无益的。这种情况真是使隆美尔哭笑不得。隆美尔现在一心想征服埃及和苏伊士运河区，但是却发现自己被一小撮厚颜无耻的英国守备部队阻拦在胜利的门槛之外。

更糟糕的是，现在英国人已经加固了托布鲁克的防御工事。这是一块面积为570平方千米的“飞地”。内圈是周长为50千米的“红色防线”。在这一地带内设有相互缠绕在一起的带刺铁丝网，屹立着140座坚固火力点，地下掩体上面还加设了钢筋水泥保护层，它们每个都可容纳20人。在“红色防线”背后3千米处还有一条“蓝色防线”。该防线上密密麻麻布满地雷，穿越其间的是更多的铁丝网，而且每隔500码就有一个坚固火力点。

虽然英军的防御很坚固，但隆美尔相信，只要充分利用装甲部队，这次战役也能轻易取胜。他把攻击时间定在4月14日，即西方的“复活节”那天。德军官兵也指望他们的坦克群一开近，敌军就弃城逃跑。他们对隆美尔“速战速决”的战术深信不疑。清晨5时20分，第5轻机械化师的第一批坦克未遇任何抵抗，轻易就碾过了托布鲁克以南一道被炸开缺口的铁丝网阵地。然而，正当德国步兵潮水般涌过这些坚固火力点时，澳军的弹雨就从他们身后直扫而来。德军坦克并没有注意到它们身后那血淋淋的可怕场景，继续向前开进，殊不知他们已一点一点地钻进了一个精心策划而又危险的圈套里。

忽然间，德国坦克兵发现自己被套进了一条火网之中。就在不远处，英军的野战重炮从两侧向他们猛烈开火。一辆“潘萨 IV”型坦克的炮塔被一发炮弹直接命中，强大的爆炸力把它从炮座上完全掀了下去。乘着小汽车傲慢地闯进战场的德军中校古斯塔夫·帕纳森当场毙命，他那辆舒适的小车被一发反坦克炮弹炸了个稀巴烂。阵地上到处弥漫着硝烟和灰尘，德军驾驶员和炮手们眼前模糊一片，什么也看不清，他们只能开着坦克惊慌失措地东闯西钻。最后，撤退命令下达了，他们才狼狈不堪地杀出一条血路，沿着同一道交叉火网，退回到外围阵地上去了。在这场混战中，德军损失坦克 17 辆，损失惨重。

隆美尔吃了败仗，暴跳如雷。两天后，即 4 月 16 日，他亲自挂帅，卷土重来。但这次进攻同样以失败告终，在两天的进攻中，800 多名意军官兵被生擒活捉；“阿雷特”师也至少损失了 90% 的坦克，丧失了作战能力。4 月 17 日，隆美尔只得取消了进攻。但隆美尔仍然相信，只要得到足够的增援，他还是可以攻克托布鲁克的。

1941 年，在北非围攻战期间，澳大利亚士兵组成了托布鲁克要塞的绝大部分兵力。

这一次，他再次低估了守城英军的意志力。在托布鲁克外围阵地内虽然只有 3.5 万名官兵，这些官兵还是由澳大利亚人、新西兰人、不列颠人、印度人等组成的一支杂牌军，但他们的统帅却是一名同隆美尔一样富于坚韧不拔毅力的澳大利亚指挥官。这个统帅就是素有“恶棍”之称的勒斯列·詹姆斯·莫谢德少将。莫谢德少将此时已年过半百，作为一个经验丰富的指挥官，他对自己所肩负的重任十分理解，那就是死守到底。每天夜里，他都会派出 20 人的巡逻队对敌军发动一次偷袭。不久，隆美尔就意识到了他们的威力。

4 月 30 日，得到第 15 坦克师增援的隆美尔再次发动了新的攻势。这次攻势是德军到那时为止对托布鲁克展开的最为残酷的一次大规模进攻。“斯图卡”俯冲轰炸机和轴心国炮兵部队对城西南一座叫“拉斯伊·梅道尔”的山头进行了狂轰滥炸，德军坦克集群趁机突破了这个制高点以北、以南的防御系统。在三个小时内，德军就把战旗插上了山顶，坦克部队则深入外围阵地达3千米之远。但是，德军未能占据一系列由澳军死守的坚固火力点。次日上午，这些火力点仍旧十分活跃，当英军用炮火进行报复和展开反击时，它们就从后面对德军进行骚扰。

双方冲击和反冲击的拉锯战激烈地进行了三天，遮天蔽日的风沙使得德英指挥官的战术控制都陷入了困境。这场战斗是隆美尔到那时为止损失最为惨重的一次出击。在战场上，他的部下已经伤亡将近1000人。此时必须有一个人出来制止隆美尔的疯狂进攻了。

弗雷德里希·保卢斯中将就是带着这个使命来到北非的。保卢斯中将是一名头脑冷静、做事缜密的将军级参谋。保卢斯被德军在战斗中遭受的伤亡吓得大惊失色，他提醒隆美尔，夺取托布鲁克已经没有希望了。5月4日，当英军发起了最后一次不成功的反击之后，德军仍然设法在外围阵地上占领了一块宽约5千米，纵深3千米的地盘。

与此同时，勃劳希契下达了一道充满怒气的最后通牒，他勒令隆美尔不可再对托布鲁克展开攻势，隆美尔必须坚守现有阵地，保存实力。隆美尔对于由进攻转入防御感到十分痛苦。但是，不久他就开始喜欢上防御了，因为他在这方面同样具有天赋。

一柄鲁钝的“战斧”

丘吉尔在伦敦得知非洲的战况进入僵持阶段之后，下令驻扎在非洲的英国军队在昔兰尼加展开自己的攻势。他还为此设想了一个大胆并且典型的“丘吉尔式”的计划，在4月20日就为战斗奠定了基础性框架。

在此期间，丘吉尔提议让一艘正准备起航绕道“好望角”开赴苏伊士运河的补给船只改变路线，从直布罗陀海峡，穿越地中海德军交叉火力网，直驶亚历山大港。他天真地认为，这样可以缩短40天的航程，是一个很好的建议。殊不知，自1月初，英国船队就不敢穿越地中海向北非运送给养了。因为德国空军已完全掌握了地中海的制空权。

虽然丘吉尔知道隆美尔已得到了一个完整的德国坦克师的增援，但他仍认为有必要冒一些风险。

如果让韦维尔能提前得到295辆坦克，那就有可能阻止德军的行动，目前比较被动的战斗局面可能会很快地扭转过来。

事实上，在代号为“猛虎船队”的运输过程中，英军只损失了一艘货船。5月1日，船队终于把238辆坦克送到了亚历山大港。在到达之日，丘吉尔在给韦维尔的电报里说：“看吧，现在已是拯救之时。”但韦维尔却一点也乐观不起来。因为运来的坦克实在是让人摇头，这些坦克的制动箱被压碎、履带无法使用，更重要的是发动机没有安装滤尘器，而滤尘器在沙漠战中是至关重要的。韦维尔不得不遗憾地给丘吉尔回电，在6月中旬之前展开行动是绝对不可能的。

丘吉尔收到电报之后非常失望。但是，5月15日，韦维尔在没有动用新坦克的情况下，仍然发起了代号“简明行动”的作战计划。这是一场旨在为下一次大规模攻势夺取攻击阵地的小战役。在W.H.E.高特准将的指挥下，英军越过埃及—利比亚边境，排出了三支攻击纵队，展开了进攻。英军行军神速，很快就攻克了卡普措和哈尔法亚隘口。

哈尔法亚隘口不仅是通向利比亚高原的唯一关口，而且还控制着通往塞卢姆及以西各地的沿海公路。这一据点的取得，对于英军来说是一大喜讯。此后，大军继续向西迪西则兹推进。

隆美尔也不示弱，于5月16日凌晨前几个小时，发起了一场反击战，把英军夺取的关隘再次夺了回来。结果韦维尔的“简明行动”一无所获，还使英军损失了许多兵力。

丘吉尔意识到不能再让隆美尔继续巩固他的防御阵地，于是不断督促韦维尔立即采取大规模攻势，这使韦维尔心烦意乱。因为他最近所面临的问题可不止这一个。

4月底，在希腊的英军被赶了出来，这些军队都驻扎在克里特岛，现在正受到德军的威胁。此外，韦维尔还被卷入到叙利亚和伊拉克境内的冲突中去，这些国家亲轴心国的傀儡政府正在积极地策划反英活动。现在的韦维尔真可谓手忙脚乱，无所适从。

6月15日凌晨2时30分，韦维尔在丘吉尔的一再催促下，还是勉强展开了对昔兰尼加的攻势，代号为“战斧行动”。该计划与“简明行动”大同小异，只是规模要宏大一些罢了。

6月15日清晨6时许，驻扎在哈尔法亚隘口的德军炮兵首先听到了英军坦克马达的轰鸣声。这些防御者被英军视为“七日大兵”，因为他们一次只能补充仅供一个星期使用的弹药、食品和淡水，他们必须战斗到最后一发炮弹和最后一滴水为止。

该营营长是50岁的维尔赫姆·巴赫上尉，战前，他是一名福音派新教会牧师，始终过着一种普通市民的生活。在这场战斗中，他那些忠诚不渝的部下尊称他为“哈尔法亚的牧师”。

隆美尔与意大利加里波第元帅

巴赫上尉通过野战望远镜，密切注视着杀气腾腾的英军坦克，现在它们就在3千米之外了。

随着英军坦克的推进，在隘口制高点上已经处布满了坑坑洼洼的弹痕。然而，巴赫仍然镇定地向部下下达了不许开火的命令。

上午9时15分，靠近冲向隘口英军纵队尾部的瓦尔特·奥卡洛尔中校还得意于英军的顺利进军。然而好景不长，没过不久，无线电里就突然传出了C.G.麦乐斯少校最后几句惊恐万状的呼喊。原来德军事先已经把大口径炮掩藏在了地下，这些大炮被设在沿着隘口处的悬崖绝壁上，位置很隐蔽且攻击视线较好。几分钟内，英军充当先头部队的12辆坦克已被德军的大炮击中11辆。英军连续五次试图强行突破隘口，但都被德军猛烈的炮火逼了回去。从那天起，哈尔法亚在英国陆军中就成了“地狱鬼火隘口”。

在大斜坡之上，从中路进攻的英国坦克集群经过力战，把轴心国部队从卡普措要塞赶了出去，随即，大军锋芒一转，向东直扑塞卢姆而来。但是，从西路进攻的英军部队左翼在哈菲德山脉前被德军死死地阻住了。德军在那里配备了更多的极具杀伤力的88毫米口径高射炮，它们全被当作可怕的反坦克炮使用。在这一天晚些时候，隆美尔又从托布鲁克地区征调了大量援军，其中包括第5轻机械化师和第15坦克师的部分部队。

6月16日上午，隆美尔把这些预备队全都投入战斗中。第15坦克师对据守卡普措的英军展开进攻，但是，午前他们又停止了攻击。同时，在南部的隆美尔的第5轻机械化师包围并袭击了临近西迪奥马尔的英军左翼。经过一场激烈而残酷的较量，第5轻机械化师突破了英军防线，并开始向东部的西迪苏勒曼方向席卷而去。隆美尔立即意识到，这是自己打垮英军的最好时机。

隆美尔下令第 15 坦克师主力撤离卡普措地域，往西南方向合围过去，与正在向东长驱直入的第 5 轻机械化师合兵一处。6 月 17 日清晨，这些部队抵达西迪苏勒曼，隆美尔命令他们继续向哈尔法亚隘口挺进。这时的隆美尔已开始得意扬扬地盘算着英军即将完蛋的美景。

然而，隆美尔的如意算盘落空了。因为在上午 11 时，印度第 4 师师长 F.W. 梅塞维少将自作主张，下令部队撤退，结果使大部分部队逃出了隆美尔的包围圈。梅塞维的这一行动虽然没有请示上级，但却使英军避免了一场灭顶之灾。

“战斧行动”以英军的惨败告终。当收到韦维尔简明扼要的失败陈述时，某些在伦敦的先生们开始坐不住了，他们开始察觉到韦维尔根本不是隆美尔的对手。

三、千里拉锯战

丘吉尔任命的新司令

丘吉尔寄予厚望的“战斧计划”不仅没有将隆美尔击退，还使得英军损失大量兵力，这让丘吉尔很不能接受。在“战斧计划”中，令人害怕的德军 88 毫米高射炮首次被使用。英军的装甲部队对它的杀伤力望而生畏。英军 90 毫米口径防空炮在反坦克时，反而没有发挥其应有的作用。

不断告急的北非形势，使得丘吉尔不得不冷静下来仔细思考战败的原因何在。其实，对于北非战场的失败，丘吉尔首先想到的替罪羊就是北非英军总司令韦维尔。其实，丘吉尔早在 5 月中旬，就提议让驻印度英军总司令克劳德·奥金莱克爵士替代韦维尔，只是后来考虑到一些其他因素，没有将韦维尔召回。现在，形势的发展已使丘吉尔下定决心，派遣一名新的指挥官到非洲去。

其实，丘吉尔撤回韦维尔还有另外一个原因，那就是他与韦维尔性格上的不合。丘吉尔坦率善辩，而韦维尔孤僻寡言，两种截然不同的性格使两人沟通起来很困难。丘吉尔对韦维尔的评价是“一个表现良好的普通上校”。而韦维尔则更痛恨政府对于军事的干预，作为一名失去了左眼的一战老兵，他不认为在一战中只有短暂服役经历的丘吉尔有多少军事方面的才能。韦维尔自己也很清楚，“战斧计划”的失败将为他的军旅生涯画上一个不太圆满的句号。他在给英国最高司令部的报告中，将过失统统归于自己，并主动请辞。

1941 年 6 月 21 日，丘吉尔任命奥金莱克上将取代韦维尔成为英军总司令。在他眼里，奥金莱克是最为合适的人选。丘吉尔之所以认为奥金莱克是最合适的人选，不是毫无根据的。

英军上将奥金莱克，在取代韦维尔任英军总司令前，他曾在印度任印度英军总司令。

此时已经 57 岁的奥金莱克是个杰出的战略家，绰号“海雀”；1884 年 6 月 21 日，出生于英国奥尔德肖特市。1902 年 1 月，奥金莱克升入桑赫斯特皇家军事学院，毕业后赴印度服役。1914 年，第一次世界大战爆发，奥金莱克参加了英军与土耳其军队在美索不达米亚的激战。

1919 年，奥金莱克进入奎达参谋学院深造。奥金莱克在奎达参谋学院学习期间，开始研究机动作战和欺诈在战争中的作用，这使得他能在后来面对隆美尔的欺诈术时，一看就破。毕业后，奥金莱克成为一名参谋。1927 年，奥金莱克进入帝国国防学院深造。毕业后，奥金莱克历任团长和奎达参谋学院教官。1935 年，奥金莱克晋升少将，此后开始担任英印军的副参谋长。1939 年，第二次世界大战爆发后，奥金莱克回到英国，历任军长和英国南方军区司令，晋升中将。1941 年 1 月，奥金莱克调任印度英军总司令。从他的经历可以看出，奥金莱克不仅身经百战，对军事理论也很精通。

奥金莱克意志坚定，对自己的部下也充满信心。他口才极佳，这一点使他即使在与高级官员争辩时也表现得极其从容。到任伊始，他就对将要面临的战略和战术问题作了大致的了解。他发现英军坦克还不适应沙漠作战的需要，军官们的战术思想落伍，英军最主要的工作是改进装备和加强对士兵的训练。奥金莱克决定对沙漠中的英军进行重组，首先保证英军在数量上要超过隆美尔的军队。此外，奥金莱克经过仔细研究向英国首相提出了延缓发动攻势的时间。他认为，英军在夏季就发动进攻为时过早，11 月份才是发动进攻的最好时机，因为到那时，奥金莱克就可以得到足够的增援。

然而，在所有这些令人肃然起敬的优点的背后，他有一个致命弱点：不会用人。他用人的原则就是，对于他所信任的人毫不怀疑，并且想当然地认为，他们也会不折不扣地执行自己的命令。如果一时看走了眼，他也会出于固执和盲目自信，不会立即纠正自己的错误。这一缺点在他重组西部沙漠部队时充分暴露出来。一抵达开罗，奥金莱克就开始着手组建新的沙漠兵团。这个新兵团的规模扩大了三倍，并命名为第 8 集团军。奥金莱克为这个新军团选中的司令是已经 54 岁的艾伦・戈登・坎宁安。

艾伦・戈登・坎宁安虽然总是面带微笑，但骨子里却是个不折不扣的急性子。1941 年，他在东非的战场上，仅用 8 周的时间，就打败了奥斯塔公爵指挥的意大利军队，一时名声大噪。正是由于坎宁安在这次战斗中杰出的表现，使奥金莱克首先想到了他。然而奥金莱克却没有考虑到坎宁安没有指挥坦克战的经验，并且是个因循守旧的人，让他去和诡诈易变的隆美尔作战，简直是羊入虎口。更为糟糕的是，当时坎宁安本人由于戒烟而情绪低落，这对他的指挥将产生不可估量的影响。

“十字军战士”行动

坎宁安就任第 8 集团军司令之后，指挥的第一次战斗是代号为“十字军战士”的战役。到那时为止，这是英国在沙漠战场上发动的规模最大的一次攻势。整个军事行动的具体部署是，首先拖住并消灭敌人的装甲部队，从敌人的包围之中解救托布鲁克的英国守军，然后夺回整个昔兰尼加，并最终占领的黎波里。

英军的火炮阵地遭受德军炮火的轰炸。

11 月中旬，在“十字军战士”行动发起之前，坎宁安和他的指挥部里充满着一种轻快的自信。以当时英军的装备来看，他们这种自信也不是毫无道理的。这支重新整编的部队有 11.8 万人，700 多辆坦克，600 多门野战炮，200 多门反坦克炮，还有许多其他装甲车辆和武器。同时，这次行动还可得到新近增强的沙漠空军部队的 650 架飞机的支援。

在轴心国方面，隆美尔却没那么轻松。从 6 月以来，他就没有从欧洲得到过任何增援。原来的第 5 轻机械化师虽然被重新命名为第 21 装甲师，但并没有得到任何加强。隆美尔的指挥部有了一个新的番号：非洲装甲集团军。眼下隆美尔虽然有 11.9 万士兵，但在重型武器方面，仅有 400 辆坦克（其中 150 辆是意大利制造的），其中的 50 辆左右还在维修中，不能投入使用。另外，轴心国在昔尼兰加的空军力量也只有不到 550 架飞机，远远不如英国方面。隆美尔不指望能从希特勒那里得到额外增援，因为在苏联战场上，德军的形势也不容乐观。

坎宁安制定的作战计划是，首先由 C. W. M. 诺里将军指挥第 30 军从位于海岸南部 80 千米处的马达累娜向西推进，从背后包抄从拜尔迪那向西迪奥马尔前进的德军。如果包抄成功，第 22 和第 7 装甲旅将转向西北方向的加布·撒莱。加布·撒莱横跨特里·艾尔·阿布德，是隆美尔回击英军的必经之路。坎宁安非常希望隆美尔向加布·撒莱派遣装甲部队，这样在那里的英国装甲部队就可以任意向东北进攻设在拜尔迪那的非洲军指挥部，或向西北解救被包围的托布鲁克。

同时，第 4 装甲旅（也是第 30 军的一部分）将转向西北，深入到德军防线的后面。这支部队负有双重使命，不仅要掩护向加布·撒莱运动的第 7 装甲旅右翼，还要掩护第 13 军的左翼。第 13 军主要由步兵组成，由戈德温·奥斯腾将军指挥。他曾在东非与坎宁安共事。第 13 军将留在轴心国防线的南面和东面，威慑处在这条防线正面的意大利部队，直到诺里的装甲部队消灭隆美尔的坦克。那时，第 12 军会迅速加入开往托布鲁克的军队，在那里把隆美尔的步兵消灭掉，以解除德军对托布鲁克的围困。

当然，隆美尔也有自己的打算。现在，他已经勉强得到最高统帅部的同意，可以再次向托布鲁克发动进攻。

但是英国人动作更加迅速。11 月 8 日破晓时分，英军的第 30 军越过马达累娜港的防线成扇形向沙漠地带前行。坎宁安同诺里的参谋部一同前进，现场指挥。由于只遭到一点点抵抗，傍晚时分，第 22 和第 7 旅已抵达加布·撒莱附近的阵地。

此时，隆美尔还在拜尔迪那指挥部里忙着筹划对托布鲁克发起进攻。他不仅没有注意到英军的到来，也没有去细心揣测他们挺进的真正意图。非洲军团司令路德维希·克吕威尔将军曾向隆美尔建议，把两个装甲师调往南方去阻挡敌人。因为老谋深算的克吕威尔似乎已觉察到英国人的进攻意图。但是隆美尔不愿改变他的计划，他认为英国人只是在小心试探。

性急的坎宁安看到德国人对于自己的行动仍然毫无反应，就再也等不下去了。于是，第二天他便派出了两支小分队去侦察敌方的动静。然而也正在此时，隆美尔开始对自己的作战计划产生怀疑，并重新思考了英国人的真实意图。他最终采纳了克吕威尔的建议，决定派出一些装甲部队向南去迎击英国的小分队。这个决

隆美尔以其灵活机动的战术粉碎了英军的“十字军战士”行动。

定使得英军与德军发生了一系列激烈的遭遇战，双方都有不小的损失。坎宁安乐观地认为，英军的整个行动进展顺利，于是放心地返回了设在马达累娜堡的指挥部。

然而，他高兴得太早了。经过这场遭遇战之后，隆美尔已经确信，英国人正在进行着一场重大的进攻。于是，他废弃了原来的计划，重新进行战略部署。11 月 20 日，就在坎宁安回到指挥部的那一天，德国第 21 装甲师突然向驻守在西迪拉杰格的英国第 7 装甲旅发动了攻击。虽然英军第 22 和第 4 装甲旅迅速赶往增援，但还是太迟了。德国第 15 装甲师的出现，使英军的情况更加糟糕，第 4 装甲旅指挥部被摧毁，该旅旅长被俘获。这一天的战斗结束后，英国人又丢失了机场，损失了 100 多辆坦克和大约 300 名士兵。

但是对于英军来说，这一天的损失与后面几天的损失比起来简直微不足道。11 月 23 日，隆美尔向零散分布在西迪拉杰格周围的英军据点展开了激烈的进攻。夜晚来临时，战场的天空被数百辆燃烧的坦克照得如同白昼。在这一天，英军的每个兵团都受到了严酷的惩罚，是英军自沙漠战开始以来损失最为惨重的一次。

在此次战斗中，隆美尔虽然也有损失，但他却以较少的兵力又一次赢得了战争的胜利。那天夜里他在给他的妻子露茜的信中写道：“看来危机已经过去。我很好，心情很好，并且充满了自信。”

当坎宁安得知英军损失如此惨烈时，一下子就垮了。他首先考虑的是，“十字军战士”行动已经失败，英军是应当撤回埃及还是留下来继续战斗。然而此时，他的神经几乎就要崩溃了，不能很好地作出判断。于是，在犹豫不决的情况下，他向奥金莱克报告了这个不幸的消息，并要求总司令亲自到前线来视察，以决定英军的去留。奥金莱克得到消息后，立即飞往马达累娜堡，并进行了一次简短的战况评估。最后，奥金莱克决定英军继续留下来战斗，直到剩下最后一辆坦克。

德军回到出发点

在“十字军战士”行动中，英军虽然失败了，并且付出了最惨重的代价。但是就坎宁安的整个计划来说，并没有完全落空。就在两天以前，坎宁安已经命令由新西兰师、第 4 印度师和一个坦克旅组成的第 13 军不等西线的装甲搏斗结束就向前开拔。于是，第 13 军向北越过国境线迂回到了轴心国防线的后面，直至拜尔迪那西北面的海岸线。他们不仅占领了卡普措，还切断了驻守拜尔迪那和哈尔法亚山口的德军同西面的轴心国主力的联系。

为了减轻部署在国境线上的部队的压力，隆美尔准备再进行一次大胆的冒险。11 月 24 日清晨，当西迪拉杰格周围的英军还在睡梦中的时候，隆美尔已经率领非洲军群和两个意大利师向东猛扑过去，直接穿过了英军的防线。他此行的目的是穿过国境线，对后方的英军造成威胁，迫使坎宁安停止攻势并开始撤退。

这一出其不意的快速进攻，果然使英军的后方梯队惊慌失措，并开始四散溃逃。这和隆美尔在昔兰尼加时所发动的攻势很相似，双方的部队在整整 6 个小时里向东疾驰，结果双方混在了一起，士兵们不知身在何处，也不知道自己身边的人究竟是敌是友。隆美尔本人更是同克吕威尔将军一道，大半个夜晚都混在英军部队之中。幸运的是他们所乘坐的装甲车是从英军手里缴获的，车上的德军标志在黑暗中不容易看清。

在这次大胆的冒险行动中，隆美尔虽然巧妙地利用了第 8 集团军的混乱，但他却忽视了奥金莱克的作用。奥金莱克在马达累娜堡待了两天，在这两天里，他不断地给沮丧的坎宁安和士气低落的部队打气。他对士兵们说，隆美尔不过是在做垂死挣扎，只要我们能挺过这几天，隆美尔的装甲部队得不到燃料供应就会撤退的。

他的预测是完全正确的。11 月 26 日，隆美尔的大部队已经朝着埃及境内推进了 25 千米，但此时，他的装甲车却不得不退回拜尔迪那重新加油。现在，隆美尔终于意识到，他的攻击在付出了昂贵的代价之后，又回到了起点。

就在隆美尔的非洲集团军坦克到拜尔迪那加油的那天夜里，第 13 军属下的新西兰师突破德军包围圈，与外防御国的英军连在了一起，暂时缓解了托布鲁克之围。在南面，第 4 和第 22 装甲旅利用隆美尔的大意，袭击了德军遗留在西迪拉杰格待修的坦克。隆美尔在拜尔迪那给坦克加完油之后，立刻从那里直奔托布鲁克，去增援岌岌可危的围城部队，但在行军途中遭到了英军的阻击，无法向前突围。到夜晚，英国人开始建立营地休息时，德军才从西边找到突破口突围。

奥金莱克从马达累娜堡返回开罗之后，作出了一个对他来说十分困难的决定，那就是撤掉坎宁安。因为在他和总司令部的全体成员看来，“烈士星期日”之后，坎宁安一味企图后撤，是怯懦的表现。如果让他继续留任，那将是拿第 8 集团军的生命和英国在整个北非的利益来冒险。然而此时撤坎宁安的职，不仅会再次打击英军的士气，而且更加助长了德国人的威风。但是经过仔细的思考，奥金莱克还是于 11 月 26 日，免去了坎宁安第 8 集团军司令官的职务。

接替坎宁安的是陆军少将尼尔·M·里奇，里奇原在奥金莱克的总参谋部任副总参谋长，对奥金莱克的计划了如指掌，是奥金莱克的得力助手。里奇是英国军队里最年轻的将军。他英俊、富有，让奥金莱克最为欣赏的是，即使在最糟糕的情况下，他也能保持乐观。然而，奥金莱克还是忽略了更为重要的一点，那就是里奇没有实战的经验。但在奥金莱克看来，没有经验并不重要，因为里奇实际上只是个副手，奥金莱克决定自己亲自进行指挥。

12 日 1 日，奥金莱克再次启程前往马达累娜堡，他在那里待了整整 10 天。总司令的到来，使第 8 集团军的全体官兵精神大振，开始继续进行“十字军战士”行动。

隆美尔也不甘示弱，11 月 30 日这一天，他依然利用极少的坦克兵力，再次恢复了对托布鲁克的包围。但由于后勤供应跟不上，尤其是被打坏的坦克和武器缺少零部件，在第 8 集团军的进攻面前，他逐渐表现得力不从心。在一周之内，他被迫向西撤退 60 千米，直到加扎拉地区（轴心国部队事先在这里修筑了一条撤退防线）。隆美尔的防御阵地从位于海岸线上的加扎拉向西南延伸 60 千米。

12 月 15 日，里奇从东面向该防线发起进攻，同时他派一个装甲旅冲过防线南端，试图从背后切断敌人的退路。面对敌人即将形成的包围圈，12 月 15 日，隆美尔不得不下令开始撤退。在 3 周之内，轴心国部队丧失了先前占领的土地。在英国人的穷追不舍下，隆美尔依然保持着撤退队列的井然有序，并最大限度地减少损失。然而，战败却是隆美尔再也不能回避的事实，隆美尔不得不承认，这是他在北非战场上的第一次失败。“十字军战士”行动给英国人带来了一次期盼已久的胜利。

前线的隆美尔。隆美尔指挥作战时不喜欢待在指挥所里，他更愿意在前线上相机行事。

1 月初，轴心国部队不得不从埃及前线撤离，退到拜尔迪那和哈尔法亚。更值得庆贺的是，英军夺回了昔兰尼加，并把隆美尔逼退回到他发动沙漠战的地方。此时，英军终于获得了一个喘息的机会。

拔掉加扎拉据点

1941 年 12 月，日本对英国的远东领地发起了进攻，这一举措却在无意中影响了北非沙漠的战局。日本的进攻迫使伦敦把原定投入北非战场的人力物力转向远东地区。更糟糕的是，几乎与此同时，德国空军加强了对马耳他的轰炸，德国潜艇开始在地中海活动。意大利也趁火打劫，派遣袖珍潜艇对亚历山大港进行了一次成功的袭击。

轴心国的这几次联合行动使得英军的后勤供应吃紧，这对北非的英军来说无疑是个灾难。与此相反，隆美尔却因此获益，德军的后勤补给逐渐增多了。在新年伊始，隆美尔就获得了 54 辆新坦克和大量的燃油补给。现在，隆美尔觉得他又有足够的力量再一次发动攻击了，他明白此时的英军是不堪一击的。

1942 年 1 月 21 日，德军的非洲装甲军团从设在艾尔·阿格黑拉的基地出发，向北挺进。英军果然和隆美尔所预料的那样，不堪一击，德军迅速地夺回艾季达比那和百达。隆美尔看到战争进行得如此顺利，于是命令军队开始了全面的进攻。1 月 29 日，隆美尔夺取了班加西城。在这里，他获得了大量战利品，包括 1300 辆卡车。到 2 月 6 日为止，隆美尔已迫使给养奇缺的英军后退至加扎拉地区，这等于后退了半个昔兰尼加省。在两周之内，里奇损失了 40 辆坦克，40 门野战炮和大约 1400 名官兵。

英军的大溃败使得将领和士兵的心理防线也开始崩溃。里奇指挥上的无能使他的部下逐渐对他失去信心。戈德温·奥斯腾向奥金莱克抱怨说里奇“总是征求你的意见，但却朝相反的方向去做”，更糟糕的是，“里奇居然直接对我的手下下达命令”。结果，2 月初，戈德温·奥斯腾就主动请求辞去职务。奥金莱克无奈地批准了他的请求，接任他的是第 7 装甲旅的 W.H.E. 格特少将。

远在开罗的奥金莱克觉得情况有点不妙，于是派遣一个自己信赖的人到前线去进行调查，结果得出的结论是奥金莱克必须把里奇撤换下来。原因是“里奇缺乏足够的想象力”。但奥金莱克不久前才换过一次前线指挥，如果再换一次可能会影响士气，于是仍然让里奇继续留任。

在剩下的整个冬季里，双方都暂时停止了战斗。双方都待在加扎拉防线两边，相安无事。这条 100 千米长的链形防线是英军修筑的。防线从加扎拉起，向东南方向绕了一个 60 千米长的“V”形，然后拐向东北，延伸大约 30 千米，防线上密布地雷。每隔一段距离，就筑有一个堡垒，守卫堡垒的战士称之为“盒子”。整条防线上共有 6 个“盒子”。每个“盒子”的周围都环绕着地雷、带刺铁丝网、狭长的壕沟和碉堡。每个堡垒里都有足够的给养，可以在受到包围的情况下坚持一周。在这些“盒子”之间，英军坦克可以自由往返。它们的任务是拦截试图越过防线的德军坦克，并且在任何一个“盒子”受到攻击时，提供机动支援。

5 月底，隆美尔已准备就绪，决定恢复进攻。由于步兵部队和一些坦克已被用于对加扎拉防线北段的进攻，隆美尔计划率领非洲军和一个意大利师向南绕过位于比尔哈希姆的“盒子”—这个“盒子”正处于防线拐弯处。然后他就可以向北猛扑过去，消灭英军的坦克集群，并且可以从背后攻击防线的其余部分。在此之后，他的最终目的是夺取托布鲁克。

5 月 26 日，轴心国部队开始向防线北端发起攻击。隆美尔率领一万辆各式机车，从比尔哈希姆以南迂回到英军侧翼。他留下一些意大利部队围攻“盒子”，自己则率领部队向北面和东面成扇形向前突进。在比尔哈希姆东北约 8 千米处，他首次与英军交火，第 3 印度摩托化旅很快被击溃。到中午时，英军已经至少有 3 个装甲旅和摩托化旅被消灭。但是，下午的时候，隆美尔遇到了意想不到的麻烦。英军刚刚得到了一船美制坦克——新型的 28 吨级“格兰特”式。这种新型坦克装有 75 毫米口径大炮，可以发射高爆炮弹，足以把德军坦克炸得粉碎。

到第二天傍晚时，在英军的顽强抵抗以及新型“格兰特”式坦克的炮轰下，德军的两个装甲师损失了三分之一的坦克，被迫停滞在爵士桥“盒子”的外围。这里位于加扎拉主防线背后 16 千米，处于比尔哈希姆和海岸线的中间。轴心国部队退进一个大约 260 平方千米的半圆形小块区域中，其周边环布着英军的“盒子”和地雷。虽然意大利工兵部队及时地通过雷区，但很快就被英军的炮火封死了。轴心国部队此时已成为里奇的囊中之物，开罗的奥金莱克也发现了这一良机，他致电里奇立即发起攻势，他强调说：“我们不能坐失良机，必须立即行动。”

败退的英军士兵正试图将陷入沙中的车辆推出来。

但是里奇并没有立刻发动攻击，因为他还没有准备就绪。整整两天时间，里奇都在和他的两个军长制定作战方案并进行仔细筛选。然而就在他忙于制订计划的时候，良机已经与他擦身而过。隆美尔利用这两天的时间已经重新组织好力量。6月1日，他在加扎拉防线上撕开了一个巨大的口子，从而保证了他的后勤供应。同时，他还击毁100多辆英军坦克，俘虏英军3000多人，消灭了第150步兵旅，还摧毁了他们据守的“盒子”堡垒。此时，乐观的里奇在向奥金莱克报告时仍充满自信，他说情况会好起来的。

然而实际情况并没有他说的那么乐观。此时隆美尔已经开始掉头向南去攻击比尔哈希姆，而位于比尔哈希姆的“盒子”堡垒对于英军的整体防御是至关重要的。如果比尔哈希姆被攻陷，其他的防御“盒子”就会很快被拿下的。然而，比尔哈希姆比隆美尔所想象的更为坚固。从5月27日起就开始进攻这里的意大利部队没有取得任何进展。隆美尔本来打算用24小时就它他攻陷，而事实上他却被迫花了一周多的时间，才攻陷这个坚固的堡垒。

占领比尔哈希姆堡之后，隆美尔沿着防线向北继续出击。这次的进攻要顺利得多，剩下的“盒子”接二连三地被端掉了。他运用快速机动战术压制了英军新型坦克的优势。英军坦克大多都被击毁，到6月份的第三周，隆美尔的坦克数量已经是英军的两倍。英军的加扎拉防线已失去作用了，于是，隆美尔开始打算朝着托布鲁克进发。

决胜托布鲁克

1942年6月，英军由于必须在多处布防，以及对加扎拉防线的过度自信，使得英军大幅度减少了在托布鲁克的防守力量。此时的奥金莱克对于可能出现的危机也没有做任何准备，他认为在必要的时候应当放弃托布鲁克，因为放弃一个据点的代价要比损失一整个师的代价要小得多。于是他很早就做好撤离托布鲁克的准备。

当隆美尔突破加扎拉据点，朝着托布鲁克猛扑过来的时候，这里的守军陷入了无限的恐慌之中。此时在托布鲁克担任守备司令的是新上任的南非陆军少将H.B.克劳浦。他手下有35000人，绝大部分是南非人，只有少部分的英国人和印度人。同克劳浦本人一样，大部分士兵都是新手，很少有实战的经验。他们之所以恐慌是因为此时的托布鲁克简直就相当于一个不设防的据点。因为以前埋设在堡垒周围的地雷，早在11月份“十字军战士”行动期间已被突围的守军排除。冬季时，人们认为托布鲁克已经脱离危险，又把剩余的地雷取出，埋设到了加扎拉的防线上。现在的防御只是托布鲁克守军匆忙设起来的，根本不堪一击。

现在，他们对于是不惜一切代价死守堡垒还是撤离仍然举棋不定，他们也没有从里奇那里得到任何的指示。其实，英国的高层决策者们现在也同样拿不定主意，因为此前奥金莱克打算放弃托布鲁克的想法似乎已行不通了。

6月15日，最后一个“盒子”堡垒陷落后，奥金莱克收到丘吉尔的来电，让他尽量守住托布鲁克。在随后的几次来电中，丘吉尔渐渐地把“尽量守住”变为了“一定要守住”。这可难坏了奥金莱克，他不得不立即命令里奇向托布鲁克增援。里奇接到命令后，打算从堡垒向南再建立一条50千米长的新防线。但6月16日，他又命令驻守这条防线的英国部队撤至埃及前线。原因是这支部队已受到德国装甲兵的沉重打击，必须修整。翌日，他们撤出了这条防线。6月18日，轴心国部队再次完成对托布鲁克的包围。

6月20日，在德国空军的协助下，第20意大利集团军和非洲集团军开始向托布鲁克发起了猛烈的攻击。在一天内，150架轰炸机出动了580架次。在大炮和轰炸机精心配合所形成的火力网下，德军很快就从南非部队匆忙布下的地雷阵中清理出了一条通道。于是，德国和意大利步兵蜂拥而上，展开了一场惊心动魄的肉搏战。随着德军坦克部队的加入，到下午时，托布鲁克的陷落已成定局。

克劳浦开始准备撤退，同时着手炸毁价值数百万元的贮存品。不幸的是他把大部分通讯线路也炸毁了，这使他同部队失去了联系。下午9点，在剩余的一条电报线上，克劳浦设法同里奇取得了联系，他向里奇征求意见，是撤离还是死守。第二天6点整，克劳浦收到了里奇的最后一封电报，内容是：“我不清楚战局如何，是战是降，请自行决断。”

6月21日凌晨9点40分，克劳浦缴械投降。他在最后时刻进行的爆破行为收效甚微，所以这就让隆美尔捡了一个大便宜。隆美尔在这次战役中取得了丰厚的战利品，共缴获了2000台车辆，其中包括30辆可以使用的坦克，400门大饱和足够让他的装甲师开到埃及的燃料，还有5000吨食品以及大量的弹药。

隆美尔仅用24个小时就取得这一辉煌战果，这正是他期盼已久的完美之战。他在给妻子的信中这样炫耀道：“托布鲁克这一仗打得真漂亮！”第二天，希特勒鉴于他的指挥有方和英勇善战，特授予了他陆军元帅的军衔。当他接受元首授予的官杖时，却一点也没有高兴起来，因为他更希望得到源源不断的兵员补充，而不是这种毫无用处的头衔。

那么隆美尔要那么多的兵源补充干什么呢？隆美尔的目标是什么呢？是埃及。此时隆美尔胸中的希望之火正熊熊燃起，夺取托布鲁克不过是跨过尼罗河的跳板，他要像亚历山大大帝、恺撒、拿破仑一样征服埃及，做一个伟大的征服者。

英军士兵战败投降，托布鲁克宣告失守。图为英军战俘列队离开托布鲁克。

隆美尔的胜利在德国引起了喧闹。德国广播电台于6月21日奏起了《鹰在炫耀》的乐曲。希特勒一得到隆美尔的电报，便向他的军事顾问们宣布，德军将取消攻占马耳他的计划，全力向开罗进军。希特勒在给墨索里尼的电报中宣称，非洲的“转折点”已经到来。

与德军的兴奋与磨刀霍霍不同，英军这边可谓深受打击。托布鲁克的丢失对丘吉尔来说是一个灾难，这是他在第二次世界大战中所受到的最沉重打击之一。

迈进埃及的第一步

1942年6月21日，当托布鲁克陷落之时，英第8集团军的剩余部队已撤到利埃边境靠近埃及一面。当日，在开罗的奥金莱克以中东防务委员会的名义给首相丘吉尔发了一封很长的电报，在电报中他向丘吉尔叙述了英军可以采取的两种方案。

第一种方案是，凭借国境线上的防御工事死守不退，因没有足够的装甲部队与敌周旋，可能会导致防守的步兵部队悉被敌歼。奥金莱克在电报中强烈建议不要采取这一方案，因为这是下下策。第二种方案是，以高度机动的机械化部队在国境线上拖住敌人，为第8集团军主力向马特鲁港撤退争取时间。等到第8集团军在马特鲁港建好防御阵地之后，英军就可以重新向敌发动反攻。在电报的结尾，奥金莱克强烈要求采取第二种方案。

6月25日，奥金莱克亲自到达马特鲁，并解除了里奇对第8集团军的指挥权，

英军将 20 毫米加农炮装到贝尔 P-39“空中眼镜蛇”战机上。

由自己亲任指挥。第 8 集团军是英国在中东的柱石，如该集团军被歼，英国就会丧失对埃及乃至整个中东地区的统治能力，并使苏联的南翼暴露在德意部队进攻面前。

所以，奥金莱克不能再冒着让自己的主力被歼灭的危险继续留任里奇。6 月 25 日夜间，他得到报告，隆美尔将于第二天早晨进攻马特鲁，于是当机立断，命令第 8 集团军在战事不顺时便撤往阿拉曼。为此，他作了如下的部署：第 10 军会同印度第 10 步兵师和英军第 50 步兵师扼守马特鲁防线。在其南边，是第 13 军指挥下的印度第 29 步兵旅和新西兰师；前者防守布雷区之间一个 10 千米宽的缺口。第 1 和第 7 装甲师防守沙漠侧翼。

6 月 21 日，隆美尔率领的德意部队在攻克了托布鲁克之后，就飞速朝着马特鲁地区袭来。4 天之后，隆美尔所率的 3 个德国师就进入马特鲁地区，其先遣队已快要到达马特鲁港的外围阵地，他宣布第二天就对马特鲁港的守军发起进攻。

6 月 26 日下午，3 个德国师作为先头部队向英军防线冲去，由于攻击此处的英军防线比较薄弱，很快就被突破。德军为第二天的纵深突击打开了一条通路。27 日上午，德第 21 装甲师绕至新西兰师的背后，对该师发起进攻。但由于实力上要大大弱于新西兰师而没有取得任何进展。

入夜时分，第 21 装甲师的处境已岌岌可危，因为它的东、西两面都处在英军坦克部队的威胁下。但是，隆美尔指挥的德第 90 轻装师已经在当日傍晚，切断了马特鲁港以东 35 千米处的滨海公路，堵塞了英军的退路。英第 13 军军长戈特决心动摇，下令该军撤退。午夜过后，新西兰师对德第 21 装甲师所组成的包围圈发起突击，毫无防备的第 21 师被击溃。6 月 28 日夜，英第 10 军近三分之二的部队也分成小队，突围而去。

6 月 30 日，隆美尔的先头部队已进抵阿拉曼。阿拉曼的阵地起自阿拉曼车站，直到南面 55 千米处的卡塔腊盆地。这是一道很长的防线，除了阿拉曼周围有永久性的堡垒以外，防线主要由若干互不相连的工事组成。这些工事是近几个星期内由英军工兵和意大利战俘匆忙构筑的。防线的两翼比较可靠，第 8 集团军退守该防线后进行了紧急整补，第 9 澳大利亚师也开了上来。阿拉曼往东 75 千米就是埃及重要港口亚历山大，后勤补给十分便利。英皇家空军为支援第 8 集团军空前活跃起来，对隆美尔的部队和后勤补给线进行着猛烈的轰炸。

奥金莱克亲自在阿拉曼指挥部队，决心击退隆美尔的任何进攻。他打破步兵师建制，组成“战斗群”。“战斗群”由摩托化步兵和炮兵分队组成，机动灵活又便于发扬火力。不过，为了以防万一，保存第 8 集团军，他还拟订了一个阿拉曼失守后的计划：将第 8 集团军撤往尼罗河三角洲；若开罗和三角洲不保，便继续向南退至尼罗河。

7 月 1 日，经过一天的休整，隆美尔向阿拉曼发起了进攻。消息迅速在历山大港传播开来，引起阵阵骚动和不安。英国海军已奉命撤出亚历山大港前往塞得港和海发港。然而，德军发起进攻后才发现迪尔阿卜德没有英军据点，而在 5 千米以东的迫尔西因却有一个新的据点。正是这个据点阻止了德军的进攻，所以亚历山大的骚动不过是虚惊一场。

虽然进攻受阻，但隆美尔仍然信心十足，下令部队趁月色继续进攻。兵员不足的德第 90 轻装师，试图迂回阿拉曼防线，但遭到英军步兵和炮兵火力的猛烈射击，“惊慌”逃回。后来隆美尔亲自驱车上阵，重新组织进攻。在进军途中，一颗炮弹在离隆美尔的小汽车仅 6 米的地方爆炸，这让他的手下大为恐慌，急忙挖坑以便隐藏起来，保住性命要紧。

与德军的慌乱不同，此时的英军总司令奥金莱克却显得比以往镇静。以前他一边遥控指挥前线作战，一边还要对付叙利亚、波斯潜伏的危险。现在，他没有那么多的烦心事，只需全身心投入阿拉曼的防御上即可，所以指挥起来显得得心应手。7 月 2 日，尽管隆美尔的进攻仍在继续，但奥金莱克抓住隆美尔的破绽，向德军进攻部队缺少屏护的南翼实施猛烈反击，迫使隆美尔抽出德第 15 装甲师迎战。

7 月 3 日，当隆美尔集中德第 90 轻装师和意大利塔兰特师向阿拉曼的据点实施向心突击，企图进行中间突破时，奥金莱克派出装甲部队进行阻击。面对奥金莱克的坚决防御，隆美尔不得不向希特勒承认，德军自 6 月中旬开始的追击已“暂时”结束。隆美尔的部队已筋疲力尽，但他仍然坚信，只要补给能在最近几天跟上来，他就又可以前进了，而且会像拿破仑那样达到金字塔。奥金莱克可不希望隆美尔到达这个目标，于是他发动了一系列反攻，很快打乱了隆美尔继续前进的计划。

四、阿拉曼大捷

克星来了

7月中旬，奥金莱克对隆美尔发动的反攻被阻止后，阿拉曼的局势陷入了僵局。对英国来说，虎狼尚在门前，危机远未过去。来自各方面的报告使丘吉尔对奥金莱克的军事才能产生动摇，他决定在前往莫斯科会见斯大林之前绕道开罗，顺便把中东这个棘手的问题解决掉。

8月4日，丘吉尔抵达开罗。第二天早晨5时45分，丘吉尔、帝国总参谋长布鲁克以及随员们从开罗出发，来到了位于阿拉曼前线的第8集团军司令部。在这里，丘吉尔与奥金莱克在“作战指挥”帐篷里进行了一次谈话。丘吉尔像往常一样要求“进攻，进攻”，而奥金莱克则提出了许多推迟进攻的理由，结果两人不欢而散。

8月6日，丘吉尔在给战时内阁的电报中，提出了一个重新的人员任命计划。他建议把中东司令部划分成两部分，由亚历山大（此前负责进攻西北非的“火炬”行动）出任中东司令部司令，第13军军长戈特升为第8集团军司令，蒙哥马利负责“火炬”行动。伦敦的战时内阁举行会议，同意了以上各项任命。然而不幸的是，8月7日下午，丘吉尔突然接到消息，称戈特所乘坐的飞机被德军击落，不幸罹难。于是，丘吉尔和布鲁克等人连夜研究，最后决定由蒙哥马利接替戈特出任第8集团军司令。

8月10日，接到上级的任命后，蒙哥马利就迅速乘坐飞机从英格兰飞往开罗，12日早晨到达开罗。蒙哥马利是谁，为什么丘吉尔在这个紧要的关头，对他委以重任呢？现在我们简要介绍一下蒙哥马利。

蒙哥马利生于1887年，1908年毕业于桑赫斯特军事学院。第二次世界大战初期作为英国步兵第3师师长，参加了在法国、比利时的战斗，并在战争中表现良好。英军从敦刻尔克撤退后，蒙哥马利在英国本土先后任过第5军和第12军军长、东南军区司令。在这几任上，蒙哥马利都表现出了不俗的军事才能，但由于没有什么战绩，按理说到北非的重任是不会落到他的头上的。但是戈特的意外给他创造了这个机遇，改变了他的命运。

蒙哥马利抵达开罗后，立刻拜访了奥金莱克。第二天，他就马不停蹄地前往第8集团军的司令部。到了第8集团军之后，他发现临时代理司令拉姆斯登少将严重缺乏信心，认为“战线上的一切都有一种捉摸不定的气氛”。此外，他对于第8集团军司令部的脏乱不堪感到厌恶，因此他立刻解除了拉姆斯登的职务，让他仍去当军长。8月13日，蒙哥马利没有和开罗的中东司令部磋商，便就任了集团军司令。这种行为在英军历史上也是罕见的。

蒙哥马利任第8集团军司令后，立即着手处理了以下几件事。首先，在集团军内树立威信，恢复全军人员对集团军本身及其高级军官的信任；其次，清理指挥机构并将那些他认为无能的“朽木”统统清除出去，建立一个与他的性格、气质和作战理论相适应的指挥系统；最后是商讨计策对付隆美尔，这虽然放在了最后，但其实是一切工作的出发点和归宿点。

8月13日，蒙哥马利从他第一次重要的沙漠巡视回来后，就在他的指挥篷外，向第8集团军全体参谋人员发表了一次重要的讲话。在讲话中，蒙哥马利希望传达给全体参谋的是一个“决不后退”的决心。这次讲话以及“决不后退”的决心很快在前线传了开来，让人传播最有利于本人事业的传闻，正是蒙哥马利的一种领导艺术。

蒙哥马利正在听取参谋人员的战术汇报。

此后，蒙哥马利很快对他所谓的“朽木”进行了处理，果断、迅速、公正地撤换了一些人，提升和补充了一些人。集团军副参谋长多尔曼·史密斯被撤职了。蒙哥马利把霍罗克斯调任南面的第13军军长，调柯克曼准将指挥炮兵。他本来打算把迈尔斯·登普西调来指挥计划成立的新装甲军，但在中东总司令亚历山大的极力劝阻下，才退而求其次，让赫伯特·拉姆斯登任装甲军军长。拉姆斯登曾经指挥过第1装甲师，是个沙漠战老手。

此后，蒙哥马利很快就找到了一个他比较满意的新集团军参谋，此人就德·甘冈。8月13日傍晚，蒙哥马利向参谋机构的其他人员宣布：必须像执行集团军司令直接发布的命令一样执行德·甘冈发布的命令，不容迟疑。德·甘冈虑事周到细致，这与蒙哥马利正好可以互补，因为他喜欢从总体上把握事物，不愿让自己的头脑纠缠在一大堆琐碎事务里。此后的事实证明，蒙哥马利和德·甘冈虽然性格迥异，但确实是配合较好的搭档。

蒙哥马利找到自己指挥系统的关键人物德·甘冈后，便着手对指挥系统进行革新。他设置了一个小型的“作战司令部”，以提高战场指挥的效率。这个“作战司令部”设在离“主司令部”相当远的前沿地域。所有详细的计划和行政管理工作都交给负责“主司令部”的德·甘冈。而在作战司令部里，蒙哥马利只保留极少量的参谋、通信、机要人员。他虽不像隆美尔经常亲临前线现地指挥，但对自己属下的将军、准将、上校们的能力和战绩总是了如指掌。

总的来说，蒙哥马利是个精于选拔部属的人。在第二次世界大战中，英军任何一个集团军的参谋机构恐怕都不能与蒙哥马利的相媲美。为了选配好一个好的班子，蒙哥马利有时是残酷无情的。同许多历史上的名将一样，蒙哥马利也不是一个完美的人，他也有自己的缺点。他爱出风头，时常文过饰非并且矫揉造作，最大的毛病是容不得别人胜过和驾驭自己。不过，在中东总司令亚历山大的麾下，蒙哥马利是颇为得心应手的。

亚历山大是英军中出色的战略家。为了英帝国的利益，他能放弃自己的一切。正是他的这种宽容大度，才使得蒙哥马利的才华能够充分施展，并因此闻名遐迩。当蒙哥马利遇到麻烦或遭到来自丘吉尔的压力时，他又勇于利用自己的地位和影响为其辩护和撑腰。蒙哥马利军事成就的背后是一大批默默无闻的耕耘者，这批人中既有忠勇可靠的士兵，又有好的上司亚历山大、好的下级德·甘冈。至此，丘吉尔总算为中东战场找到了一个好的领导班子。

“长尾之狐”的无奈

在战争中，军事家们常把后勤比作军队的甩不掉的尾巴。军队的后勤补给线越长，军队的尾巴便越长，产生的阻力就越大。现代战争破坏性大、消耗多，对后勤的依赖非常大。

此时，屯兵在阿拉曼的“沙漠之狐”隆美尔就变成了一只“长尾之狐”，越来越被自己长长的尾巴困扰着。因为要从别的地方给阿拉曼运送补给是非常困难的。运输部队首先得跨过1000多千米的地中海到达主要补给基地班加西港，然后再走1000多千米公路，途中还要穿越沙漠。总的来说，这是一条由海运和陆运联合的超长生命线，在这中间运输人员还经常会遭到英国海军和空军的攻击。

负责海上运输的是意大利海军，然而意大利海军经常面临的一个困难就是燃油不足，而意大利的燃油是由德国人提供的。此时，德军把全部精力都贯注到苏德战场上，所以对北非的燃油供应十分抠门。由于燃油缺乏，意大利不得不限制海军活动。这样依靠海军运来的物资就减少了一大半，这是造成隆美尔物资缺乏的一个重要原因。

盟军战机在执行战斗任务间隙。相对于德军补给的严重不足，盟军的补给则要好得多。

意大利海军辛苦运来的这点物资在运往阿拉曼的途中，还要经受很多的损失。因为意海军通过地中海航线只能到达班加西港，所以这些物资要先在班加西港卸载，而班加西港到阿拉曼前线尚有1000多千米之遥。从班加西港到阿拉曼前线的陆上运输主要依靠北非海岸的滨海公路，这条公路时常处于英皇家空军的轰炸封锁之下，特别是越往东英空军的优势越明显。所以，补给品在抵达火线以前的陆上运输中所遭受的困难与所受到的损失，并不比海运少。这些损失还不包括武器装备和人员的输送损失，仅燃油的耗费一项就足以让隆美尔喘不过气来。这一切使得隆美尔的补给状况越来越糟糕。

与轴心国的情况不同，英国正为重新发起进攻调遣尽可能多的物资、增援部队和补给品。在这方面，英国拥有许多明显的有利条件。由于马耳他岛被封锁，英军的地中海航线基本被切断，但他们环绕非洲的补给线仍能正常运作。此外，德意两国没有能够说服日本在印度洋保持强大兵力，以打击从美国经马六甲海峡至中东的补给线和从英国绕道好望角至中东的补给线。这样一来，来自美国和英国本土的补给船队就可以顺利地通过印度洋进入苏伊士运河。此外，英军的许多生活补给品可以就地取于埃及、伊拉克等地。在运输线上的竞赛中，德意明显是不如英军的。

隆美尔屯兵阿拉曼后，深深感受到补给问题的严重性。他把补给品不足归咎于意大利人，他对意大利人在补给方面过于偏袒意军十分恼火。为此，他曾多次向意大利方面提出抗议，一再建议任命一个权威人物，使其有权控制一切后勤机构，保护地中海上的一切航运，以及指挥在北非地中海战区作战的轴心国海空军，但未被采纳。隆美尔与意大利海军方面，对糟糕的补给状况互相推卸责任。

阿拉曼战役进入相持阶段后，英军纵队正将战备物资运往前线。

阿拉曼局势陷入僵持阶段之后，隆美尔的态度发生了极大的转变，他开始向德军高层建议退回到利比亚与埃及边境的阵地上去。然而，他的这个意见在德国遭到一致的反对，意大利人的反应尤为激烈。他们仍然确信，一旦必要的增援部队运到，他们就能在新的攻势中掌握主动权，攻进开罗城。意军最高统帅部与德军最高统帅部于7月中旬达成了一项协议，动用那些集结起来准备进攻马耳他岛的部队，并把他们尽快调往埃及。

德意当局看到隆美尔已经有往后撤的迹象，为了稳住他，以让隆美尔继续发动对亚历山大港的进攻，于是抓紧时间向阿拉曼前线调运兵力。

7月间，隆美尔得到5400名补充兵员和新组建的第164步兵师的两个先头团。1.3万名新兵已经空运到北非，更多的部队正以平均每天1000人的数额到达。8月初，一支德空军精锐部队以及一支第一流的意大利部队——弗尔格尔伞兵师也先后抵达阿拉曼。

8月中旬，意军最高统帅部及德国南线总司令凯塞林空军元帅，在正确估计了英军不断增长的实力之后，敦促隆美尔迅速发动进攻。8月17日意方的指令中所规定的作战目标是：先打败尼罗河三角洲以西的英军，然后攻占亚历山大港，并以该港为基地向开罗及苏伊士运河推进。

隆美尔也明白，阿拉曼僵局若持续下去，英军人力物力的优势会越来越大。既然德意最高统帅部都不同意撤退，那只有通过进攻才能打破僵局。隆美尔自己也一直在思考进攻的计划，最后他决定从阿拉曼防线的南端突破英军的防线，并在那里与英第8集团军交战，同时把部队推向开罗和亚历山大，横跨尼罗河的重要桥梁，发动闪电式进攻。由于隆美尔决定在夜间发起进攻，这就要求选定月圆之夜，也就意味着发动战争的时间必须拖到8月末了。

做好了战略部署之后，隆美尔最担心的还是后勤补给问题。对此，意大利总参谋长卡瓦利诺信誓旦旦地保证：意海军将全力以赴将物资运过海来。凯塞林则保证，德国空军将空运燃油给隆美尔。隆美尔在得到这些允诺后终于下定了决心。

然而，在万事俱备的时候，隆美尔自己却病倒了。依据医生的建议，隆美尔要想完全康复必须回德国待一段时间，接受适当的医药和护理。在非洲的土地上暂时治疗还是可行的，但不能根除。

8 月 21 日，隆美尔把诊断结果电告柏林，并推荐德国坦克战专家海因兹·古德里安将军接替他的职务。但德国最高统帅部给隆美尔的回电是，古德里安不能接替这一职务，因为他的健康情况不能适应热带沙漠气候。迫不得已，隆美尔只有拖着病体指挥即将发起的进攻。

喋血阿拉姆哈勒法岭

1942 年 8 月下旬，英军和德意方面在阿拉曼战场上的兵力基本相当，只是英军在空军战斗力和补给方面稍微占有一些优势，总的来说，在兵力方面双方实力相当。然而，另外一个方面，英军则占有完全的优势，那就是情报来源。在第二次世界大战前夕，英国情报机关通过波兰搞到一台德国“恩尼格马”，即高级密码机。整个战争期间，德国人都非常自信地认为他们的“恩尼格马”，密码无人可破。但英国人通过计算机这个高科技产物，逐渐破译了“恩尼格马”密码。于是，英军几乎与隆美尔的高级军官同时得知他们对于战役计划的细节。

蒙哥马利在防御方案中采取了不少新的举措。他向第 30 军军长霍罗克斯下达了严格的命令，不允许该军的坦克从事近战，对炮兵集中使用。在兵力部署上，蒙哥马利给隆美尔的进攻设计了一个陷阱，使隆美尔搬起石头砸自己的脚。他以新西兰师箱形阵地封闭的南翼为基础，在箱形阵地与阿拉姆哈勒法岭之间的缺口内部署了第 22 装甲旅，该旅坦克都在隐蔽阵地上掘壕固守。他把新到达的第 44 师的两个旅配置在阿拉姆哈勒法岭的山脊线上。第 23 装甲旅作为预备队配置在第 22 装甲旅后面。因此，这个陷阱的北侧是坚固的。第 8 装甲旅被调派到阿拉姆哈勒法岭山脊以南一个靠后的阵地上，而第 7 装甲师的机动分队则担负小规模战斗任务，以

阿拉姆哈勒法岭战斗中被德军击毁的英军坦克

保卫地雷场和向南开放的翼侧。总之，不管隆美尔朝那个方向机动都将被困住。

美国的一位军事理论家说过这样一句名言："缺乏情报等于在拳击场上被蒙上了眼睛。"这时的隆美尔就变成了被蒙上双眼的拳击手，他几乎得不到一点儿关于英军部署的消息。在没有确切情报的情况下，隆美尔对英军的防御部署作了一个错误的判断。基于这个错误的判断，隆美尔制定了自己的作战计划：由德第164步兵师和意大利步兵师防守由海岸至鲁瓦伊萨特岭以南20千米处的地段；由德第90轻装师、德非洲军（辖第15和第21装甲师）和意装甲部队组成的突击群迂回英军防线的南端，攻打阿拉姆哈勒法岭。夺占该岭即可截断英第8集团军的退路。这个计划如果不被英军截获的话，将是一个很不错的作战计划。但是蒙哥马利截获了这个作战计划，于是早早地做好了防备。

8月29日夜，隆美尔的主力在夜间沿沙漠小道向内陆运动，直接向阿拉曼防线南端推进。8月30日，主攻部队向沙漠推进了大约35千米，并在那里设了前进指挥所。这一天隆美尔陷入了深深的矛盾之中，一方面这是他期盼已久的进攻，如果成功那将是伟大的一刻；另一方面，他对战争能否取得胜利不是十分有把握，总觉得自己还没有充分做好发动进攻的准备。

与隆美尔的不确定相反，此时的英军军营内充满着一种主意已定、镇静自若的感觉，这种镇定当然来自新的集团司令部。蒙哥马利在战前已经把整个作战计划做得完美无缺。这是一个典型的蒙哥马利式战役，一切准备活动都是在不慌不忙、时间充裕的情况下完成的。当德军进攻时，一切都已经准备就绪。

1942年8月30日晚10点钟，隆美尔的装甲部队开始朝东向着英军的布雷区推进。尼林指挥的非洲军左翼是意大利的装甲部队，右翼是德第90轻装师。对于德军的行动，英军立刻做出反应。英国沙漠空军在8月30日黄昏就出动了，用"惠灵顿"式飞机轰炸了隆美尔的装甲车停车场。当德意部队在地雷场奋力开辟通道时，他们发现地雷场比预计的要宽得多、复杂得多。掩护地雷场的英军部队进行了顽强的抵抗。

8月31日凌晨2点40分，整个阵地被英军伞兵的照明弹照得透亮，无休止的空袭同时开始了。紧随排雷分队行进的德装甲部队拥挤到布雷区里，成为英军飞机的轰炸目标。德军伤亡惨重，第21装甲师师长被一颗迫击炮弹击中毙命。几分钟后，一架英军战斗轰炸机袭击了非洲军军长尼林将军的指挥车，摧毁了指挥车的电台，纷飞的弹片打死了许多军官，尼林本人也被炸得遍体鳞伤，血肉模糊，被送往后方。拜尔莱因爬进另一辆坦克，临时担任非洲军的指挥。严阵以待的蒙哥马利使隆美尔的进攻一开始便陷入了困境。

8月31日上午8点，隆美尔驱车前往战场，才得知这些不幸的消息。出师不利使隆美尔深为震惊和伤心，他驱车前往非洲军驻地。当他和拜尔莱因会面时，拜尔莱因告诉了他一个好消息，第15和第21装甲师已经在地雷场上成功开辟了一条通道。此时的隆美尔已有停止战斗的想法，但拜尔莱因争辩说，眼下放弃进攻，对那些以身躯打通通道的工兵来说是受不了的。隆美尔最终同意了拜尔莱因的建议，但对作战计划作了修改：不是按原计划向东推进35千米到达左侧令人望而生畏的阿拉姆哈勒法山脊，再迂回过山脊从后方进攻英军主力，而是让全部兵力尽快横跨山脊。

隆美尔以为自己重新制定的计划应该不会有太大的损失了，殊不知这正是蒙哥马利求之不得的。在阿拉姆哈勒法山脊，蒙哥马利已经在此地布下了众多的装甲部队和炮兵部队，在沙漠空军配合下，这里将成为隆美尔的死亡地带。

从8月31日下午6时至9月1日，英军与德意军在阿拉姆哈勒法山脊进行了一场空前未有的厮杀，德军和英军都遭受了极大的损失。9月1日拂晓，隆美尔驱车前往战场时看到，这片狭窄的地段上，铺满了他的坦克残骸；许多坦克还在燃着熊熊的大火。迫于燃料短缺，隆美尔不得不放弃使用坦克。上午8点25分，隆美尔下令装甲集团军撤回8月30日出发时的阵地。

阿拉姆哈勒法岭之战，德军损失2900人和49辆坦克，英军损失1700余人和67辆坦克。在这次战斗中，敌对双方虽然都没有拼全力，但却成为北非战场上一次有重大影响的战役。蒙哥马利在这次战役中对隆美尔的打击，足以让他铭记至死。

“这是事先精心布置好的”

在取得阿拉姆哈勒法岭之战的胜利之后，蒙哥马利经常听到有人取笑自己在阿拉曼打了一个“事先精心布置好”的仗，一个“第一次世界大战类型”的仗。

蒙哥马利并不否认这一点，因为他从来都是小心谨慎的，他从没有侥幸心理。在战前，他已经决定在人员和装备方面尚未取得绝对优势之前，绝不去碰隆美尔。他也不采用侧翼奇袭的方法，而从正面全力进攻，进攻的每一个细节都事先经过了周密的计划。客观地说，蒙哥马利面对隆美尔这样的对手和阿拉曼的地形条件也只能这么做。

阿拉姆哈勒法岭战役之后，希特勒明白在阿拉曼该由英军进行主动进攻了，面对这一转变，隆美尔也很快由进攻转入防御。1942年9月19日，接替病中的隆美尔的人到达，这个人就是格奥尔格·施登姆将军。他是一位坦克专家，个子高大、脾性温和。隆美尔向他详尽地介绍了阿拉曼的情况，并把自己请求在蒙哥马利发起总攻之前调拨增援部队和给养的信件给施登姆过目。

9月23日，隆美尔在动身返回德国前，还把有关在阿拉曼防线上必须继续加紧工作的最强硬的命令交给了施登姆。隆美尔估计蒙哥马利对战线无法进行侧翼包围，很可能实行正面进攻，便设计了十分全面的防御系统。临走的时候，他向施登姆保证说，一旦战斗开始，他将放弃治疗，返回非洲。

蒙哥马利自从赢得首战胜利之后，就一直精心思考着自己的进攻计划，他召开多次会议，详细研究和制定了计划的各种细节。大体说来，蒙哥马利所制定的进攻分为四个阶段：一是参战部队的编组、集结及蒙蔽敌人的措施；二是集中大量的兵力，在空军配合下在敌占区打开一个缺口，然后向纵深发展进攻；三是千方百计分散敌人的兵力和注意力，使其不能对英军的突破口进行有效的堵塞和反攻，并大量消耗敌预备队；四是实行最后突破以瓦解敌人最后的防线，为装甲部队开辟一条道路。

蒙哥马利针对这次总攻所制定的骗敌计划，是沙漠战中迄今为止最精巧的欺骗计划，这个计划的代号为“伯特伦”。首先是伪装前沿地区的巨大的弹药和其他作战物资堆集所。其次是用假车辆假扮坦克和其他

阿拉曼战役中的德军阵型分布图

阿拉曼战役中的英军阵型分布图

车辆的运动，使敌人对大量部队在作战地域的集结渐渐习以为常，夜间则用突击部队的真作战车辆把已经“在位”的假车辆换下来。进攻前一个月便为步兵挖好了细长的战壕，供他们在发起进攻的当天夜间躺卧用，这些战壕均伪装得像是地形的一部分一样。同时为了使敌人误认为主要进攻方向在战线的南端，蒙哥马利还命人在那里稳步地铺设了假水泵站、假供水点和假蓄水池，施工的进程表明水管到 11 月初才能竣工；一部分通信分队模拟将在南面发动主攻的无线电通信。

此外，为了使伪装毫无漏洞，他并没有把伪装的事讲得很明白，只向他们传达将要发生什么事，而且是在 9 月 28 日至 10 月 21 日按军衔高低分批传达的。所有这一切都是为了使敌人摸不清进攻的时间和主要突进方向，以达成战役突然性。总之，蒙哥马利做了这么多的伪装，其目的只有一个，那就是在战争中掌握主动权。

除了要思考如何进行伪装以迷惑敌人，蒙哥马利还得考虑如何突破隆美尔的防线。隆美尔的防线，起点是地中海的海岸，终点是距离海岸约 70 千米的无法通过的卡塔腊盆地的边缘。这一防线横亘在浩瀚无垠的大沙漠上，这中间没有山林可以遮挡，只有少量的沙丘和沙岭。在这些沙丘和沙岭上空，经常有德意空军的侦察机在盘旋侦察；在地面，也有德意军的地面侦察分队频繁地活动着。更为危险的是，除了这些明显的侦察部队，隆美尔还设了一只侦听部队，他们的任务是秘密到敌方防线背后的无线电侦听分队进行昼夜不停的监听活动。

除了以上两个问题，蒙哥马利还着手进行对士兵的训练和重新编组这两个棘手问题。蒙哥马利认为，英军在北非沙漠屡次遭遇挫折的重要原因之一，就是缺乏严格的训练，任何灵巧的现代化武器系统都不能代替受过训练、富有经验和作战勇敢的士兵，只有严格训练才能锻炼出一支有战斗力的指挥起来得心应手的部队。9 月 29 日，第 44 师在对敌军的一次袭击中遭到重大损失，其中有两个旅由于损失较大而被解散。从这次失败中，蒙哥马利意识到，必须立即督促整个第 8 集团军抓紧军事训练。如果没有充分的技术训练、心理训练和体质训练，是不能轻易将部队投入战斗的。

英军士兵正在扫雷。

针对隆美尔布设的地雷区，蒙哥马利把扫雷分队的训练列为此次训练的重中之重。蒙哥马利把扫雷的任务交由第 8 集团军工程兵指挥官基希准将全权负责。基希搜集了资深的军官们对扫雷的看法，然后把这些看法告诉了具体负责扫雷分队训练的穆尔少校。在穆尔的领导下，第 8 集团军的扫雷速成学校成立了。穆尔制定出的一套训练方法，在进攻发起前共为蒙哥马利训出了 56 组扫雷人员。

经过集中的训练，蒙哥马利所属的部队整体素质上有了较大提高。更让人兴奋的是，托布鲁克陷落后罗斯福慷慨提供的 300 辆“谢尔曼”式坦克 9 月份终于运抵尼罗河三角洲，全部拨给第 10 军的第 1 和第 10 装甲师。这样一来，英军的实力又更加强大一些。

蒙哥马利为此次进攻计划取名为“捷足”。他计划分三路发起进攻，从右翼实施主要突击，由第 30 军担任主攻任务，首先突破德意军部署有 4 个师的北段防线，打通通往腰子岭和米泰里亚岭的两条沙漠走廊，保障集团军预备队第 10 军的两个装甲师顺利投入战斗。第 13 军则配置在南翼并发动佯攻，其主要任务是诱使德意部队相信，英军主攻方向在南翼，使敌在南翼保留更多的主力部队。

现在，发动战争的一切准备已经做好了。从总体上看，蒙哥马利在人力物力上都比他的对手强大。另外，他还拥有短而不中断的交通线这一巨大优势条件。最后，蒙哥马利选定 10 月 23 日晚月圆之夜发起进攻。

“捷足”先登

10月23日晚9点40分，代号为“捷足”的进攻终于打响了。1000多门大炮开始了第二次世界大战以来最为猛烈的炮击。第30军从正面射向敌军炮兵阵地的炮火尤为猛烈，炮火持续了大约15分钟。在南面，英第13军的炮火强度要小一些。德军的炮兵完全被压制住了。在这次炮击中，英军还有另外一项收获，那就是德军的总司令施登姆也死于此次炮击中。

第一次炮击后，整个战线沉静了5分钟。英军炮手们利用这短暂的时间校正了射击距离，把目标指向了敌前哨步兵阵地。22时整，又是一阵万炮齐轰，打得德意步兵血肉横飞、沙尘蔽天。零时，英第30军和第13军在延伸炮火和空军的掩护下，借助天空中的探照灯光和轻高射炮对固定战线发射的曳光弹，开始发起进攻。

在伦敦，性急的丘吉尔首相终于等来亚历山大将军发来的电报，战争已经开始了。兴奋的丘吉尔立即给美国总统罗斯福发去了电报，并对他给英国的支援表示了谢意。在阿拉曼，蒙哥马利在告全军官兵书中写道：“即将开始的战役将是历史上的决定性战役之一。它将是战争的转折点。全世界的目光都将朝着我们，焦急地注视着战役的进展。”

23日22时，第30军所辖的澳大利亚第9师、南非第1师、第51高地师和新西兰师共4个步兵师在一个15千米宽的正面上发动了进攻。蒙哥马利所以选择北面为主攻方向，主要是因为在北面突破可以对海滨公路和敌军的后勤补给线造成威胁，并置处在阿拉曼防线南端的敌军于危险境地。在第30军的面前有三个主要目标：第一个目标叫作“酢浆草”，它沿米泰里亚山脊的西面斜伸，然后向西北转向腰子岭的边缘（德军把腰子岭叫作28号高地），接着转向正北。第二个目标是“皮尔森”地带，该地带从腰子岭的两端向东南延伸，规定于拂晓时由3个装甲旅占领。第三个目标是一个叫“小气鬼”的地带，它在“皮尔森”目标地带的正面，大致是从拉赫曼车站到泰勒阿卡基尔以南的一个区域，也由装甲部队夺占。

在北面，澳大利亚第9师负责夺占“酢浆草”地带；新西兰师夺取米泰里亚山脊。步兵师发起进攻后，起初一切都很顺利。在空军的空中屏障、地面炮兵的火力屏障掩护下，装甲兵和步兵交替掩护、滚动前进。但是，英军的进攻很快遭到阻遏。夜深后，敌军的抵抗加强了，逐渐增强的炮火向正在布雷区摸索前进的英军士兵、车辆和装甲车射击。除地雷场外，其他随处布设的地雷也在阻碍着英军的行动。沙漠中没有明显的地貌特征，烟尘滚滚不时将皓月掩蔽，坚守在防线后面的德意步兵经常给英军以突然而猛烈的杀伤。

10月24日晨，蒙哥马利了解到：第30军在夜间进攻中没有完全实现作战意图。装甲部队没有到达“皮尔森”目标地带，甚至连“酢浆草”目标地带也没有找出。南面第13军的进攻也不太顺利，激战一夜所获得的战果仅仅是拥塞在“一月”地雷场的两侧，而“二月”地雷场尚未突破。蒙哥马利仍把希望放在成功开辟一条能通过地雷场的通道。他发布了一下命令：1. 彻底打通北部走廊；2. 新西兰师从“酢浆草”目标地带和米泰里亚山脊向南扩张战果。

接到命令后，高地师和第1装甲师不顾坦克遭受重大损失，奋力作战以肃清北部走廊的德军，到傍晚该装甲师已进抵腰子岭之前，随之遭到德第15装甲师的反击。英军一直未能在敌军的地雷带和防线上打通通道，战局进展很不顺利。

10月25日，蒙哥马利遇到了一件极为棘手的事件。此时，由于英军在前几天付出了很大的代价，仍然不能打通通道，装甲师的指挥官们已不愿意再付出更大的代价。这种思想与蒙哥马利必须打通通道的命令是相反的，蒙哥马利觉得这是对自己的权威和贯彻计划到底的意志的挑战，他将此称为“真正的危机”。

最后，蒙哥马利仍然凭着自己杰出的应变才能化解了这次危机。

5日中午前，中东总司令亚历山大将军视察了前线后与蒙哥马利进行了一次面谈，他们都对战局的进展表示了谨慎的乐观。北面的第30军已在德国非洲装甲集团军最坚固的防线上打开了一个通道；各装甲师依计划继续进行突破，打算

英国皇家特别空勤团作为一支训练有素的特战队，他们的主要职责是在非洲军团的后方进行暗杀、破袭和营救的行动，给德军沉重的打击，被德军称为“红色魔鬼”。

英国皇家特别空勤团成员

阿拉曼战役中投降的意大利士兵

凭借有利的阵地和陆空军的巨大火力优势挫败敌人的反击。南面的第 13 军虽进展不大，却把德第 21 装甲师和一个意大利装甲师死死拖住了，并且保留了英第 7 装甲师的有生力量，以便转用他处。亚历山大视察后得出的结论是：残酷的战斗尚在后头，因为他知道，尽管英第 8 集团军已成功揳入敌军地雷场，但战局进展缓慢，形势依然不明朗。在伦敦，帝国总参谋长布鲁克亦忧心忡忡。他既关心阿拉曼战役的结果，更关心该战役所产生的战略作用。10 月 25 日，布鲁克忍受着巨大的心理压力，仍然给蒙哥马利写了一封信，以鼓励蒙哥马利坚持下去。他写道："初战胜利已实现了……你正在致力于你一生中最伟大的事业，我相信你会成功。"

20 日中午，蒙哥马利接待完亚历山大的视察后，又一次在新西兰师司令部召集两个军长开会。会后他就开始进行那种"一会儿突击这里，一会儿突击那里"的战斗了。他已经得出结论：新西兰师进一步向南推进将付出很大的代价，因此他把进攻矛头转向北面，命令澳大利亚第 9 师发动猛烈进攻。

10 月 25 日至 26 日黎明前，澳大利亚第 9 师进行了一次干净利落的进攻，由突出地带向北朝海边方向攻击，更加逼近了海滨公路。但第 51 高地师和装甲师的进攻仍然没有取得重大进展，在腰子岭不断遭到德第 15 装甲师和意的里雅斯特装甲师的猛烈反击，损失惨重，锐势大减。面对如此惨烈的牺牲，蒙哥马利不得不承认这样一个事实：虽然损失了大量的人员和武器，却远远没有实现自己预期的目标。

通过英军的侦听机构，蒙哥马利还获悉一个不好的消息，隆美尔已回到了阿拉曼，重新掌握对德意部队的指挥权。

"不战斗，毋宁死"

1942 年 11 月 3 日早晨，希特勒收到了北非战场上的德军已开始撤退的消息，这对希特勒来说无疑是雪上加霜。在苏德战场上，他企图迅速攻占斯大林格勒的计划和整个 1942 年夏秋战局计划进展得很不顺利。在斯大林格勒战场上，德军正与苏军进行着一系列巷战。到当时为止，德军已在苏联战场上死伤70万人，损失火炮2000门、装甲车1000余辆、飞机1000余架。

这些已经使希特勒心痛、心碎，他眼看要支持不下去了。北非战场的突变又给了他更为沉重的一击。此时，他一肚子的怒气无处发泄，而那个把这个至关重要的消息给延误了的参谋就成了他发泄的对象。

11月3日9时许，希特勒大肆发泄了一通后，立即向隆美尔发出了一封电报。在电报中，希特勒命令隆美尔必须坚守住阵地绝不后退一步，“把每一支步枪和每一名士兵都投入战斗”。此外，他还向隆美尔许诺，大批空援在未来几天就会到达南线总司令凯塞林那里，此后物资还会继续跟上，只要他坚持战斗。最后，希特勒以“不战斗，毋宁死，别无其他选择”结束了他的电报。

3日上午，隆美尔驱车视察了在阿拉曼防线北部继续抗击英军进攻的装甲部队和正在向西撤退的步兵。正午过后，他收到了希特勒的电报。电报结尾处的那几个字像一颗颗钉子，深深地刺痛着隆美尔的心。就在90分钟前，他还向部队发出了进一步撤退的命令，并已经准备好打一场机动的防御战。然而此时此刻，他从来不敢违抗的元首下令不准撤退，他该怎么办才好？在此后的1个小时里，隆美尔陷入了两难的境地，他是应该忠于元首的命令拼死抵抗，还是正视现实继续撤退？

3日下午2时28分，隆美尔作出了最后的选择，他选择遵守元首的命令，抵抗到底。他在电话中向非洲军军长托马宣读了希特勒的来电，并强调：“把这项命令贯彻到士兵中去。部队必须战斗到最后的一兵一卒。”当托马指出这将导致灭顶之灾，并建议撤下坦克重新编组时，隆美尔对着话筒吼道：“不能撤！元首命令我们竭尽全力坚守！不能撤退！”下午6时40分，隆美尔拒绝了非洲军建议的新防线，并大声疾呼：“我要你们守住现在的阵地！这是生死攸关的大事！”接到希特勒的电报后，隆美尔觉得部队将全军覆灭，自己也在劫难逃。

11月3日上午11时30分，希特勒的那封电报很快被英国破译出来，丘吉尔也很快知道了这个消息。蒙哥马利得知隆美尔已经决定撤退，但又在希特勒的命令下坚守的情报后，向全体士兵发布一个文告。文告内容是：目前的战役已持续12天，在此期间全体官兵英勇作战，使敌人遭到很大损耗。现在敌人已达到了崩溃点，还在企图撤退。皇家空军正在袭击沿主要海滨公路向西移动的敌军部队，使之遭到重大伤亡。敌人已在我们的控制之下，崩溃在即。我号召全体官兵继续对敌施加压力，不得有片刻松懈。我们有可能擒获敌人整个装甲集团军，我们一定要做到。我为已经取得的一切成就向全体官兵祝贺。彻底胜利已经在望。我已代表你们向皇家空军发去一份贺电，感谢他们对我们的巨大支持。

一幅关于英国轰炸机猛轰德军阵地的绘画

11月3日至4日夜间，英军向德意军队发起了最后的攻击。但是，蒙哥马利对阿拉曼战役的后果缺乏远见，他对突破成功后如何追歼敌军的措施考虑不周并且动作缓慢，他制定的追击行动显得苍白无力。蒙哥马利下令新西兰师和第10军进行追击，给他们规定的任务是：以第4轻装甲旅和第9装甲旅为先导，引导第5和第6机动步兵旅向西横过沙漠，然后向北转直奔富卡；第1装甲师应向泰勒阿卡基尔西北面的埃尔哈拉什挺进；第7装甲师的前进目标是加扎勒。

这是一个大规模的向北包抄运动，其关键是富卡以西的一个据点，海岸公路从此登上了陡坡。如果能够及时封锁这个隘路，退却的德国装甲集团军就可能遭到两支英军夹击而陷于危境。但是新西兰师疲战之后需24小时才能做好追击准备，没有道路交通管制，一片混乱。

从11月4日拂晓至黄昏这段时间，新西兰师所属各部队前进速度最远的也只有65千米，至于第10军的装甲师前进速度更慢，仅前进了15千米。等走在前面的新西兰师于5日到达富卡时，隆美尔的部队已向西撤去。

造成这种结果的原因，一方面是由于第8集团军经过12天的血战后伤亡较大，一些部队已疲惫不堪；另一方面是蒙哥马利过于谨慎，不敢实施大胆的追歼。结果，蒙哥马利把最好的全歼敌人的时机错过了。

其实，11月4日的白天和夜晚是追击的最关键时刻。因为在这一天，隆美尔的装甲部队虽然还在抵抗，但步兵已在撤往富卡的途中。隆美尔正处于撤退和坚守的矛盾中踌躇不定。4日早晨7时25分，德军南线总司令凯塞林赶到隆美尔的司令部，他本来是督促隆美尔严格执行希特勒的命令的，可当他得知隆美尔现在只剩下22辆坦克时，立即改变了自己的看法。凯塞林建议隆美尔立即电告希特勒，告诉希特勒现在已经必须撤退，这是德军以后得以在非洲立足的唯一机会。隆美尔于是给希特勒发了一封电报，同时仍旧命令部队坚守。下午3时30分，隆美尔终于下令全线撤退。11月4日晚上8时50分，希特勒终于同意撤退。第二天隆美尔收到了希特勒的新命令，此时他不得不庆幸自己作出了正确的选择。这样，他得以保存仅剩的 7 万多部队，撤往富卡新防线。

暂缓鸣钟

阿拉曼战役之前，丘吉尔首相曾与中东总司令亚历山大约定：如果英军夺取阿拉曼之战的胜利，就在全国鸣钟以示庆祝。

11 月 6 日，亚历山大给丘吉尔发去电报，他在电报中得意地说："鸣钟吧！据估计俘虏人数目前已有 2 万，俘获坦克 350 辆，大炮 400 门，军用物资数千吨。我军先头机动部队已抵马特鲁港以南的地方。第 8 集团军正在乘胜前进。"丘吉尔三思之下，觉得现在鸣钟还有点早，他觉得应该等到"火炬"作战计划开始得胜时再鸣钟。他给亚历山大将军回电，告诉了他自己的看法。

从 10 月 23 日进攻开始至 11 月 4 日突破成功，阿拉曼战役经过了对于双方来说都是漫长且艰难的 12 天。在这次战斗中，英军损失 1.35 万人，德意军损失 3 万余人。通过这次战役，隆美尔被击退了，埃及的危机解除了。阿拉曼成为盟军的"命运的关键"。丘吉尔甚至夸张地说："在阿拉曼战役以前我们是战无不败；在阿拉曼战役以后，我们是战无不胜。"

在这次战役中，英军得胜的关键在于充足的资源补给。在兵力兵器和后勤补给方面，英军占有绝对的优势，其中以坦克、大炮、飞机等补给方面的优势最为明显。在 12 天的血战中，英沙漠空军共出动 2500 架次，破坏了敌军的部队机动、作战指挥和后勤补给，而德意空军仅出动飞机 260 架次。

阿拉曼大捷的胜利大大鼓舞了英军的士气，重树了英军的威信，抬高了英国的国际地位。

英军胜利的另一个重要因素来自于蒙哥马利的出色作战指挥。阿拉曼战役与以往在沙漠中所发生的历次战役均不同。因为战线狭窄、工事坚固、地雷密布，且有重兵固守，无法实施侧翼包抄。蒙哥马利根据这一实际情况，充分利用短近而优良的交通线，集中使用炮兵，用猛烈的炮火组成火网，然后用大批坦克蜂拥向前推进，终于突破了隆美尔精心设计的防线。蒙哥马利总是把数百门大炮集中使用，而不是用分散的炮兵中队进行小规模的炮轰。

丘吉尔曾这样称赞他，“蒙哥马利是一位伟大的炮兵专家，他相信大炮可以杀人”。然而，蒙哥马利是个过于谨慎的人，不太善于进行机动作战。他指挥的原则就是摆好了阵势再打。他缺乏隆美尔那种当机立断，适应变化的指挥技术。如果他再大胆果断一些的话，完全可以在富卡截住隆美尔的部队加以歼灭。

在这次战役中，英军的一个优势是我们不能忽视的，那就是利用“超级机密”对德军密电的破译。“超级机密”在英军夺取阿拉曼战役的胜利中发挥了不可低估的作用。在战争中，蒙哥马利正是充分地运用了破译的情报，才能从容不迫地安排部署自己的作战计划。此外，及时的敌军情报也曾多次帮助蒙哥马利作出正确的决策。如在“增压”作战开始前，蒙哥马利原计划在北边近海处进行突破。但通过截获的敌军情报显示，德国的第 21 装甲师正向北调动，敌军防线中央主要是战斗力较弱的意军，于是蒙哥马利把突破点做了一个稍微的变动，英军就顺利突破了敌军的防线。

隆美尔在阿拉曼的失败主要应归因于兵力的不足，兵器的陈旧以及后勤补给线太长。隆美尔一向擅长的就是机动战，但在阿拉曼战役中，他却不能发挥自己的机动优势来弥补德军在兵力和后勤上的劣势，只能一味和英军进行正规的攻防战。在战争的后期，他既没有能力攻破英军的防线，又不得不遵照希特勒的指令守住已经占领的据点。所有这些因素都促成了隆美尔的最终失败。但我们如果从更深的层次来考虑的话，隆美尔在非洲战争的失败，其实是德国野心太大而实力不足的必然结果。

1942 年 10 月至 11 月，德国的庞大野心与实力不足的矛盾已经充分地暴露出来了。由于法西斯集团在苏德战场上、太平洋战场上、大西洋战场上和北非地中海先后发动战争，这对于国土资源不太丰富的诸法西斯国家来说，无疑是一个沉重的负担。而以苏美英中为首的反法西斯同盟各国却拥有丰富的资源来支持这种大规模的战争，随着战争的扩大，法西斯国家必定会越来越力不从心，而此时，同盟国的巨大资源潜力就会充分发挥作用。

与苏德战场比起来，希特勒一直是把北非地中海视为次要战场的，所以在这里必定不会投入太多的兵员和资源。虽然墨索里尼很重视这里，并把这里视为自己的主要战场，也投入了自己的主力。但是，墨索里尼只是口头上很强大，其实是很虚弱的，所以最终的结局只能是失败。

阿拉曼战役是英国战争史上光彩的一页，是英国对第二次世界大战做出贡献的象征。正由于此，第二次世界大战结束以来，英国以各种各样的方式纪念阿拉曼战役的胜利。蒙哥马利辞世后，英国为他建立了一座雕像，伊丽莎白女王亲自为雕像揭幕。

对于英国在阿拉曼所取得的胜利，英国军事史学界一直存在着很大的疑义。学者们之所以对英国的胜利持怀疑态度，主要是因为它没有摧毁或捕捉住隆美尔的装甲集团军，而这本来是丘吉尔给亚历山大和蒙哥马利的主要的和首要的任务。有学者称，阿拉曼之战只是一场“政治上的胜仗”，这次战争的胜利重新树立了英军的威信，抬高了英国的国际地位。无论如何，阿拉曼战役确实起到了一定的作用，它沉重打击了意大利，也给了德国一个教训，成为第二次世界大战的重要转折点。

五、北非战场落幕

“火炬行动”

1942 年 11 月 8 日凌晨 1 点，蒙哥马利在阿拉曼地区击败隆美尔的第 4 天，英美联军开始了他们的“火炬行动”。“火炬行动”是在第二次世界大战中，美英首次展开的联合军事行动。此时，美国军队占多数的 10.7 万余名官兵，即将开始他们在非洲大陆的登陆计划。首先，他们要在分布于 1500 千米的 9 个沿海地点寻求一个立足之地。其次，他们将接管法属北非最大港口城市中的 3 个：摩洛哥的卡萨布兰卡、阿尔及利亚的奥兰和阿尔及尔城。随后，他们

丘吉尔视察英军部署在地中海的战舰。

将全速挥师东进，争取抢在轴心国部队以前，攻入突尼西亚，占领突尼斯城和比塞大港，这个港口是与德军在南欧的军事基地距离最近的港口，所以占领它对盟军是特别重要的。

北非战场上被摧毁的德军坦克，“火炬行动”的实施，使盟军顺利占领了卡萨布兰卡。

由于盟军所要接管的3个城市卡萨布兰卡、奥兰和阿尔及尔城相距太远，盟军的大部队不得不分散成3支特遣分队：西部、中部和东部船队。西部分队的目标地是卡萨布兰卡。在西部分队驶过直布罗陀海峡的时候，潜伏在直布罗陀地区西班牙一侧的德国间谍把这一消息告诉了希特勒，但在希特勒看来，这只不过是一支受到严密保护、开往马耳他岛的运输队，并没有加以重视。11月7日，当隆美尔的军队撤向利比亚后，希特勒突然意识到，盟军船队确实是在非洲沿海地区，他们的登陆城市很可能就在利比亚港口城市班加西和的黎波里。盟军在这两个地方故意策划的佯攻，更使得希特勒对自己的主观臆想深信不疑。这样，德军暂时对盟军还构不成威胁。

“火炬行动”的策划者们心里清楚，给他们所制定的作战计划制造障碍的将是法国人而不是德国人。法国的抵抗会到什么程度，这是“火炬行动”的策划者们一直在思考的问题。最后，罗斯福把与法国进行接触的任务交给了美国驻维希政府的使节罗伯特·D. 默菲。罗斯福总统曾秘密委任默菲作为他在北非的私人代表。在盟军进攻北非前两个月，他曾秘密到达伦敦会见盟国远征非洲的司令艾森豪威尔，把非洲的情况大概做了一下介绍。

此外，他还对盟军可能受到的待遇作了两种猜测：如果法国人认为“火炬”计划是美国方面的军事行动，他们就不太可能作出抵抗，理由是法美之间的传统友谊一时还难以消失；但是，如果他们认为“火炬行动”完全是英国人的事，他们很可能会进行顽强抵抗。此外，默菲还向艾森豪威尔提到了法军中可能倾向于盟军的人物：亨利·吉罗将军和五星级海军上将杰恩·弗朗科伊斯·达尔朗。此后，他利用外交官的身份广泛交游，细心查证军方官员和有影响的士绅阶层内心深处的情感倾向，估量各种反维希和反纳粹地下组织对于盟军的潜在价值，推测那些阿拉伯民族主义分子究竟是敌是友。

罗斯福在卡萨布兰卡会议期间慰问驻地美军。

由于登陆计划的制定者们过分注重保密，直到登陆前4天，默菲仍被禁止将计划细节通知亲盟国的法国地下组织，因此减少了盟国本可以绝对信赖的一支法国支援力量协调行动的可能性。在盟军发动登陆计划的前一天，默菲就在阿尔及尔城。在得知盟军已经开始登陆的消息后，他为了让法军和盟军之间的冲突减到最低，经过慎重考虑，他把盟军登陆的消息告诉了法属北非地面部队的总司令朱恩将军。

最后，这位精明的海军上将两面下赌，一方面发电报给贝当元帅，寻求指示。另一方面，他想先看看盟军的实力和士气再作最后的决定。幸运的是，盟军的登陆部队虽然在一开始的时候受到一些阻碍，但进展还算顺利。下午3时左右，盟军已经占领了俯瞰阿尔及尔城的制高点。在达尔朗海军上将的批准下，朱恩将军安排了一个停火仪式。11月8日早晨7时，离登陆开始还不到20个小时，美军就占领了这座美丽的地中海滨港城。

在奥兰登陆的盟军可没这么幸运，驻守在那里的法军进行了顽强抵抗，直到11月10日午后才最终投降，这一时间距首批部队登陆上岸已有48个多小时了。

应该说盟军此时倒还算顺利。然而，盟军在攻占卡萨布兰卡时，却遭到了发动进攻以来最顽强的抵抗，那里的驻军拥有强大的舰队。盟军遭遇了重大损失。担任攻占卡萨布兰卡战役的盟军将领是巴顿将军。11月10日，巴顿收到艾森豪威尔的电报，电报称摩洛哥两个最边远的进攻目标莎菲和里奥特港已经被盟军占领，艾森豪威尔督促巴顿加速攻占卡萨布兰卡。

为了加快时间结束战斗，巴顿在没有与北非盟军最高司令商议的情况下，就制定出这样一个计划：在次日天明时即对卡萨布兰卡进行空中、海上轰击，随后旋即展开地面攻势，迫使城中守军缴械投降。但是，他的计划还没有实施，法军就于11月11日清晨6时48分，宣布投降了。原来，11月10日早晨，达尔朗海军上将签发了一道普遍适用于驻北非各处法军的停火命令，这使得盟军与法军突然之间化干戈为玉帛。达尔朗在这次同盟国的交易中得到的好处是被任命为法属北非高级行署专员，负责管理行政事务，而他手下的吉罗将军则成了法国地面部队和空军的最高指挥官。

由于登陆取得了成功，盟国上上下下信心倍增。他们指望从阿尔及尔出发，用 2 个星期的时间向前推进 720 千米，胜利抵达他们在突尼西亚境内的两个主要目标：突尼斯城和比塞大港。但是盟军现在必须和时间赛跑，如果在 11 月底之前，盟军不能占领突尼斯，他们不仅要面对当地连续四五个月的阴雨天气，还要面对正在大批赶往非洲的德意轴心国部队。

此时，希特勒已经逐渐意识到地中海战区的重要性，如果盟军攻占了突尼斯城和比塞大港，他的大将隆美尔的部队就有可能被完全吃掉。更为重要的是，这两座城市海港、机场设施配备齐全，而且坐落在地中海一侧、直布罗陀以东“最狭窄处”，如果盟军打算沿着南翼打击希特勒最薄弱的“欧洲堡垒”的话，这里将成为最好的跳板。于是，当盟军方面正在为攻占奥兰和卡萨布兰卡而与法军打成一团的时候，轴心国正往突尼斯和比塞大港调兵遣将，以加强这两个港口城市的防御。

希特勒的目标是到 11 月底，驻守在这里的军队数量要达到大约 1.5 万人。

在盟军方面，为了防备希特勒动用空军，从西班牙朝着盟军的后面进攻，西路和中路分遣队被留下来加强后方保护，担任此次突击的主要是英美装甲部队和东路分队的步兵。由于盟军对于德军在该地驻守军队的实力估计不准，导致盟军向突尼斯的进攻屡屡受挫。12 月 2 日，担任突击指挥的安德森将军不得不向盟军司令部请求停战休整，因为在将近一个月的进攻中，盟军前线已接近弹尽粮绝，士兵也疲惫不堪。蒙哥马利同意了安德森的请求，但这个休整期拖得太长了，以致盟军失去了进攻的良机。突尼斯开始进入雨季，盟军的坦克部队可谓寸步难行。到 12 月底的时候，艾森豪威尔不得不下达了暂时中止突尼斯战役的命令。

最后一击

在卡萨布兰卡会议期间，德军在斯大林格勒正遭遇重创，已经面临着失败的结局，希特勒此时根本无心顾及突尼斯。

于是，盟军肃清北非残敌的时机来了。

1943 年 2、3 月间，从东部追击德意败兵的英国第 8 集团军已先后攻入突尼斯。亚历山大依照卡萨布兰卡会议的决定，开始就任北非盟军副总司令。他对部队进

英军炮兵在突尼斯之战间隙，正为一门美 MZ 式 105 毫米榴弹炮填装炮弹。

行了改编、整顿和重新组合，为强攻敌人的主要阵地马雷特防线做好了准备。马雷特防线是战前法国人为了防止意大利军队入侵而修建的，它位于突尼斯东部，长达 30 千米。

3 月 20 日夜间，蒙哥马利的第 8 集团军开始对马雷特防线发动进攻，经过 7 天的激烈战斗之后，英军完全占领了这条防线，迫使敌军狼狈向北撤退。此后，英军第 8 集团军的左翼同向东迅猛推进的巴顿指挥的美国第二军会师。这样一来，北非盟军所有的部队就连接成一条战线了。

在德军方面，从 3 月底开始，非洲的德军就面临着严重的物资短缺。盟军胜利会师之后，不费吹灰之力就把德军挤压到突尼西亚东北一隅。大批的盟国飞机和舰只正不断地摧垮轴心国的运输线。

连希特勒本人都不得不承认，要想让轴心国部队守住突尼西亚的桥头堡，每月至少需要给他们提供 15 万吨的军需物资。但是自从去年 12 月以来，每半月的货运量就没有超过 7.5 万吨。到了 3 月份，这个少得可怜的月运输量还在继续下跌。德军除了食物和弹药奇缺之外，燃油的储备量也急速下降。由于没有充足的燃油，德军已丧失了进行任何重大战役的机动作战能力。

面对这样的困境，希特勒仍然顽固地认为，轴心国可以在非洲长期坚持下去，而且必须长期坚持下去。他现在已经很清楚盟军为什么一心想要攻下突尼斯了，因为他们的最终目的是击毁德军在南欧的基地。所以希特勒认为，只要德意军队在突尼西亚拖住盟军，使他们无法利用突尼斯城和比塞大的优良海港，盟军就无法实现进攻南欧的目的。

他也清楚，他的同伙墨索里尼在意大利的感召力正在急剧下降。在都灵和米兰，要求结束战争、摆脱法西斯主义的工人已掀起了大规模的罢工浪潮；如果突尼斯失陷，成千上万的意大利士兵将被送进盟军的战俘营，那么，在意大利本土的公众反应就将导致墨索里尼被国内的反对势力赶下台去，从而，希特勒“欧洲堡垒”的南翼将会极其危险地暴露在盟军的铁拳之下。

在希特勒的死命令面前，德军在非洲的主帅阿利姆也不得不遵守。尽管阿利姆本人疑虑重重，但他毕竟还是一个视服从为天职的军人。从马雷特防线和阿卡里特谷地，他们一直就被盟军赶着跑，但是，现在阿利姆下令在4月里，再也不能后退半步。德军驻守在一条地势崎岖的弧形防线上，这条防线从北部海岸的比塞大以西40千米处延伸到东部海岸鲍角半岛下方的本菲达维勒。在这条战线上，轴心国军队正在掘壕挖沟以求固守。他们的工事对付一些小打小闹显得绰绰有余。在打退盟军进攻的同时，德意军队设法在各条通道和多地河床上埋设了大量地雷，把山岭和坡地变成为防御工事，沿着盟军最有可能发动重大攻势的道路旁，他们架起了大炮以控制路面。轴心国部队官兵发疯似的干着活，他们心里清楚盟军的进攻已迫在眉睫了。

确实，在蒙哥马利的部队同突尼斯境内的美英法军队会师以后，盟军司令部便开始忙着制定总攻计划了。然而，在关于哪支部队应该攻打何处的问题上，盟军司令部内部出现了激烈的争执。原来，盟军地面部队总司令亚历山大将军总是看不起美军部队，他认为美军大都“无知”“不学无术”，并且“在精神上和体格上都软弱无力”。所以，在他主持制定的作战计划中，美军被排斥在了最后的决定性行动中。

3月中旬，当美军方面得知亚历山大计划的有关细节后，第二军军长乔治·巴顿和副军长奥玛尔·布莱德雷顿时勃然大怒。气急败坏的布莱德雷连夜飞往阿尔及尔城，向北非盟军总司令艾森豪威尔提出了自己的看法。他建议艾森豪威尔把整个第二军悉数派往第一集团军的北面，让美国人自己进攻比塞大。艾森豪威尔经过仔细的考虑，最终同意了布莱德雷的要求，并平心静气地命令亚历山大更改了作战计划，把第二军调往北部，协调得十分成功。

4月19日夜里，盟军发动了代号为“铁匠”的进攻计划，蒙哥马利的军队在此次战斗中首先发起了进攻，这在某种意义上是亚历山大对于第8军不能参加对

突尼斯一战后，盟军士兵正在检查一辆被摧毁的德军坦克。

德军总攻的一个补偿。

然而不幸的是，这个补偿的代价是惨烈的。原来，盟军本来打算让第 8 军把轴心国军队从第一集团军的正面吸引开，但没想到第 8 军在进攻两天之后，就由于遭受了严重的损失，不得不停止了攻击。

4 月 22 日，第 1 集团军开始了极其缓慢而又艰苦的进攻。4 月 23 日，美军第 2 集团军也独立展开了攻势。在两个方向上的盟军所到之处，炮火连天，硝烟弥漫，盟军的装甲部队和德国坦克兵为了争夺一小块平地而进行激烈冲杀，相互冲击；步兵部队为了攻占一座山头，不惜血流成河，尸横遍野。战斗一直持续到 5 月 7 日才结束，在这一天，盟军解放了突尼斯城和宾泽特港。5 月 13 日，猖狂一时的德国非洲军和意大利军队向盟军投降了。盟军彻底肃清了北非的残敌，俘虏德意官兵 25 万人。

第七章

反攻：光复欧洲

一、进军西西里

难产的“赫斯基”计划

第二次世界大战进行到1943年，战场局势发生了巨变。苏德战场，斯大林格勒战役已经结束，苏军转入反攻。北非战区，英国取得了阿拉曼战役的胜利，英美盟军登陆北非，德意军队被迫投降。西西里战役拉开了序幕。

“赫斯基”，是英文Husky的谐音，它可以翻译成“爱斯基摩人”或者“壮汉”，它是盟军西西里岛登陆作战计划的代号。

西西里岛是地中海中最大的岛屿，位于地中海的中部，面积2.5万平方千米，人口400万左右。该岛是从北非到欧洲的海上交通要地，具有十分重要的军事价值。

早在1942年，美、英盟军在北非取得节节胜利的时候，盟军便开始酝酿把战争打到欧洲大陆去。但是关于登陆地点，双方有很大分歧。

北非登陆成功后，美国人自我感觉很好，他们仿佛已经看到了和平的曙光，于是他们开始着手描绘下一步的行动蓝图。美国人主张，应尽快结束北非战事，以便抽出手来一举打过英吉利海峡，开辟第二战场，迅速打败法西斯德国。但务实的英国人觉得美国的计划太冒险，他们认为，横渡海峡是一场无谓的冒险，可能会招致灭顶之灾，倒不如从意大利的西西里岛入手，向敌人的“软腹部”进攻。

二战期间丘吉尔与英军的参谋团队

为了达成一致意见，双方召

开了卡萨布兰卡会议。双方议定：首先解决意大利问题，然后再考虑在法国登陆的事。会议之后，“赫斯基”行动计划的制定工作便在英国首都伦敦悄悄地开展起来，但由于受到各方面因素的影响，进展十分缓慢。后来，计划工作改由艾森豪威尔亲自负责，计划小组迁至阿尔及尔，同时被命名为“141”小组。

领导“141”小组的是英国军官查尔斯·亨利·盖尔德纳少将。查尔斯在战争中曾指挥过英第6装甲师作战，有较丰富的实战经验，并因擅长制定作战计划而在英军中闻名，被誉为“制定作战计划的能手”。

“141”小组认真仔细地分析了西西里岛的兵要地志，先后拿出了7个作战预案，但都被盟军指挥部一一否决了。

4月中旬，“141”小组再次推出了“赫斯基第8号”方案。该方案甫出台，便得到艾森豪威尔、坎宁安、泰德等盟军高级将领的赞同。

“141”小组分析，西西里岛地形比较复杂，可供使用的道路比较少，特别是西西里岛东北部。盟军登陆相对比较容易，但向西西里岛腹地发展进攻将十分困难，大部队难以展开，且容易受到敌人的节节阻击。因此，要想使“赫斯基”作战行动顺利实施，必须首先攻占西西里岛的两个主要港口，即西西里岛西北部的巴勒莫港和东南部的锡腊库扎港。然后凭借这两个港口建立前进基地。

因此“赫斯基第8号”方案规定，由巴顿率领美第7集团军，在巴勒莫地区登陆；由蒙哥马利率领英第8集团军，在锡腊库扎地区登陆。

已出任美第7集团军司令一职的巴顿看到“赫斯基第8号”方案时，十分满意。他知道，巴勒莫是西西里岛首府，具有悠久的历史，在世界上享有盛名，由他来夺取巴勒莫，一旦成功，自己必将作为这座世界名城的解放者而载入史册。他决心抓住这一机会，在此次登陆作战中大展身手。

正当巴顿雄心勃勃、夜以继日地琢磨具体作战计划的时候，蒙哥马利打破了他的美梦。

蒙哥马利指出，“赫斯基第8号”方案实际上是一个分散用兵的方案，如果按照这个方案行动，是非常危险的，一旦敌人查明盟军企图，敌人就会集中兵力实施各个击破，将我们赶下大海。他提出了自己的方案：英军第8集团军仍然在锡腊库扎地区登陆，但美第7集团军不在巴勒莫登陆，而在距英军登陆地点不远的位于西西里岛西北角的杰拉地区进行登陆。蒙哥马利认为，这样部署便于双方相互配合，才可以使整个作战协调地向前发展。

蒙哥马利的主张遭到了大多数人的反对，因为他的用心很明显，就是要把美军置于次要方向，仅仅担负保护英军翼侧安全的任务。但是在蒙哥马利强烈要求

巴顿与蒙哥马利在前线上

和极力主张下，盟军主帅艾森豪威尔和亚历山大最终接受了他的提案。巴顿对此感到十分愤怒，但也只能被迫接受。

经过数月的反复修改，最终定下来的“赫斯基”作战计划如下：

1.“赫斯基”作战计划，由亚历山大将军指挥的第 15 集团军群负责实施。该集团军群下辖蒙哥马利指挥的英军第 8 集团军和巴顿指挥的美军第 7 集团军。编内共有 13 个师和 3 个独立旅，总兵力为 47.8 万人。

2. 陆军。美第 7 集团军的任务是在西西里岛南线利卡塔至斯科格利地区登陆，占领杰拉和利卡塔后，以积极的行动配合英军向纵深发展进攻。英第 8 集团军的任务是在西西里岛东线帕基诺至锡腊库扎地区登陆，占领该地区后，向卡塔尼亚、墨西拿方向发展进攻。

3. 关于海军。地中海战区盟军的海军部队由坎宁安海军上将统一指挥。在登陆部队进行海上航渡的过程中，海军应出动战舰控制突尼斯海峡和墨西拿海峡南部海域。当登陆部队突击上陆以及抗击敌人反击时，海军舰队应适时提供炮火支援。

4. 关于空军。地中海战区的盟军空军部队由英国的泰德空军上将统一指挥。空军的任务包括：袭击对这次战役有影响的敌纵深内的重要机场、港口和交通枢纽；阻止敌增援部队集结和开往西西里岛；空中掩护进入和通过地中海的所有盟军护航运输队；伺机攻击意大利的海上军舰和补给船等。

通过“赫斯基”作战计划，盟军统帅部的整体作战意图是，首先夺取西西里岛，打开通向意大利的大门，然后乘势向意大利本土发动进攻，迫使意大利政府投降，肢解轴心国体系。同时用积极的攻击态势牵制大批驻意德军，配合盟军在其他战场的作战。在此基础上，趁机解放整个意大利。

海空权的激烈争夺

自从飞机大量运用于战争中以后，夺取制空权便成了战场上一项非常重要的作战内容。尤其是在登陆战役中，如果没有制空权，后果将不堪设想。拥有制空权，既能使己方部队免受敌人空中威胁，又能保证己方空军部队利用空间执行空中掩护、空中阻滞、近距空中支援等任务，同时还能使敌人无法使用该环境。

美、英盟军深知这一点。早在1941年，美军的《野战条令》就指出："制空权就是必须将敌人的航空部队消灭掉，或者压制住，使之不能出动。"这种观念在美国每个指挥员脑中都根深蒂固。所以在西西里登陆战之前的两个月内，盟军空军对意大利主要机场、港口、潜艇基地和各大工业中心，实施了连续不断的空袭，夺取了制空权。

当时，参加西西里登陆作战的盟军空军，总共有3680架作战飞机，另有900余架运输机和许多滑翔机。德、意两国在这个地区的空军兵力约有1400～1500架飞机，其中意军有600余架，德军有800余架。

面对数量占优的盟军飞机，意大利空军司令福吉尔将军和驻意德国空军第2航空队指挥官冯·里希特霍芬中将作出共同决定，为保存实力，把大部分轰炸机撤到欧洲大陆机场。他们的意图是，避轻就重，集中用兵，在抗击盟军空军空袭的前提下，把有限的空中力量集中用于支援抗登陆作战。

为配合盟军西西里登陆，美军出动"无畏"俯冲轰炸机对西西里岛的机场及雷达系统进行了猛烈轰炸。

在盟军空军频繁实施空袭的过程中，德、意歼击机部队也采取了一切措施进行反空袭顽抗，如德国歼击机曾出动500架次，意大利歼击机曾出动600架次，对盟军空袭编队实施空中拦截。但终因双方空军兵力对比过于悬殊，轴心国空军始终未能有效地阻止盟军空军的轰炸行动。

为确保登陆的顺利进行，尽快夺取制空权，从7月2日到9日，盟军空军对所有岛上的敌机场以及意大利亚得里亚海沿岸的福贾机场，特别是西西里岛上的机场进行了猛烈的轰炸。单是7月2日夜间至次日凌晨，就在西西里岛的几个重要机场投下了1500多吨炸弹。

7月9日，也就是登陆前一天，盟军的轰炸行动达到了高潮。盟军空军集中了411架轰炸机，在160架歼击机的护航下，发动了21次轰炸和扫射，目标主要是夏卡到塔奥米纳一带的机场。此外，盟军空军还使用了78架歼击机袭击了敌人的雷达站。在这些空袭行动中，盟军空军一举炸毁了德军航空兵司令部，后者设在塔奥米纳和圣多梅尼考教堂附近。

日落之后一直到午夜，盟军又调集了 107 架轰炸机，出动 8 个波次，轰炸了锡腊库扎、卡塔尼亚、帕拉佐洛和其他机场。

盟军空军的猛烈轰炸起到了理想的效果。轰炸结束之后，德意轴心国在西西里岛东部只剩下杰尔比尼一个简易机场能够使用；在西西里岛西部只有巴勒莫和奇尼西亚两个机场可供紧急着陆使用。通过对敌机场长时间、高密度的轰炸，盟军大大削弱了德意空军的战斗力，基本上夺取了制空权。

盟军进攻西西里的第一步是攻占班泰雷利亚岛，这个岛位于西西里岛与突尼斯之间，是意大利空军基地和海军鱼雷艇基地。攻占该岛，对盟军来说具有至关重要的意义。当时盟军飞机的作战半径都比较小，如果夺取了这个岛，就可以解决空中作战兵力“腿短”的问题。

6 月初，盟军出动飞机对班泰雷利亚岛进行了 6 个昼夜的空中打击，将上万吨炸弹倾泻到了该岛东部的狭小地区。随后，艾森豪威尔派遣 6 艘巡洋舰和 10 艘驱逐舰向岛上守军开炮射击。6 月 11 日，登陆兵抢滩上陆。结果进攻出人意料地顺利，盟军在没有任何伤亡的情况下，俘敌 11000 多人。

班泰雷利亚岛被夺取以后，邻近的两个小岛上的意军相继投降。至此，西西里岛西南面的前哨阵地已被全部肃清。盟军迅速修复了班泰雷利亚岛上的机场。从此，西西里岛已完全暴露在盟军的眼皮底下了。

古佐尼劳思伤神

当美、英盟军在厉兵秣马、摩拳擦掌时，西西里岛上的守军却没那么兴奋。此时担任防守任务的，是意大利第 6 集团军司令阿尔弗雷德 · 古佐尼将军。他手下有意军 11 个师，德军 2 个装甲师。古佐尼的主要任务是负责组织指挥西西里岛的抗登陆作战。

古佐尼判断，盟军如果在西西里岛登陆，很可能会在西西里岛东部和南部两个方向以符形攻势同时实施，据此，古佐尼做出部署：罗兹指挥的德军第 15 装甲师配置在西侧，任务是抵御盟军在西部的进攻；而把库兰斯指挥的德军戈林装甲师分为两部分，较强的一部分配置在离杰拉约 32 千米的内地，任务是对付盟军在西部的进攻，另一部分配置在东部，任务是应付卡塔尼亚平原的局势；意军第 6 集团军一部分兵力（2 个意大利师）配置在南岸约 200 千米的正面上，其余大部兵力驻守在岛屿的西北部，任务是适时增援东、南两侧作战，并应付意外情况。

古佐尼要求全体官兵振作精神，在盟军登陆时，必须抓住有利战机，实施突然、猛烈地反突击，力争把登陆部队歼灭在滩头，如果不成，就迅速转入纵深进行决战。

然而始终困扰古佐尼的问题是，盟军何时登陆。从 5 月份开始，盟军的轰炸已经进行了好几个月，班泰雷利亚岛丢失以后，几乎每一天都可能是盟军的登陆日。为此，古佐尼只得让德、意守军连续处于高度戒备状态，但这样又导致军队十分疲惫。

根据“赫斯基”作战计划，盟军登陆部队分别在北非和地中海东岸的港口上船。由巴顿将军率领的美第 7 集团军在奥兰、阿尔及尔、比塞大港口起航。

战前，巴顿发表了激动的演说，他对手下的士兵说：“你们要为被挑选参加这次行动而感到骄傲，因为你们被授予了进攻和摧毁敌人的权力，你们的手中掌握着美国陆军的光荣和世界的未来。注意，你们值得获取这种伟大的信任。”巴顿的临战动员激起了将士们的战斗热情。

美国第 7 集团军和英国第 8 集团军分别登船起航。按预定计划，美第 7 集团军向杰拉方向，英第 8 集团军向锡腊库扎方向。2000 多艘大小军舰和运输船只，载着 16 万英美军队，兵分两路，利用夜幕，在地中海上乘风破浪、浩浩荡荡地向西西里岛驶去。

大部队到达西西里岛时，发现岛上异常平静。原来古佐尼难以准确判明盟军

盟军在意大利西西里岛登陆。

美军重装甲部队登陆西西里岛。图为正在上岸的“谢尔曼”坦克。

的登陆时间，岛上守军只好连夜警戒，官兵们已经极度疲劳。7月9日下午，恰好又刮起了大风，岛上守军判断盟军今夜肯定是不会来了，于是他们趁机睡觉去了。

10日凌晨2时45分，美、英军以迅雷不及掩耳之势，分别在杰拉和锡腊库扎地区顺利登陆。当时的情况是：“狂风巨浪的天气使那些因连续几夜处于戒备状态而疲惫不堪的意军在床上辗转反侧，感天谢地地说‘今天夜里，他们无论如何也来不了’。但是，他们却来了。”

盟军登陆部队在登陆战役一开始就占尽了便宜。

英军第5师当天傍晚就攻下了锡腊库扎。在诺托湾登陆的英军第30军也稳住了登陆场，英军第一天就占领了宽100千米、深10 ~ 15千米的登陆场。美军没有英军幸运，他们在南部的登陆受到了风浪的影响，还有岸上敌人的顽强抵抗，但10日结束时，三个美军师的突击部队仍然登陆了，攻下了杰拉和利卡塔。

在舰载部队登陆前，盟军还实施了一次大规模的空降。登陆前，美第7集团军和英第8集团军分别使用空降兵抢占登陆场，保障登陆部队上陆。

6月20日前后，美空降兵第82师和英空降兵第1师开始向突尼斯集结，并陆续转场至预定空降出发地域。部队全部就位后，开始对伞兵的战斗装备和物资装备进行详细检查和研究，并做了空投试验。

7月9日晨，做了一夜美梦的士兵早早地醒来，十分敏锐地感觉到天气可能要变坏，因为风力在渐渐加大。很快，部队收到上级发来的紧急通知：“天气可能要变坏，西西里岛的地面风速将达每秒15米。仍按预定计划执行。”

空降部队在恶劣的环境下出发，然而，伞兵们仍然发扬了顽强的战斗作风。在预定地区及其附近地区着陆的伞兵，迅速集中，并立即向分散着陆在其他地区的伞兵发出讯号。

有些飞机飞抵西西里岛海岸时，伞兵脱下救生衣，背上降落伞，准备跳伞。但是由于找不到预定空降场，遂飞回海上重新进入，反复多次，在德意高射炮火网中盘旋飞行1个多小时，终于引火烧身，不少飞机被击落。

美、英军此次在西西里岛的空降作战，是第二次世界大战开战以来盟军实施的最大规模的空降作战。据战后统计，美、英军在西西里岛共空降了9816人，其中美军5305人；出动运输机642架次，使用滑翔机156架；运输机被击落45架（其中被己方击落27架，占60%），击伤86架（其中被己方击伤71架，占88.7%），失踪25架，原载返回40架：滑翔机坠海69架，着陆撞毁15架，失踪10架，被牵引返回4架；人员伤亡约1500余人（其中英军550余人），占空降人数15%强。

虽然这次西西里岛的空降作战暴露出很多问题，但空降部队在敌军中引起了普遍的恐慌和混乱，它在肢解敌军的抗登陆战役布局，策应盟军登陆行动方面，仍然起到了一定的作用。

营救墨索里尼

墨索里尼的垮台让希特勒目瞪口呆。希特勒连夜召集心腹们开会，决定营救墨索里尼，并进攻罗马，支持已经倒台的意大利法西斯党。德国总参部迅速制订了“橡树”计划，成立特种突击队，营救墨索里尼。

墨索里尼的垮台让希特勒措手不及，他决定派人营救墨索里尼。

墨索里尼先是被关押在第勒尼安海上的蓬察岛，这里曾是法西斯政权流放政治犯的地方，所以墨索里尼被关押在此非常具有讽刺意味。巴多里奥为防止希特勒抢劫墨索里尼，将墨索里尼秘密转移到撒丁岛旁边的马塔莱纳岛上。

8月11日，按照希特勒的命令，德军精心挑选了90名伞兵，组成空降突击队，并任命斯科增努中尉为突击队队长；同时规定，所有伞兵乘12架滑翔机机降抢劫墨索里尼，然后乘1架轻型运输机返回。

接受任务的斯科增努中尉在罗马设立了行动指挥部，并派出大量间谍进行侦察。在斯科增努中尉一筹莫展之际，8月底，墨索里尼被隐蔽转移到坐落在罗马北面的亚平宁山脉之中的坎普将军饭店。巴多里奥原以为这样就可以安枕无忧了。没想到，9月初，德军截获了一份意大利内务部的电报，该电报上清清楚楚地写着“科尔诺山附近警戒已毕”。斯科增努如获至宝，他断定此地就是软禁墨索里尼的地方。

经过侦察，斯科增努确认了自己的判断。而且在侦察过程中，一个大胆的想法出现了：饭店旁边有一小块三角地，在缆车站台旁边也有一块平地，可以利用这两块有限的平地，以滑翔机实施机降突袭。

巴多里奥政府对德宣战后，希特勒为此大为恼火，他命令：必须在巴多里奥政府将墨索里尼引渡给盟军之前，救出墨索里尼。

9月12日清晨，斯科增努中尉率领90名空降突击队员在普拉特克德马雷机场，隐蔽地做好了出发准备。不多久，远处传来了马达的轰鸣声，机场内的沉闷气氛被打破了，12架飞机牵引着12架滑翔机终于来了。斯科增努把起飞时间定在下午1点钟。

下午1时整，机场上一片轰鸣，12架飞机牵引着12架滑翔机，开始起飞了。两架滑翔机在跑道上的弹坑中撞坏，但其余10架滑翔机均顺利升空。在斯科增努的引导下，飞机离开机场后，直飞科尔诺山地区。当飞机快接近目标上空时，10架滑翔机在3600米的高度上解缆。按照预先计划，5架滑翔机直奔悬崖顶部，准备在饭店旁边的三角地着落，另外5架朝着缆车站台附近的平地方向滑去。

斯科增努乘坐的滑翔机首先降落在饭店旁边。其余滑翔机也大多顺利降落。

意军看守人员见到突然出现的突击队员，一时惊恐万状，不知所措。突击队员很快控制了山谷，并缴了意军官兵的枪械。然后斯科增努中尉飞快地冲进坎普将军饭店，他发现了墨索里尼，并迅速将墨索里尼劫出饭店。整个行动只持续了约3分钟。

然而，原来准备运送墨索里尼的轻型运输机在着陆时被撞坏了。恰在此时，一架德国轻型观察机飞临饭店上空，并在那儿盘旋。斯科增努如遇救星，立即向观察机发出求救信号。

驾驶这架飞机是德军王牌飞行员格洛克上尉，当他接收到斯科增努的求救信号后，准确地把飞机降落到了饭店旁边的三角平地上。斯科增努把身体肥胖的墨索里尼塞进飞机，随后他也挤了进去。

12名突击队员聚集在小飞机附近，用劲推飞机，飞机慢慢加速。不一会儿载着三人的小飞机便起飞了，摇摇摆摆地向罗马方向飞去。

两天之后，墨索里尼到达拉斯登堡的“狼穴”，又与希特勒相见了。

9月17日，墨索里尼在意大利北部萨洛出任“意大利社会共和国”傀儡政府总理，与南部已被盟军占领的意大利王国分庭抗礼。对于饱受法西斯之苦的意大利人来说，墨索里尼被“幸运”救出的意义，仅仅在于使他们在战争中继续遭受灾难。

然而所谓“不是不报，时候未到”，日后的1945年，墨索里尼在逃亡米兰的路上，被游击队俘虏。1945年4月28日，根据意大利北方解放委员会的命令，墨索里尼和他的情妇克拉蕾塔被枪决，并曝尸于米兰市广场示众。

二、诺曼底登陆——史上最长的一日

希特勒海军的溃败

针对德国U艇的作战，一直持续到1945年，但在1943年春天盟军就获得了决定性的胜利，这靠的是对空中力量、科学研究、密码破解技术、工业实力等的完美结合。至1941年末，德国U艇和盟军商船及护卫舰之间的战斗，早已在数个月的时间里变得十分惨烈。虽然威胁非常严重，但是英国人依然没有倒下。配比制已经极大减少了消耗和新建设，而英国对一些被占领盟军国家（如挪威和希腊）的军舰控制，则帮助抵消了各种损失。希特勒于1941年12月对美国的宣战更给英国带来了新的机会。

1943年初，一艘英国重巡洋舰在前往俄罗斯的行动之中，随同的还有一艘北极护卫舰。

在1942年前六个月里，德国U艇在美国东海岸以及加勒比海地区打了很多次胜仗。这一胜利的主要原因，是美国指挥官令人惊骇的战术失误，他们非要建立一个护航编队系统，并对空中部队予以支援。与那些在跨大西洋线路联系在一起的护卫舰，自4月开始逐渐被卷入进来，但一直到10月才刚刚开始覆盖整个墨西哥湾地区。虽然局势到夏天时终于得到控制，但是盟军在1942年6月的运输损失却是战争中最严重的。

在德国方面，局势得到了密码破解的帮助，并使英国的密码破解者自1942

年2月开始一直到当年的年末，对U艇的主要交通信息一无所获。U艇部队的规模，也在与日俱增，并从1942年的大约100多艘增加到一年之后的200多艘。最终，他们还是在这场生产竞赛中发起了一场失利的战斗。1942年7月，是这场战争开始的第一个月，当时的新军舰给盟军方面造成了极度的损失，而美国的造船工作却依然在快速扩展之中。

虽然德国赢得大西洋之战的任何可能性和时间点已经过去，但是一场对盟军来说更加深入的危机即将来临。这是由盟军方面的物资不当分配造成的。当时分配给大西洋之战的兵力相对太弱了。在至关重要的远程飞机类型上，这一点显得尤为真实，英国的轰炸就使用上百架此类远程飞机，而美国在太平洋的海军也是如此。一直到1943年，才只有一小部分被分配给这条护航线路。

1943年3月，在一系列如火如荼的护卫舰战役之中，德国U艇获得了最后的重大胜利，并在整个大西洋中击沉了五分之一的军舰，而自己在当时却并没有造成太多的损失。但是，在数周时间之内，局势发生了转变。到5月份，41艘U艇被击沉，而海军上将邓尼茨也放弃了他对护卫舰密集攻击的战略计划。

这一突如其来的局势转变，有着很多的因素。更多的盟军飞机被投入战斗中去，不论是护航航空母舰还是以地面为基地的战舰都不例外。盟军战舰和空中雷达都得到了大幅提高，而在反潜艇武器方面也是如此。护航军舰的战术和训练都变得越来越精密复杂，至少在最低程度上，英国的密码破解者再一次读懂了德国人发送的信息内容。

盟军本可以在所有这些方面居于领先地位，并一直持续到战争结束时，虽然德国人在竭尽全力地用新式武器和新战术来逆转局势。虽然无数艘德国U艇依然服役到1945年5月，但到了最后几个月的时候，多数新的U艇都被击沉，甚至都来不及完成它们第一次的战争巡逻任务。

“霸王计划”

自1941年德国入侵苏联后，苏联红军便一直单独在欧洲大陆上与德军作战，斯大林向丘吉尔提出在欧洲开辟第二战场对纳粹德国实施战略夹击的要求，但当时美国尚未参战，英国根本无力组织这样大规模的战略登陆作战。

1943年5月，同盟国决定于1944年5月在欧洲大陆实施登陆，开辟第二战场。1943年8月，英美魁北克会议批准“霸王计划”。1943年11月，英美苏德黑兰会议确定于1944年5月发动“霸王行动”。

作战计划早在之前就开始制定了。在欧洲西线战场发动大规模攻势，首先要

艾森豪威尔上将

确定的是登陆地点。根据历次登陆作战的经验教训，登陆地点应具备三个条件：一要在从英国机场起飞的战斗机半径内，二航渡距离要尽可能短，三附近要有大港口。以此条件衡量，从荷兰符利辛根到法国瑟堡长达480千米的海岸线上，有三处地区较为合适：康坦丁半岛、加莱和诺曼底。康坦丁半岛地形狭窄，不便于展开大部队，最先被否决。至于加莱和诺曼底，两地各有利弊。加莱距英国最近，仅33千米，而且靠近德国本土，但缺点是德军在此防御力量最强，守军是精锐部队，工事完备坚固，并且附近无大港口，也缺乏内陆交通线，不利于登陆后向纵深发展。而诺曼底虽然距离英国较远，但优点一是德军防御较弱，二是地形开阔，可同时展开30个师，三是距法国北部最大港口瑟堡仅80千米。几经权衡比较，盟军选择了诺曼底，于1943年6月26日起制定具体计划，以“君主”为作战方案的代号，以“海王”为相关海军行动的代号。

然后是确定盟军最高统帅的人选。丘吉尔本来要任命英帝国总参谋长艾伦·布鲁克，但后来考虑到在整个战役中，美军人数将大大超过英军，因此建议罗斯福任命马歇尔为最高统帅。但美国海、空军参谋长都不赞成马歇尔离开美国参谋长联席会议，最后这个职位落到艾森豪威尔身上。德黑兰会议后不久，罗斯福正式任命艾森豪威尔为西北欧盟国远征军最高统帅。

艾森豪威尔1944年1月14日到达伦敦，着手建立他的司令部。经英美两国联合参谋长委员会商定，盟军副统帅是泰德（英），英军地面部队司令是蒙哥马利，美军地面部队司令是布莱德雷；海军总司令拉姆齐（英），空军总司令是利·马洛里（英），参谋长还是美将史密斯。

早在艾森豪威尔的司令部成立之前，英美早在1943年3月就在伦敦秘密地成立了一个参谋部，由英国中将摩根领导，负责研究和制定诺曼底登陆作战计划，筹集兵员和各种军用物资。到1944年6月6日登陆作战时，他们已在英国准备好了大量的军队、飞机和舰只等，计有陆军39个师，各类飞机13000多架，战列舰6艘，低舷重炮舰2艘，巡洋舰22艘，驱逐舰93艘，小型战斗舰艇159艘，扫雷艇255艘；各种类型的登陆舰艇1400多艘，连同运输舰只船舶共达6000多艘。

盟军司令部成员（左起）：布莱德雷（美）、拉姆齐（英）、泰德（英）、艾森豪威尔（美）、蒙哥马利（英）、利·马洛里（英）和史密斯（美）。

总之，战斗员和基地、后勤人员合计，盟国陆海空三军官兵总数是287万多人，其中美军153万多人。

从1943年3月起，英美空军就对德国及其占领国实行“战略轰炸”，其目的是按照卡萨布兰卡会议的决定，摧毁和打乱德国军事、工业和经济体系，瓦解德国人民的士气，使其军事力量大大削弱。1943年，英美两国飞机对德国及其占领国投弹207600吨；1944年投弹915000吨。

盟军轰炸的首要目标是制造潜艇的船坞、飞机制造厂、滚珠轴承厂、炼油厂和其他军事工业。盟国飞机在对德国61座大城市的轰炸中，摧毁或严重破坏了360万幢房屋，使750万人无家可归。炸死约30万人，炸伤78万人。“战略轰炸”虽未达到预期的目的，但却严重影响到德国工业生产、军队部署和士气，例如导致很多工人不得不从生产战线上被调去做修复工作；从1943年起，差不多有200万人困守在高射炮的弹药库和炮位上，不能到前线去作战。在前线的官兵也因关心家人的生命和财产而惶惶不安。

1944年4月，艾森豪威尔对英美空军加以改组，统一指挥，使战略轰炸直接为登陆作准备。4、5月间，盟国空军对法国铁路、公路交通线和飞机场的轰炸更为猛烈，炸毁了火车机车1500台和大量德国飞机。结果，在盟军登陆前夕，法国基地上的德国飞机只有500架，并且其中一半由于缺乏零件、汽油和没受过训练的飞行员而不能上天，所以盟军完全取得了制空权。

制海权方面，盟军也具有极大的优势。英美海军在大西洋上的长期海战中，逐个击沉了德国的一些较大的战舰。例如，在1939 ~ 1942年，德国潜艇总共只损失158艘；而在1943 ~ 1945年则损失600艘。到盟军在诺曼底登陆时，德国在英吉利海峡和比斯开湾一带还有500艘水面舰艇和潜水艇。但除了5艘驱逐舰以外，水面舰艇大多为鱼雷艇、摩托鱼雷艇、扫雷艇和巡逻艇。此外有130艘大型远洋潜艇，但它们不适于在英吉利海峡那样的浅水区作战，因而无用武之地。这样的海军兵力根本不是盟国的对手。

1944 年 5 月底，盟军士兵前往英国南部海岸集结，为接下来的登陆做准备。

为了迷惑德军，盟军最高统帅部大用疑兵之计。它集结了一支假舰队，发出大量电讯，造成假象，以造成盟军总司令部设在肯特的假象。以勇猛著称的美国将领乔治·巴顿也被特意安排在肯特街头闲逛，德国情报人员因此认定巴顿是盟军总司令。在进攻前夕，英国飞机又撒下大量的锡箔片，使德军从海岸雷达上看来，好像一支舰队正从第厄普向东驶去，开往加莱。

盟军实际选择的登陆地点是诺曼底海滩从东到西 5 个滩头——剑滩、朱诺滩、金滩、奥马哈滩、犹他滩，全长约 80 千米。根据艾森豪威尔和蒙哥马利修订后的计划，第一批进攻部队是 5 个师，每师占领 1 个滩头。为了保证登陆部队迅速占领滩头阵地，站稳脚跟，盟军又派出 3 个师在冈城东北和科汤坦半岛东部空降着陆，占领通往海滨的要道，阻击敌军。

史上最重要的天气预报

D 日是美军常用军事术语，这种表示有两个意义，第一是表示作战时间尚未确定，第二表示行动计划高度保密。D 日通常用来表示攻击日，历史上最著名的是诺曼底登陆的 D 日。

英美苏德黑兰会议原定于 1944 年 5 月发动“霸王行动”，但后来为确保拥有足够的登陆舰艇，英美联合参谋长委员会决定将登陆日期推迟到 6 月初，并且将原定同时在法国南部的登陆推迟到 8 月。

根据“霸王计划”，英美地面部队将在 D 日分别占领他们的滩头阵地，然后在 D 日后的第一天，将这两块滩头阵地连接起来，并在 D 日后第 2 天到第 9 天这段时间内向西北、西部和南部扩展，从而形成一个集结场，在那里增加力量，准备向巴黎和莱茵河突破。

为了实现这一目的，首先，英国军队必须守住卡昂附近的左侧翼，抵挡住德国装甲部队的反击；其次，位于中心的英美军队必须在内地占领所有足够远的高地，保护人造的桑葚海港免于德军炮火的直接袭击；再次右路的美国军队必须占领科唐坦半岛的基地，并继续前进到亚瑟港，这对盟军能够长期卸载部队和物资至关重要。

在海滩和内地要实现人员和供给的增加必须伴有完全的空中优势。盟国远征空军的利马洛里上将支配着3467架重型轰炸机，1645架中型、轻型和鱼雷轰炸机以及5409架战斗机。所有这些都将为进攻地区提供一把连续的空中保护伞，并向四周延伸阻断德军的陆地和空中行动。总之，计划设计得十分详细，没有给德军留下任何的机会。

本来确定具体的日期和时刻就是一个复杂的协同问题。各兵种根据自身特点提出各自的要求。陆军要求在高潮上陆，以减少部队暴露在海滩上的时间；海军要求在低潮时上陆，以便尽量减少登陆艇遭到障碍物的破坏；空军要求有月光，便于空降部队识别地面目标。最后经过综合考虑，拟定在高潮与低潮间登陆。D日安排在满月的日子。由于5个滩头的潮汐不尽相同，所以规定5个不同的登陆时刻。符合上述条件的登陆日期，在1944年6月中只有两组连续三天的日子，6月5日至7日和6月18日至20日。

然而，有一个因素盟军无法施加任何的控制，那就是天气。这导致D日一直难以确定下来。

5月8日，艾森豪威尔将D日定为6月5日，并将6月6日和6月7日作为合适的替换日。在5月剩下的日子里，南部英格兰和英吉利海峡一直处在美丽的夏日阳光照耀下，连微风都很少。这是进攻的理想天气。

在英国皇家空军上校斯塔格的领导下，一批英国和美国的气象员组成了盟国远征军最高统帅部气象委员会。5月29日，气象委员会对6月最初几天的天气情况做了一个长期预测，并对此持乐观态度。以气象委员会的预测为基础，D日战争机器被发动起来了。

所有英国士兵和车辆被从密封的营地移到了等待的战舰上。印有象征解放的白色五角星标记的坦克和卡车夹在160千米长的护卫队之间，隆隆驶向南部沿海港口。没人确切

在英国港口的盟军登陆舰整装待发。

知道这些士兵要去哪里，甚至连这些士兵自己也不知道。但英国的每个人都意识到他们将迎来历史性的重要时刻。

然而，一个“意想不到的变化”出现了，给“霸王”笼罩了阴影。

6月3日晚上9点半，斯塔格上校在最高司令部和他的副官们举行的会议上描绘了一幅阴沉的气象图。斯塔格说，长时期的稳定天气将因亚速尔群岛上空的高压带出现紊乱。“一连串的三个低压带正慢慢地从苏格兰穿过大西洋，向纽芬兰岛移动”，这将导致直到6月7日英吉利海峡都会有强风出现，而且伴有覆盖率达100%，低度为150～300米的云层。

在这样的天气状况下，无论是海上炮轰还是空中袭击都无法进行。艾森豪威尔决定将决议延迟到第二天也就是6月4日星期天早上4点15分，但与此同时下令航程最远的小型舰队开航。

接下来的24小时里，艾森豪威尔的精神一直很紧张。星期天早上4点15分，指挥官们再次进行会晤。房间内的紧张气氛更加强烈了，斯塔格进一步确认了他先前的预测，海军上将拉姆齐主张按照计划进攻，蒙哥马利将军的观点类似，但利·马洛里上将说他的轰炸机不能在预测中的厚重云层里作战。

艾森豪威尔将军认为，既然盟国的地面部队与德国的地面部队相比不占绝对优势，“霸王行动”就一定要靠制空权支持，所以盟军不能冒险推进“霸王行动”。因此，艾森豪威尔又将D日向后推迟了一天。

当6月4日晚上9点30分指挥官们再次进行会晤的时候，天空在下着雨，一片阴暗，大风仍在猛烈地吹着。指挥官们严肃地盯着斯塔格，他们知道进攻行动不能再推迟了。因为海潮很快就将达到最低点，而部队也不能再继续被困在登陆艇的甲板上了。推迟登陆对盟军是十分危险的。盟军总部为此忧心忡忡，对气象总部寄予厚望，祈求着天气的好转。

斯塔格上校整天埋头专心于一大堆复杂的气象资料中，仔细地寻找、分析和推断，以求绝处逢生。6月4日上午，气象图上突然发现了一个意想不到的情况，有一股冷气流正在向英吉利海峡移动，可能在下午或夜间通过朴茨茅斯。同时，大西洋上的低气压云团已越来越沉重，降慢了向英格兰移动的速度。斯塔格上校很快得出推论：从冷气流通过到低气压云团来临之前这段时间，英吉利海峡的天气将好转；这一天很可能是6月6日。

这是一个风险很大的预报，经过气象专家们的反复分析和论证后，当晚9时30分，斯塔格上校向盟军总部会议报告说，从5日的下午到6日的上午天气将转好，风力会减弱，云层将减薄，可以保证头两批登陆部队在6日的拂晓和黄昏登上诺曼底海滩。6日中午以后，天气又将转阴或雨。

听到这个报告，将军们脸上的乌云一扫而光，唯有艾森豪威尔将军不露声色。他要求气象总部进一步分析确定，做到预报万无一失。

6月5日凌晨，斯塔格上校再次向盟军总部报告：6日的大部分时间有利于登陆，6日以后的天气虽将转阴或雨，但不会威胁登陆行动的完成。艾森豪威尔将军终于下定决心抓住这一天赐良机，他做出了自己一生中最重大的也是对人类命运至关重要的决定：6月6日登陆！这个历史性的决定以“翠鸟加五最后确认无疑”的代号，发往各个部队。

艰难的登陆战

史上最长的一日开始了。

1944年6月6日凌晨，美英盟军的2395架运输机和847架滑翔机，从英国20个机场起飞，上面载着3个空降师。飞机群向南疾飞，到法国诺曼底海岸后边的重要地区后伞兵空降着陆。黎明时分，英国皇家空军出动1136架飞机，对勒阿佛尔和瑟堡之间事先选定的10个德军海岸炮垒猛烈轰炸。天亮后，美国第8航空队的轰炸机开始出击，1083架飞机对德军海岸防御工事投下1763吨炸弹，此时距部队登陆还有半小时。之后，盟军各类飞机同时出击，将炸弹倾泻到敌人的海岸目标和内陆的炮兵阵地。5时50分，太阳初升，盟国海军战舰开始猛轰沿海敌军阵地。霎时间，漫天炮火，地动山摇，德国士兵一个个龟缩在钢筋混凝土

诺曼底登陆示意图。1944年6月6日早上6: 30，登陆行动开始。到7月5日为止，登陆部队已超过100万人。

的掩体里。

首先是运输舰把进攻部队分别送到距岸17千米（美军登陆区）和11千米（英军登陆区）的海面，然后“换乘”大型登陆艇和小型登陆艇。小艇是攻击艇，每艇载30人，并排前进按时抵达攻击滩头。紧随其后的是运载重武器、大炮、坦克和工程设备的大型登陆艇。登陆艇上还分别安装着大炮、迫击炮和火箭炮，靠岸时就直接向敌人的海岸防御工事进行射击。此外还有两栖坦克，它们一游上海岸就能直接投入战斗。最后是登陆船，直接开到岸边，卸下人员、装备和供应品。

6日早晨6时30分，美军开始在奥马哈和犹他滩头登陆。

在犹他滩，盟军实际登陆的地点，比预定地往东偏了1.6千米，但德军在登陆点部署的兵力并不多。攻击行动展开后，盟军部队仅用3小时就跨越了滩头，掌控了沿海的公路。当天中午之前，登陆部队与5小时前空降于敌后的部队碰头。到了当天午夜，盟军已向内陆推进了6.5千米。在所有登陆作战中，犹他滩登陆是伤亡人数最少的一场战役，2.3万名官兵中，仅伤亡197人。

诺曼底登陆时的激烈场景，由于德军的顽固抵抗，登陆开始阶段，盟军伤亡惨重。

在奥马哈滩，美军的进攻就没那么顺利了，事实上它是诺曼底登陆战役中战斗最为激烈的海滩。大浪、晨雾、烟尘和侧面的气流使部队还未登陆就精疲力竭，负载沉重的士兵跌跌撞撞地走下船来，随即遭到猛烈炮火的袭击。霎时间，阵亡的和负伤的战士，横七竖八地布满了海滩。下一批进攻的部队遭到了同样的命运。在这关键时刻，美军两个突击营用绳梯爬上了海岸上的悬崖峭壁，夺取了敌人的海岸大炮，摧毁了1座炮台。但敌军的其余火力点仍猛烈射击，把美军阻挡在海滩上。美军第1步兵师师长许布纳当机立断，命令驱逐舰冒着有可能误伤自己人的危险，向德军炮群和火力点进行近距离的射击。驱逐舰果然威力巨大，德军士兵举着双手从工事里走了出来。美第1师官兵经过浴血奋战，终于占领了一条纵深不到3千米的滩头阵地。到6日夜晚，陆续有3.4万名美军上了岸。

英国军队于7时20分开始登陆。

在金滩，英军第50师开始时遇到一些困难，但在皇家海军艾杰克斯号的强

诺曼底登陆场景

力炮火轰击下，逐渐摧毁了德军的抵抗。到傍晚时已有2.5万名盟军顺利登陆，并进入内地大约8千米。

在朱诺滩，加拿大第3师遇到了顽强的抵抗，但在肃清了滩头敌军之后，他们迅猛推进，进展最大，当晚就到达卡昂—贝叶公路。

在剑滩上，英国第3师也遇到了激烈的抵抗，但到傍晚时，他们成功与第6空降师会合了。

到了6月6日傍晚，盟军已在欧洲大陆建立了牢固的登陆场。伤亡人数少于预计。到6日夜晚，将近10个师的部队连同坦克、大炮和其他武器已经上岸了，后续部队源源不断地赶来，盟军对德国守军的优势不断扩大。

6月5日的恶劣天气，使西线德军大部分将领都认为盟军不会在这时进攻，所以防守变得懈怠。6日凌晨2点左右，巴黎的龙德施泰特总司令部接到报告，说有大规模的英美空降部队着陆。但龙德施泰特却判断，空降伞兵只不过是一种声东击西的手法，盟军的主要登陆地点应该在加莱附近。

未过多久，西线德国海军部队向总司令部报告说，海岸雷达站的荧光屏上出现大量的黑点，应该是一支庞大的舰队正向诺曼底海岸开来。西线总司令的参谋长却回答："什么，在这样的天气里？一定是你们的技术员弄错了。不会是一群海鸥吧？"

当西线德军终于反应过来盟军正在进行大规模登陆时，他们请求希特勒批准出动2个装甲师去对付盟军空降部队。希特勒却命令，在白天侦察弄清形势之前，禁止动用这支战略预备队。希特勒认为这只是牵制性的佯攻。

此时，一向主张在海岸滩头击败登陆盟军的隆美尔，正在德国为爱妻露茜过生日。6日上午10时15分，隆美尔接到参谋长斯派达尔的电话，请他立即赶回指挥部。隆美尔听了电话之后"为之愕然，震惊不已"，然后毫无表情地自言自语道："我太愚蠢了！我太愚蠢了！"站在他身边的露茜发现他已完全判若两人。

6月7日，希特勒将西线装甲集群的5个装甲师交给隆美尔指挥，隆美尔决心凭借这支精锐部队大举反击，但面对严峻局势，他不得不把反击目标首先定为阻止盟军将5个登陆滩头连成完整的大登陆场，其次再确保卡昂和瑟堡。可惜这支装甲部队在盟军海空军的绝对优势火力下，根本无法成建制投入作战，无力发动决定性的大规模反击。

美英加的后续部队源源而来，登陆场逐渐扩大，补给物资不断增加。在战役的最初6天里，有326547人、54186辆军车和104428吨物资通过海滩运到岸上。到6月12日，几个滩头已连接成一条阵线。

然而跟预期相比，盟军的进展仍然显得缓慢。按原计划规定，卡昂是登陆第一天夺取的目标，但一直久攻不下。从6月6日到7月5日的1个月里，盟军实力与日俱增，各种车辆已达17.7万辆，登陆部队超过了100万人。尽管希特勒一直无法集结大规模的兵力来进行反击，隆美尔方面投入战斗的兵力还不到盟军的一半，但在一个月里盟军始终在海滨徘徊，在卡昂和圣洛一线只前进了30千米。

根据7月5日艾森豪威尔向马歇尔的报告，盟军进展不顺的原因主要有三个：一是德国士兵的战斗素质；二是自然条件不利，沼泽遍布，道路狭窄，灌木篱笆丛中隐藏着敌人的火力点，不易突破；三是天气多雨，空军不能最大限度地发挥作用。

刺杀希特勒

7月17日一大早，隆美尔像往常一样驱车到前线巡视。回司令部途中，突然发现有两架低空飞行的“飓风”式飞机向他们俯冲过来。司机加速向前面一片小树林驶去，但还没等下公路，飞机就开火了。汽车被掀翻，隆美尔受严重脑震荡，被送进医院。隆美尔负伤退出战斗，但德国人一直加以保密。

盟军在西线的推进依然不顺，蒙哥马利组织了“古德伍德”行动，但部队只前进了11千米。有人揶揄说：“7000吨炸弹换来的只是11千米！”蒙哥马利受到广泛的批评。更不能让人接受的是，战役头6周的伤亡数字表明，美军损失达6万多人，而英军损失只有3万多，相差近一倍。这说明英军不卖力，而让美军去卖命。罗斯福按捺不住了，向马歇尔抱怨蒙哥马利不积极行动，并派陆军部长史汀生赴英敦促艾森豪威尔尽快过海接掌指挥权。

恰在这个当口，从柏林发出的无线电波里，传出一件令全世界为之震惊的消息——有人刺杀希特勒！

行刺发生在7月20日中午。这天晚上9点过后，德国广播电台每隔几分钟就预告一次元首将在深夜发表广播演说。凌晨1点，希特勒那独特的嗓音传遍全

爆炸发生后的“狼穴”一片狼藉。

世界：

我的德国同志们！

我今天对你们讲话，第一是让你们听到我的声音，知道我安然无恙；第二是为了使你们了解在德国历史上从未有过的一次罪行。

一小撮野心勃勃、不负责任同时又愚蠢无知的军官合谋杀害我，以及与我在一起的武装力量最高统帅部的将领。

冯·施道芬堡伯爵上校放置的炸弹在离我右边两米的地方爆炸，它使一些与我精诚合作的同事受了重伤，其中一人已经去世。我本人只受了一点轻微的擦伤、碰伤和烧伤。

我把这看作上天降大任于我的一个证明！

因此，我现在命令，任何军事当局、任何指挥官和士兵都不得服从这个阴谋集团发出的任何命令。我同时命令，人人都有责任逮捕任何发布或持有这些命令的人，如遇反抗，可就地处决！这一次，我们将用我们民社党人习惯的方式来同他们算账。

“眼镜蛇行动”

盟军一直困在诺曼底周围的狭小地带，施展不开。在登陆8周之后，美军决定发动大规模攻势，打开局面，这次行动的代号就是“眼镜蛇”。

布莱德雷将军

7月12日，布莱德雷向他的下属指挥官简介他的“眼镜蛇计划”，该计划包括3个阶段。主攻部队将由柯林斯的第7军指挥。第1阶段，将由埃迪少将的第9和霍布斯少将的第30步兵师实施突破攻击，在德国的战术区打开一个缺口，然后按住两侧进行渗透，同时许布纳少将的第1步兵和布鲁克斯少将的第2装甲师将深入防线，直到抵抗崩溃。在第2阶段，5 ~ 6个师突击部队，将通过在德军防线和西翼的缺口。如果这2个阶段是成功的，德军在西部的防线将变得不可收拾，第3阶段将容许盟军相对容易地推进到灌丛的西南端，切断及攻占布列塔尼半岛。

由于恶劣天气影响而数次推迟后，眼镜蛇行动于7月25日展开。首先是大约3000架美军飞机，对敌人一个长约11千米、宽约3千米的阵地投弹4000吨。这场可怕的轰炸结束时，呈现在眼前的是一片陌生的土地：村庄没有了，道路不见了，山头削平了，沟渠填满了——地图也失去了作用。

美军在“眼镜蛇行动”中猛轰德军阵地。

接着，美第1集团军派出6个师发起强攻，在敌人防线上打开了一个缺口。布莱德雷迅速扩大战果，把第1集团军的4个军全部投入战斗，第7和第8军不到1周就前进了50千米，占领了阿佛朗什，迫使德军向东南方向退缩。美国人以排山倒海之势汇成一股橄榄绿色的巨大洪流，奔腾向前，追赶着狼狈后撤的德国人，其进展如此神速，以致布莱德雷不得不靠飞行员报告哪里又升起了红、白、蓝法国国旗，才知道部队已经打到哪里。

这时希特勒和他的最高统帅部终于认识到，诺曼底战役是盟军的主要战略行动，慌忙把部署在加莱地区的第15集团军紧急调往诺曼底阵线，但为时已晚，加上交通不便，行动缓慢，收效甚微。

8月1日，美将巴顿指挥的第3集团军从阿佛朗什出击，投入战斗。

巴顿是在7月初的一天，接到了期待已久的命令，要他7月6日到法国去建立他的司令部，但要保密，不能让德国人知道。巴顿来到前线之后，很快发现自己是个多余的人。他一直被调在“待命”状态。7月12日，布莱德雷把“眼镜蛇计划”的内容透露给他，而他则想起自己曾把类似的想法告诉过布莱德雷。

听说希特勒遇刺的消息后，巴顿很着急，生怕战争会突然停止。他向布莱德雷恳求说：“看在上帝的份儿上，你得在战争结束前让我投入战斗。”这时巴顿终于派上了用场。巴顿的坦克部队兵分三路：一路向西，8月6日切断了布列塔尼半岛上的德军阵线；另一路向东南挺进，8月8日攻下勒芒，然后挥师北上。8月13日美军和法国第2装甲师（这支部队由雅克·勒克莱尔将军指挥）进抵阿尔让唐外围，对德军诺曼底阵线南翼进行扫荡；第三路挥戈东进，8月17日直取奥尔良，18日攻下夏特勒。

英军士兵在卡昂的碎石堆中与德军展开激烈的巷战。

在美军辉煌胜利的刺激下，蒙哥马利也积极行动起来。英、加和波兰军队从卡昂南下，向法莱斯推进，准备包围德军。8月16日，加、波军队占领了法莱斯。19日，这个钳形攻势完成，形成了阿尔让唐—法莱斯的口袋，包围德军8个步兵师和2个装甲师，结果俘敌5万人，毙敌约1万人。战斗十分惨烈，后来艾森豪威尔回忆说："在这个包围圈封闭后的48小时，有人领我步行通过这个地区，那里的景象只有但丁才能形容。你完全可以在死尸和烂肉堆上一气走几百米而踩不着别的东西。"

溃退的德军向塞纳河方向狼狈逃窜，德军西线总司令冯·克鲁格被撤职，克鲁格在回国途中由于担心希特勒把诺曼底的失败归罪于他，而服毒自杀了。

僵持局面终于打开了。美军史诗般地冲出了厮杀近两个月的诺曼底，大踏步地向法国心脏地区挺进，其速度之快，德军连炸桥的时间都没有。7月31日，美军已站在通向布列塔尼和法国中部的大门口。艾森豪威尔向马歇尔报告说，"巴黎的塞纳河已唾手可得"。

巴黎解放

盟军在"眼镜蛇行动"后势如破竹，希特勒为此焦头烂额，但他的倒霉事还不止于此。8月15日，酝酿已久的"龙骑兵行动"终于在法国南部展开。盟军50万人马在美国第7集团军司令帕奇中将的指挥下，在普罗旺斯地区顺利登陆，直奔土伦和马赛。德守军第19集团军的精锐部队早被调往诺曼底战场，已处于绝对劣势，面对盟军强大攻势纷纷溃败。

而8月15日这天最开心的应该是巴顿了。晚上听着广播，巴顿突然从椅子上跳起来，奔出屋外，向参谋们大声喊道："我刚从广播里听说，我正在法国指挥第3集团军！"

原来，为了让德国人相信巴顿一直在英国准备在加莱海峡登陆，艾森豪威尔对巴顿已在法国指挥作战一事进行保密。这样，尽管巴顿驰骋疆场、所向披靡、攻城略地、节节胜利，但战报中就是不提他的名字，也不提他的第3集团军。然而熟悉巴顿作战风格的德国人，看到一支部队在向布雷斯特、昂热、勒芒、奥尔良、阿尔让唐进攻，很快就断定是巴顿在指挥。即使远在美国的巴顿夫人，也能轻易在地图上标出她丈夫的方位，并在心中默默地把巴顿的名字填到公报上。

德国人还从被俘的人员及截获的文件中确认了他们的对手正是巴顿，并用多种语言向全世界公布了这一消息。对于巴顿，德国人比美国人了解得还清楚。但艾森豪威尔还是继续对外保密。

巴顿对此十分不甘。这不仅是个人荣誉问题，而且会影响到第3集团军的士气。他的部队像他一样需要荣誉来激励，他要使他们成为整个远征军中“最翘尾巴的小伙子”。但“该死的保密”把第3集团军的胜利掩盖起来了，还“怎么可能使它保持高昂的士气呢”？第3集团军的官兵们也有不满情绪，他们指责最高统帅部是在妒忌他们的首长，剥夺他们的功绩。官兵的敌对情绪甚至妨碍了战争的顺利进行，以致马歇尔将军后来不得不派一名助手来欧洲调查。

美国国内的巴顿崇拜者们，也开始为他鸣不平。美国的一家报纸发表了一篇社论，公开把这个问题提出来，指责统帅部既要借助巴顿，却又不给他应得的荣誉。被逼无奈之下，艾森豪威尔只好举行了一个记者招待会，宣布巴顿将军正在法国指挥第3集团军作战。

这一宣布不要紧，记者们很快就从各地飞奔巴顿的指挥所，使他应接不暇。一时间，巴顿的名字垄断了报纸、电台的头条新闻，巴顿自己形容，他再次成了“公共财产”。这是他乐意的事，更让他兴奋的是，在舆论的推动下，国会宣布授予他永久性少将军衔，比布莱德利还早两周。

20日以后，盟军全线追击，向塞纳河高速挺进。盟军势如破竹，呈现在面前的是平坦宽阔的公路，青葱翠绿的一望平川。巴顿属下的法国第2装甲师师长勒克莱尔重回祖国，不禁感慨万千。1942年底，勒克莱尔从中非乍得湖畔率领一旅法军北上，行军39天，1943年2月初到达突尼斯，后来参加了盟军围歼北非德意残军的战斗。诺曼底登陆时，经艾森豪威尔和戴高乐商定，勒克莱尔率领法国第2装甲师开赴英国，参加诺曼底战斗。他感慨道，这似乎是1940年战局的重演，不过胜负双方颠倒了过来。这次是德国人在出其不意的攻击下，乱作一团，溃不成军。

巴顿的部队先后在巴黎西北的芒特、巴黎以南的默伦和枫丹白露、巴黎东南的特鲁瓦渡过塞纳河，把河西的残余德军压向狭窄的下游地区。随后，英国和加拿大军队从西面赶来，参与对挤在河岸上的逃敌的围歼。这次围歼中，盟国空军再次发挥了威力，向等待过河的德军头上扔下了无数吨的炸弹。莫德尔这位刚上任10天的德国西线总司令，带着几万败兵，仓皇逃去。

8月25日法国首都巴黎解放了。这比艾森豪威尔的计划要提前得多。他对进攻巴黎这样的大城市不感兴趣，他只想更快、更多地消灭敌人，更早向德国境内推进。另外，艾森豪威尔担心残酷攻坚战会毁坏这个欧洲文明的摇篮。他决定绕过巴黎。然而，就在巴顿的部队占领芒特那天，长期处于纳粹暴政统治下的巴黎人民举行了起义。

艾森豪威尔面临的局势顿时复杂了。如果命令部队援助起义，德国人很可能一怒之下狗急跳墙，将这座古都变成一座废墟。这种危险并非没有，德国守军已奉希特勒之命在桥梁、名胜古迹、重要建筑物、各要害部门安放好了炸药。但若不援助起义，巴黎人民便有可能遭到纳粹“最广泛的血腥报复”。盟军此时已站在巴黎大门口，见死不救怎么也说不过去。事实上，盟军登陆法国后，得到法国人民的大力支援，辉煌战果的背后也有他们的一份力量。

这个时候，戴高乐将军不失时机地返回法国，他问艾森豪威尔，为什么不进攻巴黎。艾森豪威尔答以“攻打巴黎会造成严重破坏和居民伤亡”。戴高乐说：“但巴黎人民已经起事，再不进攻就没有道理了。”艾森豪威尔：“是啊，他们动手太早了。”

第二天，戴高乐又催促艾森豪威尔尽快进军巴黎。这时，巴黎起义领导人传出消息说，德军已与他们达成暂时停火，撤到东城区，如盟军不赶快进城，德军很可能会再杀回来。艾森豪威尔无可奈何地说：“现在看来，我们好像不得不进入巴黎了。”于是按照事先与戴高乐达成的协议，命令勒克莱尔的法国第2装甲师火速从阿尔让唐进军巴黎。

巴黎解放，法军将领勒克莱尔率领法军第二装甲师行进在巴黎的街道上，受到市民的热烈欢迎。

1944年8月25日，法国第2装甲师从巴黎的南门和西门进入城市。当天下午，根据艾森豪威尔的命令，法国的勒克莱尔将军光荣地接受了德军的投降。

不久，戴高乐也驱车进入巴黎。他来到市政厅，向下面欢呼的人群伸开双臂高呼：“法兰西共和国万岁！”戴高乐之前曾要求艾森豪威尔借给他两个师，“以显示威力和巩固他的地位”。艾森豪威尔没有同意，但同意了让戴高乐由布莱德雷陪同，检阅两个路过巴黎开往前线的美国师。巴黎居民万人空巷，热烈欢迎戴高乐这位法兰西民族英雄。

巴黎的解放成为诺曼底战役结束的标志。

三、苏军大反攻

解放列宁格勒

1944年初，世界战争局势逐渐明朗，同盟国形势越来越好。苏联、美国、英国三个大国无论在军事上还是在经济上的实力都在迅猛增长，大大超过了德国和日本。

实际上，早在1943年，这三个主要同盟国生产的飞机就已经比轴心国多出了2.5倍，坦克和自行火炮多出了5倍，火炮和迫击炮多出了3.6倍。苏联、美国和英国三国的武装部队的总人数超过德国和日本将近1倍。

从这个对比来看，战略的主动权已经掌握在同盟国手中，他们已经具备了发动大规模进攻战役的一切条件。不过德国和日本的实力也不可低估。以德国为例，1943年它利用本国和被占领国的资源，生产了2.5万架飞机，10万多辆坦克和强击火炮。到1943年12月1日为止，德军总人数为1016.9万人。陆军709万人，空军191.9万人，海军72.6人。其中作战部队为668.2万人，后备军为348.7万人。那个时候，希特勒几乎占领了整个欧洲，不过他的重点仍然是苏联。

苏联的武装部队也非常强大，至1944年1月1日，苏联不含内地各军区的军队人数已经达到856.2万人。陆军733.7万人，空军53.6万人，海军39.1万人，国土防空军29.8万人。其中作战部队为635.4万人，最高统帅部预备队约为48.8万人。除了这些，苏军在远东、后贝加尔和南高加索还驻有大量部队。

1943年12月中旬，根据敌我力量的消长和苏德战场上的变化，苏共中央政治局、国防委员会和大本营召开了联席会议，对国内经济、军事、政治形势展开了深入的讨论，对双方力量对比和战争前景进行了细致的分析。最后得出结论：苏军在兵力兵器及经济方面都已经超过了敌人，可以在整个战略正面连续地准备

有关列宁格勒保卫战的绘画

和实施一系列大规模战役。

1944年初，苏军冬春战役的目标是粉碎苏德战线两个战略侧翼的敌军，解放仍被敌人占领的大片国土。苏军把重点放在了解放第聂伯河西岸的乌克兰和克里米亚上，以便春季能在这一带推进到国境线。在北面的重点是，彻底解除德军对列宁格勒的封锁，将敌军逐出列宁格勒州。

因此，从1944年1月14日起，列宁格勒方面军、沃尔霍夫方面军、波罗的海第2方面军和波罗的海红旗舰队，在列宁格勒州3.5万名游击队员的配合下，先后对德国第18和16集团军发动进攻。这一战役击毙德军官兵9万人，俘敌7200人，彻底解除了对列宁格勒的封锁。苏军解放了列宁格勒州，为以后解放波罗的海沿岸3个共和国创造了条件。

在南部，苏军进攻的重点是第聂伯河西岸的乌克兰。这里是富饶的工业区和粮仓。希特勒一再强调说，如果守不住东线阵地，到万不得已时，只能考虑撤退北翼的德军，但决不能放弃南翼。所以，希特勒将91个师的精锐重兵镇守在了这一地带。总兵力176万人，拥有火炮和迫击炮16800门，坦克和强击火炮2200辆，作战飞机1460架。

为了打垮这股强大的敌军，苏军最高统帅部也集中了优势兵力，派出了223万兵力，共有162个步兵师、12个骑兵师、43个航空兵师、19个坦克军和机械化军以及11个坦克旅。配备的武器包括火炮和迫击炮28654门，坦克和自行火炮2015辆，作战飞机2600架。

无论是兵力还是兵器，苏军都占据了绝对的优势。为了让几个方面军能协同作战，增强克敌制胜的效果，苏军最高统帅部又派朱可夫元帅亲自负责协调乌克兰第 1 和第 2 方面军的作战指挥，华西列夫斯基元帅负责协调乌克兰第 3 和第 4 方面军的作战指挥。

苏军攻势迅猛，重创敌人坦克第 4 和第 1 集团军，迫使他们向西和西南后退 80 ~ 200 千米。仅在 1943 年 12 月 24 日至 1944 年 1 月 6 日这两周中，苏军就击毙德军官兵 72500 名，俘敌官兵 4468 名。

据当时担任机械化旅旅长的巴巴贾尼扬上校回忆追击敌人的途中："在切尔诺鲁兹卡附近，我让我乘坐的坦克停下来，因为有大批的德军俘虏挡住了道路。我注意一看，简直使我目瞪口呆，原来这支约 300 人的纵队只有我们一名战士在押送。我命令纵队停住，一名十分年轻的冲锋枪手来到我跟前，清晰地报告说：'红军战士皮加列夫押送战俘 273 人！''就您一个人，不怕这么一群人跑掉吗？''往哪里跑，上校同志，'士兵笑了，'现在他们可老实多了……'确实，现在条件不同了。"

1944 年 1 月 5 日，乌克兰第 2 方面军发起基洛夫格勒战役。至 1 月 10 日，向西推进了 50 千米，迅速解放了乌克兰重要交通枢纽和中心城市基洛夫格勒。但是由于德军迅速调来强大的坦克部队进行反击，苏军攻势受阻。

1 月 10 日至 11 日，乌克兰第 3 和第 4 方面军对尼科波尔、克里沃罗格地域的德国第 6 集团军发起进攻。不过由于兵力不足，未能取得重大战果，不得不暂时停止进攻。

名将瓦杜丁之死

为了对德军实施新的突击，苏军最高统帅部给各个方面军都补充了人员、技术兵器和运输车辆。

1 月底，遵照大本营的指示，4 个方面军准备实施 3 个进攻战役，分别是：乌克兰第 1 方面军左翼和第 2 方面军实施科尔松—舍甫琴柯夫斯基战役；乌克兰第 1 方面军右翼实施罗夫诺—卢茨克战役；乌克兰第 3 和第 4 方面军实施尼科波尔—克里沃罗格战役。

1 月 24 日，乌克兰第 2 方面军开始实施科尔松 – 舍甫琴柯夫斯基战役。两天以后，乌克兰第 1 方面军也转入进攻。

当时参战的苏军共有 27 个步兵师，4 个坦克军，1 个机械化军和 1 个骑兵军。而德国守军共有 9 个步兵师、1 个坦克师和 1 个摩托化旅。虽然还有大量增援兵力，但是从总体上看苏军在兵员和兵器方面都占据着强大的优势。

苏军两个方面军的突击集团在突破敌人防御后，两面合击，迅猛前进。至1月28日，苏联两个方面军的突击集团在兹维尼哥罗德卡胜利会合，切断了德军的退路。大量德军陷入合围。

但是在离被合围的德军不远的地方，德国“南方”集团军群司令部拥有大量的坦克师。他们不仅打算去解围，还计划以坦克第1集团军从西面、第8集团军从南面两路实施突击，反包围突入兹维尼哥罗德卡地域的苏军。

1月28日，有3个坦克师和3个步兵师开始攻击攻苏军两翼。至2月11日，德军增至8个坦克师和6个步兵师，德军调来解围的兵力已超过被围的兵力。

德军统帅部相信，他们肯定能为被围的德国部队解围。德国坦克第1集团军司令胡贝还夸下海口，给被围德军发电报说：“我来救你们。胡贝。”希特勒本人也对胡贝将军的强大坦克集团抱有很大的希望，他亲自给被围的德军司令施滕麦尔曼发电报说：“可以像依靠石头墙一样依靠我。你们将从合围中解救出来。目前应坚持住。”

为了破灭德军的这一企图，朱可夫迅速将坦克第2集团军从预备队中调到危险地段上，对德军实施了最坚决的反突击。到了2月11日，被压迫在合围圈中心地带（斯捷勃列夫、科尔松—舍甫琴柯夫斯基）的德国部队，供应来源几乎全被切断。就在这一天，“南方”集团军群也合围成功，对外发动了正面决定性的进攻。

德国坦克第1集团军以4个坦克师的兵力，从里齐诺以西地域向累襄卡实施突击。同时，德国第8集团军也以将近4个坦克师的兵力，从耶尔基向累襄卡发起进攻，而被围德军则冲向突破口接应。

苏军击退了德军从耶尔基发动的冲击，但是德军坦克第1集团军的部队攻入了累襄卡，被围的德军于2月11日夜里突围到慎迭罗夫卡。力图会合的这两个德军集团之间的距离，已缩小到10～12千米。

在万分紧急的情况下，朱可夫迅即命令苏军坦克第21集团军和近卫坦克第5集团军主力以及几个步兵师和反坦克炮兵师，火速增援上述突破地段，并命令苏军航空兵对累襄卡和慎迭罗夫卡实行大规模强有力的空袭。敌人损失惨重。

2月12日白天，外围德军被迫放弃了与被围德军会合的企图。被围德军陷入绝望。德国“南方”集团军群指挥部被迫准许他们丢弃汽车、重武器以及除坦克以外的一切技术兵器，用本身的力量向累襄卡方向突围。

2月16日夜间，陷入绝境的德国被围部队借助夜幕和暴风雪的掩护，分成三路纵队，一枪不发，悄悄地开始突围。不过苏军迅速做出了反应，以坦克、炮兵和夜航轰炸航空兵进行猛烈打击。德军四散奔逃，溃不成军。

2月17日整整一个上午，苏军以更猛烈的火力歼灭德军突围纵队，德军除了一小部分坦克和运载将军、军官和党卫军的装甲车得以突围之外，基本上全部被歼和被俘。科尔松—舍甫琴柯夫斯基战役远远超出了苏军最初预定的目标。

两个乌克兰方面军不仅围歼了威胁其侧翼的敌军重兵集团，拔除了卡涅夫突出部，而且重创敌人15个师，大大削弱了德军的力量。

为了庆祝乌克兰第1和第2方面军的胜利，苏联首都莫斯科以祖国的名义，鸣放礼炮20响。参战的部队都受到表扬。

然而，苏联名将瓦杜丁大将却在这次战役之后牺牲了。他不是死在德国侵略军的枪炮下，而是被苏联国内的一群匪徒所杀害。

据苏联元帅朱可夫回忆：2月28日，他到乌克兰第1方面军司令部去找瓦杜丁再次讨论当前战役的问题的时候，瓦杜丁对朱可夫说："我想到第60和第13集团军去，检查一下那里与航空兵协同的问题是如何解决的，以及在战役发起前能否完成物资技术保障的准备。"朱可夫建议他派副司令员去，但瓦杜丁坚持要自己去。

2月29日，瓦杜丁在离开第13集团军司令部前往第60集团军的时候，看到了一群人，大约250 ~ 300人，同时听到在这群人中响起了零落的枪声。

瓦杜丁命令汽车停下来查明情况的时候，躲在农舍里的匪徒们突然朝汽车开枪，瓦杜丁的腿部中弹。由于只有前往戈夏村才能给他进行包扎，所以他在抢救的路途中失血过多，后来虽然苏联派出了最好的医生，但还是没能挽救瓦杜丁的生命。

4月5日，一代名将瓦杜丁闭上了双眼。莫斯科鸣放了20响礼炮，以哀悼祖国的忠诚儿子和颇有才能的统帅。

白俄罗斯战役

1月27日，苏军开始实施罗夫诺—卢茨克战役，这是一个规模不大的战役。苏军仅用3个集团军就基本上达到了战役目的。至2月11日，苏军先后解放了卢茨克、罗夫诺、马涅维契、谢佩托夫卡等城市，夺回了一些大的公路和铁路枢纽，从而改善了实施兵力机动的条件。

1月30日至2月29日，苏军又投入70.5万的兵力，以绝对优势在尼科波尔—克里沃罗格战役中击溃了德军12个师，拔除了尼科波尔登陆场，肃清了第聂伯河扎波罗热弯曲部的德军，并且彻底破灭了德军想恢复其与被围在克里米亚的第

德国 88 毫米榴弹炮

17 集团军的陆上交通联系的希望。

3 月 11 日，苏军最高统帅部给乌克兰 4 个方面军重新明确了任务和此后实施协同作战的程序：乌克兰第 1 方面军强渡德涅斯特河，向切尔诺夫策发展突击，以便占领该地并一直推进到苏联国境线；乌克兰第 2 方面军坚决地追击德军，不让德军在南布格河组织防御，攻占莫吉廖夫—波多尔斯基、德涅斯特一线，并夺取德涅斯特河上的渡口；乌克兰第 3 方面军在康斯坦丁诺夫卡、新敖德萨地段夺取南布格河上的渡口，不让敌人退往南布格河对岸；尔后，占领蒂拉斯波、敖德萨，并继续进攻，推进到普鲁特河和多瑙河北岸。

3 月上旬，乌克兰第 1、2、3 方面军先后发动了进攻，旨在击溃德国“南方”集团军群和“A”集团军群的敌军，解放第聂伯河西岸的乌克兰土地，把德军赶出国境。

3 月 26 日，乌克兰第 2 方面军部队在翁格内以北宽 85 千米的正面上进抵苏联国境线。莫斯科用几百门火炮鸣放礼炮，大放节日焰火，热烈庆祝这一重大事件。几乎与此同时，乌克兰第 1 方面军所辖第 1 坦克集团军的部队也进抵苏联—罗马尼亚边境。

尽管德军已被赶出乌克兰，但是希特勒依然命令盘踞在克里米亚的第 17 集团军死守到底。因为从军事上来说，占领克里米亚不仅能牵制苏军大量兵力，还能牵制黑海舰队的行动。从国际关系上讲，德国占领克里米亚可以对土耳其施加压力，使其不敢站到同盟国一边；可以把罗马尼亚和保加利亚控制在侵略集团之中。克里米亚具有重要的战略意义。

4 月 8 日，乌克兰第 4 方面军从北面彼列科普地峡，独立海滨集团军从东面刻赤地域的登陆场，同时向半岛腹地发动进攻，到 5 月 12 日，彻底击溃了敌人。

克里米亚战役以彻底粉碎德军第17集团军而告终。

在克里米亚战役正酣时，斯大林于4月22日又召集副统帅朱可夫、代理总参谋长安东诺夫、装甲坦克兵司令员费多连科、空军司令员诺维科夫等商讨夏季战局计划。他们分析了1944年在苏德战场上德军可能采取的行动以及将会遇到的困难，并预计盟军将于6月份以大批兵力在法国登陆，德军将不得不在两个战场上作战，其处境将更加艰难，最终将无力回天。朱可夫请求斯大林要特别注意德军的白俄罗斯集团，因为粉碎了这个集团，德军在其整个西部战略方向上的防御就垮台了。

白俄罗斯地处苏联的最西边。1941年希特勒发动侵苏战争时，白俄罗斯首当其冲。希特勒在白俄罗斯已经统治了3年，盘踞在白俄罗斯的德军是布施元帅指挥的“中央”集团军群，共有120万人，火炮和迫击炮9500门，坦克和强击火炮900辆，作战飞机1350架。

苏军攻打白俄罗斯的部队是4个方面军：波罗的海第1方面军和白俄罗斯第3方面军，由总参谋长华西列夫斯基元帅负责协调其作战行动；白俄罗斯第2和第1方面军，由副统帅朱可夫元帅负责协调。

这4个方面军共有240万人，36400门火炮和迫击炮，5200辆坦克和自行火炮，5300架飞机。

这次战役，苏军依然占据着绝对优势，这种优势是以前历次战役中所未有的。为了集中优势兵力合围并歼灭“中央”集团军群的基本兵力，担任主攻的白俄罗斯第3和第1方面军，集中了4个方面军总人数的65%，炮兵的63%，坦克的76%，飞机的73%。为了保障白俄罗斯战役的顺利实施，后勤部门给部队输送了约40万吨弹药，30万吨燃料和润滑油以及约50万吨粮秣。

6月23日，苏军4个方面军先后发动进攻，进展十分迅速。无论在哪一个主要方向上德军均无法阻止苏军前进，无法避开打击。所以苏军的胜利也十分迅猛，26日，苏军解放了维帖布斯克，27日解放了奥尔沙，28日解放了莫吉廖夫。

苏联T–34与德国坦克的较量

在6天的时间里，苏军向西推进了80～150千米，解放成百上千个居民点，合围并消灭了敌军13个师，从而获得了向白俄罗斯首都明斯克方向发展的条件。

7月3日，苏军趁胜解放了明斯克。在明斯克以东，苏军合围了德军官兵10.5万人。在7月5日至11日的7天激战中，苏军毙敌7万余人，俘敌3.5万人，其中包括12名德国将军。至此，白俄罗斯战役第1阶段的任务胜利完成。

7月4日，苏军最高统帅部具体确定了各个方面军的任务：波罗的海第1方面军应向考那斯方向发动进攻；白俄罗斯第3方面军应解放立陶宛首都维尔纽斯；白俄罗斯第2方面军应向波兰境内的比亚维斯托克进军；白俄罗斯第1方面军应向巴拉诺维济和布列斯特方向迅猛前进。

按照这个部署，白俄罗斯第3方面军于7月4日开始向立陶宛首都维尔纽斯进发，7月13日，苏军在游击队的配合下，解放了维尔纽斯。

白俄罗斯第2方面军向西前进了230千米，强渡了许多江河，7月27日，解放了波兰东部重镇、铁路和公路交通枢纽比亚维斯托克。此后，他们继续扩张战果，向东普鲁士前进。

与此同时，白俄罗斯第1方面军也于7月初解放了科韦耳市。

7月20日，苏军强渡西布格河，进入波兰国土，受到当地居民的热烈欢迎。在波兰人民的协助下，苏军于7月24日解放了波兰城市卢布林，一天以后就在登布林以北进抵维斯瓦河。7月28日，另一支部队解放了俄国名城布列斯特和布列斯特要塞。

到7月底，苏军击溃了德“中央”集团军群的基本兵力，推进到苏联国境线，从而达到了解放白俄罗斯的作战目的。

7月27和29日，苏军具体确定了各个方面军在波罗的海地区和西方方向上的任务：波罗的海第1方面军负责切断“北方”集团军群与东普鲁士之间的交通线；白俄罗斯第3方面军最迟于8月1～2日占领考那斯，并于8月10日前至与东普鲁士的交界线，从东面进入东普鲁士，摧毁德国军国主义的温床和堡垒；白俄罗斯第2方面军向沃姆惹、沃斯特罗温卡方向发动进攻，于8月上旬抢占那累夫河登陆场，就地牢牢地巩固下来，准备从南面进入东普鲁士；白俄罗斯第1方面军奉命以右翼向华沙进攻，应不迟于8月8日占领普腊加，并在普乌土斯克地域抢占那累夫河登陆场；方面军左翼占领华沙以南维斯瓦河对岸登陆场，为下一步进攻做好准备。

按照这个部署，苏军迅猛向西推进，大纵深突破，这让德军统帅部惊恐不安。就在这时，西线的美英军队也在法国大举进攻。希特勒尝到了两线作战的苦果，顾此失彼，处境越来越艰难了。

7月31日，“中央”集团军群司令官莫德尔元帅在命令中惊恐地写道，苏联军队已到了东普鲁士国境线，“后面已没有可退的地方”。不过由于德军的顽强抵抗，波罗的海第1方面军未能切断德“北方”集团军群同东普鲁士的交通线。

与波罗的海第1方面军相比，白俄罗斯第3方面军进展则颇为顺利。8月17日，该方面军的一个营首先攻入东普鲁士。

德尔菲诺少校指挥的法国“诺曼底”歼击航空兵团也在这个重要方向上作战。他们同苏联飞行员一起，痛击德军。

白俄罗斯第2方面军继续发展进攻，于9月份在奥斯特罗温卡方向上将敌人击退到那累夫河岸。

1944年8月底，苏军先后到达波兰东部的耶尔瓦加、多贝莱、奥古斯托夫、那累夫河和维斯瓦河，白俄罗斯战役到此结束。

经过白俄罗斯战役，苏军解放了白俄罗斯、立陶宛共和国以及拉脱维亚的一部分，解放了波兰东部地区。

苏联方面的决定性胜利，1944

1944年的夏季战役，在开始阶段就被苏联历史学家们称为“中央集团军的崩溃”，而到了该年年末，罗马尼亚和保加利亚都开始与苏联人并肩作战，并将前线推进到波兰和匈牙利的腹地。1944年春，在苏联向罗马尼亚推进的误导下，希特勒及其将领以为苏联人会继续将重点集中在前线的南部地区，并准备发起他们下一步全面的进攻。因此，希特勒将多半坦克予以转移，并调用了其他很多原本在白俄罗斯的德国中路集团军的重型武器，而当时苏联人已经筹集了两百万人的部队及充足的资源准备对其发起进攻。

苏军的进攻是在6月23日打响的，部分原因是陆军元帅恩斯特·布施做出了令人意想不到的指挥

苏联红军步兵朝着前线行进着，因为他们要在1944年7月对利沃夫发起进攻。

1944年夏末，在苏军推进期间，一架SU-76突击炮在欧洲东南部的一个村庄中投入战斗。

（他后来很快被撤换），并在短时间内取得了胜利。三支德国军队，即第三装甲师、第四和第九军团，都损失了其主要兵力，总计大约是40万人。作为这次进攻最初目标的明斯克，是于7月11日被占领的。

在北面，于7月4日发起的苏联方面进攻，将德国人从拉脱维亚的多数领土中击退，到8月末，又将其从立陶宛驱逐出去。到11月，实际上所有的波罗的海国家都已经落入了苏联人的手中，除了库尔兰半岛之外。在库尔兰半岛，大约有20支德国军队一直坚守到战争结束。自1941年开始曾与德国结盟的芬兰，也在1944年6月被攻占，而芬兰人也接着在9月与苏联人达成了停火协议。

7月，苏联人的白俄罗斯前线在继续有条不紊地推进着，并得到了南方乌克兰前线新发起进攻的接应。布雷斯特·立托夫斯克和利沃夫，都是在当月下旬被占领的。至8月15日，苏联军队已经踏上了华沙对面维斯瓦河的东岸领地。

波兰本土军队的抗战战士们，早已经在暗中帮助苏联人发起进攻，到1944年8月1日，他们开始在华沙发起一次全面的起义行动。他们一直战斗到10月初，但截至此时，已有超过20万名波兰人被杀害了。

苏联人并没有做出任何帮助他们的努力，只是对外宣称他们需要重新补给前线的兵力，因为刚刚在最近发起了很多进攻，之后才可以想办法跨过维斯瓦河。同样，当斯洛伐克人在8月下旬发起针对德国人的起义时，苏联人也并没有给予多大的帮助。到10月下旬，这次起义基本上也被镇压下去了。

进入巴尔干半岛

在其北部军队驻扎在维斯瓦河边之后，苏联红军开始在8月20日向遥远的南部地区发起新一轮的进攻。在数天之内，德国第六军的多数部队都在基什尼奥夫附近地区被击溃。罗马尼亚的国王迈克尔，在8月23日发动了一次政变，而他的新政府则将国家（及其庞大的军队）卷入到战争中去，并站到了苏联一边。

由于在后方遭到军事进攻，德国部队开始撤离希腊和南斯拉夫地区。南斯拉夫的游击队，在10月19日解放了贝尔格莱德，并在该年年末的时候控制了国内多半地区。来自意大利的英国部队也抵达了希腊，并在 10 月占领了那里。

1944 年 12 月，德国人再度成功构筑起一条防御战线。主要的战斗在匈牙利境内打响，布达佩斯在 12 月 26 日遭到包围，并一直处于痛苦不堪的围攻之中，一直持续到 2 月中旬。

四、百万盟军前进！

盟军向德国边界推进

巴黎解放以后，艾森豪威尔厉兵秣马，指挥几路大军同时向德国边界挺进。他的战略计划是：蒙哥马利的北方集团军群从沿海一带向东北推进，消灭德军有生力量，摧毁德国 V-1 飞弹的发射基地，占领良港安特卫普，改善盟军供应条件，前出德国北部平原，从北面包围鲁尔。布莱德雷的中央集团军群突破德国边界防线，强渡莱茵河，直指卡塞尔，完成对鲁尔的包围，消灭西部德军主力，摧毁德国工业潜力，然后再继续东进。

8 月 30 日，克里勒将军指挥的加拿大第 1 集团军从塞纳河上的桥头堡埃尔伯夫出发，9 月 1 日占领第厄普。9 月 4 日，加军包围了勒阿弗尔，德军拒绝投降。盟国海空军猛烈轰击，空军投弹 1.1 万吨，海军用口径 15 英寸的大炮发射炮弹 300 发，到 9 月 12 日上午，德军 7000 人乖乖地当了俘虏。

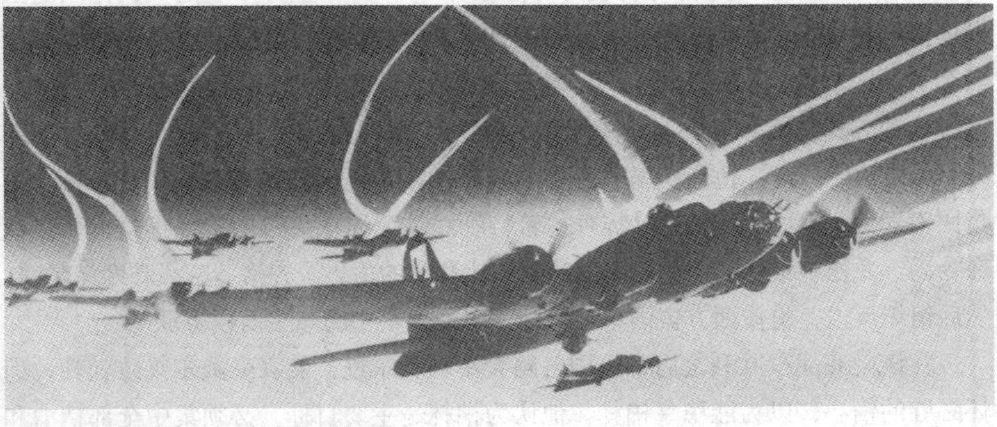

美军 B-17 轰炸机机群轰炸德军战略要地。

加拿大第1集团军的主力沿海岸向东北扫荡，解放了许多小港。布伦和加来的德国守军负隅顽抗，在遭到盟国海空军的猛烈袭击后，才于9月23日和30日先后缴械投降。9月8日，加军占领了比利时的奥斯坦德。15日解放了泽布腊赫，肃清了海峡沿岸的敌人。

与此同时，在加军的右翼，英国第2集团军乘胜东进，9月3日解放布鲁塞尔。根据比利时抵抗运动的战士们提供的情报，英军于9月4日一举占领了重要港口安特卫普，港口设施完好无损。

在中线，霍奇斯指挥的美国第1集团军从巴黎东西两侧的基地出发，用3个军的兵力向东挺进，直指比利时的纳慕尔、列日和德国边界。9月2日，美军进入比利时，一路势如破竹，8日占领列日，10日解放卢森堡首都卢森堡城，11日进抵德国边境。在进军途中，一支德寇挡住去路，美军毫不客气地在法比边界俘虏了这支德军。

在霍奇斯右翼是巴顿的第3集团军。8月29日，第3军团占领了兰斯和马恩河上的夏龙，9月1日占领了凡尔登，然后渡过默兹河向梅斯挺进。9月5日，美军到达了重要的交通枢纽南锡，7日强渡摩泽尔河。9月11日，美军在摩泽尔河东岸的梅斯和南锡之间建立了阵地。9月12日，另一支美军渡过摩泽尔河，从南锡的东北迂回包抄，15日攻下南锡。

9月21日，北上的美国第7集团军和第3集团军的大部队在厄比纳尔会师，这样盟国各路大军就联成一体，时刻准备好了向德国边境发动全面进攻。

自诺曼底登陆以来的3个多月中，德军损失重大，西线只剩下49个师，并且每师兵力不过半数。大多数德军将领都认为，唯一的希望就是迅速撤到莱茵河东岸，据险防守。但是希特勒认为，他还有1000万以上穿军装的人，德国的工厂还能维持高速生产，甚至达到了战时的高峰，德国的实力还很强。他下令减少后勤人员，增加战斗部队，把海军、空军人员转为步兵，同时还扩大兵役年龄界限，通过这种方式又拼凑了25个新师补充西线。

9月5日，希特勒又让冯·龙德施泰特重新担任西线总司令，莫德尔降为B集团军司令。3月之中，三易统帅，希特勒总是习惯把失败的责任推给下属。他命令冯·龙德施泰特：守住德国同荷兰和比利时的边界、齐格菲防线和摩泽尔河，然后组织反击，迫使西方盟国单独媾和，以便他集中力量去对付苏联。

在诺曼底战役胜利之后，盟国各路大军顺利东进，艾森豪威尔兴致勃勃，满怀必胜的信心，以为能稳拿柏林。他认为柏林是主要目标，必须集中全部精力和资源迅速向柏林突进；同时要把这个战略同俄国的战略协调起来，采取最直接最

艾森豪威尔和蒙哥马利及司令部其他成员

迅速的路线，用美英联合兵力并在其他适当部队的支持下，通过关键性的中心城市，占领两翼的战略地区，向柏林推进。

蒙哥马利极力主张把主要的兵力和物力资源集中到战线的一部分，最好是集中到北部，迅猛地、持续不断地攻入德国，直捣柏林。但巴顿反对这个主意，他认为只要给他适当的支持，第 3 集团军就可以在几天之内占领莱茵。艾森豪威尔自己则主张在“宽大的正面”上向莱茵河推进。虽然艾森豪威尔反对上述的两个建议，但还是批准了蒙哥马利的一项空降作战计划：用 3 个空降师去帮助英国第 2 集团军克服荷兰境内的 3 个障碍——马斯河、伐耳河和下莱茵河，抢先占领这些河上的主要桥梁，使英军取得一些阵地，进而前出德国北部平原，迂回齐格菲防线，包围鲁尔。

9 月 17 日下午，英国第 2 集团军的 3 个师和 1 个旅从地面向荷兰发动进攻。与此同时，盟国第 1 空降集团军开始空降作战行动，美国的两个空降师降落在荷兰东南部的奈梅根地区和埃因侯温的北面，18 日和 19 日先后同前进到这里的英国第 2 集团军的部队取得了联系。英国第 1 空降师和波兰的 1 个空降旅降落在下莱茵北岸的阿纳姆以北地区，遭到德军的猛烈反击。这支伞兵孤军奋战，坚持 8 日后牺牲了近 7000 人，仅存的 2300 多名幸存者被迫撤回下莱茵的南岸。

这是一次大规模的空降作战行动。从 9 月 17 日到 30 日，盟军空投了 34876 人，5230 吨装备和供应品，1927 辆军车，568 门大炮。此后盟军又不断地给这支军队空运补给物资，先后出动飞机 7800 架次。这次空降作战行动虽然牺牲较大，但是前进了 80 千米，为英军以后强渡莱茵河创造了有利的条件。

11 月中旬，做好充分准备的盟军全线发动了猛烈的进攻，以突破齐格菲防线。但是德军反抗也异常激烈，想从他们那里夺得一寸德国土地都要付出重大的代价，所以进展不大。

11 月底，美第 3 集团军摧毁了梅斯地区以及摩泽尔河和塞勒河沿岸的敌军防御，准备向萨尔进军。南方集团军群一举攻入阿尔萨斯—洛林。11 月 23 日，法国第 2 装甲师攻入了斯特拉斯堡，俘虏了 1.5 名德国军人。27 日，法军肃清了城外四周堡垒里的德军，完全解放了法国这座历史名城。德军龟缩到科耳马尔城，在莱茵河西岸保持了一个强大的桥头堡。

到 11 月底，盟军已增加到 300 万人。加拿大第 1 集团军以付出 1.3 万人的伤亡代价，肃清了舍尔德海口一带的敌人，使安特卫普可供盟军使用。虽然这个大港依然经常遭到德国 V–1 飞弹和 V–2 火箭的袭击，但每天还能卸货 2500 吨，从而使盟军的供应大有改善。

由于全线 720 千米都保持攻势，艾森豪威尔仍感兵力不足，致使德军有隙可乘，在盟军薄弱的阵线上实行反扑。

希特勒在阿登地区的反扑

早在 1944 年 8 月 19 日，盟军在法国的阿尔让唐—法莱斯地区围歼德军。希特勒一边指示法国南部德军全线撤退，一边准备反扑。他秘密地下达一道命令“准备于 11 月发动进攻，25 个师必须在今后一两个月内向西线推进。”

这道命令使了解内情的德国将领感到吃惊，他们不知道从哪里可以再搞到 25 个师。但是疯狂的希特勒自有办法，他实行“总体战”体制，授予戈培尔以专制权力去增加军工生产和强迫人们参军。应征年龄从 16 岁到 60 岁，而且没有一个人能逃避兵役。工人、小业主、家庭佣人、大学生、正在受训的预备役军官，以前征兵时不合格的人，刚出狱的犯人——所有这些人都被吸收到这支队伍里。在经过 6 至 8 个星期的训练后，这些新兵就开到了前线。11 月初，希特勒又拼凑了 18 个师的新兵送到西线。

希特勒 11 月底进行反扑的战略意图是：集中优势兵力，迅速突破盟军防线，直捣默兹河。一旦渡过默兹河，德军就形成两把尖刀，直插西北面的布鲁塞尔和安特卫普。而在拿下安特卫普和舍尔德海口以后，欧洲盟军将被切成两半，他们在北方的 4 个集团军——美国第 1、第 9 集团军，英国第 2 和加拿大第 1 集团军就能被消灭掉。“那时西方盟国将准备缔结单独和约，德国就能把它的全部兵力转向东方。”

希特勒选择的进攻地点是卢森堡、比利时和德国交界的阿登地区。这里是森林茂密的山地，是西方盟军防守的 720 千米战线上最薄弱的地段。1940 年希特勒大举进犯西欧各国时就是从这里突破的。

反攻部队第 6 党卫队坦克集团军在阵线的北翼，担任主攻；第 5 坦克集团军与它并肩前进，突破中线；第 7 集团军的任务是在南部迅速建立一道壁垒，掩护进攻部队的南翼。此外，希特勒还下令搜罗了 1000 多名伞兵，准备在盟军阵线后面空降，占领要冲。他还别出心裁，下令训练一支突击队，穿上盟军服装，乘坐缴获的盟国军车，伪装成美军，潜入盟军后方，占领默兹河上的桥梁，发布假命令，散布德军已获大胜的谣言，制造混乱，扰乱军心。

防守阿登这条140千米战线的，是美国第1集团军的第5军和第8军。在德军重点突破的地段上，美军只有2个步兵师、1个骑兵巡逻队和1个毫无作战经验的坦克团作为预备队。所以，在发动进攻时，德军占有绝对优势。

在严格保密的情况下，德军20个师悄悄地集结到阿登前沿阵地。1944年12月16日晨5时30分，密集的德军大炮突然开火，几乎所有的美军阵地都遭到了猛烈的轰击。不久以后，在美国兵还没有清醒过来的时候，德国的突击部队蜂拥向前，为坦克开辟道路，紧接着坦克部队就开始了冲击。

北翼的德军遭到美第5军和增援部队的阻击，战斗激烈，进展缓慢。中线的德军进展迅速，因为这里的守军是美国第8军的第28师，他们在亚琛周围苦战了两个月，损员6184人，正在阿登休整补充。另一支守军是美国第106师，他们是刚从国内调来的新兵，3天前才进入阵地，毫无作战经验。

12月17日晚，德第5坦克集团军在施尼—艾菲尔包围了美军第106师的2个团，2天以后这支8000多人的部队向德军投降了。美国官方历史说，这是美军在欧洲战场上最严重的一次失败。

18日，德军进抵作为公路交通枢纽的巴斯托尼。美军坚决死守，寸土不让。

阿登战役中的德军正在顽守阵地。希特勒希望德军此役能够集中优势兵力，突破盟军防线，从中切断盟军，使其首尾不能相顾，然后逐一消灭。

19日，美第101空降师火速赶来增援。两军展开了争夺巴斯托尼的白刃战，双方都有大部队增援，战斗持续了20天。

在南翼，德第7集团军建立起一道壁垒，保护中线。此外，在美军后方，伪装成美军的德军虽然起到了一些破坏作用，但是很快就被美军发现并清除了。

12月24日下午，德第2坦克师进抵距离默兹河只有6.5千米的小镇塞莱斯，纵深突进将近100千米。第二天，美国第2装甲师在英国的一支装甲部队的协助下，在美国战斗机、轰炸机的支援下，一举击溃了德军第2坦克师，打毁敌坦克80辆，使德军最终未能到达默兹河。

对于美国高级指挥官来说，希特勒的这次反扑是突然袭击。起初，布莱德雷还以为这是一次破坏性进攻，旨在阻止巴顿对萨尔发动攻势。12月17日，前线告急。艾森豪威尔把最高统帅部仅有的预备队第82空降师和第101空降师拨归布莱德雷使用。布莱德雷迅速把第82空降师派往北翼的斯塔弗洛，把第101空降师派往中线的巴斯托尼。

由于希特勒党卫队分子的破坏活动，前线情报极其混乱。所以直到到12月18日晚间，盟军最高统帅部才搞清楚了敌情，确定这是德军一次大规模的反攻。艾森豪威尔认为，没有必要在南北两翼同时反击。因为北翼在德军进攻中正首当其冲，应采取守势。但在南翼应尽早组织反击。

危急时刻，美军表现出高度的机动性，各集团军迅速调兵遣将，驰援阿登。艾森豪威尔一方面向英美政府告急，要求尽快向前线增兵；另一方面也在努力鼓舞士气："敌人一冲出他们的固定防线，就给我们一个机会把他们的大冒险变为他们的惨败。所以我号召全体盟军战士，鼓起勇气，坚定信心，努力奋斗。希望每个人都坚定这个唯一的信念：消灭敌人，从地面、从空中、从一切地方消灭敌人！让我们以这个决心和我们为之奋斗的不可动摇的信念团结起来！在上帝的保佑下，我们朝着最大的胜利奋勇前进！"

12月22日，巴顿从南面发动进攻。他派出1个步兵师到卢森堡城东北支援南翼美军阵地，同时又派出1个步兵师和第4装甲师到巴斯托尼去解围。但是由于冰雪塞途，这支援军到26日才赶到巴斯托尼与被围的美军取得联系。

23日，天气转晴，盟军出动了约5000架飞机，猛袭德军的进攻部队和运输车辆，侦察敌人的重要活动，大大缓和了危局。同时由于空军给巴斯托尼的守军投下了急需的供应品，在很大程度上鼓舞了士气。此后，除了恶劣天气干扰以外，空军一直大显身手，充分发挥了地空战术协同的效率。

在北翼，由于德军的进攻，布莱德雷的中央集团军群司令部已经无法同北面

盟军战机飞过德军阵地。

的美第1和第9集团军保持正常的通讯联系。12月19日，艾森豪威尔把美国第1和第9集团军暂时拨给蒙哥马利指挥。蒙哥马利把他的预备队布置在默兹河西岸，严阵以待，防止德军渡河。同时采取各种措施，整编和补充美第1集团军，不断派兵去挫败北翼敌人的攻势。

1945年1月3日，美第1集团军从北翼发动了进攻，南北夹击德军。同一天，德军用2个军的兵力对巴斯托尼发动了最后一次猛攻，展开了阿登战役中最激烈的战斗，妄图拿下这个重镇。但是在巴顿的猛烈反击下，德军以失败告终。1月8日，希特勒命令德军撤退到豪法里兹西部。巴顿乘胜紧追，但是由于冰雪阻滞，进展缓慢。到了1月16日，美第3集团军才和第1集团军在豪法里兹会师，这时敌军早已逃跑了。

1月28日，盟军终于把法西斯侵略军赶回德国边境，恢复了原来的阵线。

在盟军开始反攻以后，丘吉尔曾致电斯大林求援。1月12日，苏联军队从波兰的维斯杜拉河（现名维斯瓦河）发动了强大的攻势，重创德军。1月22日，希特勒急忙把党卫队第6坦克集团军从西线调往东线。这大大减轻了西方盟军的压力，加速了他们的进展。

在阿登之战正酣时，希特勒乘巴顿北上，盟军南方集团军群扩大防地、战线空虚之际，又动用10个师的兵力在阿尔萨斯发动了“北风”攻势，对盟军进行第二个打击。但是德军只是在德法边界上前进了30千米，丝毫没有改变阿登的战局。

希特勒在阿登的反扑是他的垂死挣扎。据德军最高统帅部作战部长约德尔后来供称，安特卫普计划是一次异常大胆的军事行动，“但我们处于绝望境地，改善这种处境的唯一办法就是采取最后决策。我们不可能期望逃避我们所面临的厄运，战斗而不是等待，我们还可能拯救一点东西”。希特勒孤注一掷，付出了巨大的代价，伤亡和被俘的德军约10万人，损失坦克800辆，飞机1000多架，依然没有捞到任何好处。

阿登战役结束之后，德国在西线上只剩下了66个师，但是大部分部队的武器装备和训练都很差，有 24 个师甚至连反坦克炮都没有。

艾森豪威尔放弃占领柏林

1945 年 1 月底至 2 月初，美第 7 集团军和法第 1 集团军全线进抵莱茵。根据艾森豪威尔的战略部署，从北到南，各个集团军都要清除莱茵河西岸的残敌，扫清障碍，以利大军渡河。

从 2 月 8 日到 3 月 25 日，盟国各个集团军先后肃清了从阿纳姆（荷兰）到瑞士边界的莱茵河西岸的德军，进抵莱茵河畔。由于阿登战役的失败，德军士气低落，兵力兵器遭到了无法补偿的损失，齐格菲防线已成一个空架子。所以，盟军并没有遇到太顽强的抵抗。

艾森豪威尔像

3 月 7 日，美第 1 集团军的第 9 装甲师进抵雷马根，战士们惊奇地发现，莱茵河上的鲁登道夫大铁桥还没有破坏。德军原本准备在下午 4 时炸桥，可是当他们扭动开关的时候才发现电线失灵，炸药未能起爆，大桥安然无恙。一名德军中士又点燃了 300 千克备用的炸药，但在一声巨响后，大桥岿然未动。这时美军探索着冲到桥东，在那里建立了第一个桥头堡。艾森豪威尔得到这一消息后非常高兴，积极支持布莱德雷迅速渡河。第 1 集团军迅速向东岸增援，击退了敌人多次进攻。

3 月 10 日，希特勒撤去了冯・龙德施泰特西线总司令职务，任命意大利战场的凯塞林来接替他。然而，大厦将倾，什么将帅也挽救不了败局了。

从 3 月 7 日到 31 日，美、英、加、法等同盟国家的 7 个集团军先后在莱茵河上抢占了很多渡口，相继渡河，向德国腹地挺进。

美第 1 集团军和第 9 集团军渡河以后，迅速从南北两面包围德国主要工业区鲁尔以及退守那里的德国 B 集团军群。

在对鲁尔的包围圈即将完成时，蒙哥马利命令英国第 2 集团军和美国第 9 集团军必须以最大的速度和干劲向易北河猛进，直指从汉堡到马格德堡一线。他特别强调需要“突然出击”，以快速装甲部队为先导，沿途占领飞机场，以利随后用来进行密切的空中支援。

然而当蒙哥马利的部队已经整装待发的时候，“艾森豪威尔不仅完全改变了计划，而且直接通知了斯大林”，以便他的作战行动同苏军的作战计划协调起来。他同意蒙哥马利在鲁尔东面同布莱德雷会师。然后不仅美国第 9 集团军不让蒙哥马利指挥，而且还清楚表明，盟军的主要突击方向不是柏林，而是莱比锡和德累斯顿，并同苏联人会师。

当蒙哥马利向艾森豪威尔呼吁，在到达易北河之前，既不要改变计划，也不要变动指挥安排时，艾森豪威尔更全面地说明了他的意图：“我的计划很简单，其目的在于分割和消灭敌军并同苏联军队会师。只要斯大林能给我情报，卡塞尔—莱比锡轴心是达到这个目标的最直接的进军线。”

对于艾森豪威尔的这种做法，丘吉尔和英国军界人士都极为恼火，因为英国一直想让蒙哥马利担任副统帅，全面指挥盟军所有的地面部队。但是美国的马歇尔等人则支持艾森豪威尔的行动，他们认为在纯军事问题上盟军最高统帅有权直接与苏军最高统帅进行联系。

然而，艾森豪威尔放弃占领柏林的真实意图又是什么呢?

事实很明显，由于希特勒在阿登的反击，盟军耽误了 6 个星期的时间。结果，当蒙哥马利的北方集团军群离柏林还有 480 千米的时候，苏军距柏林只有 60 千米左右，并且早已准备攻打柏林了。艾森豪威尔预见争夺柏林的比赛快要输掉了，罗斯福也有这种看法。

其次，当时的希特勒还在柏林做困兽之斗，如果强攻德国首都，就要付出巨大的伤亡代价。并且，在雅尔塔会议上，苏美英三大国早已经划定了各自在德国的占领区，柏林在苏联占领区内。即使美军付出巨大代价占领了柏林，布莱德雷说：“我们还要退出来并把地方让给人家。”所以美国高级将领不愿为了政治上的威望而付出这样重大的牺牲。

第三，据美国情报部门获悉，希特勒在德奥边境的萨尔斯堡一带山区，建立了“民族堡垒”，储备了大量的弹药物资，甚至修建了飞机制造厂，准备纠集纳粹狂热分子，负隅顽抗，战斗到底。布莱德雷说：“在当时，传奇式的堡垒在我们看来是完全现实的和非常严重的威胁，我们不能轻视它。它一直严重地影响到我们在战争最后几个星期里的战术思想。”

第四，在反法西斯联盟内部，英美同苏联始终存在着矛盾和斗争。特别是到了 1945 年春天，他们的共同敌人希特勒的失败已经成为定局，这种矛盾和不信任也越来越明显。但是美国想争取苏联参加对日本的战争，所以在很多地方都尽量迁就苏联。

因为上述的这些原因，所以艾森豪威尔决定不同苏联争夺柏林，而是“尽量多用美国军队去占领德国”。

易北河会师

当盟国大军渡过莱茵河时，西线德军号称还有60个师，但实际兵力还不到半数。但是盟军却已经增加到了93个师，空军早已经取得了制空权，拥有飞机1.7万多架。在盟军地面和空中的绝对优势兵力的打击下，德军已成强弩之末，不堪一击，只有少数法西斯党卫队的狂热分子还负隅顽抗，作困兽之斗。

盟军士兵强攻鲁尔地区，盟军在战斗中使用了威力强大的火焰枪。

4月1日，美第1和第9集团军在帕德博恩以西会师，封闭了对鲁尔的包围圈，把德国B集团军群紧紧地围困在鲁尔地区。莫德尔两次突围都告失败。4月14日，莫德尔作出一个空前的决定：下令解散B集团军群，使部队免受投降之辱。他首先命令瓦格纳遣散年纪最小和最老的士兵，让他们回家去。72小时后，其他的人有3条出路：回家、以个人身份投降、试图突围。

15日，美军把鲁尔口袋切成两半。16日，东半部德军瓦解了。美军敦促莫德尔投降，莫德尔派出一名德国军官带去了他的口信：“由于受到效忠希特勒的誓言的束缚，将军不能投降。”但是4月18日，被围的西半部德军还是投降了；在整个鲁尔战役中，美军俘敌32.5万人，据说莫德尔本人自杀了。

鲁尔战役还没有结束，美第1集团军和第9集团军来不及打扫战场，就把肃清残敌的任务交给了新近建立的美第15集团军。他们自己则日夜兼程，每天以50～80千米的速度向东挺进，沿途包围和俘虏已处于瓦解状态的小股德军。美第9集团军的先头装甲部队于4月11日跑到易北河边，并于12日在马格德堡附近建立一个小小的桥头堡，第二天另一支美军又建立了一个桥头堡。由于德军出动飞机猛烈反击，所以美军被迫于14日放弃了这两个桥头堡。不过美军的第三个桥头堡却很快建立并守住了。

在东线，经过长期准备的苏联军队4月16日实施了攻占柏林的计划。苏军从奥得河边向西面发动强大的攻势，“到处取得迅速的进展”，彻底动摇了德军的防御。这时，艾森豪威尔就“更不想占领柏林了”。

盟军士兵易北河胜利会师。

4月19日，美军占领了莱比锡。25日，美第1集团军的巡逻队在托尔高与苏军会师，从而把德国分割成两半。“美苏双方商定，沿易北河及其支流木耳德河来划分两军中央战线的会合线。”

在北方，英第2集团军从奥斯纳布吕克—不来梅一线向东北挺进。5月2日他们占领卢卑克，前出波罗的海，在维斯马同苏军会师。5月3日，汉堡德军投降。加拿大第1集团军解放了荷兰的全部国土。5月5日，荷兰、丹麦以及德国西北部的德军向蒙哥马利投降了。

在中南，美第3集团军占领了哥特、埃尔富特，并挥戈东南，向捷克斯洛伐克和多瑙河流域推进。5月18日，巴顿的部队进入捷克斯洛伐克，6日进驻比尔森。另一支部队则于5月4日解放了林茨。

在南方，美第7集团军经过3天的激战攻下了纽伦堡，渡过多瑙河，进入巴伐利亚平原，解放了希特勒法西斯的最早活动场所慕尼黑。5月4日，他们占领了萨尔斯堡。同一天，另一支盟军拿下了希特勒的山间别墅伯希特斯加登。“民族堡垒”的神话揭穿了：这里并无大量德军据险死守。为了彻底摧毁希特勒的这个黑窝，美第8航空队把它炸成一片废墟。

1945年，美国第二装甲师的M26“潘兴”坦克行进在易北河畔的马格德堡大街上。

5月3日，美第7集团军的另一支进入奥地利的部队拿下因斯布鲁克；在奥地利游击队的帮助下，他们进入勃伦纳隘口。5月4日，他们同意大利北部的美第5集团军部队在维皮泰诺会师。

最南翼，法第1集团军沿上莱茵河东进，占领了卡尔斯鲁厄、斯图加特。5月1日，法第1集团军肃清了瑞士边境康斯坦茨湖以西的敌军。

5月5日，德国C集团军群向盟军南方集团军群无条件投降。

这时，德国法西斯的罪魁祸首希特勒已经完蛋了。苏军已攻入德国首都，柏林街头战火熊熊。德军兵败如山倒，但是由于他们当中很多人曾在苏联作恶多端，生怕苏军给他们最严厉的惩罚，所以极力避免向苏军投降，纷纷向潮水一般涌往西线，向美英军队投降。

根据希特勒的遗嘱，继任德国总统的邓尼茨，派约德尔到设在法国的艾森豪威尔司令部洽降。1945年5月7日凌晨2时41分，约德尔代表德军最高统帅部在无条件投降书上签字。

苏联和英国、美国、法国、加拿大等同盟国军队的进攻以及欧洲被占领国人民的武装斗争和大起义，这三条战线的内外夹攻，东西合击，彻底打垮了希特勒的法西斯暴政，使欧洲摆脱了黑暗的深渊。

五、血战柏林——对希特勒的最后一击

攻入德国

苏联红军在1945年的前几个月中从华沙出发，一直推进到奥得河地区。而从3月开始，又开始了对捷克斯洛伐克和奥地利的攻克战斗。至1945年1月，苏联人已经做好准备，要对德国发起全面进攻。大约有400万的士兵和无数坦克、枪炮及飞机等，都开始沿着战斗前线推进，从波兰南部一直朝着立陶宛的波罗的海沿岸进发。

斯大林非常清楚地表明立场，即他一个人在执掌着大权。朱可夫从其中央参谋部转移到了战斗前线，虽然他在进军柏林的过程中还领导着第一白俄罗斯前线；身为参谋总长的华西列夫斯基，也在2月接到了一次行动命令，并被另一个更加年轻的军官所取代了。

苏联的进攻是在1月12日发起的，其最猛烈的攻击先从维斯瓦河西面的桥头堡发起，在一个星期内，这些部队就顺利推进到西里西亚地区，而华沙则在17日被攻占。

随着德国人在前线的崩溃，进攻开始加速起来。在一段时间内，惊慌失措的

希特勒甚至让纳粹党卫军的头目海因里希·希姆莱这个毫无军事才能并缺乏领导天赋的人负责指挥维斯瓦河陆军集团军，而这道新命令显然是意图能够力挽狂澜。但是，到1月初，朱可夫的坦克已经抵达奥得河地区，而那里离柏林仅有65千米之遥。

到1945年1月初，德国东普鲁士省的多半地区都已经被占领。而第二与第三白俄罗斯前线部队，就在维斯瓦河进攻发起的时候，同时从南面和东北方向发起了进攻。2月初，南部的进攻一直推进到埃尔宾（埃尔布隆格），并切断了东普鲁士与德国其他地区的联系。这一省区的几乎所有剩余部分都在4月初被占领，而首府柯尼斯堡（加里宁格勒）也宣布投降。

在这个历史时期，曾经出现过一次大规模的海上大撤退行动，并导致了很多的伤亡，不光有德国军队，还有来自于但泽湾和基尔港地区的平民，他们都试图安全撤离到西部地区。海岸线上的一些矿区，在5月德国正式投降之前，仍一直处在德国人的控制之中。

到1945年2月，苏联的先头部队似乎已经做好了向柏林推进的准备，并完全可以轻而易举地完成此次进攻。但是，出于很多而今无法考证的原因，斯大林并没有选择这样的作战计划。相反，苏联军队花了数周的时间去控制波美拉尼亚和西里西亚的南部地区。最好的解释似乎是，斯大林并不希望在他尚未完全控制波兰和德国其他领土之前结束这场战争。而在这个阶段，西部盟军依然缓慢地向着莱茵河地区推进，他们似乎并不希望抢先到达柏林地区。

在波兰南面的苏联军队在1945年最初几个月里并没有发起多少进攻，只是在2月结束了对布达佩斯的围攻。接下来的是德国在此阶段战争中最重要的一次进攻。在突出部战役失败之后，希特勒将第六纳粹党卫军装甲师的精锐部队都转移到匈牙利前线，而其发起的进攻则只是在巴拉顿湖地区取得了有限的战绩，时间是3月份的最初两个星期。在3月16日苏联的进攻恢复之后，这些地方立即被苏军重新收复了。到了4月，苏军攻占了奥地利的多数地区，并在5月初挺进到捷克斯洛伐克的腹地。

3月，英美联军在莱茵河成功会师，并在那时对主要前线制定了紧急的作战计划。3月末，斯大林终于下令对柏林发起决定性的进攻。

柏林市民宁愿被美英盟军攻占

从1933年希特勒上台开始，一直到1943年和1944年之交，他鼓吹的建立大德意志帝国的美梦一直迷惑着大部分的德国民众，他们对于纳粹政权表现出空前的支持。

即使很多人对国家社会主义（纳粹主义）不感兴趣或者持保留态度，但是这个政权在很短的时间内创造的许多值得吹嘘的政绩，比如就业率上升、消费品充裕等都让德国人民感到骄傲。在全力仿效墨索里尼建立极权主义国家的过程中，希特勒比他的朋友高明一筹：他一直不愿意下令动员全德国的经济和社会力量投入战争，他坚持将生活消费品的生产维持在相当高的水平，以保持德国在战争期间的民心和士气。直到战争的最后几年，德国社会服务业的从业人员数量仍然与战前保持一致。

还有一个最重要的因素，也是最能迷惑德国德国民众的原因是，作为第一次世界大战的战败国，希特勒让德国重新崛起成为一个欧洲大国乃至世界大国，恢复了昔日的荣耀和尊严。所以许多德国民众对纳粹政权采取了逆来顺受的暧昧态度。

1944年底，纳粹德国企图征服世界的迷梦以一种灾难性的方式迅速走向破灭，他们一手发动的用来实现野心的战争全线溃败，大批德军不是客死异国他乡，就是丢盔弃甲向本土败退。这时候的德国，面临着比纳粹政权上台前更高程度的羞辱和毁灭，这让很多德国人骄傲的自尊受到了伤害。特别是1945年初，苏联和盟国军队从东西两线同时向德国本土发起进攻，德国军队遭受致命打击，经济也因为大片国土沦丧而陷入停滞。在东线与苏军的激战中，德军阵亡295000人，被俘86000人。

美军士兵进入柏林近郊的小镇。

1945年1月30日，希特勒的总建筑师，军备和战争生产部长，纳粹领导层中最富才华、最有独立思想的官员阿尔伯特·施佩尔向希特勒提交了一份报告，就当前德国面临的形势坦率地指出:“(德国)已经输掉了战争。”鲁尔工业区遭到接连不断的轰炸，西里西亚如今也落入苏联红军之手，施佩尔据此判断，德国铁路、工厂和发电站储备的煤炭只够用2个星期。

事实上，施佩尔并不是危言耸听。德国1945年的煤炭产量只有1944年的四分之一，钢产量只有六分之一。由于燃料极度缺乏，驻克雷菲尔德的一个拥有37架

战争后期，英军战机与德机在空中激战。此时的德军无论就战场形势还是士气来说，都已经明显处于下风。

飞机的战斗机大队每三天只能起飞一次，作战半径仅有100千米。更危险的是，施佩尔1944年10月视察驻意大利第10集团军时，当地驻军的150辆卡车竟然用牛来牵引。施佩尔最后这样总结道："在失去西里西亚之后，德国的军事工业再也无法满足前线对弹药、军械和坦克的需求了……从现在开始，面对敌人庞大的资源优势，单靠士兵的英勇作战是不行了！"

当时德国的许多大城市都遭到盟军的猛烈空袭。尤其是柏林，几乎遭到全天24小时的不间断轰炸，白天是美国陆军航空队的攻击，夜晚是英国皇家空军的轰炸。

一些头脑清醒的德军官员和柏林市民已经认识到，敌人在几周内很快将攻入这座城市。大多数德国人盼望的并非德国国防军能够取得某种程度的胜利，而是希望由美英盟军而非苏联红军攻占柏林。因此，在听说美英军队进入德国境内并向前继续推进的时候，柏林人的内心在感到绝望的同时，竟然有着一种难以名状的期盼，这是一种非常微妙、复杂的情感。当时一位45岁的德国家庭主妇说，自己时刻准备走上战场阻击苏联红军，一直坚持到美国人到来。

除了普通的柏林民众外，德国陆军总参谋部也抱着几乎同样的想法。其实，就连德国最高统帅部也不例外，他们普遍认为美英与苏联之间的盟友关系将很快分崩离析。所以希特勒和他的幕僚们重点讨论的并不是如何投降的问题，而是如何与西方盟国达成某种条件的妥协，然后联合对付"共同的敌人"——苏联。

历史学家H.R.特雷弗·罗珀仔细分析了希特勒的"国家社会主义"意识形态，深刻体会到希特勒对共产主义和苏联人的刻骨仇恨。虽然希特勒对于那些阻挠其实现霸业的国家，尤其是法国，同样非常憎恶。但客观地讲，出于荒谬的种族理论和地缘政治的现实需要，纳粹德国对于苏联更憎恶一些。他们认为英国、法国和美国正在一步一步地堕落成一个官僚化、犹太化的国家。他们始终不能明白，为什么英法美等国家的领导人和民众就不能认识到，共产主义苏联其实是一个比纳粹德国更加可怕的威胁。不过，纳粹德国高层深信，由于苏联和西方盟国在地缘政治和意识形态方面存在不可调和的矛盾，他们之间的反纳粹同盟将很快崩溃。

到那个时候，西方盟国由于担心布尔什维克的胜利所造成的后果，一定会主动上门与自己媾和。

1 月 27 日，就在苏军离柏林只有 160 千米的时候，希特勒召开例行性的元首会议：

希特勒：“你们认为英国人对于苏联人的这些进展会高兴吗？”

戈林：“他们当然不希望我们会挡住他们，而让苏联人占领整个德国……他们当初并不希望……我们会像疯子一样地抵挡他们，而让苏联人步步进逼，现在差不多占领了整个德国！”

约德尔：“他们一向对于苏联人怀有戒心。”

戈林：“如果照这种情势发展下去，几天之内我们就会从英国人那里收到一份电报！”

希特勒和他的官员们把自己最后的希望维系在一根游丝之上，但直到最后他们仍然不能明白，为什么英国人和美国人不同自己一道去击败苏联？

英国人的电报始终没有到来。越来越多的官员开始拿着自己拟订的和平方案与英国人或美国人私下进行沟通。不过这种临时抱佛脚，在最后一刻试图结束战争的努力都失败了。自从 19 世纪初拿破仑军队横扫欧洲以来，德国军队第一次与敌人在自己的国土上进行战斗。这种局面让所有德军将士始料未及，无论从感情上还是心理上都难以接受。

但是，当最后时刻的决战即将来临的时候，昔日喜欢不切实际地白日做梦的纳粹将士纷纷陷入困惑之中，接受失败和有条件投降是一件难以想象的事情。在 1942 ~ 1943 年血腥的斯大林格勒战役期间，希特勒执意不准陷入绝境的第 6 集团军撤退或投降，并向指挥官保卢斯元帅下达指令：“必须死守阵地，直到最后一兵一卒一枪一弹。你们的英勇坚持对于拯救西方世界将是永志难忘的贡献……”在他的固执和愚蠢下，285000 名德军将士被蓄意送进了地狱和苏联人的战俘营。

1944 年 9 月，在苏联红军和美英盟军大兵压境的形势下，希特勒签署了一道灭绝人性的“焦土”命令：“所有人类文明的成果，凡位于有可能被敌人占领的地区，都必须彻底予以摧毁。”这些成果主要包括：社会基础设施，如工厂、煤气厂、电力设备等；与社会生活息息相关的文件信息，如食物定量配给卡、婚姻和居住情况档案、银行账户等；粮仓也要予以摧毁，农田要放火烧掉，牲畜要全部杀光，绝对不能落入敌人之手；纪念碑、宫殿、教堂、城堡、剧院、电影院等文化设施，统统要夷为平地。在上述地区生活的德国民众必须根据命令进行迁移，绝对不能让任何一个人生活在沦陷区里。

纳粹发表社论鼓动民众：“对于敌人，绝不能把任何一棵日耳曼人的麦穗留给他们食用，绝不能有任何一张日耳曼人的嘴巴向他们通风报信，绝不能有任何一只日耳曼人的手臂伸出去帮助他们！将他们面前的每一座桥梁摧毁，每一条道路堵死！除了死亡、灭绝和仇恨以外，让他们什么也得不到！”

由于每天接受纳粹政权连篇累牍的宣传灌输，以及目睹了那些潮水般涌入柏林的东部难民们的悲惨遭遇，柏林市民对苏联人产生了一种近乎绝望的恐惧。他们将对方看成嗜血成性的“恶魔”，通过折磨和虐待手无寸铁的平民来寻求极大的快感。在柏林民众中间流传着极其恐怖的谣言，比如苏联人用火焰喷射器将神父们活活烧死，将活人的舌头残忍地钉在桌子上。更为糟糕的是，这种广为流传的谣言又因为苏联红军自身的宣传活动而更让人觉得那是真的。其中，最为可怕的是伊利亚·埃伦伯格撰写的一篇反纳粹的宣传文章，他在文中慷慨激昂地指出：

日耳曼人是一个女巫，我们踏上了她的土地。如今，日耳曼的城镇正在熊熊燃烧，我欢呼雀跃……日耳曼，你这个邪恶的女巫，你就在死亡的舞曲里旋转吧，燃烧吧，哭泣吧！报应的时刻来到了！

红军将士精心备战

柏林战役是苏联红军对纳粹德军的最后一击。虽然苏军意识到德军绝不会轻易放弃一寸领土，很多情况下还会顽抗到底，直到最后咽气。

虽然苏军的将士早已对战争产生了厌倦，但是却有一种坚定的信念在激励着他们，那就是攻下柏林，把红旗插到“第三帝国”国会大厦的顶端，彻底粉碎纳粹分子所鼓吹的“日耳曼民族是天生的优等种族”的谬论。朱可夫元帅曾经这样描述苏军的作战热情：“我们全体将士斗志昂扬，都希望亲眼看到攻克柏林的那一天。这同时也是我的愿望，我全身上下都洋溢着这种热情。”

拖拉机拖着苏军重型火炮穿过柏林的街道，为即将到来的柏林战役做准备。

朱可夫元帅不但讲话鼓舞人心，而且身先士卒，对于作战行动具有一种天才的决断能力。他是个非常有主见的指挥官，除了对部属取得的优秀战绩表示赞赏和祝贺外，他从不随意赞同任何东西。他具有令部属既敬畏又忠诚的品质，同时又十分关爱和体恤下属。这些优秀品质使他在红军中担任过很多职务，并且不断得到提拔和重用。

1941 年 6 月 22 日，德国法西斯发起“巴巴罗萨”行动，朱可夫被提升为苏军总参谋长，并指挥莫斯科保卫战取得胜利。1943 年 7 月，他在库尔斯克指挥了战争史上最大规模的一次坦克会战，成功击败了德国法西斯的战略反攻。1944 年夏，朱可夫亲自策划并指挥了“巴格拉季昂”战役，一鼓作气将德军赶出苏联国土，并从此踏上了长途追击德军的征程，一直进逼柏林。

1944 年 11 月，朱可夫被任命为白俄罗斯第 1 方面军司令，与乌克兰第 1 方面军协同作战，合力进攻柏林。

早在 1945 年 4 月初莫斯科会议最终确定进攻柏林的方案之前，朱可夫就已经意识到，与柏林城直线距离 60 千米的屈斯特林对于任何进攻都至关重要。屈斯特林坐落在由奥得河和瓦尔塔河冲积而成的一个小岛上。春季的洪水淹没了所有通向该岛的通道。由周边地区进出这里的唯一路径只是几条沟渠和几条呈扇形的通向柏林、法兰克福、波兹南和斯德丁的道路。

希特勒将屈斯特林确定为要塞城镇，在此构筑了坚固的防御体系，配备了大量的战略物资，要求德军守备部队死守到底。这里部署的人员几乎囊括了德国武装部队的各个军兵种，如纳粹国防军、武装党卫军、防空部队和警察部队等，还配置了大批重型武器：102 门火炮、30 门高射炮、25 辆自行火炮、50 门迫击炮和 10 辆“喀秋莎”火箭炮（德军称之为“斯大林的管风琴”）。

毫无疑问，希特勒早就严密地封锁了这些道路。德军在这些沟渠内和堤坝上到处挖掘防空壕、堑壕和交通壕，修建碉堡，架设铁蒺藜，布设雷区。在战斗中，苏军的突击分队设法接近敌军的防御工事，双方用手榴弹和反坦克火箭筒互相攻击，几乎没有停止过。由于路面非常狭窄，只要有一辆坦克被击毁在路面上，其他坦克就无法通过。

无论如何，屈斯特林都是一个非常棘手的军事目标，但它确实是苏军对柏林发起进攻的最理想的出发地。

2 月初，苏军在屈斯特林两侧的基尼茨和格里茨分别构筑了一个桥头堡，对屈斯特林构成夹击之势。之后，苏军多次尝试彻底合围该小镇，用火炮、迫击炮和“喀秋莎”火箭炮对这个小镇进行毁灭性的轰击，其中有两次还动用了充气艇，但均未能获得成功。德军第 21 装甲师和第 25 装甲掷弹兵师成功地维持着一条进出小镇的 3 ~ 5 千米宽的走廊。虽然这条走廊只在夜间供坦克部队通过，但它对保持屈斯特林在很长一段时期内没有迅速陷落发挥了重要作用。

3月22日，苏军在付出惨重伤亡的代价下，终于将屈斯特林团团包围。在战斗中，苏军共有116辆坦克被德军击毁。3月27日，德军发起反攻，企图解除苏军对旧施塔特的包围，最终以失败而告终。当天，苏军搭乘橡皮艇和驳船横渡洪水泛滥的瓦尔塔河，从东南部攻入旧施塔特。德军指挥官莱尼华斯请求其准许自己放弃该小镇向后方撤退。希特勒对于这种情况大发雷霆，下令逮捕莱尼华斯，将其送上军事法庭。

迫于希特勒的压力，防守新施塔特的德军不得不硬着头皮坚守了一天时间，与苏军在奥得河上的要塞展开了残酷的白刃战。不过德军指挥官们仔细分析了希特勒的命令“除非士兵自愿放弃阵地，否则不得擅自撤离阵地”之后，私下里达成一致，决定放弃阵地向后方突围。其中1318名德军成功地突破了苏军的6道阵地，回到己方一侧。剩余的135名“国民冲锋队”队员在突围无望的情况下，最终向苏军缴械投降。

苏军将火力强大的“斯大林”坦克开往前线，准备为最后的攻坚战做开路先锋。

在这场战役中，德军大约5000人阵亡，9000人负伤，6000人被俘。苏军5000人阵亡，15000人负伤。但是无论如何，朱可夫最后还是在奥得河西岸夺取了一个进攻柏林的最佳落脚点。

就在苏军攻克屈斯特林的当天，朱可夫返回莫斯科，同斯大林一道商讨进攻柏林的作战方案。斯大林希望红军最迟在5月1日攻入柏林，因为这一天是社会主义国家最盛大的节日——五一国际劳动节。所以他要求必须在4月16日之前发起进攻，力争在12 ~ 15天内结束。

同时，最高统帅部总参谋部A.I.安东诺夫将军介绍了柏林战役的基本作战方案：苏联红军3个方面军从南北两个方向包抄柏林，粉碎德军逃往南部阿尔卑斯山脉防御工事的企图；同时，加大对捷克斯洛伐克和匈牙利境内德军的压力，防止其回师柏林解围；苏军攻城部队将首先突破德军外围防御，将其分割包围而后

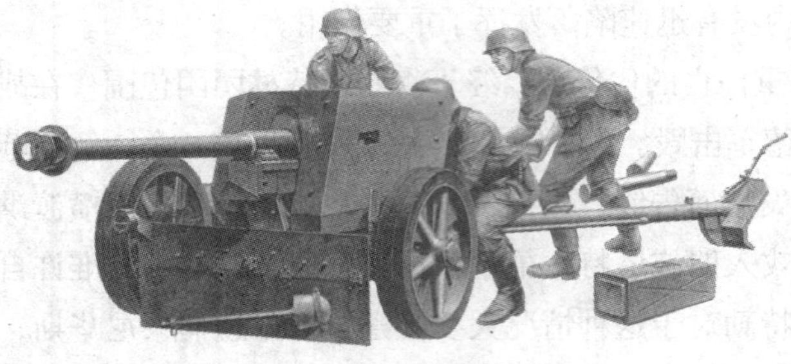

防守泽洛高地的德军使用的 75 毫米反坦克炮

逐个歼灭。根据斯大林格勒战役的成功经验，必须在柏林外围歼灭德国第 9 集团军，从而避免出现谁也不愿意看到的残酷的巷战。一旦突破柏林的外围防御，苏军将很快攻克整座城池。

泽洛高地的断杀

4 月 16 日黎明前数小时，苏军进行了战争开始以来最为猛烈的炮火准备，但落在德军阵地上的炮弹并未造成太大的杀伤。原因是，海因里希将军早已准确预测到苏军可能采取这一行动，所以事先下令德军从前沿阵地上撤了下来。

海因里希将军非常了解他的对手朱可夫。他知道朱可夫对于这场由自己指挥的最大规模的战役并没有太大创新，基本上沿用了苏联红军经常使用的一种进攻战术：首先出动战斗侦察部队探测敌人的兵力部署和火炮掩体情况，为随后的大规模进攻做准备。海因里希将军据此准确地判断出：一场大规模的战役将在未来 48 小时内打响。

4 月 14 日，在整整一天里，朱可夫的前沿主力突击部队对德国第 9 集团军阵地发起了数次佯攻，实施战斗侦察。在少量坦克和火炮的掩护下，他们向着 5 千米外的泽洛高地进发。在战斗中，他们成功地绘制出了一些布雷场地图，还摧毁了德军的一些火力系统。但无论是朱可夫还是他的下级指挥官都没有认识到：德军的第二道防线才是至关重要的。当然，德军也没有被苏军的佯攻所蒙蔽。

4 月 15 日夜幕刚一降临，苏联空军第 4 和第 16 集团军的战机就开始猛攻德军第一道防线。20 时 30 分刚过，海因里希将军突然停住他在战地指挥部里的脚步，据一位随从参谋回忆：“他好像突然闻到了最准确的气息！”海因里希告诉他的参谋：“我断定攻击将在明天凌晨开始。”他给第 9 集团军司令巴斯将军下达了一个简短的命令：“立即撤退，坚守第二道防线！”

在战斗即将打响前就撤退，这让很多德军将领们非常不满。对于这种抱怨，海因里希粗暴地反驳道：“在钢铁厂，一个人是不会把脑袋放在夹板锤下的，他会及时地把脑袋收回来。”于是，在夜幕的掩护下，德军主力部队顺利撤退到第二道防线。

在拂晓前的黑暗中，当凌晨 4 时的钟声敲响时，根据朱可夫的命令，4 万多门野战炮、迫击炮和“喀秋莎”火箭炮同时发出了雷鸣般的怒吼声，10万多吨炮弹和火箭弹朝着德军阵地喷涌而去。在空前猛烈的炮轰中，红军将士们的战斗热情空前迸发出来，他们高声呐喊着向前冲锋，不论手中拿的是什么武器，即使没有看到目标，仍在向四处扫射。

除了零零星星的机枪声外，德军几乎没有进行任何反击。刚开始的时候，苏军的进攻非常顺利。朱可夫元帅完整地观看了从屈斯特林桥头堡发起的第一阶段攻击行动。对于部属们的初步成功，他给予了热烈的祝贺。

但是，朱可夫元帅轻松的心情很快就烟消云散了，恼火和挫败接踵而来。在距离泽洛高地2000米处，攻击行动陷入了困境。当时，下级指挥官们纷纷向朱可夫报告，突击部队所需的光线太暗了。崔可夫在回忆录中写道，光线太暗给许多部队的行动造成极大的不便，他们只能在奥得河谷地里停了下来，等待着黎明的到来。

一位指挥官安德烈·格特曼将军抱怨道：“探照灯不仅未能迷惑敌军主力部队，反倒使我军坦克和步兵全部暴露在德军炮手的眼皮底下。”在其他一些地段，探照灯操作员得到的命令却是熄灭灯光，但这一命令立即又被高层指挥官的命令撤销。在这些互相矛盾的命令下，战场上出现了荒诞离奇的灯光闪烁的现象。

尽管德军仍顽强抵抗，然而面对苏联红军的围攻，加之既无支援又无补给，败退的德军士气降至冰点。

除了灯光问题，泥浆、沼泽地以及因洪水冲刷和灌溉形成的纵横沟壑也影响了苏军的进攻速度。很多在泥浆和水中拼命地转动车轮和履带的车辆，轻易成了德军炮兵的攻击目标，有数辆坦克被彻底击毁。

最大的障碍是泽洛高地前方的运河，横跨运河的几座桥梁刚好在德军炮火的覆盖之下。同时，河岸过于陡峭，不适于机械化车辆通过。再加上春季解冻，地表蓬松，车辆很难进行机动。最终，部队不得不完全停滞下来。

朱可夫完全没有料到苏军这么快

就遇到了困难。他和参谋部其他成员都曾希望，通过首轮火力准备就能够摧毁德军的主要防线，在敌人来不及组织起任何有效反攻之前，夺取泽洛高地并突破前沿阵地。如今，形势已经非常明朗：德军已经判断出了苏军的战役企图，及时地撤走了大部分兵力，躲过了苏军的猛烈空袭和炮击，几乎没有遭受任何损失。对此，第3集团军司令瓦西里·库兹涅佐夫悲观地说道：“我们的炮火打击了除敌人之外的所有一切。”

与此同时，海因里希同样非常清楚自己当前的艰难处境。当前线的第一份报告到来时，指挥部里的许多人都认为己方前沿阵地已经完全被毁。但事实证明，海因里希的方案非常奏效：在法兰克福的德军守备部队甚至对苏军发起了反击，并将他们赶了回去。第9集团军的一些指挥官报告，敌我兵力相差悬殊，几乎达到10 ：1的比例。“敌人成群结队地向我们扑来，一拨接着一拨，简直不要命了。我们用机枪拼命地扫射，敌人纷纷倒下，战场上血流成河。我的手下就这样战斗着，一直到弹尽粮绝。我不知道这样还能持续多久。”海因里希明白这只是时间早晚的问题，他没有足够的人员和武器，根本无法对付如此众多的敌军。在暂时压制住了朱可夫的攻击后，海因里希最想知道的就是南部的科涅夫和北部的罗科索夫斯基的进展情况。

科涅夫并未像朱可夫那样进行大规模的地毯式轰炸，他的炮兵部队根据所掌握的德军防线和坚固支撑点的确切位置，对这些目标进行了定点清除。为了掩护苏军部队在黎明时的军事行动，科涅夫派出一支配备有特殊装备的伊尔—2型战斗轰炸机编队在尼斯河上超低空飞行，释放出厚厚的一层白色烟雾，在400千米长的尼斯河两岸形成了一道烟雾地带。科涅夫计划以布赫霍尔茨和特里贝尔为中心，在大约80千米宽的正面上发动攻击。如果烟幕能够奏效，德军将无从得知苏军具体从何地发动进攻。幸运的是，空气干燥，微风习习，苏军制造的人工烟雾不至于很快消散。再加上一些被炮火引燃的森林和村落所产生的黑烟，整个烟幕的浓度和高度恰到好处，非常适合苏军渡河的需要。

浓烟遮住了德国人的观察哨，苏军从150个渡口发起进攻。当烟幕开始逐渐散去的时候，苏军基本实现了作战目标。7时35分，苏军已经夺取150个渡口中的133个，并开始正常运作。与此同时，在东岸炮火支援下，新夺取的桥头堡内的苏军坦克和火炮也投入了战斗，掩护工兵部队搭建更加大型的桥梁，为重型火炮顺利渡河创造条件。

在摩托化步兵旅和机械化旅的支援下，近卫坦克第62旅于正午时分越过尼斯河，奉命以最快速度脱离步兵，向着柏林城全速推进。为了争夺柏林这个“最大的战利品”，朱可夫和科涅夫均使尽浑身解数进行角力。

但就在此时，白俄罗斯第1方面军在这场竞赛中正处于劣势。他们对德军重炮阵地进行空中轰炸之后，地面突击部队突破了德军“前沿防御区”内的两道防线。但德军第三道防线构筑在泽洛高地最底部至较高的斜坡之间，仍然被德军死死据守。由于进攻受阻，突击部队被迫重新部署并保持散开队形，希望找到一条相对容易的进攻路线攻上这片崎岖不平的高地。在反复争夺之后，苏军坦克和步兵最终只推进了几千米，他们不是撞上敌人隐蔽良好的坚固支撑点，就是被敌人猛烈火力击退。

进攻已经开始了7个小时，白俄罗斯第1方面军突击部队的进攻仍然不见起色。朱可夫再也无法容忍这种拖延了，决定立即将坦克部队投入战斗，用精锐部队杀开一条通向柏林的血路。当时，泽洛高地四周沟壑密布，德军还布设了大量的雷场和隐蔽的反坦克火炮，坦克几乎无法进行机动作战。但是朱可夫不容分辩地下令：必须在中午之前拿下高地！

坦克部队的到来，为崔可夫部队的主攻行动增添了胜利的火力，但却使交通状况变得更加糟糕，大部分的支援步兵和炮兵陷入路边潮湿松软的沼泽里，而他们是巩固装甲部队所取得战果的必需力量。18时，崔可夫部队右翼的近卫第4军终于克服德军的顽强抵抗，抵达泽洛高地的边缘。

德军使用抵近射击的“铁拳”反坦克火箭弹、88毫米和155毫米火炮进行顽强抵抗，摧毁了大量苏军坦克。接近黎明时，苏军的前沿突击部队向前推进了5～10千米。

为了削弱在第一次大规模火力准备中没有明显被摧毁的德军防御，朱可夫动用了800架Pe－2型轰炸机，猛烈攻击德军的坚固支撑点。苏军步兵和装甲部队一波接一波地涌上泽洛高地的斜坡。苏联指挥官惊喜地得知，坦克部队已经找到了对付致命的“铁拳”反坦克火箭筒的有效战术：从德国人的床垫里抽出弹簧，捆绑在T－34坦克的前部，可以将击中坦克车体的“铁拳”在其爆炸之前反弹出去。

战争后期，德军几无像样的空军和防空武器，对于盟军的轰炸毫无还手之力。图为苏军Pe-2轰炸机轰炸德军阵地。

经过激战，在这天结束时，

近卫第 8 集团军和近卫坦克第 11 军最终拿下了泽洛高地，白俄罗斯第 1 方面军将从这里直取柏林。

苏联红军兵临城下

1945 年 4 月 18 日，纳粹党报的头版头条报道：“我们正面临着一场全新而又严峻的考验。”文章以一种暗含警告、鼓励和威胁的沮丧语气，报道了苏军潮水般渡过奥得河、即将抵达柏林的消息：

“咬紧牙关！要像魔鬼一样展开战斗！不要轻易丧失斗志！决定命运的时刻到了，我们要殊死一搏！”

因为柏林市民听到许多关于苏军可怕的传言，感到极度恐慌。就在过去的一周内听到的几条灾难性的消息更是加重了他们的恐惧：4 月 13 日，苏军占领了维也纳；4 月 16 日，苏军向奥得河发起进攻；同一天，美军占领了纳粹重要城市纽伦堡，20 世纪 30 年代这里曾是德军的大本营；布拉格、林茨和慕尼黑也都岌岌可危，随时有可能被攻克……整个柏林城准备进行最后的抵抗。所有公路和街道的路障都被关闭。

一名德国反坦克士兵躲在废墟中，等待苏联坦克的到来。

在此期间，希特勒要求第 9 集团军南翼部队坚守从法兰克福南部到福斯特北部的奥得河阵地，致使这些部队被朱可夫部队南翼的近卫坦克第 1 集团军彻底截断，丧失了参加柏林战役的机会。科涅夫对科特布斯发动闪击，一路迅速挥师北上，对德军第 9 集团军的主力部队构成包围之势，粉碎了德军企图采取机动战术的梦想。第 9 集团军司令巴斯将军总结了当天的战场形势：“经过 4 月 19 日的战斗，我方阵地出现了更大的缺口。合拢这些缺口已经不太可能了。集团军群和第 9 集团军希望退出战斗，但未获批准。”

第 9 集团军是柏林城外最后一支德军抵抗力量，此时已被彻底击败。

战斗打响4天后，巴斯被迫将所有预备队投入战斗。当天的战斗结束后，第9集团军阵亡大约12000人。德军已经完全没有能力阻止苏军进入柏林。军事史学家托尼·勒蒂西耶认为：“实际上，最能够决定柏林命运的战斗已经结束了。”

4月20日一大早，苏军的轰炸机就展开了攻击，罗科索夫斯基元帅的部队开始发起进攻。希特勒本打算逃离柏林，但日益沮丧的情绪使他比平日更加优柔寡断。副官和顾问们竭力劝说他，此时还有可能离开柏林。但希特勒举棋不定，一会儿认为形势并不像军事指挥官们所说的那样糟糕，一会儿又宣称在这个关键时刻，他不能放弃柏林。4月20日这天刚好是希特勒的生日，他11点才起床，比平时晚得多。就在希特勒准备向前来参加自己生日的贵宾们敬酒时，盟军的轰炸机也给他送来了一份生日礼物——对柏林城的最后一轮空袭。

同时，第3突击集团军步兵第79军的远程火炮开始对柏林城发起第一轮地面炮火突击。第47集团军步兵第125军成功占领了柏林东北部15千米处的贝尔瑙，第3突击集团军和近卫坦克第2集团军成功穿过德军第三道防线的沼泽地带。一到空旷地区，装甲部队就在步兵前面快速开路，向城市东北郊的拉登堡和泽普尼克冲去。与此同时，第5突击集团军、近卫坦克第12军和坦克第11军部分兵力彻底突破德军第三道防线，准备进攻施特劳斯贝格。

中午的时候，希特勒和随从们地下室里走出来，这是他最后一次来到地面上呼吸新鲜的空气。在总理府的花园里，希特勒检阅了纳粹党卫军和“希特勒青年团”。希特勒向这些娃娃兵授予勋章，并同他们握手。尽管希特勒在演讲中仍在鼓吹说“苏联人将在柏林城下遭受最惨重的失败”，但是据阿克斯曼后来回忆道：“看到元首的神态，所有人都感到震惊，他走路时弯着腰，手不断地颤抖。但更令人惊奇的是，他的身上仍然辐射出无穷的力量与果断。”

花园中的检阅仪式结束后，希特勒最后一次回到地下室，召集高层将领开会。将军们请求希特勒和整个政府机关立即撤离，但遭到了拒绝，希特勒回答说：“柏林之战将是挽回败局的唯一契机。”不过，希特勒为了向这些将军们表示让步，同意将在德国南部和北部建立两个司令部，邓尼茨海军上将负责对德国北部行使全部军事指挥权，而希特勒本人则在阿尔卑斯防御工事内指挥南部的战争。

在此期间，希特勒还批准德国政治、军事领导层大批人员南撤，或者按照邓尼茨的想法向北撤退，为此总共签发了2000多张撤离首都的许可证。负责防守柏林的参谋长汉斯·莱菲尔上校在谈起这些要员们乘飞机逃跑时的情景，流露出一丝轻蔑的神情。

手持冲锋枪的苏联红军

4月20日20时许，朱可夫向近卫坦克第1集团军司令卡图科夫和参谋长波皮尔拍发了一份电报，命令：

“现在赋予你部近卫坦克第1集团军一项重大历史使命：第一个攻入柏林升起胜利的红旗。我现在亲自命令由你们具体负责组织和实施，从每个军选出一个最精锐的旅攻入柏林，并命令他们：必须不惜一切代价，在4月21日凌晨4时前攻入柏林郊区，胜利后立即向斯大林同志报告，并向报纸电台公布。”

朱可夫希望苏军攻入柏林后尽快通知斯大林，这是可以理解的。他担心士兵们一进入柏林，将会立刻受到媒体的关注，这将给疲倦的士兵们带来很大心理压力，而且还可能在部队中造成一种争夺柏林的气氛。

此时，德军防御几乎全线吃紧。海因里希将军意识到，现在只有一个办法可以避免全城遭到毁灭，那就是必须让战斗在柏林城外进行。他很清楚，逐条街道、逐间房屋的巷战必将导致巨大灾难。因为在数量上占有一定优势的德军坦克和火炮在巷战中派不上用场，而柏林市民在城破后也将遭到残酷的杀戮。海因里希认为，能够使战斗在城外进行的唯一办法就是在巴斯的第9集团军残部被乌克兰第1方面军包围以前，立即将其撤回。但希特勒却命令第9集团军继续坚守奥得河阵地。海因里希试图用最能使人信服的方式让希特勒收回命令，仍然遭到断然拒绝。此刻，海因里希清楚地意识到，柏林战役已经注定要失败了。

当天夜间，他在巡视前沿阵地时发现所到之处都弥漫着即将崩溃的气氛，无论单个士兵还是残余部队，都明显地流露出撤退的念头。“所有人都迫切要求后方迅速提供弹药、油料或其他必需物资”。在柏林东北部的埃伯斯瓦尔德，情况更加混乱。海因里希发现，所有的部队，甚至包括纳粹党卫军在内，要么在林子里休息，要么随着难民一起撤退，根本没有人组织和指挥他们。

4月21日上午11时30分，位于赫尔曼广场的中心商业区遭到地面炮火的直接攻击，许多售货员和过往行人被炸死。稍后，炮弹一发接一发地砸向纳粹帝国的心脏：国会大厦遭到攻击，巨大的炮塔被炸毁，碎片落到大厦前面的街道上；勃兰登堡门的一个檐口被击落；夏洛滕堡宫殿燃起了熊熊大火……

双管齐下合围柏林

4月22日，希特勒从早到晚都在盼望着施坦因纳在柏林城外击溃苏军。但到了最后，他还是向惊恐不安的参谋部成员宣布，德国已经输掉了战争，不过他说他宁愿自杀也不会投降。这天在悲观、忧郁的气氛中结束。

当天夜间，朱可夫命令白俄罗斯第1方面军先头部队进行重组，突破左翼束缚；在北面，突击第3集团军奉命从北部郊区直接进攻，向柏林市中心突进，减轻崔可夫和卡图科夫部队向东推进的阻力。突击第3集团军司令库兹涅佐夫上将为了适应城市战，重整了3个步兵军，组建突击大队和突击分队，向柏林北部进发。他们并未采取逐间房屋、逐条街道争夺的战斗模式，而是用"喀秋莎"火箭炮直接摧毁每一个可疑的据点。紧接着，再由坦克前来摧毁所有可以藏匿狙击手的建筑和工事。

柏林城内炮火连天，苏军步兵越过一堆又一堆的废墟，向前稳步推进，用火焰喷射器、反坦克枪和炸药清扫每一个地下掩体。这个时候，躲在地下室或掩体里避难的柏林市民惊慌失措，不知道厄运什么时候就会降临到自己的头上。那些试图逃跑或被迫逃到街上的市民，遭到了在头顶盘旋的苏军战斗机的攻击。

上午10时，库兹涅佐夫的突击大队向魏森塞发起攻击。纳粹党卫军第11摩托化师的突击分队和装备低劣的国民冲锋队分队用高射炮进行地面射击，给苏军造成很大的麻烦，但他们几乎是苏军遇到的唯一的抵抗力量。不过在强大的苏军面前，这股抵抗力量很快就烟消云散了，苏军很快就占领了该地区，并继续向柏林城区突进。

在东部，崔可夫的近卫坦克第8集团军和卡图科夫的近卫坦克第1集团军虽遭到顽强抵抗，但也很快就成功抵达了达默河，施普雷河近在咫尺。在崔可夫和卡图科夫的右翼，突击第5集团军在近卫第12集团军和第11坦克军的支援下，突破柏林东部防线，向考尔斯斯多夫、比斯多夫和卡尔绍斯特推进。

反映柏林战役的绘画

朱可夫的部队在柏林东部和北部取得节节胜利。与此同时，希特勒在总理府地下室里焦急地命令地下室的人员一直在打电话四处打听施坦因纳何时发起攻击。下午3时，希特勒终于得到确切消息，施坦因纳并没有下达任何进攻的命令。更糟糕的是，部署在柏林北部负责支援施坦因纳的德军已经撤退，这使得那些地区处于高危地带非常危险。事实上，苏军已经攻入了柏林。

在歇斯底里的咒骂发泄之后，他嘟囔着说，一切全完了，末日已经来临。不管在场人员的抗议，他平静地宣布"第三帝国"失败了，已经走到了尽头。这些话让他的将军们和参谋人员惊恐万分。在场的几个手下认为，希特勒已经彻底崩溃了。他的将军们一反常态，慌忙向希特勒保证，他们还有机会扭转目前的局势，而这一举动通常只有在参谋室中才能看到。在场的所有人员都试图让希特勒相信德国仍然需要他的领导，他现在必须离开柏林，到南部地区继续指挥作战。但希特勒根本听不进去，他平静地宣布他将留在柏林直到最后一刻，而后自杀。这让在场的所有人感到恐惧。最后，希特勒宣布死后由戈林接任"第三帝国"最高统帅。

此时，苏军朝"第三帝国"心脏推进的步伐毫不迟疑地进行着，已经有5个步兵集团军和4个坦克集团军攻入柏林。在南部，乌克兰第1方面军的近卫第3集团军在第28集团军的3个步兵师的支援下，继续向北朝着滕珀尔霍夫推进。列柳申科的近卫坦克第4集团军则横扫了柏林城的西南边缘。白俄罗斯第1方面军的第47集团军向西推进，随后又掉头返回，从东南方向攻入柏林。白俄罗斯第1方面军的近卫坦克第9军奉命沿着柏林的西北外围发起进攻，然后转向西南朝波茨坦进发，与科涅夫的部队会合。

4月22日晚上7时，近卫坦克第9军和步兵第125军均已成功渡过哈弗尔河，在亨尼希斯多夫东部建起了一个桥头堡。

在稍远的南面，科涅夫的乌克兰第1方面军主力部队继续从尼斯河向西突进。近卫机械化第5军奉命从特罗伊恩布里岑向朱特博格以及设在那里的德国空军基地发起进攻。在战斗中，苏军坦克推进异常迅猛，直接开进德国空军的一个阅兵场。当时，德军刚刚在这里组建了一个空军师，看到几乎是从天而降的苏军，大批人员和车辆纷纷作鸟兽散，所有的武器和飞机悉数落入近卫第9歼击师的囊中。

攻克柏林

科涅夫最大的愿望就是

攻入国会大厦，他麾下的雷巴尔科的近卫坦克第3集团军以机械化第9军为先锋，从施普伦贝格一路奋战，渡过努特运河，向柏林外环公路杀去。当晚，他们攻入马林菲尔德和兰克维茨的南部郊区，抵达泰尔托运河。但是德军已经摧毁了运河上的桥梁，沿岸工厂结实的钢筋混凝土墙壁则构成了理想的防御堡垒，几乎坚不可摧。不过苏军用大规模的炮火突击，最终强渡运河。当天，近卫第3集团军占领了科特布斯，最终包围了德军第9集团军的“法兰克福—古本”集团的残余力量。

此时，苏军几乎完成了对柏林的包围。但由于包围圈拉得过大，苏军防御力量薄弱，德军很有可能从两条路线突围：向西朝着易北河方向逃窜，向西北渡过施普雷河逃窜。巴斯派出3个步兵师保护这些路线。此外，党卫军第32装甲掷弹兵师的部分兵力重新进行部署，保护施普雷河和奥得河—施普雷河运河沿线，从菲尔斯滕瓦尔德到穆杰尔塞的道路。

包围圈内的德军处境相当危急。数以万计从东部逃来的德国难民和包围圈内躲避战争的居民，与纳粹国防军一起挤在施普雷瓦尔德，使得内部交通状况愈加恶化。此外，这些德国人还遭到苏联空军第2、16和18集团军的24小时不间断的轰炸和攻击。4月21日，被困德军的炮弹消耗殆尽。海因里希获悉消息后，立即建议巴斯将最高统帅部的命令扔到一边，放弃奥德河上的阵地，想方设法突围。

遭苏军轰炸后的柏林

三天后，法兰克福的德国守军才成功突出重围。这个时候，科涅夫派遣的第28集团军余部已经完成对包围圈的封闭。同时，近卫第5和13集团军在近卫坦克第4军的支援下，封锁了德军企图逃往易北河的道路。4月24日，白俄罗斯第1方面军的第3集团军在托伊皮茨与乌克兰第1方面军的第28集团军连接起来。这样，苏军就完成了对德国第9集团军的包围。

此刻，雷巴尔科的部队距离崔可夫的近卫坦克第8集团军最多只有11千米，列柳申科的近卫坦克第4集团军距离第47集团军也只有32千米。苏军几乎完成了对柏林的包围。柏林很有可能被苏军这种钳形攻势分割成两部分。这样一来，雷巴尔科的部队就会占据最佳进攻阵位，向国会大厦发起最后的突击。

临近4月24日结束时，苏军对柏林的包围圈仅剩下一个长24千米的缺口。近卫机械化第6军攻占了波茨坦以西30千米处的勃兰登堡，成功夺取了大约24千米长的战线，期间将德军“弗里德里希·路德维希·扬”师拦腰斩断。

朱可夫指示第47集团军向施潘道全速推进，并从近卫机械化第9军中抽调1个师在波茨坦与近卫坦克第4集团军连接起来。白俄罗斯第1方面军经过几场恶战后，最终取得了实质性的进展：库兹涅佐夫的突击第3集团军与机械化第1军、近卫坦克第12军一起，在坦克第9军的支援下，推进到柏林北部和东北部郊区的维泰努—利希滕贝格铁路，清除了街区内的大量德军。崔可夫的近卫第8集团军一路打到施普雷河和达默河，刚一抵达施普雷河东岸就发现了德军丢弃的大量驳船、摩托艇和其他水上交通工具，很快就将它们派上了用场。第聂伯河舰艇部队也成功地抵达上述两条河流，支援所有苏军部队过河。崔可夫的士兵和坦克很快摧毁了德军在该地区的抵抗。

23日傍晚，他们占据有利位置，与雷巴尔科的部队会合，在阿尔特—格利埃克和伯讷斯多夫同德军展开激战。

当天晚上，苏联首都莫斯科举行盛大的晚会，礼炮齐鸣，火树银花，庆祝柏林战役即将进入高潮阶段。苏军已从三面包围了柏林，只剩下三条通往西部的道路。此时，朱可夫的部队已经取得了一系列的重大胜利，再用几天甚至几小时的时间就可以最终包围柏林。

锤子镰刀红旗插上国会大厦

截至4月25日，苏军已经切断了柏林与德国其他地区的联系，不断地轰炸柏林，整个城市变得面目全非。柏林所有的供水和供气设施均已终止，很多地方停止供电；多条街道成了废墟，人员和车辆根本无法通行；汽油极度匮乏，交通运转难以维持……

为了生存，许多柏林人开始四处抢劫，犯罪率瞬间猛增。他们抢劫的目标之一就是位于赫尔曼广场的卡尔施泰特百货商店。成千上万的市民蜂拥而入，拿走看到的一切物品，尤其是食物和衣服。最后，商店管理员干脆放弃了努力，听任他们拿走所有的食物。

为了防止这些物资落入苏军之手，纳粹党卫军将卡尔施泰特百货商店炸毁。有传言说在这个商店的地下仓库里，存放着价值290万马克的物资。

德军似乎再也没有系统连贯的防御方案。虽然他们仍在负隅顽抗，偶尔也会取得一些零星的胜利，但与整个战局相比显得微不足道。

苏军攻陷德国国会大厦。胜利后的苏军尽情地欢呼着。

4 月 25 日夜到 26 日，被围困的德军“法兰克福—古本”集团开始为大规模突围做最后的准备。然而，德军的油料和弹药都极度匮乏。德国空军曾经试图空投补给物资，但由于飞机数量太少，无法将绝大多数物资空投到指定区域。在此种情况下，德军从所有被毁或者击伤的车辆中汲取油料，并决定在首轮突击中用完绝大多数的重型炸弹，只有这样才有可能突破苏军防线，突围出去与第 12 集团军会合。

4 月 26 日 8 时，德军第 21 装甲师、“库尔马克”摩托化师和第 712 步兵师组成特别战斗群，开始向苏军阵地发起攻击。同时，德军第 5 军从西部向哈尔伯和巴鲁特发起辅助进攻，德军第 5 猎兵军和党卫军第 11 装甲军由北部和东南部发起攻击。

苏军进行了猛烈还击，击退了德军的进攻。截至上午 10 时，德军对巴鲁特的进攻取得了实质性进展，切断了苏军在巴尔特—措森一线的主要补给路线。苏军第 395 步兵师竭力向巴鲁特推进，第 50 和 96 步兵师逐渐把德军逐出哈尔伯。近卫第 3 集团军在哈尔伯附近的防线缺口迅速得到修补。德军“法兰克福—古本”集团再次成为瓮中之鳖。

如今，柏林的处境几乎沦落到了令人绝望的地步。在北面，德军“维斯瓦河”集团军群几乎彻底溃败。在西面，温克由于担心盟军攻占自己在易北河上的立足点，下令第 12 集团军放慢向柏林前进的步伐。

在南面，第 9 集团军的残部仍然四面楚歌，科涅夫的部队正在对其进行猛攻。

在东面，朱可夫的部队开始取得实质性的战果。总而言之，苏军的8个集团军扼住了柏林的喉咙，正在慢慢吞噬它。

4月26日，白俄罗斯第1方面军和乌克兰第1方面军发起联合攻击，动用了12700门火炮和迫击炮、21000门“喀秋莎”火箭炮、1500辆坦克和自行火炮、464000兵力向柏林猛烈开炮，附近所有地区瞬间变为废墟。除此之外，苏联空军第16和18集团军又派出了数百架轰炸机，从空中对这个正在被毁坏、燃烧的城市进行轰炸。苏军从多个方向对柏林中心区发起最后的进攻。

东南部，雷巴尔科的近卫坦克第3集团军在卢钦斯基的第28集团军步兵的协同下，用火炮进行猛烈轰击，打开了一条通往对岸德军的防守严密、厚实的防御工事的通道，强渡泰尔托运河。

这场战斗进行得异常惨烈，甚至达到了双方都竭力避免的令人恐惧的近距离巷战的程度。苏军用火炮和飞机把德军碉堡和阵地炸得面目全非，步兵迅速穿过废墟，用机枪、手榴弹和火焰喷射器对着敞开的屋门、地下室和建筑物进行攻击。坦克则摧毁了可容纳德军狙击手或成为机枪火力点的防御工事，从那些身受重伤或行动缓慢、未来得及躲避的德军士兵身上碾过。

强渡泰尔托运河后，近卫坦克第3集团军继续向施马尔根多夫、施泰格利茨、格伦瓦尔德和皮切尔多夫推进，准备与从西北部进攻的波格丹诺夫的坦克部队连接起来，切断驻守在波茨坦和万塞的德军。

几个小时内，坦克第7军成功推进到哈弗尔河，距离波格丹诺夫的部队仅有1830米。在稍远的东面，崔可夫的近卫第8集团军也渡过了泰尔托运河，正在向滕珀尔霍夫机场前进。

崔可夫认为希特勒最有可能乘私人座机由滕珀尔霍夫逃往巴伐利亚，所以把占领滕珀尔霍夫机场作为首要任务。崔可夫派两个步兵师分别从东西两侧包围机场，随后命令主力部队从南面向机场发起进攻。苏军冲上飞机跑道，用机枪和坦克炮向四周开火，并快速堵住了机库的出口。截至中午时分，苏军占领了滕珀尔霍夫机场。

为了肃清德军的抵抗，快速抵达柏林，争夺“主要的战利品”——国会大厦，朱可夫和科涅夫的部队在进入某个地区之前，往往首先使用重炮火力对当地的德国守军予以歼灭。4月27日结束时，驻守柏林的德军手里只剩下东西长16千米的狭长地带。

这时候的柏林城，似乎到了末日。所有地方都遭到了不同程度的毁坏，没有丝毫的生气。市民们蜷缩在地下室和掩体内，但是很多人还是被坍塌的天花板和墙壁砸死在里面。他们即使躲过了苏军的首轮炮火攻击，也会很快被红军成群结队地赶进临时搭建的审讯中心。所有柏林市民，尤其是妇女，对于苏军非常恐惧，她们惊恐不安地等待着最糟糕的事情发生。

苏联红军攻克柏林，将红旗插到了国会大厦顶上。

4 月 28 日，对于躲藏在地下室里的希特勒等人来说是绝望的一天。苏军已经打到了总理府。希特勒的纳粹党们还在梦想着能听到温克前来拯救柏林、施坦因纳发动进攻等消息。晚上 8 时，鲍曼给海军上将邓尼茨连发几份电报，透露出地下室内当时的惊慌和妄想：

"那些手握兵权的将领们并不敦促部队前来拯救我们，而是保持沉默。如今看来，背叛已经取代了忠诚。我们仍然待在这里。总理府已经成为废墟。舍尔纳、温克和其他将领必须尽快来援救我们的元首，以示他们的忠诚。"

但是，无论温克还是其他任何人，都无法挽救柏林市中心区的危局。苏军从四面八方步步紧逼，与德军展开逐条街道、逐间房屋的争夺，柏林城即将彻底毁灭。多数抵抗力量是绝望的"国民冲锋队"和"希特勒青年团"，但他们长期缺乏后勤补给。

在柏林城内，人员伤亡数量极速攀升，速度之快令人惊惧。医院和难民收容中心挤得水泄不通，大多数死去和受伤的人员还散落在街头、堆积在地下室或者埋在倒塌的建筑物下面。

在市中心两个高大坚固的高射炮楼内，盘踞着数千名德军，但在苏军的猛烈炮火打击下，很快便灰飞烟灭了。

德国投降，欧洲战争结束

4 月 12 日午夜，希特勒得到罗斯福总统突然去世的消息。戈培尔打电话告诉他说："我的元首，我向你祝贺。你最大的敌人已经厄运临头。上帝可没有抛弃我们。"这是一个"奇迹"，看来希特勒一直在期待着这样一个"奇迹"——18 世纪七年战争最危急的时刻俄国女皇去世的重演。

所以，希特勒相信，被丘吉尔称为东西方强国间的“大同盟”，由于它们的利害冲突，目前就会解体。

但是，愿望并未实现，两个星期后，希特勒不得不自杀，就像腓特烈大帝等他的“奇迹”使他的命运和生命得到挽救时几乎要做的一样。

到4月29日，战斗已发展到市中心。在激烈的巷战中，德军野蛮地拼死作战，苏军付出了重大的伤亡代价，但仍一个个攻占了市内的建筑群。4月29日下午，苏军战士在炮火声中把一面红旗插在了德国国会大厦的圆顶之上，迎风招展的红旗宣告了德国法西斯的灭亡。这时，希特勒所统治的地方就只剩下了几百平方米的总理府地堡了。

29日夜晚，希特勒同爱娃·布劳恩举行了简单的结婚仪式。4月30日上午，希特勒与他身边的人凄惨地一一握手告别。下午3时许，在总理府地下室里，希特勒与妻子爱娃自杀身亡。按照希特勒的嘱托，他们的尸体被浇上汽油焚化了。当时，苏军已经打到了500米之外。

德军如今已经完全陷入绝望之中，但仍然如同一头困兽，在疯狂地进行抵抗。眼下的形势对于德军极为不利，除了与这座燃烧着的城市同归于尽之外，他们已经没有退路。战斗补给严重缺乏，战斗兵员数量锐减，士气在沉重打击之下几乎丧失殆尽。

可以说，战争之神已经完全抛弃了德国人。沮丧、失败和绝望的情绪像瘟疫一样在德国军民中间蔓延开来。据统计，在柏林城临近灭亡的最后日子里，有数千名甚至上万名德国人像他们的元首希特勒一样选择了自杀。仅在潘科区一个地方，在战争最后一周内就有215人自杀，其中大部分是女性，因为她们害怕落入苏联红军之手。

希特勒与爱娃·布劳恩在一起。爱娃从不出席纳粹的大集会，也很少与希特勒公开露面，直到1945年4月29日，她才和希特勒在地堡里举行了简单的结婚仪式，然后与希特勒双双自杀身亡。

希特勒死后，德国官员试图与苏联人进行谈判，希望能够获得一个体面的和平。在当时的情况下，关于希特勒业已死亡的消息被严密封锁起来，只有未来的德国新政府成员们以及他们的谈判对手—苏军指挥官们才有可能获悉此事。根据最终协商的结果，由陆军总参谋长克莱勃斯将军带着建议前去苏军指挥部，希望能够为德国谋求一个体面的有条件的投降。

朱可夫元帅在征求了最高统帅斯大林的意见之后，决定接受德国人的请求进行谈判。临时拼凑的德国代表团由克莱勃斯将军、冯·杜弗文格上校、一名翻译和一名士兵组成，而苏联代表团则由崔可夫及其政治委员和一个非常有名的三人战地报道小组组成。以克莱勃斯为首的德国代表团走出总理府地下避弹室，向崔可夫的战地指挥所走去。

这时，沿途的红军士兵已经接到命令不许向这四个德国人开火。凌晨3时50分，德国代表团终于抵达目的地。在迈进崔可夫的指挥所时，几名德国人仍然保持着相当程度的矜持和高贵，他们的军容军姿非常严整，看上去令人肃然起敬。为了体现这种所谓的仪容，这些德国人在出发前特意进行了练习。

当苏军士兵试图解除他们随身携带的武器时，立即遭到了克莱勃斯的强烈抗议。他面红耳赤地争辩说，根据国际交战规则，即使失败的敌人也应当受到起码的尊重，这种军人的荣誉是不可剥夺的。于是，豁达的苏联军人就没有继续为难这些“失败的英雄”。

克莱勃斯告诉苏联人希特勒已经自杀身亡，德国新政府希望与苏联方面进行谈判实现停火，尽快结束战争。朱可夫立即打电话向斯大林报告此事。斯大林指示首先务必搞清楚希特勒之死是否属实，如果属实务必找出其尸体的具体下落，并指出会谈只能在德国向苏美英三大国无条件投降后才能举行。对此，克莱勃斯宣称自己目前只得到与苏联代表团进行会谈的授权，在未与新政府进行磋商的情况下，自己无权决定有关无条件投降的事宜。

双方在会谈中唇枪舌剑、互不相让，气氛异常激烈。克莱勃斯竭力要求苏联方面首先承认德国新政府的合法地位，声称这是双方继续谈判的基础；而苏联人则坚持要求德国首先全面无条件投降。

崔可夫多次敦促德国无条件投降，但是遭到克莱勃斯的拒绝，后者认为这种投降条件过于苛刻，动摇了德国新政府的执政根基，危害到他们代表德意志民族进行谈判的能力。

最终，在第二天上午10时15分，莫斯科方面用一份最后通牒缩短了谈判的时间。这份最后通牒用极为强硬的语气警告说，如果柏林方面不能够立即承诺无条件投降，苏联红军将重新对柏林发起大规模的军事进攻。

5月2日清晨，德军柏林城防司令下令停止抵抗，柏林市内的战火逐渐平息下来。在16个昼夜的战斗中，苏军共消灭和俘虏40多万德军。

根据希特勒的遗嘱，海军元帅邓尼茨被任命为德国总统和武装部队最高统帅。5月7日，邓尼茨指派约德尔前往西方盟军司令部所在地——法国的兰斯，向盟军投降，代表德国最高统帅部签署了所有战线的无条件投降书。

对于兰斯的投降仪式，斯大林很不满意。他认为苏军是战胜德国的主力，柏林是苏军攻克的，投降仪式应该在柏林举行。

苏联政府与美英政府商讨之后，于5月8日24时，在柏林正式举行了德国无条件投降仪式。陆军元帅凯特尔、海军上将弗雷德堡和空军上将什图姆普弗代表德国在投降书上签了字。

德国海军元帅邓尼茨的代表约德尔在法国兰斯签署投降书，向盟军无条件投降。

在此后的几天里，各地战场大约400万德军向盟军投降了。在一些地方岛屿上，德国守军直接向他们看守的盟军俘虏进行了投降。至此，欧洲战场终于以盟军的最后胜利而宣告结束。

可以说，在赢得世界反法西斯战争伟大胜利的历史进程中，苏军不仅立下了不可磨灭的丰功伟绩，还付出了天文数字般的、令人触目惊心的巨大牺牲。然而，也正是因为这个因素在战后逐渐加深了苏联与西方盟国之间的隔阂和分歧，最终演变成为一场持续近半个世纪之久的“冷战”。

几乎从一开始，苏美英三大国之间就为如何占领和管理柏林而口角不断。随着时间的推移，苏联与西方之间的相互猜疑达到了极限。

出于地缘政治等因素的考虑，尤其是经历了德国人发动的“巴巴罗萨行动”的可怕噩梦之后，对战争心有余悸的苏联领导人决心不让自己的国家再次遭到这种大规模的野蛮入侵。

在强烈的偏执心理和孤立主义情绪的支配下，强硬的苏联领导人在德国和东欧之间构筑起一道“防波堤”，德国被一分为二，欧洲也分裂为两大对立阵营。在1945年的5月份，出于对苏联红军的极度恐惧，绝望之中的柏林居民相信美英等国是另一类“值得信赖”的敌人，纷纷拖儿带女逃往西方。在此后50年间，这种类似于以色列人“出埃及”式的逃亡行为不断上演，成为在分裂的欧洲的一种旷日持久的现象。

第八章

尾声：日本投降

一、重返菲律宾之战

盟军突破“太平洋防波堤”——马里亚纳群岛

战争双方通过三年的较量，双方实力越来越悬殊，日本战败已成定局。尤其是美军占领马绍尔群岛和对特鲁克的袭击以后，使日本统治集团感到：敌人反攻的速度在不断加快，随时都有可能被盟军攻占的可能。

为了改变战争的不利局势，日本大本营决定立即加强中太平洋的防御。1944年2月，联合舰队司令部从特鲁克迁到帛琉。同时，水上飞机主力的前哨基地也迁到帛琉。2月中旬，直属大本营的第1航空舰队开到南洋和菲律宾一带。

接下来，大本营相继成立了由小烟英良任司令官的新编第31军、由南云忠一任司令的中太平洋舰队、由小泽治三郎任司令官的第1机动舰队。日本当局可谓做足了充分的战斗准备。

4月间，当日本侦察机在加罗林群岛发现美国航空母舰突击队之后，联合舰队司令部又从帛琉群岛迁往菲律宾南部的达沃。

5月3日，日本大本营向丰田副武发出“阿号作战”命令。命令决定集中大部分的决战兵力，一举消灭敌人的舰队，挫败敌人的进攻意图；预定以5月下旬为目标，在从中太平洋至菲律宾及澳大利亚北部一带海域捕捉敌人舰队的主力。

与此同时，美国舰队也做好了进击马里亚纳群岛的准备工作。3月底，美国第58航空母舰特混舰队向加罗林群岛西部进发，准备去袭击日本联合舰队的新基地帛琉群岛。4月初，第58特混舰队对帛琉进行了第一次打击，几乎炸毁了地面上所有的飞机，炸沉了停泊在港内的大小舰只，并对附近的雅浦等小岛进行了袭击，然后安然返航。

4月中旬，第58特混舰队再次出动，直接支援麦克阿瑟部队攻打荷兰底亚。

6月6日，即欧洲盟军在诺曼底登陆这一天，斯普鲁恩斯指挥的美国第5舰队从马绍尔群岛的马朱罗基地起航，以米彻尔为司令的第58航空母舰特混舰队为先导，紧接着是由535艘舰艇组成的两栖作战部队，载有12.7万名地面作战部队的官兵向西北方向进发，直指马里亚纳群岛。

6月11日，米彻尔命令他的舰基飞机猛烈袭击马里亚纳南部诸岛。由于日本在中太平洋的一部分飞机被调到哈马黑拉岛保护比亚克去了，因此，敌人飞机损失惨重。

6月13日，米彻尔派出7艘新型快速战列舰去轰击塞班岛和附近的提尼安岛。14日，他又派出2个航空母舰特混大队去袭击硫磺岛和乳岛的飞机场，以切断日本本土同马里亚纳群岛的空中交通联系，从而完全孤立马里亚纳。

美国第5舰队于6月中旬进攻马里亚纳群岛，完全出乎日本大本营意料之外，他们估计盟军将在6月以后发动攻势。所以，日本海空军的一部分兵力还在新几内亚西部同麦克阿瑟的部队争夺比亚克岛。

6月13日，当美国海军对塞班和提尼安岛实行炮击以后，形势已基本上明朗了。当天晚间，日本联合舰队总司令丰田副武发出命令，要部队根据“阿号作战”计划准备决战，同时还命令在新几内亚西部作战的部队返回原驻地。

6月15日凌晨，美军开始在塞班岛登陆。这一天，日本大本营还把停放在横须贺的海军航空兵的120架飞机拨归联合舰队，丰田便用这批飞机组成八幡航空队，调往硫磺岛，由第1航空舰队指挥。

小泽治三郎指挥的日本第1机动舰队于6月13日接到了准备决战的命令，便电令参加比亚克岛战斗的几个分舰队向他集中。6月16日，在帛琉群岛北面的公海上，小泽与他们会师。

这时，由9艘航空母舰为中心的日本第1机动舰队便向东航行，直指马里亚纳群岛。

6月19日天明，日本舰队到达塞班岛西面海域，小泽决定在这里击溃美国的航空母舰和其他舰只。

日美海战中被击沉的日军战舰

6月18日下午，美军情报部门得知，日本机动舰队在美国舰队西南570千米处。斯普鲁恩斯在和参谋们讨论了1小时之后，决定不去迎击敌人。他在命令中说：“我们的主要目标是攻下、占领和守住塞班、提尼安和关岛。其余任何事情都必须服从这个主要目的。”在这种情况下，第58特混舰队

夜幕降临，美军舰载机燃料耗尽，米彻尔上将命令所有军舰打开探照灯引导战机降落。

主要是掩护部队，保护塞班岛的滩头阵地。

6月19日清晨，美国舰队派出33架飞机去袭击关岛。这时岛上的日机正准备去进攻美国第58特混舰队，于是双方便展开一场短促的空战。美机击毁日本战斗机30架，轰炸机5架。

19日晨6时许，第58特混舰队改变了方位，开向西南，等待进攻。到上午10时，美舰雷达发现240千米处有飞机从西面飞来。第58特混舰队稳步地开去迎战，出动所有可用的战斗机，总共450架以上。接着米彻尔又命令所有的轰炸机和鱼雷轰炸机起飞，去轰炸关岛的机场，使日本飞机无法再利用它们。

在先后持续8小时的激烈空战中，日本第1机动舰队的飞机损失惨重。在空战正酣时，有15架日机同时中弹起火，像燃烧着的火鸡一样慢慢坠入海中。美国飞行员得意地把这次空战叫做“马里亚纳打火鸡”！

小泽的旗舰、重型航空母舰大风号和另一艘航空母舰“翔鹤号”被美国鱼雷击沉，人员损失很多。小泽命令舰队向西北方向撤退，以便加油，并准备在第二天再战。

6月20日，美国舰队到处搜索日舰，到16时才获悉，日本舰队在第58特混舰队西北350千米处，向西航行。16时30分，米切尔命令216架美机起飞追击日本舰队，并炸沉航空母舰“飞鹰号”，炸伤另外2艘和战列舰、巡洋舰各1艘，击落日机40架。

在持续2天的菲律宾海战中，美国损失飞机100架。日本舰队遭到惨败。陆基飞机丧失殆尽。参战的360架舰载飞机只剩下25架。更为惨痛的是，参战的几百名飞行员也同飞机一起葬身海底，这是短期内无法弥补的损失。

日本舰队在菲律宾海的惨败，为美军占领马里亚纳主要岛屿大开了方便之门。

攻破日本防卫大门——塞班岛

塞班岛一年四季都是夏天，终年遍地鲜花，是南海的乐园，是最优美的旅游、疗养胜地。它的面积为120平方千米，距东京2000多千米，笠原群岛700多千米，是第一次世界大战后日本委任统治地的政治中枢。塞班岛的战略位置十分重要，占领了它，就等于攻破日本的防卫大门。如果从岛上机场出发，美国的超级空中堡垒飞机便可以直接轰炸日本本土。

在塞班岛上担负防守任务的是司令官小烟英良率领的第31军。而小烟英良当时出差，不在岛上，由第43师团长斋藤义次中将指挥。中部太平洋方面舰队司令长官南云忠一海军中将和第6舰队司令长官高木武雄中将也在岛上参加指挥。

日本陆海军首脑在连续惨败之余，已经乱了手脚，意见出现分歧，一会儿把右边的兵力往左调，一会儿又把左边的兵力往右调。再加上战线拉得太长，陆军和海军的实力都在锐减。而且在塞班岛这样重要的战略要地，防卫兵力甚少，野战阵地构筑得也不完整。

塞班岛上日本守军计有陆军27500人，海军1万人，兵力不足。为了拼死挣扎，岛上的日本冲绳县人、朝鲜人共2.1万余人及岛上原住民4000人，也全部被征集来参加战斗。

日本陆军第43师团是在1943年7月新组成的，原驻防在名古屋附近。5月9日，主力由名古屋港秘密出发，5月19日到达塞班岛。第二次输送一个联队共4000名，途中运输船被击沉，只有约1000名士兵在海上漂浮中遇救，6月9日才到达塞班岛。这个师团能够担当防卫的只剩下1.3万了。

由于塞班岛海岸边都是珊瑚礁，土质疏松，很不牢固。再加上时间仓促，建筑材料不足，粮食和弹药的准备都不充分，防卫能力十分单薄。

在第43师团后续部队到达塞班岛的第4天，6月11日午后，美舰载机200架猛烈轰炸塞班岛，140架轰炸提尼安岛，140架轰炸关岛。

第二天早晨，480架美机铺天盖地飞临塞班岛上空，炸弹密如雨下，把塞班岛的中心城镇加拉潘大部分夷为灰烬。

6月13日，又有120架次飞机轰炸港湾、飞机场，并把新构筑的阵地变成弹坑，塞班岛周围已被美军的战舰完全包围。

美军战机飞越塞班岛上空，以掩护两栖作战部队登陆。

紧随飞机轰炸以后，美

军舰炮开始轰击的目标是海岸炮台、高射炮阵地、物资储存处、防御阵地等，连续炮击三昼夜，对岛上的破坏程度是太平洋战争中过去所未曾有过的。塞班岛上的椰子林全部烧光，露出地面的阵地全被炸平，日军司令部和各部队之间的通讯线路全被切断，指挥机陷于瘫痪。

从6月15日黎明，美军舰炮猛烈射击两小时后，大编队飞机向登陆预定海岸的第二线阵地进行地毯式轰炸，从海上的航空母舰上起飞的“复仇者式”飞机进行最后一轮轰炸。当天傍晚，美军冒着持续不断的日军炮火，已有两万多海军陆战队连同重武器登陆成功。

美海军斯普鲁恩斯将军为总指挥官，荷兰德·史密斯海军中将指挥登陆部队共约6.2万兵力，准备一举攻占塞班岛。

16日，精锐的后续部队继续登陆，不断扩大占领地域。此次登陆战，2万名美军共死伤约2500余人。防守部队由斋藤义次师团长指挥疯狂反扑，都被美军强大炮火和坦克的火力压垮，迫使日军主力部队节节后退。

到17日傍晚，日军防守部队已伤亡一半以上，第一线主力部队已基本被消灭，剩余日军只好撤退到山地的地下阵地中去。

塞班岛中部有一座塔波乔山，地形非常复杂。日军在山内修筑洞窟阵地，构筑四通八达的要塞，给进攻的美军造成很大困难。

美步兵第27师的两个团遇到日军顽强抵抗，连续三天不能前进一步。6月23日以后，美军加强攻势，在连续的炮击掩护下，美军发起立体进攻，日军潜伏在洞窟内顽强抵抗，战斗非常激烈。26日傍晚，美军占领塔波乔山，继续北进，30日占领塞班岛上最大的水源地，7月3日占领加拉潘市区。

塞班岛一役中投降的日军士兵

6月26日，美装甲部队突破日军严密防线，占领塔波乔山山顶。部分残余日军仍躲在山北麓进行顽抗。

美军三个师由南向北稳步推进，日军的抵抗越来越顽强，决心死守。美军的伤亡也很大。美总指挥官特纳少将对进攻速度太慢很不满意，决定亲临阵前指挥，战况十分激烈。

7月7日傍晚，日军已只剩下3000多人，其中还包括伤病员在内。到这时，日军向美军阵地发起自杀性的总攻击，发了疯的日军一面高喊万岁，一面往前冲，直至死亡殆尽。守军指挥官斋藤义次中将自杀。偷袭珍珠港的联合舰队司令官南云忠一中将也在岛上用手枪自杀。

据战后统计，塞班岛上日本陆海军共有约44000名，战死41000多名。两万多非战斗员中，有日本人、朝鲜人，有些被强迫自杀，有些被日军处死，共死亡8000到10000人。这次战役中，美军也付出了很大代价，战死2053人，受伤及失踪约13000人。美军在拿下塞班岛和打垮了日本舰队的空军之后，便取得了马里亚纳地区的制空权。

东条英机内阁垮台

1944年初，日本伊势神宫社务所收到一封来信，这封信是堺市金冈陆军医院内的一位伤残军人写来的，表达了受压迫受奴役的日本人民再也不能忍受东条等一小撮军国主义分子的欺凌了。信中这样写道：

"日本战败，我希望看一看天皇成为美国俘虏、成为奴隶时的模样。喜好战争的日本，命中注定要遭到老天爷的惩罚，一定失败。立即和美英握手拯救一亿国民吧！只有这样做，才能使我们的丈夫、儿子、父亲不再被运往战场，不再在空袭下担惊受怕，肚子也能吃上一顿饱饭。我们厌恶战争，东条英机是不是第二个平清盛呢？"

平清盛是日本历史上源平之战的战败者，在此把东条英机比作平清盛第二，可见日本国民对他的愤怒。东条英机内阁执掌日本朝政两年四个月，最初任首相兼陆相兼内相，后来还兼外相、文部大臣、商工大臣，到1944年2月，又兼任参谋总长，集军政大权于一身，专横独裁无以复加。

及至塞班岛全军覆没，太平洋的制海权、制空权完全落入盟军之手，不仅是日本国民怨声载道，甚至连朝野上下都迫切盼望东条早日下台，于是，日本统治阶层内部也发生了倒东条英机运动。

日本统治阶层内部倒东条的运动发生在1944年2月特鲁克等岛屿被空袭的时候。这座"不沉的航空母舰"变成日军的墓地，形势严峻。紧急关头，日本大本营内部的军务局长、作战科长、战争指导科长等主要决策人员一致认为，当时已经很难依靠作战来挽回败局了，应该讨论结束战争的办法了。

7月3日，大本营第一部作战指导课长松谷诚大佐在陆军大臣室向东条陈述了大家的意见，并且指出德国一旦崩溃，日本也应该考虑结束战争。在战况最不利的情况下，只要能保持国体不改变就可以了，并建议派特使去苏联，加紧对苏外交。

对于东条来说，谁胆敢提反对意见就整谁，这已成为惯例。松谷的直言让他大为不悦，第二天便下令把松谷贬到中国派遣军去当参谋。在这种淫威之下，再没有人敢提出结束战争的建议了。

由于海军内部和众多元老重臣都对东条指导战争处理国务感到失望。7 月 17 日下午，陆军部召集两位次长、次官、军务部各部长会议，讨论今后的战争指导方针，会议共提出四条可供选择的方案：

1. 不管后果如何，年内动员所有力量进行决战；2. 年内把主要国力和战斗力投入到决战中去，尽可能保证国内有自给存活的能力；3. 兼顾作战和国内存活两个方面；4. 以自给存活为重点，尽最大努力作战。

日本陆军内部高级干部对战局政局的忧虑已无法克制，纷纷要求东条辞职，日本政局更加不稳。当天，陆军部次官富永恭次把陆军部会议的内容如实报告给东条，要求他不再担任参谋总长，主张由梅津美治郎继任。

7 月 17 日零时 20 分，东条改组内阁的方针遭到重臣会议否决。17 日晚，内务大臣木户把重臣会议要求东条内阁下台的信息直截了当传达给东条。

18 日上午 10 时，东条召开内阁会议，决定内阁全体辞职。19 日新内阁成立，由朝鲜总督小矶国昭陆军大将任首相，杉山大将任陆相，米内光政海军大将任海军大臣。

8 月 19 日，裕仁天皇出席新内阁首届最高战争指导会议，在判断世界形势方面，承认德国已经失败的事实，但回避讨论如何收拾本国战局的问题。会议认为，不管欧洲形势如何演变，日本一定要倾注全力击溃敌军，为完成最终战争目的而奋斗。

然而，对新内阁的夸张语调和一厢情愿的梦想，日本政府和大本营都处于六神无主的状态。

中国战场的形势发展对日军也越来越不利。日本打不赢已是定局，诱降蒋介石已不可能。100 多万日本军队被困在中国战场抽不出身来，极大地支援了美英盟军在太平洋战场上的战斗。对苏外交也严重受挫。

小矶首相试图与中国政府谈判停战事宜，以便从中国战场腾出手来挽救局势。对此，不仅中国政府不理睬，日本国内也极少有人支持。这是一个短命的内阁。

莱特湾海战

盟军突破了日本的“太平洋防波堤”的防御线，从此可以任意选择进攻目标，轰炸，甚至在日本本土登陆，从根本上改变了日本的战略态势。而以对外掠夺和海上运输为基础的日本战争经济的弱点日益暴露，战略物资储备已消耗殆尽，经济实力日渐衰落。

在莱特湾海战中，美国“冈比亚湾号”护航航母在追击日舰时遭到日军舰载机的轰炸，不幸沉没。该护航航母排水量7800吨，载机28架。

在这种新形势下，日本大本营于1944年7月21日作出如下决定：

1. 加强菲律宾、中国台湾、琉球群岛、日本、千岛群岛这一水域的第一道防御线；

2. 进行准备工作，以防敌人一旦在这条防御线的任何地方发动进攻时，都能集中陆海空军力量阻截和消灭敌人；在这条防线上的作战统称“捷号作战”。

遵照大本营的指示，各个方面军的司令官命令部队做好决战准备。

8月4日，日本联合舰队得到指示，应在菲律宾方向作战，在决定性的海战中打垮敌人。日方配备了三个舰队迎击美军的进攻。第1机动舰队配置7艘航空母舰，第2舰队拥有5艘战列舰和11艘重巡洋舰，第5舰队有3艘巡洋舰和7艘驱逐舰。

美军这时在太平洋上已拥有海空军优势，可以任意选择进攻目标。但陆军上将麦克阿瑟和海军总司令金意见不一，各有主张。前者要迅速占领菲律宾，后者认为要取得达沃空军基地。二人僵持不下，参谋长联席会议也感到棘手。

1944年7月底，罗斯福跑到珍珠港亲自出面协调。他召集这两员大将开会，希望找到陆、海军都能接受的战略决策。会上，麦克阿瑟向罗斯福力陈占领菲律宾的政治和军事意义，这位总统也表示信服。

1944年8月，尼米兹命令美国第3舰队司令哈尔西从南太平洋北上，接替斯普鲁恩斯指挥中太平洋舰队，并计划参加即将到来的对菲律宾的进攻。为了给进攻菲律宾的部队准备前进基地和后勤供应基地，哈尔西的部队要在1944年9月15日拿下加罗林群岛西部的帛琉群岛，占领帛琉群岛和马里亚纳群岛之间的犹里斯珊瑚岛。

9月间，根据尼米兹的命令，第5舰队、第5两栖作战部队司令和地面部队指挥官分别由哈尔西、西奥道、威金逊和盖格担任，同时第5舰队改称第3舰队。海军中将米彻尔仍然指挥快速航空母舰特混舰队，其番号由“第58”改为“第38”。

1944年9月初，美国第3舰队司令哈尔西在他的旗舰“新泽西号”上与第38特混舰队会师，并开始对菲律宾中部进行空袭，以便对即将进行的进攻摩罗泰岛和佩列流岛给予战略支援。空袭结果令人满意。

1944年9月15日，美国西南太平洋部队和中太平洋部队协同一致，对日军控制的2个岛屿摩罗泰和佩列流发动进攻。西南太平洋的第7两栖作战部队越过了重兵防守的哈马黑拉岛，运载2.8万名部队，突然袭击，一举攻下了摩罗泰岛。岛上日本守军几百人仓皇逃入山中。

9月间，美军还占领了附近的小岛安戈尔和东北部的犹里斯岛。这两个小岛也作为空军基地和后勤基地，为进攻莱特提供了方便。

1944年9月和10月上旬，美国第3两栖作战部队集结于马努斯，第7两栖作战部队集结于荷兰底亚，准备向莱特发动进攻。与此同时，盟国空军也广泛出击，以孤立莱特。

10月17、18日，美军先头部队便在莱特湾两岸的小岛上登陆，以掩护大军的进攻。

10月20日凌晨，美军运输舰开进莱特湾，直指攻击目标——莱特首府塔克洛班附近，另一支部队进抵塔克洛班以南27千米的杜拉格附近。在对海岸进行了最后的炮击之后，部队分乘各种登陆艇，包括两栖坦克，冲向海滩。日军大多退到西北部山区事先准备好的阵地，抵抗微弱；美军伤亡很小。与进攻太平洋上其他岛屿相比，莱特登陆非常顺利。

到20日日暮时，6万名进攻部队和10万吨物资和装备已经上了岸。莱特湾两岸的滩头阵地都扩大到1.6千米以上，塔克洛班飞机跑道也落入美军手中。

在第1批部队登陆莱特后几小时，麦克阿瑟在菲律宾总统奥斯敏纳陪同下，乘一艘登陆艇驶向岸边。但因码头太小，舰艇太多，无法泊岸。麦克阿瑟不得不跳到水中，蹚着齐膝深的海水走到岸上。他立即向所有的菲律宾人发表广播演说：“菲律宾人民！我回来了！……”

麦克阿瑟在莱特登陆出乎日本陆军中将铃木宗作的意料之外。10月17日，当丰田得知美军先头部队已在莱特湾登陆时，他马上命令日本机动舰队分4路向菲律宾进军。18日下午，停泊在林加岛的栗田健南指挥的第1突击舰队从北面进入莱特湾，以打击美国舰队，在滩头附近攻击美国两栖部队的运输舰只。

栗田舰队的其余舰艇由西村祥治率领，开向莱特湾的南口，从南部打击美军，配合栗田南北合击。

停泊在琉球群岛北部天见岛的志摩清英的第2突击舰队在接到丰田命令后，立即南下莱特湾南口，与西村合作，打击美军。

麦克阿瑟率部重返菲律宾，兑现了他当初撤退时立下的誓言。

泊在日本内海的小泽治三郎的主力舰队也迅速南下菲律宾海域，其任务是引诱美国第3舰队离开莱特湾附近到公海来决战，使美国运输舰只无人掩护，好让栗田等突击舰队进攻。

这时，美国第3和第7舰队实力雄厚，水面舰只和舰载飞机都占优势。

在10月23日到26日，连续4天的海战中，美国舰队共击沉日本战列舰3艘，航空母舰4艘，轻、重巡洋舰10艘，驱逐舰9艘。此时日本海军已经名存实亡。美国方面损失伤亡相对较小，莱特湾海战是美国海军的一大胜利。

美军重返菲律宾

日本舰队在莱特湾海战中惨败之后，岛上的陆军却进行着顽强的决战。直到1945年1月1日，美军在极为艰苦的战斗中才迫使日军逐渐后退，莱特战役基本结束。

还在莱特战役期间，美军就在民都洛岛登陆，以便取得进攻吕宋的基地。进攻吕宋的日期定为1945年1月9日，克鲁格指挥的第6集团军负责进行这个战役。艾奇伯格指挥的第8集团军接防莱特、萨马和民都洛，并准备肃清吕宋以南诸岛的日军。

澳大利亚第1集团军负责消灭新几内亚、新不列颠和布干维尔被孤立的日军，夺回婆罗洲（现名加里曼丹）及其丰富的油田。第6集团军计划在仁牙因湾登陆，占领中吕宋平原，拿下马尼拉。菲律宾的游击队要破坏吕宋南部的交通线。金凯德指挥的第7舰队定名为吕宋特混舰队，负责运输、掩护和支援登陆部队。哈尔西的第 3 舰队空袭台湾和吕宋北部的目标，进行战略支援。

山下奉文的第 14 方面军在吕宋已增至 25 万人。岛上只有 150 架日本飞机，这时日本第 1 航空舰队司令大西泷次郎，利用青年愿意拼命的心理，倡导神风突击战术：飞机满载炸弹对准敌舰的甲板猛扎下去，撞得机毁人亡，引起敌舰大爆炸而将其摧毁。

于是，日军中便出现一大批这种亡命徒式的“神风特攻机队”，使美国军舰遭到可怕的损失。10 天之中共炸沉 17 艘美国舰艇，重伤 20 艘，轻伤 30 艘。但是山下失去海空军支持，孤立无援，很少有守住吕宋的希望。

为阻挠吕宋落入美军手中，山下计划进行拖延战术。他把部队分为 3 组：尚武集团，在北部，14 万人，防止盟军从仁牙因登陆；建武集团，在中部，3 万人，保卫克拉克机场设施；振武集团，在南部，11 万人，保卫南吕宋。

1945 年 1 月 9 日，美国第 6 集团军的 4 个师在仁牙因湾登陆，31 日占领克拉克机场及其要塞等设施。2 月 3 日美军进抵马尼拉外围，但经过 1 个月的苦战，美军才肃清了菲律宾首都的敌军。日军败退时恼羞成怒，残杀了数以万计无辜的和平居民。此后，吕宋的日军退往东部山中，负隅顽抗。

到 1945 年 9 月初，被困的日军纷纷向本岛的美军缴械投降。9 月 3 日，在吕宋中北部山中苟延残喘的日本第 14 方面军司令官山下奉文大将和参谋长武滕章中将，在碧瑶向美军签署了投降书。菲律宾的日本侵略者彻底失败了。

满载士兵的美登陆艇总队在海岸警卫队坦克登陆艇的引领下，缓缓向新几内亚桑萨波角进发。

1944 年 10 月，美军在莱特登陆时，菲律宾人民抗日军为了配合盟军的攻势，对日军展开了大反攻，解放了许多地方。其中民抗军中的华侨抗日游击支队非常活跃，他们和菲律宾人并肩战斗，共同打击日本侵略者，用鲜血结成了战友情谊。

1945 年 1 月，人民抗日军在八打雁进行牵制战，使美军能在仁牙因湾出敌不意进行登陆。人民抗日军还切断了日军后方重要交通线，从而加速了日军在马尼拉周围基地防御线的瓦解。

美军重返菲律宾，美国帝国主

日美吕宋岛之战

义者又重新露出他们的本来面目。他们不但不感谢人民抗日军3年抗战和协同美军最后打败日本占领军的功劳，相反却将人民抗日军视为他们独占胜利果实的最大障碍。

为了保证战后对菲律宾的控制，美国大肆镇压菲共领导的人民抗日军武装力量，同时积极扶植以M.A.罗哈斯为首的菲律宾地主资产阶级右翼集团。

1945年2月5日，美军按预定计划将参加攻打马尼拉的人民抗日军包围，解除其武装。人民抗日军总部人员也在2月间遭美军逮捕，后经菲律宾广大人民和人民抗日军的强烈抗议才被释放。

1945年3月3日，美军完全占领马尼拉市，菲律宾自治政府也随之宣布恢复。

菲律宾人民依靠自己的力量，通过武装斗争，付出巨大牺牲，为抗日战争的胜利作出了重大的贡献。

二战后菲律宾人民争取民族独立的运动空前高涨，美国企图修改《泰丁麦克杜菲法》，延期宣布菲律宾独立的阴谋破产。

1946年7月4日美国宣布菲律宾独立，同时，两国签订“总关系条约”和“贸易协定”（又称贝尔协定），美国保持在菲律宾的经济和政治方面享有特权地位。美国获得了在菲律宾驻军的权利，于是建立了克拉克空军基地和苏比克海军基地。

二、盟军在太平洋上的最后攻势

杀向硫磺岛

早在1943年9月，美国就召开参谋长联席会议，研制攻打硫磺岛的初步计划。

10月3日，参谋长联席会议发出指令：1945年2月攻占硫磺岛，4月攻占冲绳。

“密苏里号”战列舰轰击硫磺岛。

1945年1月9日，美军在吕宋登陆后，决定由斯普鲁恩斯海军上将率领第5舰队准备向硫磺岛进击。

硫磺岛的战略地位非常突出。它地处马里亚纳群岛和东京之间，距两地都约为1200千米。一旦盟军占领该岛，对日本本土将是一个心理上的严重打击。

1945年1月底，刚晋升为海军五星上将的尼米兹把指挥部从珍珠港迁到关岛，准备占领小笠原群岛中的硫磺岛和琉球群岛中的冲绳。

美国B-29远程轰炸机从马里亚纳出发去轰炸东京，由于战斗机的航程较短，不可能长距离往返飞行。

硫磺岛上有两个现成的机场，正好适合P-51“野马式”战斗机的航程，因而是盟军理想的空军基地。

此外，硫磺岛在马里亚纳群岛的防空体系中也是重要的一环，岛上的盟军飞机可以拦截来自日本的空中兵力。

硫磺岛长约8千米，宽约4千米，南端有座死火山——摺钵山，高170米；东北部是熔岩高地，海拔约107米；北部海滩上遍布岩石，无法通行；南端摺钵山的宽阔地带适合两栖登陆。全岛地热很高，蒸汽弥漫，到处是沸腾的硫磺坑。

1940年日本人在岛西南部修建了第一个机场。在美军攻占马绍尔群岛中的一些据点之后，日本才意识到硫磺岛的重要性，派海军和陆军各5000多名官兵驻守岛上，同时又在中部高地修建第二个机场。

后来，东条派栗林忠道陆军中将担任第109师团长和全岛总指挥。此时，硫磺岛的兵力增加到23万人，计有火炮120门，高射机枪300挺，步枪和其他轻武器2万支，迫击炮130门，臼炮20门，火箭炮70门，反坦克炮60门，坦克23辆。

岛上的防御工事从中部的元山（实为一个高岗）为中心，计划修筑28千米的坑道阵地。

栗林不顾部下反对，主张纵深防御，不在海滩设防。

他坚持说服部下，海滩的碉堡修得再好，也经不住敌军舰炮的轰击，只能是白费材料和心思。

他召集所有的军官，正式宣布他的战斗计划：没有命令，不得射击登陆艇，也不得阻止敌人在海滩登陆。

栗林激动地强调："敌人一旦入侵本岛，每个士兵都必须抵抗到底，阵地就是自己的坟墓。每个士兵都要尽最大努力，杀敌十人。"

由于在莱特作战的耽搁，美军几次推迟进攻硫磺岛的日期，最后定于2月19日。

美军配备了以斯普鲁恩斯为总指挥、奇蒙特纳任联合远征军司令、霍兰史密斯担任登陆部队指挥的指挥经验丰富的将领与强大的军事力量实施这项计划。

从1944年12月8日起，美国航空兵就开始出动B–24和B–25远程轰炸机对硫磺岛进行空袭，持续72天。此次空袭是太平洋战争中时间最长和轰炸最激烈的一次。

美国海军也从1944年11月开始对硫磺岛进行轰击，断断续续地一直延续到1945年2月16日，即到登陆前夕。

17、18和19日三天，美国军舰对硫磺岛进行了空前猛烈的轰击，企图彻底摧毁日军的海岸炮群。美军开始炮击之后，日军马上开火，但重型海岸炮却保持沉默，以免暴露目标。

17日上午10时，当12艘步兵登陆炮艇掩护蛙人去清理海岸障碍物和察看拍岸浪花情况而进抵东海岸时，日军以为等待已久的登陆开始了，重型海岸炮一齐开火，打坏了9艘炮艇，打伤了3艘，使美军伤亡170人。

蛙人却平安返回，将海岸情况做了详细汇报。

于是，美国战列舰对准新的目标猛烈轰击。

2月19日早晨，即进攻之日，第5舰队的450艘舰艇汇集在总面积只有32平方千米的小岛周围，军舰密度之

美军将国旗插在硫磺岛上，这成了太平洋战争中正义与胜利的最生动注解。

经过一番殊死搏斗，美军终于占领硫磺岛，结束了这场惨烈而悲壮的恶仗。

大，是整个太平洋战争中前所未有的。

在这些巨舰的周围和中间，又有 482 艘坦克登陆艇运载着 8 个营的海军陆战队员上岸去作战。

担任炮击的军舰驶近海岸 1000 米处才开始射击。

8 时许，第一拨 68 艘坦克登陆艇开向海滩。

每隔几分钟就有一拨冲上海岸，迅猛异常。

最初几分钟的报告表明，日军抵抗微弱，火力稀稀拉拉。美国兵开始怀疑：日军的防御被夸大了吗？进攻前的炮击真的奏效了吗？

然而，20 分钟以后，日军精心隐蔽好了的火炮、迫击炮一齐开火，构成了猛烈而密集的弹幕。

这是日本守军指挥官栗林忠道的杰作。他力排众议，坚持纵深防御，让美国人上岸，等敌人靠近几百米时才开火，消灭敌人。

上午 10 时 30 分，8 个攻击营的官兵都上了岸。

到 19 日傍晚，有 3 万名陆战队员上了岸。他们的伤亡非常大，达到 2400 多人；但战果也很辉煌，第二天进到摺钵山脚下。

为争夺这座死火山，双方又打了 3 天硬仗。

23 日上午，美国 40 名巡逻队员在施里埃上尉的带领下，沿着陡峭的山坡缓缓攀登。

守军弹药全部用完，就把石头推下山坡撞击美军。陆战队员们嘴里叼着刀子，爬进小山洞，同敌人进行肉搏。

10 时 20 分，施里埃上尉和另外 5 名士兵把一面很小的美国国旗绑在一根管子上，然后把它竖立在摺钵山顶。

但从海滩向上望去，这面小小的国旗几乎看不见。

中午，陆战队员们又从登陆艇上拿来一面大得多的国旗，把它插在摺钵山顶上。

美联社摄影师——乔罗森塔尔把美军在摺钵山第二次升旗的情景拍了下来，

并把胶卷送到关岛去洗印。

登陆指挥官通过扩音器把这个捷报迅速传开：“我们拿下摺钵山了！”

筋疲力尽的士兵们吃力地走出掩体，面对着飘扬在火山顶的星条旗，情不自禁地欢呼雀跃，顿时觉得勇气倍增。

这天下午，军长哈里施米特和第4、第5师师长商定，继续向北推进，拿下第2号机场。

陆战队员们越向北进，战斗就越趋激烈。两军短兵相接，进行白刃战。

到2月底，美军有的部队因伤亡和过度疲劳，竟减员50%。

2月26日，经过苦战，攻下第2号机场。

3月9日，到达硫磺岛的东北海岸。

但日军仍躲在洞穴里，负隅顽抗，有时还进行自杀性的反扑。

美军本来计划5天拿下硫磺岛。但这是一块没有料到的硬骨头，整整打了一个多月。

3月26日，美军才正式宣布占领硫磺岛。

硫磺岛战役是美军攻占太平洋诸岛中流血最多的一场恶仗。日本守军23万人，除1083人被俘外，全部被击毙。总指挥栗林忠道等自杀身亡。

美军付出的代价很高，但硫磺岛的价值也的确很大：3月4日，第一架B–29“空中飞行堡垒”已在岛上紧急着陆。

4月7日，108架P–51野马式战斗机飞离该岛，护送B–29于白天去轰炸东京。

在美军占领后的3个月内，先后有850架B–29在硫磺岛紧急降落。如果没有这个岛屿，这些飞机大多会损失掉。

攻克冲绳岛

冲绳岛是琉球群岛中的最大岛屿。它位于日本西南560千米，形似一只大香蕉，全长94千米。

1945年4月，美国军舰上的14门舰炮对准冲绳岛猛轰。

在硫磺岛战役尚未结束时，美国第58特混舰队便开始空袭冲绳和进行空中摄影，为进攻该地做好准备。

1945年3月20日，日本海军下达了“以冲绳作战为当前作战的重点，应彻底地集中航空兵力，消灭前来进攻之美军主力”的作战计划大纲。

日本大本营还把陆、海军的航空部队统统划归联合舰队司令长官统一指挥。这样一来，联合舰队共拥有飞机七八千架。

冲绳岛上守军是牛岛满中将指挥的第32军，总兵力约10万人。由于冲绳中部和北部的地势比较平坦，难以防守。他把立足点放在南部陡峭的山冈和狭窄的山谷之中。

为了严守冲绳岛，牛岛命人深挖地堡、碉堡、洞穴以及壕沟和坑道，相互贯通，构成地下防御体系，并把大炮、迫击炮以及坦克都隐蔽在山洞里。

牛岛告诉将士们说：“我们必须耐心、谨慎地掌握我们的炮火，当敌军全部人马登陆，把他们逼进内陆，一直把他们诱入得不到海军大炮和空中轰炸的后援的地方，然后，猛然行动起来，我们就能消灭敌人。”

美国把攻占冲绳作战行动称呼为“冰山计划”。按照这个计划，特纳中将指挥的登陆部队，分别从太平洋上的很多岛屿以及旧金山、西雅图出发，于4月1日凌晨到达冲绳附近的预定水域。

就像进攻太平洋上其他岛屿一样，美国的海空军还是打先锋。

3月中旬，第58快速航空母舰特混舰队离开尤里斯基地，去支援和掩护盟军新的攻势。

为了给进攻冲绳扫清道路，3月18、19日，第58特混舰队对日本九州的飞机场和内海的舰船进行连续的大规模的空袭。

虽然美国重型航空母舰“富兰克林号”受重伤，800多名舰员丧生，而且两天损失飞机116架，但却重创日本军舰好几艘，击落和炸毁日本飞机211架，并使九州地区的各种设施和交通枢纽遭到严重破坏。

经过一系列的攻坚战之后，美国军舰进入到冲绳岛附近海域。

3月24日，美国第5舰队的几十艘战斗舰只开始炮轰冲绳。

25日，第77师等部队占领了冲绳西面24千米处的庆良间列岛，这是整个“冰山计划”的一部分。这些小岛兵力薄弱，日本人认为它们没有什么用处。事实上庆良间列岛对美军进攻冲绳起了很大的作用。

3月27日，美军第一批供应船、油船、修理船、弹药船和其他辅助船只便开进庆良间锚地，开始为舰队服务。这样就在作战区域内建立起一个浮动的补给和修理基地，为第5舰队立下了汗马功劳。

在海空军对冲绳实施炮火准备期间，第5舰队的飞机出动3000架次进行轰炸，炮舰发射了5000吨炮弹。

日军神风特攻队队员驾机俯冲攻击美舰，这种自杀式的攻击行为曾一度让美军不知所措。

扫雷舰艇扫清了冲绳海岸四周4800平方千米的水域，使支援舰艇能安然靠近海岸，做近距离的轰击。

水下破坏小组的蛙人也侦察了西海岸事先选好的登陆海滩，炸去日军布下的预防登陆艇靠岸的障碍物木桩大约2900根。

参加冲绳战役的除美国第5舰队以外，还有伯纳德罗林斯海军中将指挥的英国太平洋舰队。英国这支小舰队称为第57航空母舰特混舰队，负责掩护冲绳西南翼，以防日本海空军从台湾来支援。

第58特混舰队则掩护冲绳的东北翼，以抗击来自日本本土的海空军。

4月1日，美国第10集团军开始在冲绳西海岸登陆。

这一天，海军陆战队第2师也同时在东海岸登陆，实行佯攻，以分散日军的注意力。

登陆部队当天就占领了两个机场，第二天推进到东海岸。

开始几天非常顺利。

特纳给尼米兹发去电报说：“我也许疯了，但是看上去日军好像放弃了战争，至少在这个区域。”

尼米兹到底是帅才，他复电说：“把‘疯了’以后的字全部删掉！”

果然，当美第 24 军推进到牛岛的第一道防线嘉数高地时，日军用密集的炮火挡住美军的去路。这时，天气又下起了大雨，道路泥泞不堪。

在 4 月 12 日的激战中，美军的坦克陷入困境。美日两军苦战，陷入了可怕的僵持状态。

直到 4 月 24 日，在美军连续不断的猛攻之后，日军才退出嘉数。

5 月 1 日，美军向冲绳增派部队，攻打南部日军阵地的兵力就增加到 5 个师，大大超过了日军，并重新调整了部署。

同时，美国各军、兵种协同作战，海上、空中以及坦克和地面炮兵连锁支援，海军陆战队和陆军航空兵以及海军陆战队和陆军炮兵的交替使用，显示出强大的威力，使日军无法阻挡。

5 月 4 日，日本第 32 军发动最后攻势，但因没有充分掌握战况，并因遭到美军炮击和轰炸，第二天攻势即告失败，重新转入防御，进行持久抵抗。

这次攻势，日第 24 师团的战斗力损失一半，其他部队损失也很大。

到 5 月 20 日前后，日第 32 军兵员减少到 3 万人左右，火炮减少到 60%，机枪减到 30%。

美军攻势却越来越猛烈，5 月 24 日，牛岛决定放弃首里；29 日开始向冲绳本岛南端喜屋武半岛的新阵地做最后的退却。

6 月初，日第 32 军基本完成了在新阵地的部署；从 11 日起开始在新阵地进行最后的挣扎，一直顽抗到 6 月 22 日。

战争后期，日军已无力与美军大打消耗战，于是他们改用“拼命”战术，以特攻机、特攻艇携弹撞向美舰，与美舰同归于尽。

这天早上，牛岛从设在冲绳南部第 89 号山洞深处第 32 军司令部里，向东京发出最后一份电报："我们的战略、战术、方法都已用到头了。"

22 日傍晚，牛岛满中将与参谋长长勇中将一起，跪在面对海岸的坑道入口处。长勇让部下砍去自己的脑袋，牛岛剖腹自杀。

于是，日本大本营采用了"拼命"战术，用特攻机、特攻艇携带炸弹炸药向美国军舰上硬撞，以炸毁美舰。

4 月 6 日，日军进行最后一次海上特攻。6.4 万吨的"大和"号战列舰驶出日本内海，准备冲进冲绳附近的美国舰队之中，尽量击毁美国舰船，然后靠到岸边，支援冲绳日军。

4 月 7 日早，美国潜艇发现了这支舰队。美第 58 特混舰队立即派出约 300 架飞机对这支舰队进行猛烈攻击。

中午时分，巨舰"大和"号身中鱼雷 10 枚，重磅炸弹 5 枚，小型炸弹无数。下午 2 时 23 分，这艘超级战列舰终于沉没在九州西南 50 海里处，舰上 3332 名官兵，只有 269 人生还，其余舰员都葬身海底。

从中日甲午战争以来，在太平洋上作威作福整整五十年的日本海军，到此完全覆灭了。

在冲绳战役期间，以日本本土和台湾为基地的日本陆、海军航空兵极为活跃。

从 4 月 6 日到 6 月 22 日，日机先后对第 5 舰队发动 10 次总攻，总共出动飞机 7852 架次，其中包括特攻机 2393 架，共损失飞机好几千架。

日机没完没了的轰炸攻击，使美国军舰上战斗警报不停，枪炮炸弹声不绝于耳，搅得水兵们神经高度紧张，有的人甚至得了歇斯底里或精神分裂症。但第 5 舰队的指挥官们一直坚守岗位。

5 月底，尼米兹被迫调换指挥官：哈尔西接替斯普鲁恩斯，麦凯恩换下米切尔，希尔替换特纳。第 5 舰队又改称第 3 舰队。

6 月 10 日，美国舰队撤离冲绳海域，开赴菲律宾的莱特湾。

日本飞机的狂轰滥炸，的确使美国舰队遭到重大损失。在将近 3 个月的频繁攻击中，总计炸沉舰艇 36 艘，炸伤 368 艘；炸死海军官兵 4907 人，炸伤 4824 人。美军为拿下冲绳，也付出了惨痛的伤亡代价。

这次战役，自 4 月 1 日美军登陆到 6 月 22 日战斗结束，陆上整整打了 83 天。

据不完全统计：包括由岛上居民组成的义勇军在内，日军约 9 万人被击毙，被俘者约 7800 余人，其中一半是伤员。非战斗人员的牺牲超过 10 万人。

波茨坦会议和敦促日本投降的《波茨坦公告》

为了商讨“如何处理战败国德国、意大利及其欧洲仆从国，以及对日本作战”等一系列重大问题，同盟国苏、美、英决定召开波茨坦会议。

1945年五六月间，经外交途径商定，三国首脑会议在柏林召开。因柏林市区破坏严重，朱可夫元帅建议在柏林西郊的波茨坦召开。

那里是位于新公园内的德国皇太子的宫殿，完好无损，没有被破坏，有足够的房舍可供与会者使用。

这个建议经莫斯科批准和美、英同意之后，朱可夫便下令进行紧张的修理和准备工作。

美国人给他们的总统及其主要助手们的住房选择了蓝色；英国人给丘吉尔选择了粉红色；苏联代表团的住房则粉刷成白色。

会议大厅中央放着一张十分光亮的圆桌，这是特地在莫斯科定做的，因为在当时的柏林找不到这么大的圆桌。

波茨坦会议现场

7月17日下午，波茨坦会议正式开幕，出席者有美国总统杜鲁门、国务卿贝尔纳斯等；英国首相丘吉尔、外长艾登等；苏联部长会议主席斯大林元帅、外长莫洛托夫等。

波茨坦会议包括首脑会议、外长会议和全体会议，仅全体会议就举行了13次。

8月2日会议胜利闭幕。

波茨坦会议讨论的问题主要是：战后占领德国的基本政治原则、经济原则，德国和意大利的赔偿，分配德国的商船队和军舰，对待意大利和罗马尼亚、保加利亚、匈牙利、芬兰的政策（包括外交承认和参加联合国组织等），波兰西部疆界，控制黑海海峡，哥尼斯堡地区“让与”苏联，以及对战败国某些领土的“委任统治权”等一系列问题。

经过多次讨论，三国政府首脑对一些主要问题基本达成了协议，有些问题还有待进一步协商，分歧一时还不能完全消除。

就像历次三大国会议一样，三国代表团之间既有沉闷的、有时是非常激烈的辩论，也有轻松的、令人非常愉快的社交活动。

7 月 24 日，在全体会议之后，杜鲁门走到斯大林跟前。他们单独谈起话来，只有翻译员在场。丘吉尔离他们大约只有 5 米，他密切注视着这个重要的谈话。

丘吉尔知道杜鲁门要说什么，他目不转睛地死盯着斯大林的面孔，看看有什么反应。他看到斯大林的样子似乎很高兴。

杜鲁门告诉斯大林，他们正在研究一种新型炸弹！威力非常大！可能对整个抗日战争有决定性作用！……

不一会儿，丘吉尔在等车时，发现杜鲁门就在他的身旁。

丘吉尔问杜鲁门："事情怎么样？"

杜鲁门说："他始终没有提出一个问题。"

于是，丘吉尔便肯定，斯大林在那一天，对于英美两国长期以来所从事的这项庞大的研究过程并没有特别了解，也不知道美国在生产原子弹这一豪迈的冒险事业。

然而，就在当天，斯大林会后回到住所时，就跟莫洛托夫谈到刚才与杜鲁门的谈话的内容。

最后，斯大林笑着对莫洛托夫说："应该告诉库尔恰托夫加快我们工作的进度。"

1994 年 4 月 25 日，美国《时代》周刊发表了《特殊使命》一书的摘要。

该书作者、苏联克格勃间谍头子帕维尔苏多普拉托夫披露了他们是如何窃取了原子弹秘密的。

此书说明，从 1942 年起，苏联的特工人员就一直跟踪美国的原子弹研制计划和工作进程，并取得了一切必要的情报和资料。

斯大林对此了如指掌，所以他对杜鲁门在波茨坦所说的"原子弹"，也就处之泰然了。

波茨坦会议按计划进行。

8 月 1 日，苏、美、英三国政府首脑分别代表三国政府签署签订了《柏林会议议定书》。

波茨坦会议中的三国领导人，前排左为艾德礼，中为杜鲁门，右为斯大林。

《柏林会议议定书》载明了三国政府首脑就下列这些重要问题达

成协议：成立苏、美、英、中、法五国外长会议以进行缔结和约的准备工作，在盟国管制初期关于处置德国的政治原则和经济原则，德国的赔偿，德国舰队和商船的处置，哥尼斯堡及其附近地区“让与”苏联，惩处战争罪犯，奥地利问题，波兰问题，缔结和约与接纳意、保、芬、匈、罗参加联合国组织。

7 月 24 日，杜鲁门把他随身带去的一份敦促日本投降的最后通牒草案交给了丘吉尔，征求丘吉尔的意见。

丘吉尔很快同意了公告的原则，并和杜鲁门一致认为，蒋介石应被邀参与发布这个文件，而且中国应被列为发起的政府之一。

7 月 25 日，丘吉尔在离开波茨坦回国之前说，他同意由杜鲁门自行处理发布这个文件。

因为苏联当时尚未对日作战，故未签字。后来苏联出兵对日作战时，也正式在公告上签了字，所以又成了四国对日宣言。

《波茨坦公告》于 1945 年 7 月 26 日晚 9 时 20 分发表。发表之后，美国的宣传机构立即采用一切可能的方法对日本广播，并散发了几百万份传单，使日本人民知道公告的内容。

《波茨坦公告》说：“日本必须决定一途，彼将继续受其一意孤行、计算错误而使日本帝国陷于毁灭边沿之军人统制，抑或走向理智之路。开罗宣言之条件必将实施，而日本之主权必将限于本州、北海道、九州、四国及吾人所决定其他小岛之内。”

这份公告最后义正词严地警告日本：吾人通告日本政府立即宣布所有武装部队无条件投降，并对此种行动之诚意予以适当及充分之保证。除此一途，日本即将迅速完全毁灭。

《波茨坦公告》，实际上是反法西斯同盟国对日本法西斯发出的一份敦促投降书，对于日暮途穷的日本法西斯是一个沉重的打击。

日本本土遭受轰炸

七七事变后，日军开始用飞机疯狂地轰炸中国人民，而且重点轰炸学校、工厂及商业区等人员集中的区域。日机继轰炸了南开大学、中山大学之后，于 1939 年 5 月，对重庆进行了一次大规模的野蛮空袭，使这座城市燃烧了几天，数百人被炸死在街道上，有许多人被烧死在绵延的大火中。一座座建筑物被摧毁，50 万居民仓皇逃避……

美国总统罗斯福听到这个惨剧以后说：“重庆市民受的痛苦，一定让日本人也尝一尝挨轰炸的滋味！”

目标：日本！

太平洋战争中，盟军取得胜利的一个重要原因是美国军事工业的威力。

美军为了掌握制空权，美军每攻克一个岛屿，便能在两个星期内完成土地平整，修好机场，不出十几天便可利用它起降飞机。这个速度使日军十分惊讶。已经被炸毁的机场，过几天再乘飞机从上空查看，已经原样复初、照旧起落飞机了。

美军在太平洋上每次反攻得手后，都在攻克的岛屿上投入工兵修建飞机场，然后利用陆上基地开始对下一个岛屿的轰炸。

在海军舰船方面，美国每天能有一艘军舰建成并投入使用，被日军击溃多少美军就能很快修复或新造多少，而且还在不断增加。

日美两国不但飞机和航空母舰在数量上相差悬殊，飞行员的数量和熟练程度也相差悬殊，在飞机性能的改善方面也相差悬殊。

在战场起决定性作用的是1944年美军研制成功的B–29型轰炸机。它的续航距离为4000～5000千米，炸弹搭载量4吨以上，能在1万米以上高空飞翔。日军的高射炮只能射到8000米高度，和美机之间还有约3000米的距离。日军歼击机勉强可以飞到1万米高度，由于无法携带充分氧气，只有紧急下降。而美机是在绝对安全区域内执行轰炸任务的。

自从塞班岛、关岛、提尼安岛被盟军收复以后，岛上的机场成为美B–29型轰炸机的起降基地，加上航空母舰上数量庞大的舰载飞机配合战斗，日本领空的制空权已经被牢牢掌握在盟军手里。

1944年7月6日，美军占领了塞班岛。东京和塞班岛的距离更近，B–29型飞机可以往返。从此，日本本州已进入B–29飞机飞行的半径以内。

自1944年11月1日开始，从塞班岛、关岛、提尼安岛的基地上起飞的美军飞机对日本东京展开了连续的大规模轰炸。最初的主要目标是东京中岛飞机制造厂武藏野工厂，前后共轰炸13次。

这个工厂最盛的时候有职工4.5万人，工厂占地面积52万平方米，飞机生产量占日本飞机生产总量的28%。此外，美军还轰炸了三菱飞机制造厂、川崎飞机制造厂、立川飞机制造厂。

11月29日以后，每天都有飞机出现在东京上空，投下燃烧弹。

B-17 飞行堡垒穿过厚厚的云层，飞至东京上空，执行轰炸任务。

从 1945 年元旦那天开始，美 B-29 型轰炸机连日进行波状空袭，使东京居民恐慌万分。

1945 年 1 月 27 日 14 时，72 架 B-29 轰炸机轰炸东京都最繁华的银座和有乐町，死伤多人。许多商业大厦和经济中心的巨大建筑物被炸毁。其后，每天都有飞机连续来袭。

在东京遭受的数次空袭中，最剧烈的是 3 月 10 日，4 月 13 日、14 日，5 月 24 日、25 日这 5 天的地毯式轰炸。

3 月 9 日，夜幕降下后，突然，震耳欲聋的爆炸声响起来了，在东京湾附近的下町地区，红色莲花般的火光冲天升起。空袭警报尚未发出，转瞬间东京市东西南北各方都燃起了大火——大空袭开始了，东京市民陷入恐怖的深渊中。

3 月 9 日傍晚，325 架美 B-29 型轰炸机从马里亚纳基地起飞，将 1700 吨高性能燃烧弹投掷到东京四周，完成了预定计划。然而，这只是序幕。

1945 年 3 月 10 日是日本陆军纪念日。这一天，美第 21 轰炸机队指挥官卡其斯·李梅中将指挥 334 架 B-29 型飞机，携带 1700 吨凝固汽油燃烧弹，从零时 8 分开始，列队飞到东京市上空，在江东区木场二丁目、白河町一丁目、二丁目以及三好町一丁目、二丁目上空连续投弹，地面燃起熊熊大火。

两分钟后，北砂町二、三、四、五丁目附近一条长带状地区猛烈燃烧，零时 12 分，墨田区也处于一片火海之中。这两个区人口最密，每区 20 多万人，在两分钟时间内就进入地狱般状态。

3月14日上午8时40分，177架B-29型飞机空袭东京都北部地区，主要是投燃烧弹，引起大火。东京都内，除天皇居住的皇宫以外，已基本上体无完肤了，到处是成片的废墟，到处是残墙断壁。

日本的工业很发达，除东京外，大阪、名古屋、神户、横滨、川崎都有重工业，称为六大工业城市。为了摧毁日本的军需工业和民用工业，使日本的战斗力和经济力陷于彻底瘫痪，只把担负组装工程的大工厂全部破坏了还不算完，还要把供给部件的工厂全部摧毁以后，才算达到了战略轰炸的真正目的。

4月以后，美军李梅中将（当时是少将）麾下又增加一个飞行团。每次都有500架B-29型飞机巡回在各大城市上空，反复轰炸六大工业城市。

自5月开始，从硫磺岛上起飞的美机更容易来袭了，美机进入日本本土更加自由。

5月20日空袭以后，新闻记者曾说："东京大体上已经没有高地了，都被炸平了。"

6月15日，美军出动了450架飞机轰炸大阪，大阪市大部分地区被炸为废墟。

至此，第一阶段的轰炸大城市计划基本完成。

在17次大规模的总攻击中，共出动飞机近7000架次，每次平均400架以上，投下炸弹、燃烧弹共4.2万吨。美机损失136架。

从6月17日开始，对日本中小城市进行广范围的焦土轰炸。鹿儿岛、大牟田、浜松、四日市、丰桥、德山、大竹等许多城市不断受到空袭，一直到日本投降为止。

在美机的疯狂进攻下，罗斯福总统向中国人民兑现了自己的诺言，日本终于饱尝了被轰炸的滋味。

密集的炸弹落向神户。

三、日本投降

痴人说梦的“一亿玉碎”

在内外交困的形势下，1945年4月25日，日本大本营提出“一亿玉碎”的口号，号召全国人民都要成为“特攻队员”，在盟军登陆本土的时候，人人都参加战斗，赤手空拳也要斗，直到全部战死为止。

5月9日，德国投降那一天，铃木首相发表谈话说：全国人民都要当特攻勇士，就是说，在日本本土再搞一次像冲绳那样的牺牲也在所不惜。

日本当局号召全体国民都要当特攻勇士，但是早为自己准备了退路。早在1944年，在长野县松代町附近的山岳地带，已经修建了13千米长的坑道，准备将天皇和大本营转移到那里。另外，还给皇太后和皇太子修建了防空工程。也就是说，日本法西斯分子准备拿全国人民当牺牲品，来换取皇室和他们一伙的生存。

此时，日本的经济已经濒临崩溃。

1945年6月6日，日本召开最高战争指导会议，分析讨论国力现状和世界形势。

单就军工生产能力来说，1944年的4至9月份，只生产飞机1000多架；防空炮弹月产1万发，但一次空袭就全部被炸光；燃料需求缺口量更大，由于海上封锁，根本得不到补充；只此几项，已远远不能应付战争的需要。

日本特攻队的一架飞机在被舰空炮火击中后，拖着长长的尾焰冲向美舰，最后坠入附近的海域。

日本主要靠从中国占领区和南洋输入粮食。由于南方航路已被切断，1944年下半年，粮食月平均输入量已经比以前减少一半。食盐尤其不足，国内生产只有需要量的四分之一。

饿着肚子不但不能打仗，生存也不能维持，形势非常严峻。粮食已经成为压倒一切的严重问题，日本当局不得不重新部署下一步的计划了。

1945年6月9日到12日，日本内

阁召开临时会议，通过了《战时紧急措施法》和《义勇兵役法》《国家总动员法》等6个法案，将一切平时的法令都临时废止。

日军被炸毁的飞机

《义勇兵役法》中规定，国民都要把生命献给天皇和国家。凡15岁以上60岁以下的男子，17岁以上45岁以下的女子，无论是在学校的、农村的、机关或企业工作的都要服兵役，一律编入国民义勇队，只有孕妇、老人、病人、乳幼儿可以免除。

义勇队的工作任务是防空监视、工厂设施搬迁、运送物资、构筑阵地、增产粮食等，一旦敌人登陆，便用竹枪、锄头、棍棒等和士兵一样对敌肉搏，抱着炸弹往敌人坦克上撞，与敌人同归于尽。

日本法西斯头子决意把人民捆在最后决战的战车上，强制国民牺牲生命去参加毫无希望的不义战争，使日本人民陷入了绝望的深渊。

裕仁天皇突然热衷于结束战争是在1945年6月6日的御前会议以后。其急速转变的原因，据木户内相说，可能是由于德国已经投降，对只有日本在和世界上许多国家打仗感到不安；或者是害怕苏联参战；或者是面对大规模的空袭，感到有生命危险等等。冲绳失守也是重大原因之一。

过去，裕仁天皇只听好的汇报，偏信军部的激昂辞藻，而对国内国外的真实情况并不清楚，也没有人向他禀告过。

1945年6月8日，裕仁天皇举行御前会议。第二天晚上，梅津美治郎参谋总长告诉他，日本在中国东北、华北、华中的兵力，合起来只有美国8个师的战斗能力，而且，弹药只够打一次现代化大会战的需要。日本本土的部队装备尤其不足，还比不上在中国占领区的部队。

这些真实状况是天皇从来没有在书面上看过，没有听大臣们说过的，他听完后大为震惊。

裕仁天皇马上派侍从武官到本土防卫据点视察，侍从武官回来报告说，九十九海岸东金、片贝等地，并没有什么防卫力量。这又让裕仁又增加了对本土防卫的不安，慌忙之中便迫切希望早日结束战争。

1943 年 11 月开罗会议中，美中英三国首脑共同决议：在日本本土强行登陆，迫使日本无条件投降。这项进攻计划原本在 1945 年初就已经提到美国参谋长联席会议议事日程上了。但考虑到在瓜达尔卡纳尔岛、菲律宾、塞班岛、硫磺岛、冲绳岛等各次战役中盟军的伤亡人数很多，如果在日本本土登陆作战，还要牺牲更多的生命。所以海军作战部长金上将和参谋长联席会议主席雷西上将都认为没有登陆进攻的必要，只用海上封锁和空中轰炸就可以迫使日本投降了。

持反对意见的是收复了菲律宾的麦克阿瑟上将，他说："应该集中陆海空军人力和资财攻击日本九州，建成对本州能够进行决定性打击的基地，是最好的办法。从气候上分析，最适当的时间应该在 11 月。"这个提案，得到陆军参谋长马歇尔的支持，在中部太平洋战区战胜日本的太平洋舰队司令长官尼米兹也表示同意。

1945 年 5 月 18 日参谋长联席会议决定首先在日本九州登陆作战，简称"奥林匹克战役"，然后在日本本州关东地区登陆，简称"花环战役"。

5 月 25 日，麦克阿瑟进行奥林匹克战役的准备，预定攻击日期为 1945 年 11 月 1 日。

美国扔下两颗原子弹

1939 年夏天，传闻德国正进行一项秘密工程，由铀学会的科学家担任指导，直接对柏林的陆军武器生产部门负责。这个消息表明，德国法西斯已试图利用原子科学的成果制造新式武器了。

由于逃避法西斯迫害而从欧洲移居美国的一些科学家生怕德国法西斯抢先造出原子弹来。在这种情况下，科学伟人爱因斯坦于 1939 年 8 月给罗斯福写了一封信，建议美国政府迅速采取行动，加强对铀的研究，以便制造出一种威力极大的新型炸弹。

1939 年 10 月 11 日，罗斯福接信后立即采纳了爱因斯坦的建议，并下令成立研究原子武器的委员会。到 1941 年 11 月，美英两国通过协作研究，证明铀原子的裂变可以产生巨大的能量，由此可以制造破坏性极大的炸弹。

同年 12 月 6 日，也就是日本偷袭珍珠港前一天，罗斯福批准了一项大规模研制原子弹的计划。1942 年 6 月，美国陆军部组织了"曼哈顿工程管理区"，全面负责原子弹的研制工作，其总负责人是格罗夫斯。

从 1943 年到 1945 年 7 月原子弹试验成功的两年半时间里，美国政府在田纳西、新墨西哥、华盛顿三州以及其他许多地方投资25亿美元，建造巨大的原子工厂，动用了10万科技人员和工人，在绝对保密的情况下研制原子弹。

1945年4月25日，负责制定原子弹计划的陆军部长史汀生，向杜鲁门系统汇报了原子弹研制情况。史汀生似乎满怀信心地认为，在此后4个月内，原子弹的试制很可能获得成功。

6月1日，史汀生向杜鲁门提出建议，一旦具备条件，就立即使用原子弹对付敌人。

1945年7月7日，杜鲁门率领美国军政要员乘军舰到欧洲去参加波茨坦会议，7月15日他们到达目的地。

第二天，即1945年7月16日早晨5时30分，美国第一颗原子弹在新墨西哥州的沙漠地区阿拉默果尔多爆炸成功，其威力为1吨烈性炸药的2万倍。

当天上午，杜鲁门就收到了关于原子弹试验成功的电报。

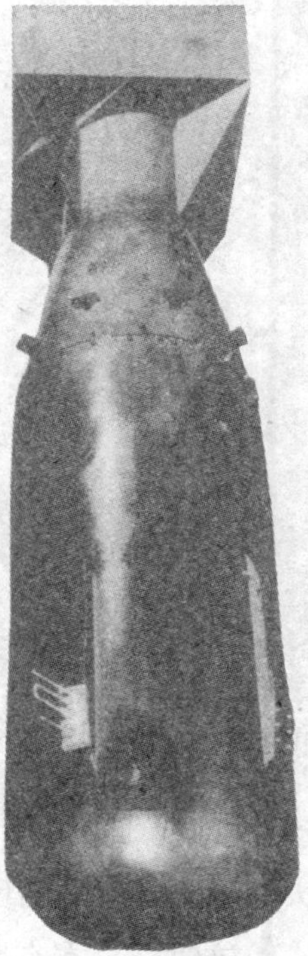

绰号"小男孩"的原子弹

第二天，史汀生又专程飞到波茨坦，向杜鲁门汇报了试验的详情。

在此后的几天里，杜鲁门一方面和美国军政要员磋商使用原子弹的细节，并于7月24日以美国陆军部长的名义指令在1945年8月3日以后，立即在日本的广岛、小仓、新潟和长崎4个城市中选择一个目标，投掷特种炸弹。

7月26日，美、英、中三国发表《波茨坦公告》，敦促日本投降，日本政府没有正式答复，反而表示决心作战到底。

从7月27日到8月1日，盟国飞机在日本各城市上空散发了150万张传单和300万张《波茨坦公告》。传单对这些城市发出警告，说它们将受到猛烈的空中轰炸。但日本政府并没有接受《波茨坦公告》的任何表示。美国政府便按照原定计划对日本使用原子弹进行轰炸。

7月26日，重巡洋舰"印第安纳波利斯号"把原子弹的心脏部分运送到马里亚纳群岛中的提尼安岛。8月1日，原子弹装备完毕，它长3米，直径71厘米，外形很像一枚普通炸弹，只是大小不同而已。

1945年8月6日8时整，两架B–29美机从高空进入广岛上空，外面广岛市民有很多人并未进入防空壕，而是在仰看美机。

8时15分，蒂贝茨指挥的一架美机投下降落伞，伞上所系的原子弹在离地面

1945 年 8 月 6 日，广岛上空升起的蘑菇云。

660 米的高度爆炸，形成一个直径 110 米的大火球，火球发放出来的热度高达 30 万摄氏度。

广岛市中心上空随即发生震耳欲聋的大爆炸。顷刻之间，城市上面突然卷起巨大的蘑菇状烟云，全市立即被这黑暗的烟云所淹没。接着即冒起几百根火柱，广岛市遂化为焦热的火海。

这时广岛人口为 343000 人。靠近爆炸中心的人，大部分死亡。当日死者计为 78150 人，负伤和失踪者为 51408 人。全市建筑物总数是 76327 幢，全毁者 4.8 万幢，半毁者 22178 幢。

8 月 6 日下午，设在广岛的日本第 2 总军司令部，经由吴镇府转告东京："敌人使用了具有从未见过的破坏力的高性能炸弹。"

这时，日本有些人士对于在广岛爆炸的是否为原子弹还有怀疑。8 月 7 日，参谋本部以第二部长有末精三中将为委员长，由原子能最高权威仁科芳雄博士等有关人员组成调查委员会，派赴广岛。仁科芳雄一行于 8 日下午到达广岛，立即证实新型炸弹确为原子弹，并报告东京。

B–29 轰炸机及轰炸（广岛）后的场景

在这个调查报告到达东京之前，外相东乡茂德已与首相铃木贯太郎商妥，决定上奏天皇。8 日下午，天皇面谕：“敌既已使用此种武器，则战争之继续更不可能，为获得有利条件起见，不得丧失结束战争之时机，关于条件，当有协商余地，应努力迅速结束战争，可转告铃木首相。”

铃木首相决定立即召开最高战争指导会议，但因一部分成员未在，没有立即召开。

8 月 8 日上午 11 时，苏联外交人民委员莫洛托夫召见日本驻苏大使佐藤尚武。日本方面久已吁请苏联斡旋和平，但苏方迟迟未予回应，大使佐藤期待着一个肯定的答复。但莫洛托夫告诉佐藤说，日本仍在继续进行战争，拒绝接受《波茨坦公告》。

苏联政府接受联合国的要求，宣布从 8 月 9 日起，苏联政府与日本处于战争状态。

苏联参战对日本统治集团震动极大。9 日上午 8 时，外相东乡访首相铃木于其私邸。这时铃木已接到苏联参战的报告，他在听取东乡说明关于迅速结束战争的决心后，立即表示同意，并向东乡等表明决心说：“由本内阁来结束吧。”

9 日上午 10 时 30 分，日本最高战争指导会议在皇宫举行。

9 日上午 11 时 30 分，正当最高战争指导会议在激烈争论时，美国又在长崎投下第 2 颗原子弹。据 1992 年 8 月 9 日日本哀悼长崎被炸死难者会议宣布，美国原子弹炸死长崎的日本人是 95845 人。

正由于美国在广岛和长崎投下两颗原子弹和苏联出兵对日作战，确实加速了日本帝国主义的溃败，促进了日本政府迅速投降。

关东军的末日

面对着远东巨大的利益，依据《雅尔塔会议》协定，欧洲战事结束后，苏军开始腾出手来对付日本关东军。1945 年 8 月 8 日，苏联向日本宣战，发起了远东战役，这是第二次世界大战的最后一个战役。

华西列夫斯基元帅指挥的 160 万苏军利用夜幕的掩护，悄悄在中苏边境展开。9 日凌晨，苏军突然从三个方向同时向中国东北的日本关东军发起了强大的突击行动。拂晓，苏军几乎在所有方向上跨过了国界，强渡了额尔古纳河、黑龙江和乌苏里江，分别从后贝加尔、黑龙江沿岸和滨海地区进入了中国东北境内，在 5000 公里的正面战场上展开了强有力的攻击。与关东军相比，苏军在人数和兵器上都占有压倒性优势。

尽管关东军早有对苏作战的准备，甚至一度还拉出要与苏军决战的架势，但由于关东军预计的决战时刻是1946年，所以他们不仅未能侦察到苏军的实力，甚至连苏联正式对日宣战的消息，也没能提前得到。在苏军的强大攻势下，关东军精心布设的防线很快就土崩瓦解，关东军总司令部慌忙放弃“新京”（长春），退守通化，并指令伪满洲国皇帝溥仪随总司令部迁往通化，企图在通化与苏军决战。

但此时的关东军早已丧失了斗志，纷纷逃命，原来设想的大决战竟然化为一场追逃游戏。苏军各个方面军的行动都进展顺利，特别是由克拉夫钦科上将指挥的近卫坦克第六集团军在大兴安岭的突击行动收到了奇效，不到一周时间，已前突到东北中部地区。

8月10日，日本大本营下达命令，指示关东军在万不得已的情况下，可以放弃满洲，退守朝鲜，但长期以日军“王牌”自居的关东军为了维护自己“皇军之花”的脸面，仍然负隅顽抗，不肯投降。8月15日，日本天皇裕仁宣布投降，骄横的关东军借口没有收到日军大本营的停战命令，仍然继续抵抗。到17日，除海拉尔、虎头和东宁等少数筑垒地域的残余日军仍在顽抗外，关东军实际上已经完全丧失了抵抗能力。

为了加快战役进程，苏军从苏德战场调来了由老兵组成的志愿伞兵部队，把机降和伞降用到了远东战场。苏军志愿伞兵部队在飞机的掩护下，突袭敌后机场。9月19日，他们刚刚占领沈阳机场，一架不明白机场发生了什么事情的日本飞机按正常情况降落，这架飞机中坐的是满洲国的傀儡皇帝溥仪，结果这位皇帝就这样成为了苏军的俘虏。

眼看败局已定，关东军最后一任总司令山田乙三终于向苏军提出了停战谈判的请求，8月19日中午，苏军的阿尔捷缅科上校率5名军官、6名士兵组成的使团，在9架歼击机的护航下，到达长春机场与日军进行谈判。迫于压力，山田乙三向苏军代表交出了象征指挥权的军刀，宣布自己和部属成为苏军俘虏。至此，盘踞中国东北40年之久的“帝国之花”寿终正寝了。8月22日，苏联空降部队在旅顺口机场实施机降，第二天，苏军坦克开进了旅顺港口。

此次战役中，关东军损失约68万人，其中8.4万人被击毙，59.2万人投降，而苏军仅伤亡3.3万人。苏军以这么小的代价就消灭了在日军中号称最具有战斗力的百万关东军，其实也在情理之中，因为当苏联对日宣战时，关东军早已是个空架子了。作为日本战略总预备队的关东军，鼎盛时期总兵力超过100万人，训练和装备都是日军中最精良的，从1943年下半年起，为挽回太平洋战场的颓势，日本大本营开始陆续从关东军抽调兵力增援太平洋战场，指望这支“精锐之师”

能够挽救失败的命运。可是，关东军没能扭转太平洋战争的败局，只是白白充当了对美作战的炮灰。

美军攻占冲绳岛后对日本本土开始空袭，日本不得不集中兵力准备进行本土决战，为此将关东军储备的大批战略物资以及人员调回国内。而新补充给关东军的大多是从国内和朝鲜等地强征入伍的部队，作为临时兵力的补充。经过迅速补充，关东军兵力一举达到 24 个师团，约 70 万人，但这只是一种表面的膨胀。实际上远东战役时，关东军 70% 的师团为当年新编，加上日本在各个战场连遭惨败，士气低落，关东军往日的威风早已不复存在，已是一个名副其实的纸老虎，苏军只不过是来抢个便宜而已。

战后，余下的关东军官兵作为俘虏被送到西伯利亚从事强制劳动。通过远东战役，苏军将中国东北的所有物资掳掠一空，并使中国的外蒙脱离中国成了苏联的势力范围。苏联以极小的代价获取了极大的利益，这也是斯大林为什么急于出兵远东的原因之一。

拿下“东方马其诺防线”

虎头要塞位于黑龙江省虎林市虎头镇，南起边连子山，北至虎北山。正面宽 12 公里，纵深 6 公里。主阵地猛虎山由中猛虎山、东猛虎山、西猛虎山三个丘陵组成，周围是沼泽地带，形成难以通行的天然屏障。其牢固程度、完备程度、现代化程度堪称“二战”之最，号称“东方马其诺防线”，被公认为侵华日军在亚洲最大的军事要塞之一。

“九一八”事变后的第二年，关东军即拟定了侵略矛头直指苏联的《对苏攻势作战计划》，日军东北边境要塞就是这个计划的一部分。按照对苏作战计划，日军在此驻扎重兵，秘密修建地下要塞，以作为进攻苏联的战略基地。

为了将它建成“北满第一永久要塞”，日军耗资数亿，强征中国劳工十多万，用时十多年，建成了庞大的防御体系。在这十多年中，数以万计的中国人被秘密押到这里充当劳工，当年修筑要塞的劳工被秘密杀害的传说在民间流传了半个多世纪，但一直没有见证人和史料记载。

当时，日本关东军认为虎头要塞之坚固、守备兵力与火力配备之雄厚，远胜法国的马其诺要塞，是“可坚持六个月不怕围困的坚固要塞”。甚至狂妄宣称：“当日、苏爆发战争时，只要在虎头坚持三天，即可打赢日苏战争。”多年来，史学家们习惯于将第二次世界大战结束的时间定在日本天皇无条件投降的那一天，即 1945 年 8 月 15 日，而后人研究发现，1945 年 8 月 30 日才是战争真正结束的时间，因为在此之前的数天内，发生了一场规模宏大、场面壮烈的虎头要塞争夺战，这场争夺战的“导火索”是当地一个农民无意中“点燃”的。

1945 年 8 月 9 日，从凌晨 1 时开始，在大炮和飞机的掩护下，苏联红军第三十五集团军向虎头要塞发动了猛烈的进攻，使日军防御体系支离破碎，各自为战。由于苏军战前侦察情报工作不细，投入战斗仓促，加之对我国境内的地形不熟，南路苏军本来是向郧山和胜山要塞攻击的，由于驻守要塞的日本关东军第 783 国境守备大队与后方失去了通讯联系而没有与苏军交火，因此苏军没有发现这一部分日军，直接向中国境内追击日军而去，这使得黑龙江东宁境内的日军 783 守备大队近 2000 人得以隐蔽下来。

1945 年 8 月 11 日，当地人称“张大胆”的村民去战场捡破烂，他拿着根木棍到处挑来戳去，寻找值钱的东西。在一片废弃的建筑中，他无意中挑开了一处日军伪装的枪眼兼通气孔，发现了一群手端刺刀的日本兵，吓得撒腿就跑，下山后向驻扎在石门子的苏军报告了这一情况，一位懂中国话的苏军军官向这位村民详细了解了情况。

8 月 12 日，苏军第一方面军后续集团的部队以及从老黑山追击日军的苏军某部，奉命围歼村民发现并报告的漏网日军要塞。日本关东军第 783 国境守备大队凭借着虎头要塞进行了殊死抵抗，战斗异常激烈和残酷。日军守备队虽不足 2000 人，但火力较强，在战斗的紧要关头，日军不惜一切代价组织敢死队与苏军血拼，给苏军造成了很大的伤亡。苏军没有预料到工事严重毁坏、弹药不足的日军仍有如此顽强的抵抗力。

8 月 15 日中午，日军官兵收听到了日本天皇宣布无条件投降的“玉音广播”，但是守备司令官木正大尉拒不相信：“关掉收音机！哪里是陛下的广播？分明是削弱友军战斗力的谋略性广播！”他的话给司令部定了调，将虎头要塞的日军推向了死亡的深渊。

苏军飞机向日军阵地散发日本天皇的投降诏书，但要塞的日军认为这是苏军在欺骗，继续抗击苏军，苏军用汽车运来了大量毒气筒和鼓风机，利用地下工事露在地表的换气孔向洞中鼓吹毒气，龟缩在洞中的日军，不少人因中毒窒息而死，少数头戴防毒面具的日军士兵苟延残喘地死守在洞口，这一天是日军损失最惨重的一天。

8 月 17 日，日本关东军司令部通告关东军全部向苏军投降，但在虎头要塞，激烈的战斗并没停止。苏军出动了多辆中型战车、自行火炮、火箭炮继续扫荡日军，苏军逼近要塞洞口，直接用火炮轰击地下要塞中的残敌。战斗一直持续到8月26日，负隅顽抗的日军全军覆灭，2000 多名日军官兵及开拓民全部葬身于虎头要塞中。

8 月 30 日，胜洪山顶最高处挂起了白旗，第二次世界大战的最后一场战斗结束了，虎头守备队仅剩的 50 多名日军官兵被苏军俘虏。号称“东方马其诺防线”的日军要塞，并没有挽救侵略者失败的命运，相反却成了埋葬他们的坟墓！但苏联红军也付出了沉重的代价，阵亡了 1000 多名战士。

这场战斗发生在日本宣布投降前后，本是可以避免的，如苏军用围而不攻战术来消磨日军斗志，是可以达到不战而屈人之兵的，但苏军选择了强攻的作战方式，使不知日本已投降真相的守军只好拼命抵抗，参加虎头要塞攻坚战的苏军为此付出了 1000 多名官兵的生命。这场惨烈的要塞攻坚战，使第二次世界大战的结束时间比日本宣布无条件投降整整迟缓了 11 天。因此许多外国学者认为，虎头要塞是“第二次世界大战的最后激战地”。

日本无条件投降

1945 年 8 月 15 日，日本面对内外交困的形势，天皇召开了御前紧急会议，为了保存实力，会议决定无条件投降。

而日本政府正式签署投降书的准备工作，是由麦克阿瑟上将的司令部负责进行，仪式在美舰“密苏里号”上举行的。

据说，麦克阿瑟在签署投降书仪式上用了五支钢笔。

9 月 2 日上午 9 时，签字仪式开始。麦克阿瑟从舱内出来，神情严肃地走到扩音器前发表了简短的演说。随后，他命令日本方面的代表重光葵、梅津美治郎在投降书上签字。这两个平时耀武扬威、杀气腾腾的军国主义分子，这一天却神情沮丧，狼狈不堪。

麦克阿瑟在日本投降书上签字。

重光葵缓慢地走到桌边，把大礼帽放到桌

上，坐入椅中，脱下手套，然后从衣袋里取出一支自来水笔，在两份投降书上分别签了字。

日本陆军参谋总长梅津美治郎站着欠身签了字。

之后，麦克阿瑟邀请温赖特将军和白西华将军陪同他签字，麦克阿瑟请二人陪同是有原因的。这两位将军都是刚从日本集中营里出来的，骨瘦如柴。温赖特将军是麦克阿瑟的副手，他曾在菲律宾向日本投降。而白西华将军是一名曾在新加坡向日本投降的英将。

这次麦克阿瑟邀请两人一同参加受降仪式，就是想让这两位死里逃生的战友享受一下胜利的喜悦，也让他们在全世界人民面前昂起头来。

麦克阿瑟走到签字桌边代表盟军签字。有意思的是，他在签字时用了 5 支笔：第 1 支写了 Doug（道格），然后把笔送给温赖特；用第 2 支笔写了 las（拉斯），然后把笔送给了英国白西华将军；以此来抚慰这两位受尽日本人折磨、蒙受奇耻大辱的盟国将领。

他用第 3 支笔写完 MacArthur（麦克阿瑟），将笔交给美国国家档案馆。

接着他又用两支笔签署了他的官衔。

第 4 支笔交给西点军校，这是他的母校。西点军校系美国的著名军校，培养了许多高级将领，被称为“将帅的摇篮”。麦克阿瑟当年以全班第一名的成绩在该校毕业，然后由少尉一路晋升到五星上将，并成为“二战”中的盟军统帅，西点军校的师生为该校出了一位世界闻名的名将感到自豪。麦将签字笔送给母校，自然有其特殊意义。

第 5 支笔是他从自己衣兜里掏出来的红色小笔，用后送给他的妻子。

签字完毕后，麦克阿瑟说：“让我们祈祷，和平已在世界上恢复，祈求上帝永远保佑它。仪式到此结束。”

这意味着反法西斯的第二次世界大战也到此结束。

麦克阿瑟用 5 支笔与战败国日本签投降书。这段“二战”中的佳话至今仍在全世界广为流传。